普通高等职业教育“十三五”规划教材

高职高专法律系列教材

民事诉讼法新编

（第四版）

主　编　郭昌炤

副主编　郭　健

中国人民大学出版社

·北京·

图书在版编目（CIP）数据

民事诉讼法新编/郭昌炤主编. —4 版. —北京：中国人民大学出版社，2017.7
高职高专法律系列教材
ISBN 978-7-300-23998-9

Ⅰ.①民… Ⅱ.①郭… Ⅲ.①民事诉讼法-中国-高等职业教育-教材 Ⅳ.①D925.1

中国版本图书馆 CIP 数据核字（2017）第 020853 号

普通高等职业教育“十三五”规划教材
高职高专法律系列教材
民事诉讼法新编（第四版）
主　编　郭昌炤
副主编　郭　健
Minshi Susongfa Xinbian

出版发行	中国人民大学出版社		
社　　址	北京中关村大街 31 号	**邮政编码**	100080
电　　话	010－62511242（总编室）		010－62511770（质管部）
	010－82501766（邮购部）		010－62514148（门市部）
	010－62515195（发行公司）		010－62515275（盗版举报）
网　　址	http://www.crup.com.cn		
	http://www.ttrnet.com（人大教研网）		
经　　销	新华书店		
印　　刷	北京密兴印刷有限公司	**版　　次**	2008 年 4 月第 1 版
规　　格	185 mm×260 mm　16 开本		2017 年 7 月第 4 版
印　　张	19.25	**印　　次**	2019 年 7 月第 3 次印刷
字　　数	460 000	**定　　价**	39.00 元

第四版修订说明

2012年我国《民事诉讼法》进行了新一次的修改，针对此次修改，最高人民法院在2015年发布了《最高人民法院关于适用〈中华人民共和国民事诉讼法〉的解释》，其中对《民事诉讼法》的相关修改进行了配套解释。本教材紧跟法律发展的脚步，对书中与现行法律不配套的内容进行了修正，力求做到内容紧扣实践、重点突出、简洁明确。

本书对应的“民事诉讼法”课程是高职高专法律实务类专业的必修课程。为了更好地体现高职高专人才培养的要求，在编写过程中，我们紧紧围绕高等技能应用型人才培养的主线进行课程设计，力图实现“把需要工作的人培养成工作需要的人”的目标。

在编写体例上，本书对现有本科教材的体例进行了较大的调整：一是在每一章的开头指明该章的要点，以“案例导入”引入内容，在每一章的结尾设置了“课后习题”和“本章实务应用难点分析”，使学生明确学习要求，提高学习兴趣，加强实践训练，力求启发学生运用自己的法律思维和已掌握的知识去分析实务问题并解决问题。如此设计的目的一方面是让学生能够尽可能多地掌握相关实务法律问题，另一方面是想启发和引导学生去思考或探索更多的法律实践中的问题。二是将现有本科教材通常的26编或章的内容整合为21章，既照顾到知识的全面性，又能够突出重点，使高职高专院校的学生在相对较短的时间内掌握我国民事诉讼的实践技能。

在内容上，本着突出基础理论知识的应用和实践能力培养的原则，以培养学生的动手能力和解决实际问题的能力为目的，以“必需、够用”为度，加强针对性和实用性，按照突出应用性、实践性的原则重组课程结构，更新教学内容，以求适应高职高专的法学教学，实现法学职业化教育的目标。相对于各种本科教材和目前的高职高专教材，本书对理论知识进行了简化，力求简单明了，如对理论色彩很浓的“诉与诉权”一章，以最通俗的语言进行阐述，将理论融于实际应用之中，既降低学生的学习难度，又方便教师授课。本书具体内容严格依照现行民事诉讼法律法规进行编写，涉及近年来新颁布的法律、司法解释和应用性的民事诉讼前沿理论。本书在此次修订时还吸收了从事审判一线工作的法官、检察官参与，以强化实践性教学环节的内容。

本书由郭昌炤担任主编，郭健担任副主编，最后由郭昌炤进行统稿。参与本书第四版修订的人员如下（不分先后顺序）：

理论教学环节修订：郭昌炤、贾国凯、李晨光、郭　健、任左菲；

实践教学环节修订：郭昌炤、郭　健、张林峰、李晓敏、于　凯、范华安。

本书在编写和修订过程中受各种主客观条件的制约，难免存在不足之处，望各位同仁赐教，不胜感激。

郭昌炤

2017 年 5 月

目　录

第一章　民事诉讼法概述

【本章要点】

- 民事纠纷
- 民事诉讼法
- 当事人如何选择纠纷解决机制
- 民事诉讼法的效力

【案例导入】

2016 年 7 月，因遭遇特大暴雨，A 化工厂的污水池污水溢出，流向化工厂附近的陈家鱼塘，导致陈家鱼塘所有鱼全部死亡，直接财产损失为 18.5 万元。陈家在第一时间向当地环保局报案，环保局认为 A 化工厂污水事件构成了环境污染事故，作出了对 A 化工厂予以行政处罚的决定，对其罚款 5 万元。同时，环保局对 A 化工厂因污染导致陈家受到的损失进行调解。A 化工厂同意补偿 4.5 万元。陈家为了获得恢复生产的资金，同时害怕不同意后拿不到任何补偿款，并陷入长期的诉讼纠纷当中，于是同意了该调解协议。但事后，A 化工厂认为环保局的处罚决定有误并向法院提起了诉讼，而陈家也向法院提起了诉讼，认为 A 化工厂应当赔偿其全部损失。

思考：

1. 发生纠纷的双方可以用哪几种方式解决纠纷？
2. 民事纠纷以什么来判断？它与行政纠纷有什么不同？
3. 起诉时纠纷性质的判断和案由对诉讼进程会有什么样的影响？

第一节　民事纠纷与民事纠纷解决机制

一、民事纠纷

（一）民事纠纷的概念

所谓民事纠纷，是指民事主体基于各种原因对民事权益状态或民事权利归属的认识不一致所产生的矛盾。民事纠纷，又被称作民事争议或民事冲突，是法律纠纷和社会纠纷的一种，包括婚姻家庭、继承纠纷，人格权纠纷，知识产权与竞争纠纷，合同、无因管理、不当得利纠纷，劳动争议、人事争议纠纷，海事海商纠纷，与公司、证券、保险、票据等有关的民事纠纷，侵权责任纠纷及特别程序权利保护纠纷等。更具体来讲，涉及合同纠纷、离婚纠纷、隐私权纠纷、海损事故纠纷、货物买卖纠纷、房屋租赁纠纷、山田水利纠纷、森林草原使用权的归属纠纷等。

对民事纠纷的界定是民事诉讼程序救济的前提和基础，只有明确了纠纷的性质属于何种民事纠纷，其案由是什么，才能决定依照何种程序和请求权来救济，并依照该程序和实体法的要求准备证据，来支持自己的权利主张。

（二）民事纠纷的特点

1．民事纠纷主体法律地位的平等性

这一特点来源于民事主体的平等性，无论是国内的公民之间或法人之间产生的纠纷，还是中、外的公民之间或法人之间出现的纠纷，纠纷主体相互间不存在命令服从、上下级隶属关系。同时，在法律上平等地享有权利和承担义务。

2．民事纠纷内容的特定性

民事纠纷内容指的是民事权利义务之争，即财产权利义务之争和人身权利义务之争。民事纠纷从性质上说尚未激化为行政违法、刑事犯罪，它不同于刑事犯罪，也不同于行政纠纷。

3．民事纠纷的可处分性

民事纠纷主体的平等性和内容的特定性，决定了主体对内容的可处分性。基于不同的理由，除涉及社会公共利益之外，民事主体既可以行使权利，也可以让渡权利。

二、解决民事纠纷的机制和途径

在我国，解决民事纠纷的方式有下列四种：和解、调解、仲裁、诉讼。

（一）和解

和解，即当事人双方自行协商解决，又称为“自力救济”。这种纠纷解决机制具有非常灵活的特点。在现实当中，对于一些邻里之间、朋友之间、亲属之间的纠纷，运用和解的方式解决是比较适当的。通过协商解决纠纷，一方面可以使问题得到很好的解决，另一方面还可以不伤害纠纷双方的感情。例如，邻居家的小孩来家中玩，不小心把家中一个价值几百元的花瓶打碎了。这时就可能出现纠纷，从法律的角度来讲就形成了一个民事上的损害赔偿关系。对于这种纠纷，在一般情况下，邻居会主动提出赔偿，这就是和解的方式。如果双方达成和解，邻居进行了赔偿，受损害方的利益得到了补偿，那么问题不但得到了解决，而且双方之间的感情也不会受到伤害。当然，其缺点同样也是显而易见的，在问题得不到解决的情况下，容易引发暴力并派生其他争议。

（二）调解

调解，是社会救济的一种，即纠纷当事人之外的第三者依据一定的社会规范（习惯、道德、法律等），在纠纷主体之间沟通信息，摆事实、讲道理，促成纠纷主体相互谅解、妥协，从而达成最终解决纠纷的合意的行为。调解与和解相比，其不同点就在于调解是由第三人居中进行的，第三人参与到纠纷解决中来，有可能是第三人主动参加的，也有可能是双方当事人邀请其参加的。与和解相比，这种纠纷解决机制由于有第三者的参加可能更方便，也更有利于纠纷的解决。例如，在一些民事纠纷中，纠纷双方都想尽快解决纠纷，但是双方都不想直接向对方提出来，这样就可以邀请一个第三方，由他来为双方沟通信息，达到最终解决纠纷的目的。用化学中的一个术语来概括，第三者就是起到了“催化剂”的作用。我国现阶段的调解制度，主要是指由人民调解委员会调解民事主体之间的纠纷，这被西方人士称为“东方经验”。2011 年 1 月 1 日起实行的《中华人民共和国人民调解法》（以下简称《人民调解法》）以国家立法的形式对人民调解的性质、任务和原则，调解组织形式和调解员的人选，调解的程序、效力等问题作出了规定。除此之外，还有机关、企业事业单位、公民等居中进行的调解。另外需要强调的是，无论是和解还是调解达成的协议，只能依靠纠纷双方自觉履行，没有强制执行的效力。

（三）仲裁

仲裁，即在仲裁庭的主持下，在民事纠纷双方当事人的参与下，依法对民事纠纷居中审理，并制作确定的法律文书，以平息冲突的方法。仲裁也是一种社会救济方式，属民间性质。仲裁的基础是当事人的合意。也就是说，提交仲裁必须以双方当事人同意为前提，否则，当事人不能在纠纷发生时以仲裁的方式解决纠纷。在通常情形下，对实体法的选择、仲裁庭成员的选任等都是由当事人以自己的意志进行的。但是仲裁与和解、调解相比最重要的一点区别是，仲裁裁决一经作出，对纠纷主体双方就会产生拘束力，仲裁裁决既不能申诉也不能上诉。仲裁的最大特点是快速、简便。随着国家法制的日益健全，仲裁越来越受到人们的青睐。但是，仲裁作为纠纷的处理方式之一有其局限性。仲裁在我国目前只适用于合同领域，其适用的前提是当事人必须在事前存在仲裁协议，并有效地选择了仲裁机构。另外，诸如继承、婚姻、侵权等纠纷不能仲裁。

（四）诉讼

民事诉讼，即老百姓所讲的“打官司”。相对于人民调解委员会调解、当事人自我平息、单位（或部门、社区）处理和仲裁机制而言，民事诉讼是典型的公力救济形式。这种公力救济的最大特点是具有法律强制性。诉讼是处理民事纠纷最有效的手段，也是最后的手段。因此，国家对诉讼的主体、程序、制度等作出了严格的规定。

诉讼中的调解也是审判工作的组成部分，法院必须依照法定的程序进行调解，调解结果具有确定力和既判力，当事人必须执行，否则当事人可以直接申请法院强制执行。这也是法院调解与民间第三人调解和和解的不同之处。

以上四种解决民事纠纷的机制，可以分成三类：第一类是自力解决机制，也叫自力救济，即和解方式；第二类是社会解决机制，也叫社会救济，即调解和仲裁方式；第三类是公力解决机制，又叫公力救济，即诉讼方式。与仲裁和诉讼相比，和解与调解所花费的成本相对要小一些。在现实生活中，这三类解决机制均具有重要的作用。

三、实务中当事人对纠纷解决机制的选择

从现实生活的角度思考，在选择运用何种纠纷解决机制的时候，应当综合考虑多方面的因素，如金钱、时间、效益、情感、可能的影响等。

打官司有诉讼费、律师费等金钱开支，另外还要付出大量的时间，即使胜诉，还要面临对方当事人的履行能力、“执行难”等一系列问题。用经济学中的成本和效益原理来分析，可能并不经济。所以，从某种角度来说，用和解或调解的方式来解决较小的、关系简

单的民事纠纷可能是一种比较经济的方式。

而对于比较复杂的商事纠纷，仲裁则可能是一种比较好的选择。如果不计成本，从社会的公平正义角度来说，诉讼则是最后的正义保障。

从中国人的情感角度来看，和解或调解可能更符合中国人的情感习惯，大事化小，小事化了，这两种方式对于处理一些涉及亲属关系、邻里关系的案件是比较合适的。

因此，在现实生活中，我们究竟选用何种方式来解决纠纷，需要综合考虑各方面的因素，不能一概而论。

近年来，由于诉讼爆炸等原因，使得诉讼不堪重负。而民事诉讼以外的解决纠纷的机制，由于简便、迅速又经济，在美国、日本等国广受欢迎，其中调解和仲裁是其典型的处理方式。当前很多公司也在合同中约定，以仲裁作为纠纷处理方式，减少诉讼可能对公司带来的成本及其他影响。

第二节　民事诉讼与民事诉讼法

一、民事诉讼

（一）民事诉讼的概念

所谓民事诉讼，是指国家为维护公民、法人和非法人团体的民事权益，在当事人和除当事人之外的全体诉讼参与人的参加下，人民法院依法审理和解决民事纠纷及强制执行生效法律文书的活动。

民事诉讼有狭义和广义之分。狭义的民事诉讼专指民事案件的审理和判决过程，不包括生效判决的执行阶段。广义的民事诉讼不但包括案件的审理和判决阶段，而且包括生效判决的执行阶段。现阶段我国的民事诉讼属于广义的概念。

（二）民事诉讼的特点

1. 公力性

民事诉讼活动在国家审判权力介入之下，通过国家的司法程序对民事纠纷进行解决。其他的民事纠纷解决机制并没有公权力的介入。

2. 规范性

民事诉讼活动必须依法进行，一是依照民事实体法，二是依照民事程序法。与民事诉讼相比，其他民事纠纷解决机制的规范性都没有如此严格。即便是仲裁程序，虽然也要遵守一定的规则，但与民事诉讼相比，其依据的规则还是比较灵活的。

3. 阶段性

根据民事诉讼法的规定，民事诉讼活动分为一审阶段、二审阶段、执行阶段和审判监督阶段。在这当中又细分为起诉阶段、法庭准备阶段、开庭审理阶段、制作和宣告判决阶段等。在民事诉讼中，每一阶段都有严格的期间规定。

二、民事诉讼法

（一）民事诉讼法的定义

民事诉讼法，就是国家制定或者认可的，用以调整法院同诉讼参与人的诉讼活动和诉讼关系的法律规范的总称。通俗地讲，民事诉讼法是对民事诉讼活动的规范。制定民事诉讼法就是为了保证民事诉讼的顺利进行，以解决民事纠纷。

（二）民事诉讼法与相邻部门法的关系

1. 民事诉讼法与民事实体法的关系

民事实体法包括民法、婚姻法、继承法、经济法等。民事实体法分别规定了民事法律关系主体在相关领域中的实体权利义务。民事诉讼法是民事程序法，规定了民事案件审理的程序、制度和民事诉讼主体在诉讼中的程序权利义务。因此，民事诉讼法与民事实体法的关系，是形式与内容、保障与被保障的关系。但是需要注意的是，民事诉讼法并不从属于民事实体法，民事诉讼法是程序法，坚持程序正义，是独立的部门法。

2. 民事诉讼法与人民法院组织法的关系

民事诉讼法与人民法院组织法都共同服务于人民法院的审判活动，但是两者又有着明显的不同。人民法院组织法主要规定人民法院的组织原则和活动细则，民事诉讼法主要规定民事案件审理过程中所应遵守的原则、制度和程序，除了规范法院的审判活动之外，还对在审判中纠纷双方的权利、义务及活动进行规范。因此，两者调整的对象不同，属于不同的部门法。人民法院审判民事案件，既要遵守民事诉讼法的规定，又要遵守人民法院组织法的规定。

3. 民事诉讼法与刑事诉讼法、行政诉讼法的关系

民事诉讼法与刑事诉讼法、行政诉讼法同属于程序法，都是法院行使审判权应当遵守的原则、制度和程序，因此三者之间存在很多共同点，如三大诉讼法都实行两审终审制等。但由于三者适用于不同类型的案件，因而三者在诸多方面又存在差异：一是这三类诉讼法所规定的具体制度不同，举证责任不同。二是这三类诉讼法所实现的目的、任务不同。民事诉讼法是为了救济法律主体的民事权利；刑事诉讼法是为了维护国家的社会秩序不被破坏，保护公民维护社会秩序；而行政诉讼法与依法行政是分不开的。

（三）民事诉讼法的体系

《中华人民共和国民事诉讼法》（以下简称《民事诉讼法》）是按照编、章、节、条、款、项的体系结构编制的，共四编 27 章 284 条。第一编总则；第二编审判程序；第三编执行程序；第四编涉外民事诉讼程序的特别规定。总则主要是民事诉讼中的一些基础的规定，包括原则、制度等；第二编、第三编则是分别对诉讼中两个主要阶段程序的规定；第四编属于比较特殊的内容，它主要涉及在涉外领域中民事诉讼的适用问题，与前三编的内容是有所重合的。

（四）民事诉讼法的性质和任务

1. 我国民事诉讼法的性质

（1）民事诉讼法是部门法。

在我国的法律体系中，民事诉讼法与宪法、民法、经济法、刑法等一样，是我国法律体系中一个独立的部门法。

（2）民事诉讼法是基本法。

民事诉讼法是以宪法为根据，结合我国民事审判工作的经验和实际情况制定的，是民事诉讼程序的基本法，是制定其他民事诉讼法律规范性文件的依据，也是民事诉讼中的各方当事人、其他诉讼参与人及人民法院应当遵守的活动准则。

（3）民事诉讼法是程序法。

与民法等民事实体法相对应，民事诉讼法是程序法。其主要的功能在于提供诉讼的程序规则，规范诉讼中各方诉讼主体的诉讼行为及司法行为。

2. 我国民事诉讼法的任务

所谓民事诉讼法的任务，是指民事诉讼法作为程序法所具有的功能，即制定和实施民事诉讼法应当达到的具体目的。根据《民事诉讼法》第 2 条的规定，我国民事诉讼法的任务可以概括为以下三项：第一，保护当事人行使诉讼权利。第二，保证人民法院正确行使审判权，及时审理民事案件。第三，教育公民自觉遵守法律，维护社会秩序、经济秩序，保障社会主义建设事业顺利进行。

三、我国民事诉讼法的效力

民事诉讼法的效力，是指民事诉讼法对什么人、对什么事、在什么空间范围和时间范围内有效。民事诉讼法的效力，也称民事诉讼法的适用范围。我国民事诉讼法的效力包括下述四个方面。

（一）对人的效力

民事诉讼法对人的效力，是指民事诉讼法对哪些人适用，即哪些人进行民事诉讼应当遵守我国的民事诉讼法。根据《民事诉讼法》第 4 条“凡在中华人民共和国领域内进行民事诉讼，必须遵守本法”的规定，我国民事诉讼法适用于下列人员和组织：中国公民、法人和其他组织；居住在我国领域内的外国人、无国籍人及在我国登记的外国企业和组织；申请在我国人民法院进行民事诉讼的外国人、无国籍人及外国的企业和组织。

（二）对事的效力

民事诉讼法对事的效力，是指人民法院审理哪些案件应当适用民事诉讼法的规定。《民事诉讼法》第 3 条规定：“人民法院受理公民之间、法人之间、其他组织之间以及他们相互之间因财产关系和人身关系提起的民事诉讼，适用本法的规定。”具体来说，人民法院适用民事诉讼法审理的案件包括以下几类：

第一，由民法调整的平等主体之间因财产关系和人身关系发生纠纷而引起的案件；

第二，由婚姻法调整的平等主体之间因婚姻家庭关系发生纠纷而引起的案件；

第三，由经济法调整的平等权利主体之间因经济关系发生纠纷而引起的案件；

第四，由劳动法调整的用人单位与劳动者之间因劳动关系发生纠纷而引起的案件；

第五，由其他法律调整的社会关系发生争议，法律明确规定依照民事诉讼程序审理的案件；

第六，由海商法调整的海上运输关系和船舶关系发生纠纷而引起的海事案件；

第七，适用民事诉讼法中特别程序、督促程序、公示催告程序等非民事权益争议案件。

（三）空间效力

民事诉讼法的空间效力（也叫对地的效力），是指适用民事诉讼法的地域范围。根据《民事诉讼法》第 4 条的规定，我国民事诉讼法在空间上的效力包括领土、领空、领海及领土的延伸部分（包括驻外使领馆、航行或停泊于国境外或公海上我国的飞行器和船舶等）。

（四）时间效力

民事诉讼法的时间效力，是指民事诉讼法的有效期间，即民事诉讼法发生效力和终止效力的时间。

法律的时间效力不溯及既往，这是自罗马法以来一直遵循的一条原则，民事诉讼法也不例外。但民事诉讼法生效前法院已经受理而尚未审结的案件，则应按照民事诉讼法规定的程序审理。

【课后习题】

一、思考题

1. 民事纠纷的解决机制有哪几种？

2. 广义的民事诉讼法与狭义的民事诉讼法的范围各是什么？应当怎样正确理解民事诉讼法的地位和作用？

3. 民事诉讼法与行政诉讼法有哪些主要区别？民事诉讼法与刑事诉讼法有什么联系？

4. 简述我国民事诉讼法的效力范围。

二、案例分析题

阅读下面的案例，并回答问题。

刘某习惯每晚将垃圾袋放在家门口，邻居王某认为会招引苍蝇并影响自己出入家门，王某为此与刘某多次交涉未果，王某意欲通过法律手段解决，但是对我国的民事诉讼法不甚了解。

问题：

1. 该纠纷属于何种性质的纠纷？

2. 王某可否申请仲裁？为什么？

3. 王某可以采取哪几种途径维护自己的合法权益？

4. 比较王某可以选择的各种权益救济途径的优缺点。

5. 上述案例说明了我国民事诉讼法的任务是什么？

【本章实务应用难点分析】

1. 民事纠纷的界定

是否为民事纠纷影响到是否能够以民事诉讼程序的方式进行权利保护和救济。在判断是否为民事纠纷时，法律人必须将目光在实体法和程序法之间进行审视。在程序法上，可以参照最高人民法院发布的《民事案件案由规定》，同时依照实体法的相关规定判断其法律关系、请求权的性质。如本章“案例导入”中的 A 化工厂不服环保局的处罚决定，是一项行政纠纷而非民事纠纷，因为 A 化工厂与环保局之间是行政法律关系，其请求权旨在撤销不恰当的行政处罚。而陈家因鱼塘受到 A 化工厂污水污染而产生的损害赔偿关系是民事法律关系，是平等主体之间发生的侵权请求权，因此其应当进入民事诉讼程序，依照《中华人民共和国侵权责任法》关于环境污染责任有关规定及其他法律规定请求权利保护，并依照《民事案件案由规定》中“水污染责任纠纷”来立案。

在界定民事纠纷时，需要注意实体法规范，但是并非任何实体法规定的都属于民事纠纷。如《中华人民共和国物权法》（以下简称《物权法》）规定了物权登记行为，但是如果不服物权登记机构的房屋登记行为及与查询、复制登记资料等事项相关的行为或者相应的不作为则是行政纠纷。因为《物权法》虽然规定了不动产物权登记的规则，规定登记机构错误登记行为给他人造成损害的，登记机构应当承担赔偿责任，依照实体法判断应当属于一项民事损害，应当依照民事诉讼程序进行救济。但是最高人民法院 2010 年已经出台了《关于审理房屋登记案件若干问题的规定》，对于不服登记机构的登记行为及其他行为采取的是行政救济的路径，而非民事救济的路径。

目前，我国有一些纠纷本身属于民事纠纷，但是需要前置程序处理后，才可以作为民事纠纷进入司法保护程序，如劳动纠纷，一般必须经过劳动仲裁委员会仲裁后，才能进入民事诉讼，否则法院不予受理。

2. 民事纠纷的界定与请求权的选择对诉讼中的权利义务的影响

请求权的竞合是权利保护模式必然发生的法律现象，在民法上存在合同请求权、侵权请求权、无因管理请求权、不当得利请求权、物权请求权之间的相互竞合的问题。我国法律允许当事人在一审前对请求权进行选择。例如，《中华人民共和国合同法》第 122 条规定："因当事人一方的违约行为，侵害对方人身、财产权益的，受损害方有权选择依照本法要求其承担违约责任或者依照其他法律要求其承担侵权责任。"当然，请求权的选择影响纠纷在民事领域的定性，从而影响诉讼前资料的准备及诉讼中的证明责任。如医院医生侵害患者权利的情形，如果依照合同纠纷立案，则其举证范围与依照医疗损害责任纠纷立案不同。

正确判断纠纷性质是进入诉讼程序的第一步，其不仅涉及对权利主张的实现，也涉及在以后诉讼程序中双方权利义务的配置规则。因而，对纠纷性质的内外界定不仅是法律性质的认定问题，也是诉讼及如何进行权利保护的策略问题，应当在诉讼前就引起足够的重视。

第二章　民事诉讼法的历史发展

【本章要点】

- 资本主义社会民事诉讼法的主要特征
- 社会主义国家民事诉讼法的特点
- 我国民事诉讼改革的主要内容

【案例导入】

四川阿坝羌族捞白石案

20 世纪 30 年代末，曲各西湖寨有一个地主，虽家有万贯却运气不好，丢了许多财物。他怀疑是陈某某等人偷的，但口说无凭，手无铁证。这个地主便要求陈某某等人与他一起在神灵前赌咒，然后大家从烧开的油锅里捞白石。若捞出白石手没有被烫伤便证明无罪，不然就是窃贼。结果，地主本人从油锅里捞白石时手没有被烫伤，陈某某从油锅里捞白石时，手也没有被烫伤，但陈某某的姨妈从油锅里捞出白石时，手却被烫伤了。于是，陈某某的姨妈就被认定是偷盗者。

资料来源：俞荣根．羌族习惯法．重庆：重庆出版社，2000：87.

思考：

此裁判方式产生的根源是什么？是否具有历史意义？

第一节　外国民事诉讼法的历史发展

一、奴隶社会的民事诉讼法

奴隶社会的民事诉讼法主要是弹劾式诉讼。弹劾式诉讼又称为控告式诉讼，这种诉讼模式在古埃及、古巴比伦、古希腊、共和时期的古罗马等施行。弹劾式诉讼的特征主要有下述几点。

（一）不告不理

弹劾式诉讼采取“没有原告就没有法官”的原则，法官不能依职权主动开始诉讼，启动诉讼的权利专属于当事人。

（二）当事人的诉讼地位平等

原、被告双方在纠纷解决的审判过程中诉讼地位平等，平等地享有诉讼权利、承担诉讼义务。原告在审判中可以提出自己的诉讼请求和事实理由，并可以提出支持其主张的证据。被告可以反驳原告的主张和理由，也可以提出相关的证据。原、被告之间在庭审中辩论、对抗。

（三）法官在诉讼中处于消极仲裁者的地位，诉讼的进行由当事人主导

诉讼材料、证据材料均由当事人自行收集、提供。举证责任由当事人承担，无论是原告还是被告，都应当就其主张的事实承担举证责任。传唤当事人也由当事人进行，在一方当事人拒不到庭的情况下，不是由法官传唤其到庭，而是由另一方当事人将其扭送至法庭。判决也是由当事人自行执行。法官不收集证据，仅依当事人提供的证据和当事人双方的法庭辩论情况作出裁判。

（四）审判采取公开审判的方式和言词审理的原则

整个法庭审理，从起诉至宣判都是公开进行的，允许案外人旁听。与公开审判相对应，法庭审理也以言词方式进行。当事人双方的陈述、主张、反驳都以口头形式进行，不使用书面形式。

（五）在证据制度方面，采取神示证据制度

在奴隶社会，人的认识能力低下，对自然界充满敬畏，自然界对人来讲充满神秘色彩。在当事人提供的证据不能证明案件事实时，法庭采取神灵裁判的方式作出判决，利用神灵的力量，通过各种方式证明当事人争议的案件事实。在各国的神灵裁判中，通常采用的方法有神誓、水审、火审、决斗。

奴隶社会的民事诉讼具有野蛮、迷信的特征，但它在一定程度上反映了原始的、朴素的正义思想。如不告不理、法官中立、当事人平等、公开审判和言词审理等，都在一定程度上为现代诉讼制度所继承。

二、欧洲中世纪的民事诉讼法

一般认为欧洲中世纪是指从罗马帝国解体到近代资本主义社会兴起之间的历史时期，在这漫长的时期中，不管是文化还是法律制度都无太大的进步，甚至可以说是倒退的。就民事诉讼制度而言，初期欧洲各国基本上采用弹劾式诉讼，后期受封建社会经济和政治制度的影响，才形成了独特的司法制度。该制度大体由三个体系构成：教会诉讼制度、采邑诉讼制度和商事诉讼制度。不过英国一直沿用弹劾式诉讼模式。

（一）教会诉讼制度

教会诉讼制度是教会审理民事案件所适用的诉讼制度。教会诉讼制度不仅吸收了罗马法的某些内容，而且吸收了日耳曼习惯法的一些做法。其基本特征有下述几点。

1. 法官主宰诉讼的整个过程，居于绝对的主导地位

当事人完全处于诉讼客体的地位，不享有任何诉讼权利，成为法官纠问的对象。

2. 书面审理

原告的起诉和被告的答辩都要使用书面形式，法官对当事人和证人的讯问、当事人对证人的询问也必须以书面形式进行。尽管法官不需要以书面形式表达其判决理由，但是判

决本身却必须采用书面形式。

3. 秘密审判和分散审判

秘密审判与公开审判相对，分散审判与集中审判相对。欧洲中世纪不仅审判不公开，而且不采取集中审理的原则。法官对当事人和证人的讯问是分别进行的，当事人也可以用书面的形式单独询问证人。

4. 法定证据制度

法律根据证据的形式，预先规定了各种证据的证明力的大小。法官只能根据法律的事先规定评价证据，而不能根据案件的具体情况和案件中各种证据的具体情形评价证据。例如，女子证言的效力是男子证言的一半，贵族证言的效力高于平民证言的效力，教士证言的效力高于非教士证言的效力等。

（二）采邑诉讼制度

采邑诉讼制度可分为封建式诉讼制度和庄园式诉讼制度，两者既有联系又有区别。

1. 封建式诉讼制度

封建式诉讼主要解决采邑中领主与其封臣之间的民事纠纷，适用的主要是封建法。在封建式诉讼中，由领主或其管家主持诉讼，但作出裁判的却是封臣或佃户。证明一般使用共誓涤罪法或决斗法。诉讼程序以口头、非正式的方式进行。若封臣对领主法院的裁判不满，可以向领主上级的领主法院上诉。

2. 庄园式诉讼制度

庄园式诉讼主要解决领主与农民之间的民事争议，适用的是庄园法。封建法调整的是封建贵族中领主与封臣之间的关系，而庄园法调整的是穷人与富人、统治者与被统治者之间的关系。在庄园诉讼中，庄园管家主持诉讼。庄园管家是领主的代言人，负责有关庄园管理方面的事务。其他庄园官员，如一般监管人、作物管理人、林木管理人、收租人等常常作为起诉人，对侵犯领主利益的人进行指控。法庭由庄园的全体成员组成，包括领主、管家和农奴。农奴不仅有义务参加法庭审理、作出裁判，而且有义务支付诉讼费用。

（三）商事诉讼制度

商事法院包括市场法院、集市法院、商人行会法院和城市法院。这些法院均是非专业的社会共同体法院。市场法院、集市法院和城市法院的法官由商人们从其中间选举产生，商人行会法院一般由行会首脑或其代表组成，并常有二至三名陪审员参加，陪审员由法官从商人中间选择。商事诉讼具有迅速和非正式的特点。集市法院的审判应在商人脚上的尘土抹掉之前审结；商人行会法院和城市法院的审判应在一天以内结束。由衡平法支配法庭审理，每个人都有机会全面地陈述意见，法官应按照良心和公平原则进行审判。

三、资本主义社会的民事诉讼法

资本主义政权建立以后，资产阶级在吸收罗马法合理内核的基础上，建立了体现自由、平等、民主的资本主义民事诉讼制度。

（一）资本主义社会民事诉讼法的发展概况

1806 年的法国《民事诉讼法》是第一部资产阶级民事诉讼法典，对其他国家的民事诉讼立法起到了一定的示范作用。出于对法国封建时期法官专横、武断的反对，1806 年的法国《民事诉讼法》采取了较为彻底的当事人主义。例如，以证据交换为主要内容的审前准备程序完全由当事人主持，这种情形必然带来诉讼的迟延。为了克服这种缺陷，法国从1971年开始对旧《民事诉讼法》予以改革，新《民事诉讼法》于1976年1月1日生效。其后1998年和1999年又对新《民事诉讼法》进行了两次修改。

1877年的德国《民事诉讼法》内容丰富、体系完整、概念精确，成为大陆法系国家民事诉讼立法的蓝本。1877年的德国《民事诉讼法》，既坚持法国《民事诉讼法》中确立的当事人主义，又强调了程序中的法官职权。例如，它把审前的争点整理和证据交换纳入审理阶段，采取边整理争点、边审理的做法，以期克服法国出现的诉讼迟延现象。

英国是判例法国家，长期以来都没有民事诉讼法典。1833年国会把制定法院规则的权力授予高级法院。《最高法院规则》制定于1965年，《郡法院规则》制定于1981年。有关民事诉讼制度的法律规范还有1844年的《执行法令》、1972年的《民事证据法令》、1982年的《民事管辖与裁判法令》等。在传统的民事诉讼中，当事人主导诉讼的进行，法官在诉讼中仅作为消极的裁判者。这种制度虽然尊重了当事人的诉讼主体地位，却导致了诉讼迟延和诉讼成本的增加，加大了人民利用司法的难度。1999年4月26日实施的《民事诉讼规则》，以加强法院的管理、强化法院的职权作为实现英国民事诉讼文化变革的基本手段。英国民事诉讼文化变革的根本目标，就是要大大变革对抗制的诉讼模式，强调各方当事人和律师之间的合作、公正和对事实的尊重。

在美国，1848年费尔德编纂的《纽约民事诉讼法典》是最早的民事诉讼法。该法废除了诉讼格式，在诉讼上不再区分普通法与衡平法，并对其他各州产生了影响。1938年联邦最高法院制定了《联邦民事诉讼规则》，该规则虽仅适用于联邦法院，但对州法院产生了很大的影响，许多州参照该规则制定了自己的规则。联邦最高法院又于1968年制定了《联邦上诉程序规则》，1975年公布了《联邦证据规则》。由于当事人滥用发现程序，导致诉讼迟延和诉讼成本增加，因此自20世纪80年代以来，美国开始了一系列的以加强法官对审前程序管理为内容的民事诉讼改革。1991年制定了《民事司法改革实施法令》，1993年最高法院对发现程序进行了修改，把证据开示设定为当事人的一项义务。当事人在向对方收集证据和信息之前，应先向对方提供自己享有的与请求有关的证据和信息。发现程序的称谓也因此改为开示程序。

（二）资本主义社会民事诉讼法的特点

1. 司法独立

在资本主义社会的民事诉讼中，司法独立包括两个方面：一是组织独立；二是法官独立。资产阶级的三权分立的思想和政治体制是法院独立的思想基础和政治基础，法院是独立于立法机关和行政机关之外的司法机关，独立行使司法权。

2. 辩论式诉讼

资本主义社会的民事诉讼制度废除了封建社会的纠问式诉讼，代之以民主、文明的诉讼制度。其中辩论式诉讼是诉讼制度的重要内容。按照国外民事诉讼法学者的论述，辩论式诉讼包含的主要内容有以下三项：（1）直接决定法律效果发生或消灭的必要事实必须在当事人的辩论中出现，没有在当事人的辩论中出现的事实不能作为判决的基础和依据；（2）法院应将当事人之间无争议的事实作为判决的事实依据；（3）法院对证据的调查只限于当事人双方在辩论中所提出来的事实。辩论式诉讼体现了当事人对法官的约束，尊重了当事人的意思自治和当事人的诉讼主体地位。

3. 当事人承担证明责任和提供证据的责任

在资本主义社会的民事诉讼中，按照法官中立的要求，法官一般不依职权主动地调查收集证据。证据收集与提供的责任主要由当事人承担，当事人同时应承担案件的证明责任。

4. 自由心证

自由心证是指证据的取舍、证明力的大小和案件事实的认定，均由法官根据自己的良心、理性自由判断，并形成确信的一种证据制度。资本主义社会的民事诉讼法确立了自由心证的证据制度。按照自由心证制度，直接参加法庭审理的法官通过言词审理，根据自己的理性、知识、经验和良心，结合当事人的法庭辩论，对当事人提供的证据的证据能力和证明力自由判断。如果法官认为当事人提供的证据及当事人的证明达到了法律规定的证明标准，法官即可以确信当事人主张的事实存在，并可以作出支持当事人主张的裁判。在当事人的证据及证明没有达到证明标准的情况下，法官则可以在确信当事人主张的事实不存在的基础上，作出驳回当事人请求的裁判，或者按照证明责任的规定作出裁判。

四、社会主义国家的民事诉讼法

通过1917年的十月革命，俄国建立了世界上第一个社会主义政权——苏维埃社会主义联邦共和国。1923年7月7日，第十届全俄中央执行委员会第二次会议通过的苏维埃《民事诉讼法》，是第一个社会主义国家的民事诉讼法，它也成为以后各社会主义国家民事诉讼立法的蓝本，其基本原则和制度对其他国家的立法产生了深远的影响。例如，1950年9月30日波兰《民事诉讼法》，1950年10月25日捷克斯洛伐克《民事诉讼法》，1952年2月8日保加利亚《民事诉讼法》等。社会主义国家的民事诉讼法的特点主要有下述几点。

（一）坚持人民审判的原则

人民审判是“巴黎公社”提出的社会主义审判原则，苏维埃《民事诉讼法》体现并贯彻了这一原则。人民审判的原则包含两个方面的内容：其一是法官由选举产生；其二是人民陪审。

（二）以事实为根据，以法律为准绳

社会主义国家的民事诉讼法几乎无一例外地都以客观真实作为民事诉讼的基本原则和民事诉讼的最高理念。

（三）法院享有较大的权力

法院在诉讼的过程中享有较大的权力，当事人的诉讼主体地位没有得到充分体现。法院可以在当事人提供的证据之外，主动地依职权调查收集证据，而不受当事人主张和举证的限制。在法院与当事人的相互关系方面，当事人在某种程度上成了纠问的对象。

（四）处分原则和国家干预原则相结合

社会主义国家的民事诉讼法在规定处分原则的同时，规定了国家干预原则作为处分原则的重要补充。国家干预原则是苏维埃的处分原则和辩论原则的重要因素，从而把这些原则与资产阶级的处分原则和辩论原则区别开来。引入国家干预原则的思想基础，是国家利益、集体利益和个人利益在根本上是一致的思想，以及社会主义国家不承认私法的法哲学思想，个人利益与社会利益和谐地相结合。在苏维埃的民事诉讼中，双方当事人的积极性

与检察长的积极性、与苏维埃法院的积极性和主动性，也是和谐地结合在一起的。国家干预原则主要体现在这几个方面：其一，法院全面、广泛地干预民事案件的解决，法院审理案件可以不受当事人主张的范围的限制；其二，法院可以依职权积极主动地查明全部案件事实，并在此基础上作出裁判，以达到维护国家利益的目的。除此以外，检察院在民事诉讼中扮演着重要的角色。在苏联的民事诉讼中，检察长不仅作为法律监督机关对民事诉讼程序进行监督，而且检察长有权以起诉的方式开始案件，为了保护国家和劳动人民的利益，在必要时检察长可以在诉讼的任何阶段参加诉讼。

第二节　中国民事诉讼法的历史发展

一、旧中国的民事诉讼法

在中国古代，民事诉讼、刑事诉讼是两个不同的概念。审理民事案件被称为“断讼”，审理刑事案件被称为“断狱”。在整个中国法制史的各个历史时期，民事诉讼有其不同的特点。

（一）奴隶社会的民事诉讼制度

我国在奴隶社会就有了自己的民事诉讼制度。《周礼》有“以两造禁民讼”“以两剂禁民狱”之记载。按郑玄注：“讼，谓以财相告者”“狱，谓相告以罪名者”。但总体上奴隶社会的民事诉讼与刑事诉讼基本上是混合在一起的，两者的相同之处远多于两者的区别。我国奴隶社会民事诉讼的主要特点有以下几点。

1. 没有成体系的司法机关

国王享有最高审判权，在国王之下的中央机关中，行使司法权的是商朝的司寇和周朝的大司寇。商、周时期在地方还设有行使司法权的地方司法机关，如周朝的乡士、遂士、県士等。但是他们在兼审民事和刑事案件的同时，并没有从地方行政机关中独立出来。

2. 当事人自行起诉

轻微的案件以口头形式起诉，重大的案件以书状起诉。当事人起诉有严格的等级限制，如奴隶不能起诉奴隶主，妻子不能起诉丈夫等。

3. 言词审理

当事人双方均须到庭，但贵族可以请代理人代理诉讼而不需要亲自出席。法官采取“五听”的讯问方法，即“以五声听狱讼，求民情，一曰辞听，二曰色听，三曰气听，四曰耳听，五曰目听”。

4. 证据制度方面采取刑讯逼供和神灵裁判的方法

为了获得口供，可以随意动用酷刑，即“以五刑听万民之狱讼”。在通过口供及其他的证据方法不能证明案件事实的情况下，采用神灵裁判的方法裁判案件。

（二）封建社会的民事诉讼制度

在我国漫长的封建社会中，民事诉讼制度和其他法律制度并没有像西方一样与刑事诉讼分离。另外，整个封建社会时期的诉讼法律制度具有趋同性。虽然不同的朝代有不同的特点，但是总体上的特征没有多大的变化。我国封建社会民事诉讼制度的特征如下。

1. 礼法合一

我国封建社会以礼、法共同指导和规范民事诉讼。无论是审判官吏还是当事人都要接受礼、法的制约。

2. 刑民合一

刑事诉讼和民事诉讼在程序和运作方面大体相同，同时民事案件带有浓重的刑事色彩，民事案件的当事人常被施以刑罚。

3. 司法和行政合一

除了中央设有专门的司法机关之外，地方司法机关都设在地方行政机关内部，是行政机关的一部分。地方司法机关审理案件，解决刑事、民事纠纷的活动被认为是行政活动的特殊方式，而不是独立于行政活动的司法行为。

4. 纠问式诉讼

在封建社会各朝代都施行的纠问式诉讼中，审判人员主导整个诉讼程序，甚至可以采用特殊的审判方法来查明案件。如《唐律》规定的审讯方法有木审制和拷讯制。

5. 一审终审

民事案件绝大多数由基层审判机关自行审理、判决及执行，且多为一审终审，判决一经作出即产生法律效力。法律一般都规定当事人对判决不服的，可以上诉。但是，就现代上诉制度来看，中国古代法律中的上诉并非现代意义上的上诉，而是现代法律中的申请再审，属审判监督制度范畴。

（三）我国近代的民事诉讼制度

1. 我国近代民事诉讼制度发展概况

1840年鸦片战争以后，西方资本主义列强凭借坚船利炮轰开了清朝闭关锁国的大门，清政府被迫开始吸收、学习西方先进的技术、思想和法律制度。在这样的背景下，由沈家本主持，于1906年编成了《大清刑事民事诉讼法（草案）》，但由于该法违背封建社会的基本原则，遭到清政府的否决。1911年初以德国《民事诉讼法》为蓝本，并参考日、奥等国《民事诉讼法》，沈家本完成了《大清民事诉讼律草案》，但因清朝的灭亡，该草案未得以审议颁行。孙中山建立的中华民国临时政府并未制定单独的民事诉讼法。北洋政府大量援用了清末颁布的民事诉讼法，1921年对《大清民事诉讼律草案》加以修改，改名为《民事诉讼条例》。国民党政府先后于1931年和1935年制定了两部“民事诉讼法典”。1935年制定的“民事诉讼法典”在1945年经过修改以后，现在仍在我国台湾地区使用。

2. 我国近代民事诉讼制度的内容

（1）司法独立和当事人平等；

（2）证据制度方面采取自由心证原则；

（3）采用当事人主义的审判模式；

（4）在审级制度方面，清末采用四级三审制。

二、新民主主义时期的民事诉讼法

新民主主义革命时期，由于历史条件的限制，各革命根据地政权并没有制定民事诉讼法典。尽管如此，各革命根据地、解放区的人民政府大都根据情况，因地制宜地制定了一些单行的民事诉讼方面的法规和含有民事诉讼法规范内容的法律。如1932年公布的《中华苏维埃共和国裁判部暂行组织及裁判条例》、1934年公布的《中华苏维埃共和国司法程序》和1943年公布的《陕甘宁边区军民诉讼暂行条例》，规定了民事诉讼程序制度的若干问题。此外，这个时期还制定了一些专门的民事诉讼法规。如1943年公布的《晋冀鲁豫边区工作人员离婚程序》和《晋冀鲁豫边区民事上诉须知》等。各根据地、解放区的人民政府为了适应开展群众性调解工作的需要，还制定了不少调解法规。如1941年4月18日山东省人民政府颁布的《山东省调解委员会暂行组织条例》、1942年3月1日晋西北行政公署颁布的《晋西北村调解暂行办法》、1943年陕甘宁边区人民政府颁布的《陕甘宁边区民刑事案件调解条例》等。

新民主主义时期虽然没有形式意义上的民事诉讼法，但实质意义上的民事诉讼法却十分丰富。其主要内容有：

（1）初步建立了系统的司法机关；

（2）废止刑讯，重证据，不轻信口供；

（3）公开审判；

（4）合议和陪审；

（5）两审终审；

（6）巡回审判；

（7）调解。

三、新中国的民事诉讼法

新中国成立以后，1950年12月中央政府法制委员会即草拟了《中华人民共和国诉讼程序通则（草案）》（以下简称《诉讼程序通则》），内容包括管辖、审判、执行等一系列的诉讼程序问题。《诉讼程序通则》采用了民事诉讼与刑事诉讼合一的体例，但该法案未公布施行。1951年9月中央人民政府颁布了《中华人民共和国人民法院暂行组织条例》和《中华人民共和国人民检察署暂行组织条例》，确立了审判和检察活动的基本原则和制度，并对检察院参加民事诉讼的问题作了规定。1954年全国人民代表大会相继颁布了《中华人民共和国宪法》和《中华人民共和国人民法院组织法》，确立了法院的活动原则、组织原则和制度。最高人民法院在总结审判经验的基础上，还于1956年10月制定了《关于各级人民法院民事案件审判程序总结》（以下简称《民事案件审判程序总结》），内容包括接受、审理案件前的准备工作、审理、裁判、上诉、再审和执行七个部分。《民事案件审判程序总结》是新中国成立以后制定的第一个系统的有关民事诉讼的法律规范。1957年最高人民法院在《民事案件审判程序总结》的基础上制定了《民事案件审判程序（草案）》，1963年最高人民法院在第一次全国民事审判工作会议上，又提出了《最高人民法院关于民事审判工作若干问题的意见》，作为《民事案件审判程序总结》的补充。《最高人民法院关于民事审判工作若干问题的意见》第一次提出了“调查研究，就地解决，调解为主”的民事审判工作的十二字方针。1964年最高人民法院在向第三届全国人民代表大会所做的工作报告中，又将其发展为“依靠群众，调查研究，调解为主，就地解决”的十六字方针。

十一届三中全会以后，社会主义民主和法制建设进入一个新的发展阶段。1979年2

月，最高人民法院在第二次全国民事审判工作会议上，提出了《人民法院审判民事案件程序制度的规定（试行）》，为《民事诉讼法》的制定与颁布奠定了基础。1979 年全国人民代表大会常务委员会法制委员会成立了《民事诉讼法》起草小组，开始《民事诉讼法》的制定工作。起草小组在广泛征求意见的基础上，历经多次修改，制定了《中华人民共和国民事诉讼法（试行）》。该法于 1982 年 3 月 8 日颁布，1982 年 10 月 1 日实施。《中华人民共和国民事诉讼法（试行）》是我国第一部社会主义的民事诉讼法典，其颁布标志着新中国的民事诉讼立法进入了一个新阶段。

《中华人民共和国民事诉讼法（试行）》颁布以后，全国人民代表大会陆续制定了《中华人民共和国民法通则》（以下简称《民法通则》）等一系列重要的民事法律。一方面，新制定的法律需要在《民事诉讼法》中作出与之衔接配套的规定；另一方面，人民法院在审判实践中积累了不少司法经验，也需要对试行的《民事诉讼法》作相应的补充修改。因而从 1988 年起，全国人大常委会法制工作委员会开始组织人员，对试行的《民事诉讼法》进行修改。新《民事诉讼法》于 1991 年 4 月 9 日由第七届全国人民代表大会第四次会议通过，并于同日实施。

新《民事诉讼法》对试行的《民事诉讼法》的修改，主要体现在以下几个方面：（1）增加了诉讼代表人制度、协议管辖制度、督促程序、公示催告程序和企业法人破产还债程序等。（2）把保障、便利当事人行使诉讼权利作为民事诉讼法的新任务。（3）加强了对法院审判的监督。例如，扩大了对裁定的上诉范围，规定对不予受理和管辖权有异议的裁定可以上诉；增加了申请再审这一审判监督的发动方式。（4）充实了涉外民事诉讼法的规定。例如，扩充了涉外管辖的内容，增加了默示管辖和专属管辖；对司法协助作了具体的规定，具体规定了我国涉外仲裁机构裁决申请执行的问题。（5）增加了强制措施的内容，丰富了执行手段。例如，对妨碍人民法院调查取证的有关单位予以相应的法律制裁；规定法院在执行中有权发出搜查令，有权命令被执行人加倍支付迟延履行期间的债务利息，或支付迟延履行金。（6）扩大了民事诉讼法的适用范围，调整了民事诉讼法的基本原则。例如，将调解自愿合法原则作为民事诉讼法的基本原则，取消了巡回审理、就地办案的原则。

四、新中国民事诉讼制度的改革

（一）一系列司法解释的颁布

1991 年 4 月 9 日以后，《民事诉讼法》作为指导人民法院的民事审判和诉讼参与人参与诉讼的基本法律规范，发挥了巨大的作用。但随着党的十四大的召开和社会主义市场经济体制的提出，人们的价值观念和诉讼观念发生了较大的变化。同时，对外学术交流的增加，也使民事诉讼法学界和民事诉讼实务界对民事诉讼有了更加科学的认识。在此基础上，最高人民法院陆续颁布了一些司法解释，如 1998 年《关于人民法院执行工作若干问题的规定（试行）》（以下简称《执行规定》）、1998 年《最高人民法院关于民事经济审判方式改革问题的若干规定》、2001 年《最高人民法院关于民事诉讼证据的若干规定》（以下简称《民诉证据的若干规定》）等。这些司法解释反映了中国民事诉讼制度的改革历程和改革成果。民事诉讼制度改革的主要内容体现为证据制度改革。证据制度改革是整个民事诉讼制度改革的突破口，我国民事审判方式的改革也是以此作为切入点的。因此，最高人民法院关于民事审判方式改革的司法解释无一例外地都将证据制度改革作为重要内容。例如，《最高人民法院关于民事经济审判方式改革的若干规定》专门规定了当事人举证和法院调查收集证据的问题，《民诉证据的若干规定》更是对证据制度的内容作了全方位的规定。证据制度改革的内容主要包括以下四个方面。

1. 明确规定了民事诉讼中的证明责任问题

《民诉证据的若干规定》第 2 条规定：当事人对自己提出的诉讼请求所依据的事实或者反驳对方诉讼请求所依据的事实有责任提供证据加以证明。没有证据或者证据不足以证明当事人的事实主张的，由负有举证责任的当事人承担不利后果。

2. 限制了人民法院调查收集证据的范围

根据《民诉证据的若干规定》的精神，人民法院一般不能以职权主动地收集证据，只有在法律规定的情形下，法院才可以以职权调查收集证据。这些情形包括：其一，涉及可能有损国家利益、社会公共利益或者他人合法权益的事实；其二，涉及依职权追加当事人、中止诉讼、终结诉讼、回避等与实体争议无关的程序事项。

3. 在证据的审核认定方面，最高人民法院的司法解释提出了审核认定证据的新原则

《民诉证据的若干规定》第 64 条规定：审判人员应当依照法定程序，全面、客观地审核证据，依据法律的规定，遵循法官职业道德，运用逻辑推理和日常生活经验，对证据有无证明力和证明力大小独立进行判断，并公开判断的理由和结果。

4. 将原来的随时提出主义改为限时提出主义

《民诉证据的若干规定》第 34 条规定：当事人应当在举证期限内向人民法院提交证据材料，当事人在举证期限内不提交的，视为放弃举证的权利。

（二）第一次修改

2007 年全国人大常委会对施行十多年之久的《民事诉讼法》进行了修改，此次修改在于解决《民事诉讼法》实施多年来出现的主要问题和主要矛盾，即再审和执行问题。具体而言，此次修改的内容如下。

1. 规范再审程序，以解决申诉难的问题

此次修订一方面增加了再审的理由，另一方面规定了再审的受理程序。法院收到当事人的再审申请，必须在 3 个月内进行审查。另外，此次修订增设了人民检察院必须抗诉的情形，以加强人民检察院对人民法院审判监督的作用。

2. 修改了执行的一些规定，以解决执行难的问题

为解决执行难的问题，此次修订一方面将申请执行的期间扩大到两年，同时适用时效中止、中断；另一方面加大了对执行保障制度的规定，具体体现在：（1）妨碍诉讼行为的罚金提高，对公民的处罚金额由原来的 1 000 元以下提高到 1 万元以下，对单位的罚款金额，为人民币 1 万元以上 30 万元以下。（2）增设了执行的期限和上级人民法院的监督制度。人民法院应当在 6 个月内执行，未执行的当事人可向上级人民法院申请执行。（3）增设未完成法律文书确定义务的被执行人财产报告制度，以规制被执行人隐匿财产、逃脱执行的行为。（4）增设司法建议制度和对被执行人的社会监督制度，以保障被执行人履行判决。

3. 删去第十九章“企业法人破产还债程序”

删去第十九章“企业法人破产还债程序”，将破产程序的内容完全由破产法来规制。

（三）第二次修改

2012 年 8 月 31 日，第十一届全国人大常委会第二十八次会议表决通过了《关于修改〈民事诉讼法〉的决定》。新修正的《民事诉讼法》于 2013 年 1 月 1 日起实施。这是《民事诉讼法》自 1991 年实施以来的第二次修改，本次修改是对《民事诉讼法》的进一步完善。此次《民事诉讼法》修改的主要内容包括七个方面：完善调解与诉讼相衔接的机制；进一步保障当事人的诉讼权利；完善当事人举证制度；完善简易程序；强化法律监督；完善审判监督程序；完善执行程序，同时也新增了公益诉讼、小标的额一审终审等制度。

【课后习题】

一、思考题

1. 西方封建社会民事诉讼制度的特点有哪些？
2. 西方资本主义社会民事诉讼制度的特点有哪些？
3. 社会主义国家民事诉讼制度与资本主义国家民事诉讼制度有哪些区别？
4. 我国现行《民事诉讼法》的修改及相关司法解释的出台体现了我国民事诉讼改革的哪些特点？

二、案例分析题

阅读下面的案例，并回答问题。

明洪武二十八年（1395 年），某村村民王甲将自家养的一只山羊卖给同村的王乙。在双方交易时，王甲不知山羊已怀有羊羔，而常年贩卖家畜的王乙通过观察已知王甲的山羊怀有羊羔，但是他并没有提醒王甲。交易完成几个月后，王甲得知这一情况，找到王乙要求取消交易，或者王乙交回羊羔，王乙不同意，双方发生纠纷。王甲找到同村的秀才王丙，请求他给写个状子，要将王乙告上县衙。王丙告诉王甲，像这种小事县衙不会受理，应交给本村的里老来处理。王甲说里老是王乙的本家叔叔，怕他不能公正处理，坚持要到县衙理论。王丙无奈只得给王甲写好了状子。王甲拿着状子到县衙告状。县官告诉王甲这种小事找里老处理即可，将王甲训斥一顿，命令衙役将王甲赶出县衙。

问题：

通过此案试比较古代诉讼制度与现代诉讼制度的法律精神和功能。

第三章 民事诉讼法律关系

【本章要点】

- 民事诉讼法律关系的特点
- 民事诉讼法律关系的构成要素
- 民事诉讼法律关系的基本概念

【案例导入】

张某与飞天房地产开发公司签订了一份房屋买卖合同。飞天房地产开发公司依约将位于天意写字楼中的房屋交付张某后，张某将房屋出租给红都文化公司，红都文化公司找了绿源装潢公司对房屋进行装修。之后，红都文化公司发现所承租的房屋内气味极其难闻，致使其员工无法正常工作，同时房屋屋顶多处漏水。经过多次交涉未果，红都文化公司将张某、飞天房地产开发公司和绿源装潢公司起诉到人民法院。

思考：

1. 本案中涉及哪些民事法律关系？
2. 民事法律关系与民事诉讼法律关系是否有区别？两者有何联系？

第一节 民事诉讼法律关系概述

一、民事诉讼法律关系的概念与特点

所谓民事诉讼法律关系，是指在民事诉讼中，人民法院与当事人及除当事人之外的所有诉讼参与人之间发生的受到民事诉讼法调整的社会关系。

民事诉讼法律关系的特点有以下几点：

第一，民事诉讼当事人是民事诉讼法律关系的主体。在整个诉讼过程中，原告与法院、被告与法院之间始终会形成一定的、并受到民事诉讼法调整的社会关系。而其他的诉讼参与人（包括证人、鉴定人、翻译人员等）就不同了，这些人员并不是在每一次具体的诉讼当中都存在的。但是，作为民事诉讼当事人的原告与被告，在每一个具体的案件当中都是存在的。民事诉讼法律关系开始于原告向法院递交起诉状，经过法院审查认为合格以

后，法院受理原告的起诉，则原告与法院之间发生了诉讼法律关系；人民法院受理原告的诉状后，必须向被告送达起诉书副本，被告收到起诉书副本后，一般要向法院提交答辩状，于是，被告与法院之间也发生了诉讼法律关系。这些诉讼法律关系是发生在民事诉讼之中的，受民事诉讼法律规范的调整。

第二，人民法院在民事诉讼法律关系中始终居于重要地位。由于在整个民事诉讼过程中，所有诉讼活动的进行都离不开法院，从案件的受理到案件的审理再到案件的执行，法院在各个阶段始终发挥着非常重要的作用，因此，在民事诉讼法律关系中法院当然居于重要地位，其引导或主导民事诉讼程序的进程。

第三，民事诉讼法律关系是多个诉讼法律关系主体之间形成的多方面社会关系。在民事诉讼中，法院与原告、法院与被告、法院与第三人、法院与证人、法院与鉴定人、法院与勘验人、法院与翻译人员等都会形成一定的关系，在这每一个关系当中，它们的内容都是不同的，所以，我们应当注意到民事诉讼法律关系并不是单一的法律关系，它是由一系列多个诉讼参与方形成的多方面法律关系的总和。

二、研究民事诉讼法律关系的理论和实践意义

民事诉讼法律关系问题是民事诉讼法学中的重大理论问题，同时也与民事诉讼实践有密切联系。因此，研究民事诉讼法律关系既有重要的理论意义，又有重要的实践意义。从理论上来讲，对民事诉讼法律关系内容和范围的确认，反映了一国民事诉讼法的目的和模式，对于整个民事诉讼法律制度的构建有非常重要的作用；从实践上来讲，有助于人民法院正确行使审判权，有助于民事诉讼当事人、民事诉讼参与人正确行使权利，保障自己的利益。

第二节　民事诉讼法律关系构成

所有法律关系都是由主体、客体和内容三部分构成的，民事诉讼法律关系也不例外。

一、民事诉讼法律关系的主体

民事诉讼法律关系主体是指在民事诉讼中享有诉讼权利，并承担诉讼义务的人。根据民事诉讼法的规定，民事诉讼法律关系主体包括人民法院、当事人、诉讼代理人、其他诉讼参与人及人民检察院。

（一）人民法院

人民法院是民事诉讼法律关系中非常重要的主体之一。人民法院是代表国家行使民事审判权的专门机关，其职责是组织和指挥诉讼程序。人民法院在整个诉讼程序中发挥着主导作用，引导诉讼程序从案件的受理到审理再到审判的整个过程。当然，人民法院审判权的行使也不能超出民事诉讼法的调整范围。

（二）当事人

此处的当事人应当做广义上的理解，包括原告、被告、共同诉讼人和诉讼代表人等。

在民事诉讼中，扮演不同角色的当事人享有不同的权利，他们对于诉讼程序和诉讼法律关系的发生、发展和终结具有决定性的影响。如原告的起诉行为导致诉讼法律关系的发生，撤诉行为导致诉讼法律关系的消灭。

（三）诉讼代理人

诉讼代理人参加诉讼不是以自己的名义，而是以当事人的名义代理当事人参加诉讼，他们本身与案件没有什么利害关系。他们受当事人的委托或法律的规定，参与到诉讼中来，目的是帮助当事人完成诉讼。诉讼代理人不承担诉讼后果，而由当事人承担。

（四）其他诉讼参与人

其他诉讼参与人包括证人、鉴定人、勘验人和翻译人员等。其他诉讼参与人在诉讼的不同阶段参与到诉讼中来，他们是在法院认为必要或者当事人认为必要时，由法院通知其参加的，所以，其他诉讼参与人参与到诉讼中不是主动的，而是被动的。但是如果没有他们的参与，正常的程序便无法推进，案件事实难以查明，纠纷就难以解决。

（五）人民检察院

人民检察院是国家的法律监督机关。人民检察院对民事诉讼进行监督，包括对法院的审判活动和执行进行监督，如对判决的审判监督，按照民事诉讼法的规定，人民检察院在案件判决有误时可以提出抗诉。当人民检察院对人民法院行使监督权时，人民检察院与法院之间就形成了监督与被监督的法律关系。

二、民事诉讼法律关系的内容

民事诉讼法律关系的内容，是指民事诉讼法律关系主体在诉讼中所享有的诉讼权利和负有的诉讼义务。

（一）人民法院

在民事诉讼中，人民法院的诉讼权利与诉讼义务都是围绕法院的民事审判权和审判职责展开的。围绕着这一主线，法律在不同的阶段赋予人民法院不同的权利和义务，以保障民事审判的顺利进行。公平、公正、公开处理民事纠纷是人民法院承担的义务的最集中体现。因此，人民法院的权利是不可以随便让渡的，义务一般也是必须履行的。这与其他种类的权利义务有所不同。①

（二）当事人

民事诉讼案件的审理都是围绕着解决当事人双方实体权益的争议而展开的。为了在诉讼中能让当事人充分地展示观点，维护其合法权益，民事诉讼法从总则的基本原则到分则中的每个阶段，都对当事人的诉讼权利进行了详细的规定，从起诉、应诉、回避、质证、辩论、处分、上诉、申诉到申请执行等。当然有权利就会有义务，为了维护法庭的秩序，为了诉讼程序的顺利进行，民事诉讼法同样也规定了相应的义务，如按时到庭、提供证据材料、如实陈述、遵守诉讼秩序、履行生效裁判和交纳诉讼费用等。

（三）诉讼代理人

诉讼代理人是诉讼中比较特殊的一类，他们并不是基于自己的利益参加到诉讼中来

① 人民法院在诉讼中行使的其实是权力，如审判权，其内容是公权，并非私权。因此，在诉讼中必须区分人民法院的权力及权利义务的界限。鉴于表述习惯，我们将民事诉讼中法院的各项权力与检察院的监督权表述为“权利”。

的。因此，诉讼代理人的诉讼权利、义务是基于当事人的授权和法律的规定。委托诉讼代理人在没有特殊授权的情况下，只享有进行诉讼的权利，涉及民事实体权利的那些诉讼权利不得随意行使。法定代理人的法律地位类似于当事人，因此，一般来说，其享有当事人应该享有的诉讼权利，负有当事人所负有的诉讼义务。

（四）其他诉讼参与人

基于在诉讼中身份角色的不同，法律赋予其他诉讼参与人的诉讼权利与义务也是不同的。例如，证人享有使用本民族语言文字的权利，有要求阅读证言笔录的权利，有请求经济补偿的权利等；证人的义务是必须按时到庭，遵守法庭秩序和如实陈述等。再如，鉴定人享有了解案情，索取鉴定所需材料，询问当事人、证人，获取一定报酬的权利；负有如实鉴定，按时出庭，回答其他法律关系主体的提问，遵守诉讼秩序等义务。翻译人员有获取报酬的权利，有如实翻译并遵守法庭秩序的义务。这些权利义务的规定归根到底都是为了案件审判的顺利进行，同时也要维护他们的合法利益不受侵犯，不能因为其他诉讼参与人参与诉讼、协助审理，而忽视了其本身的合法权益。

（五）人民检察院

根据我国宪法的规定，人民检察院是我国唯一的法律监督机构。人民检察院在民事诉讼中所扮演的角色是“法律监督”，围绕着这一定位，人民检察院最大的诉讼权利是对民事诉讼进行法律监督，包括提出抗诉和检察建议。

三、民事诉讼法律关系的客体

民事诉讼法律关系的客体，是指民事诉讼法律关系主体的诉讼权利义务指向的对象。在实体法当中，法律关系的客体是指“物”“行为”或“精神财富”。但民事诉讼法律关系的客体有其特殊性，其指向的是争议双方的事实真相。法院的审理及各方当事人、诉讼参与人围绕的是案件事实，通过已查明案件的事实作出判决，从而解决当事人之间的纠纷，维护当事人的合法权益。因此，案件事实就是民事诉讼法律关系的客体。在民事诉讼中，当事人起诉到法院要求保护其合法权益，法院围绕着这一内容主持、指挥整个诉讼程序，诉讼代理人、其他诉讼参与人参与诉讼是围绕案件的事实真相而展开的。

在民事诉讼不同类型的案件中，如确认之诉、变更之诉、给付之诉等在具体内容上有所区别，但是，最本质的客体都是不变的，都是查明案件事实和顺利解决案件。

四、民事诉讼法律关系产生、变更以及消灭的条件

从辩证的角度来讲，任何事情的产生、发展和消灭都有一定的原因，民事诉讼法律关系当然也不会例外。只有在一定的条件下，民事诉讼法律关系才能产生、发展、变更和消灭。这些条件如下所述。

（一）民事诉讼法律规范

民事诉讼法律关系是以法律规范为前提的，因为只有存在法律规范，行为为法律规范所调整和评价，才能使其成为法律关系。没有民事诉讼法律规范，就没有民事诉讼法律关系。

（二）民事诉讼行为

民事诉讼行为是法院和当事人及所有诉讼参与人在民事诉讼法律规定的情况下，实施

的能引起民事诉讼法律关系发生、变更和消灭的行为。

诉讼行为包括作为和不作为两种表现形式。民事诉讼的作为，是指诉讼中的主体以积极的方式实施的行为。在诉讼中一些诉讼法律关系的产生、变更或消灭必须是以作为的方式实施，如起诉、参加法庭审理等。不作为是指诉讼中的主体以消极的方式实施并产生一定诉讼法律关系的行为。在诉讼中主体的消极行为可能导致一定的法律关系的变更或消灭，如原告不参加庭审的行为、不交纳诉讼费用的行为等，将导致诉讼法律关系的消灭。当然，不是所有的不作为都会产生此类效果，如被告的缺席并不会影响诉讼法律关系的变更或消灭。

诉讼行为不仅包括合法行为，也包括违法行为。合法行为，是指实施了民事诉讼法所允许或者所要求实施的行为。违法行为，则是指实施了民事诉讼法所禁止的行为或者不实施民事诉讼法所要求的行为。

（三）事件

事件是指能导致民事诉讼法律关系变更、消灭的，不以人们的主观意志为转移的客观事件，包括当事人死亡、患严重疾病等。如一方当事人死亡，需要等待继承人参加诉讼时，民事诉讼法律关系暂停发展。事件也包括足以使民事诉讼中止的自然灾害、战争或其他原因。如某地发生的七级强烈地震，就足以使正在进行中的审判停止，此时，正在审判中的案件的民事诉讼法律关系也不得不暂时中止。

【课后习题】

一、思考题

1. 何谓民事诉讼法律关系？
2. 民事诉讼法律关系的客体有何特点？
3. 民事诉讼法律关系主体的权利主要有哪些？
4. 引起民事诉讼法律关系产生、变更和消灭的原因主要有哪些？

二、案例分析题

阅读下面的案例，并回答问题。

太阳公司经营房地产开发，在有偿取得某块土地的使用权之后，由于资金困难与月亮公司签订了合作开发合同，约定由双方共同投资并分享该开发项目的利润，但双方未实际履行。此后，环球公司就同一块土地以更优惠的条件与太阳公司签订了一份合作开发合同并开始实际履行。三方之间由此发生纠纷。

问题：

1. 在本案中哪些主体之间可形成民事诉讼法律关系？
2. 形成的民事诉讼法律关系中的客体有哪些？
3. 形成的民事诉讼法律关系中各方当事人的权利和义务分别是什么？

【本章实务应用难点分析】

1. 法律关系分析方法、诉讼法律关系分析方法与民事诉讼

法律关系分析方法，是指通过理顺不同的法律关系，确定其要素及变动情况，从而全面地把握案件的性质和当事人的权利义务关系，并在此基础上通过逻辑三段论的运用以准确适用法律，作出正确的判决的一种案例分析方法。法律关系分析方法首先要确定不同的

法律关系、法律关系的性质和权利义务内容；其次要确定其要素及变动情况，从而全面地把握案件的性质和当事人的权利义务关系，在此基础上进一步适用法律。诉讼法律关系分析方法是指通过理顺诉讼中的法律关系，明确诉讼中的法律地位，并进而理顺诉讼中诉讼参与人各方的权利义务的一种方法。诉讼法律关系与民事法律关系不同，诉讼中的法律关系是基于民事诉讼法的规定来确定诉讼参与人的权利义务的负担，诉讼法律关系会间接影响实体权利的实现，因而，在诉讼中分析民事诉讼法律关系是非常重要的一步。例如，原告要起诉违约，就应当考虑到自己的举证责任，那么就涉及在诉讼法律关系中诉讼权利义务分配的问题，原告的举证责任包括哪些，是否尽到举证责任。再如，涉及产品侵权责任诉讼，在起诉时就应当考虑请求权及诉讼中如何选择被告。请求权涉及的是实体法律关系分析，而如何选择被告则涉及诉讼中的法律关系。如果选择销售者为被告，则法院可能将生产者列为第三人；如果将生产者列为被告，则只能选择产品侵权诉讼；如果选择侵权请求权，则可以将两者都列为被告。

因此，可以说在诉讼中，诉讼法律关系的分析是一个比较复杂的分析，虽然诉讼法明确了各方诉讼参与人的权利义务关系，但是对于一个具体案件来说，诉讼法律关系的分析受到了实体法律关系的影响。例如，合同之诉与侵权之诉在诉讼中举证责任差别就非常大，因此先明确实体法律关系，再分析诉讼法律关系是分析诉讼中各参与人权利义务的基础。在一个涉及诉讼的案件中，实体法律关系决定和限制了起诉的诉讼主张、诉由及向谁主张权利，也就是说决定了向谁主张什么样的权利，进而也就影响诉讼中各方权利义务的分配。因此，掌握诉讼法律关系分析方法是非常必要的。掌握诉讼法律关系分析方法与实体法律关系的掌握是分不开的，需要在法学实践中去把握。

2. 诉讼法律关系分析方法应注意的因素

（1）诉讼法律关系分析方法首先着眼于对案件诉讼事实的考察，在此基础上再适用诉讼法律，对于一个案件的诉讼事实，应当注意区分其涉及的诉讼权利义务及实体的权利义务。如被告死亡，对于实体法而言是财产继承的开始；对于诉讼而言，是诉讼资格的移转。根据我国诉讼法，该事实产生诉讼中止，等待继承人是否继续参与诉讼。

（2）诉讼法律关系分析方法是对诉讼法律关系三要素的全面考察，而不仅仅是对法律关系的某一要素的考察。采用诉讼法律关系分析方法，可以高屋建瓴地分析各种诉讼法律关系，分析各种要素的变动对诉讼的权利义务产生的影响，进而正确地行使权利，保证诉讼的顺利进行。

（3）诉讼法律关系分析方法需要运用形式逻辑的三段论。考察法律适用要在确定案件事实（小前提）的基础上，查找适用与核心关系有关联的诉讼法律关系的法律规范（大前提），这一过程就是逻辑三段论运用的过程。上述对法律关系的考察实际上是对案件事实的客观分析，在确定法律关系的事实之后，应当进一步探讨法律规范搜寻的问题，即查找适用该法律关系相关联的法律规范。在案例分析的过程中，运用形式逻辑的三段论公式，不是首先寻找大前提，而是先确定小前提，即对事实的认定，然后再寻找大前提，最后根据法律规定得出结论。

第四章　诉与诉权

【本章要点】

- 诉权的概念
- 诉的概念
- 诉的构成要素
- 诉的种类
- 反诉
- 诉权的内容

【案例导入】

牛某与张某为大学同学，在学校上学期间两人互生爱慕之情，并在大学毕业后于2015年7月确立了恋爱关系。2016年6月，在双方父母安排下他们举行了一场婚礼，但是没有领取结婚证。其后两人一起生活，婚后经常因为一些小事而争吵。张某的同事李某和张某关系不错，见他们两人不断争吵，有时还闹到单位去，劝张某离婚算了。所在居委会知道这小两口经常吵架，也进行了多次调解，并要求牛某和张某在调解书中签字。该调解书中写明，如果双方再吵架而不得不离婚，财产全部归女方张某所有。牛某与张某自“结婚”以来，共同购买了房子及所有的家用电器，总价值20万元，现张某要求“离婚”。

思考：

1. 张某要求“离婚”可否向法院主张？
2. 牛某认为居委会的调解书有问题，能否以居委会为被告请求撤销该调解书？
3. 牛某认为如果没有李某的挑拨两人不会离婚，他是否可以起诉李某？能不能得到法院的支持？

第一节　诉　　权

一、诉权的概念

诉权是公民或法人及其他组织的基本权利，是与生俱来的权利，是任何人或任何组织不可剥夺的权利之一。在我国民事诉讼法学中，通常认为，所谓诉权，是指当事人请求人民法院对其民事财产权和人身权进行司法保护的权利。诉权是当事人进行民事诉讼的基本权利，当事人有了诉权，才能向人民法院提出保护其民事权益的请求，才能有诉。当公民的民事权利受到侵害，当事人向人民法院提出保护其民事权益的请求时，诉权转化为具体的诉，法院受理的是当事人的诉，并对诉进行审查。

按照我国诉讼法学者的观点，诉权具有双重含义，即程序意义上的诉权和实体意义上的诉权，一般将其称为“二元诉权说”。这一观点来自苏联的“诉权理论”。章武生教授认为，我国在接受苏联的“三分诉权”理论时，缺少了第三种诉权，即“实现手段意义上的诉权”。本书认为，鉴于我国民事执行与民事诉讼程序并没有分开，诉权的解释应采用“三分诉权”理论，为整个民事诉讼提供理论的基石。

（一）程序意义上的诉权

程序意义上的诉权，是指当事人在程序上向法院请求行使审判权，以保护自己合法民事权益的一种权利。正是因为程序意义上诉权的存在，民事诉讼程序的启动才有了程序方面的根据，诉讼程序的启动也才成为可能。程序意义上的诉权主要包括起诉权（含被告的反诉权）、应诉权、胜诉权等权利。超过诉讼时效，当事人消灭的是胜诉权。

（二）实体意义上的诉权

实体意义上的诉权，是指当事人请求法院通过审判实现确认其民事实体权益的权利。这种权利是基于民事实体法的规定产生的。当事人行使诉权的最终目的是保护自己的民事实体权益。即使当事人超过诉讼时效而向法院提起诉讼，法院也应当受理，只有法院对当事人具体的诉的诉讼时效进行审查后，才能驳回起诉。这里法院并非对诉权进行审查，而是对具体的诉的审查。

（三）实现手段意义上的诉权

实现手段意义上的诉权，是指当事人请求人民法院保护其民事权益，法院通过审理裁判后，以强制措施实现当事人权益的权利。实现手段意义上的诉权在程序上要求程序正义和公正审判，也因此对诉讼程序提出保障其权利的要求，如审判公开制度、回避制度、言词辩论制度等。实现手段意义上的诉权要求法院在结果上能够实现对民事权益的保护，即通过法院的强制执行实现判决所确定的民事权益。

实现手段意义上的诉权是程序意义上的诉权和实体意义上的诉权的最终结果，是对程序意义上的诉权和实体意义上的诉权的评价，是当事人权利的保护状态的最终反映。当事人的权益遭受侵害时，通过实体意义上的诉权和程序意义上的诉权获得公正的判决，但是其权益的保护在某种情况下必须依靠法院对判决的执行，如果法院的判决不能够实现，那么当事人的权益并未获得充分的保障。因此，实现手段意义上的诉权是当事人权益保护的最终要求，当事人提起诉的本身意愿包括解决其实体的权益纠纷、获得公正的诉讼程序和审判、获得国家的强制力对其私法权益的保护。

二、程序意义上的诉权、实体意义上的诉权和实现手段意义上的诉权的关系

程序意义上的诉权、实体意义上的诉权和实现手段意义上的诉权是一个统一体的三个方面，有着密切的联系。其关系可概括为，程序意义上的诉权是前提，实体意义上的诉权是目的，实现手段意义上的诉权是保障。

当事人行使程序意义上的诉权，其目的在于保护自己的合法权益，实现实体意义上的诉权。如果当事人没有程序意义上的诉权，实体意义上的诉权就无从实现。反之，如果当事人没有实体意义上的诉权，程序意义上的诉权也就没有行使的必要。实现手段意义上的诉权是对程序意义上的诉权和实体意义上的诉权的评价和保障，如果缺少实现手段意义上的诉权，那么当事人通过诉讼得到的权益可能无法实现，诉讼对于当事人而言也就失去了其应有的意义。因此，这三者是互相依赖、密不可分的。

第二节　诉

一、诉的概念及特点

（一）诉的概念

诉是民事争议发生时，一方当事人向法院提出保护自己民事权益的请求。近代法制的基本要求是“司法最终解决”，这也是世界贸易组织（World Trade Organization，WTO）的基本要求。诉权为当事人的基本诉讼权能，不可剥夺和限制，是当事人进行诉讼的前提。而诉作为诉权的体现，要受起诉的要件、一诉不再审及法律规定等的限制，如法律规定妇女分娩一年内男方不得提起离婚诉讼。因此，诉就是当事人在自己的民事财产权利和人身权利受到侵害时，寻求法院的保护，向法院提出维护自身合法利益的一种请求。法院根据当事人提出的诉，对其进行审查和判定，从而维护当事人合法的权益。

（二）诉的特点

1. 诉的主体是权利受到侵害的当事人

没有权利受到侵害的当事人，诉便无从提起，而当事人提起保护请求只需其认为自己的合法权益受到侵害即可。

2. 诉的内容是当事人请求法院解决的民事权益争议

当事人提起诉的目的是要求法院对自己受到侵犯的民事权益进行保护，因而，民事权益争议就成为诉的内容。

3. 诉是当事人对法院的请求

诉是当事人请求法院对民事争议进行审理和裁判的行为，而并不是针对另一方当事人的行为。诉是当事人请求国家以司法裁判权介入私法领域，恢复私法秩序，保障当事人的合法权益的请求。

二、诉的双重内涵

诉为诉权的体现，为当事人具体的操作层面的请求。从操作层面上说，诉具有双层内涵，即程序意义上的诉和实体意义上的诉。所谓程序意义上的诉，是指当事人根据民事诉讼法的规定，向人民法院提出的进行审判的请求，这种请求使民事诉讼程序得以启动，是法院开始民事审判活动的前提和基础；所谓实体意义上的诉，是指当事人关于保护民事权益或解决民事纠纷的请求。当事人运用诉讼，首先考虑的是保护民事权益或解决民事纠纷，如果撇开这一目的来考察诉的含义，认为诉仅仅具有程序意义上的内涵和功能，而不具有实体意义上的内涵和功能，则意味着当事人为诉讼而诉讼，这显然是不符合当事人起诉目的的。

程序意义上的诉和实体意义上的诉，虽然具有不同的内容和功能，但二者是紧密联系、相互依存的。程序意义上的诉，必须以实体意义上的诉为基础。实体意义上的诉，则是程序意义上的诉的目的和内容。如果没有程序意义上的诉，实体意义上的诉就无实现的保障；如果没有实体意义上的诉，程序意义上的诉就会变成既无目的又无内容的活动。简言之，程序意义上的诉是实体意义上的诉的实现方式和途径，实体意义上的诉是程序意义上的诉的目的和意义所在。

三、诉的构成

诉的构成，又称为诉的结构或诉的要素。诉的构成的通说为三分说，即诉的当事人、诉的标的、诉的理由。

（一）诉的当事人

诉的当事人是诉的主体，即在诉讼中向人民法院提出保护自己合法权益请求的人。法院应当事人的请求以国家的权威介入司法，行使审判权解决司法纠纷，如果缺乏作为主体的当事人，请求自然无从提起，诉也就不能成立。因此，任何一个诉都必须要有当事人这一要素才能构成，否则，诉讼无法进行，法院也就无从审理。

（二）诉的标的

诉的标的，即诉的客体，又称为诉讼标的，是当事人双方争议和法院审判的对象。诉的标的是在诉讼中当事人提交给法院，要求法院审理的实体法律关系。如在离婚诉讼中，当事人要求法院审理的是当事人之间的婚姻关系；在合同纠纷中，当事人要求法院审理的是合同关系；在肖像权侵权纠纷中，当事人要求法院审理的是以肖像为载体的人格权的保护关系。

诉的标的与诉讼请求不同。诉讼请求又称诉讼主张，是当事人基于特定的请求权而发生的请求人民法院予以保护的主张。诉讼请求是当事人向人民法院提出的主张，在一个诉中，当事人可以有多个诉讼请求。如在离婚之诉中，当事人可以提出的诉讼请求包括解除婚姻关系、分割共同财产、确定子女的抚养权等，在对方有过错的情况下，甚至可以请求赔礼道歉和损害赔偿。在一个具体的诉中，诉讼请求是不能任意提出的。诉讼请求受制于诉的标的，或者可以说诉的标的决定了诉讼主张的类型。如在合同违约诉讼中，当事人不能提出精神损害赔偿。当然，诉讼请求不仅仅受制于诉的标的，其他诉的要素也制约着诉讼请求。如法人即使在侵权之诉中也不能主张精神损害赔偿。

诉的标的与诉讼标的物不同。诉讼标的物又称诉讼标的，是指当事人提交给法院，要求法院审理，并确认其权利义务归属的具体的财产或行为。诉的标的与诉讼标的物的区别如下：

（1）在一个诉讼中必然有诉的标的，没有诉的标的，法院也就无从审理。但是，在一个诉讼中却未必有诉讼标的物。如在确认婚姻无效之诉中，诉的标的为婚姻关系，却无诉讼标的物。

（2）诉的标的是一种抽象的民事法律关系，如婚姻关系、财产关系、合同关系等，而诉讼标的物则表现为具体的物或行为。

（3）在一个诉讼中一般只有一个诉的标的。如果当事人向法院提出了多个诉的标的，即使起诉的对象是同一人，也得分别立案起诉。例如，甲要求乙偿还到期的债务 1 000

元，在索债时被乙家的狗咬伤，治疗费用 500 元。甲现要求乙偿还其债务 1 000 元和损害赔偿 500 元。此时甲应分别以借贷纠纷和侵权损害赔偿为由向法院提起诉讼。法院可以对两个案件合并审理。而诉讼标的物在同一诉中则可以为多数，如在离婚诉讼中，家中的彩电、冰箱、字画等共同财产均为诉讼标的物。

诉的标的是任何一起民事案件都必须具备的，是整个诉讼的核心。具体来说，诉的标的的核心地位表现在以下几个方面：首先，当事人的攻击和防御都围绕着诉的标的进行。其次，法院的判决是对诉的标的的最终处理。最后，诉的标的还是法院判定当事人是否重复起诉的根据。如果前诉的标的与后诉的标的相同，则当事人不得就该诉的标的向法院再行起诉。

（三）诉的理由

诉的理由是指当事人提起诉的请求的事实和根据。诉的理由是当事人提起诉的必备要素之一，是当事人提起诉的请求的原因。例如，离婚之诉的当事人双方感情破裂、违约之诉中的当事人的违约行为等，此类引起民事法律关系的行为与事件可构成诉的理由。我国《民事诉讼法》第 119 条规定的起诉的要件是“有具体的诉讼请求和事实、理由”。没有诉的理由法院可以不受理当事人的诉，以防止当事人滥用诉权。同时，诉的理由也是法院判断是否重复起诉的标准之一。

四、诉的种类

（一）确认之诉

确认之诉，是指原告请求人民法院确认其与被告间存在或不存在某种民事法律关系的诉。如婚姻无效案件、合同有效或无效案件等。在确认之诉中，当事人只请求人民法院对某种事实状态予以确认，以结束其权利或效力的不稳定的状态。确认之诉具有以下特征：

（1）法院只是对双方当事人之间是否存在某种民事法律关系进行确认，而并不判定另一方履行一定的民事义务。

（2）当事人提起确认之诉的目的是谋求法院对某一民事法律关系是否存在或不存在，以及存在的范围作出肯定或否定的裁判。

（3）由于在确认之诉中，当事人之间没有行使权利和履行义务之争，故法院的裁判不存在执行问题。

对于确认之诉来说，根据当事人请求的目的的不同，可以分为肯定的确认之诉和否定的确认之诉。要求法院肯定其法律关系存在或有效的为肯定的确认之诉；要求法院确认其不存在某种法律关系的为否定的确认之诉。

（二）给付之诉

给付之诉，是指当事人请求人民法院判令对方当事人为一定行为之诉。如要求对方履行合同，或交付标的物等。给付之诉的当事人请求人民法院判决对方当事人交付一定的财产或履行一定的行为。给付之诉具有以下特征：

（1）双方当事人之间存在权利义务关系，即一方享有权利，而另一方应承担某种义务。

（2）双方当事人之间有权利和义务之争，即对于如何行使权利和履行义务存在争议，因而请求法院予以裁判。

(3) 法院对案件经过审理后，要在确认当事人之间民事法律关系的基础上判令义务人履行义务。

给付之诉，按照不同的标准，有不同的分类：

(1) 按照请求给付的时间不同，可以分为现在给付之诉和将来给付之诉。现在给付之诉，就是在给付判决生效后，义务人即应向权利人履行一定的义务。将来给付之诉，是指在给付判决生效后，在履行期到来时，义务人才向权利人履行一定的义务。

(2) 按照请求给付的内容不同，可以分为特定物给付之诉、种类物给付之诉和特定行为给付之诉。所谓特定物给付之诉，就是请求对方交付某个不能代替的特定的物品。所谓种类物给付之诉，就是要求对方交付具有共同物理性能和经济意义的、可以互相代替的、能够用度量衡计算的实物。所谓特定行为给付之诉，就是要求义务人为一定的行为或者不为一定的行为。例如，要求对方提供一定的劳务等。

(三) 形成之诉

形成之诉，又称为变更之诉，是指当事人请求人民法院改变或消灭其与对方当事人之间现存的民事法律关系的诉。例如，要求解除收养关系之诉，要求撤销买卖合同之诉等。

形成之诉具有如下特征：

(1) 双方当事人对现存的法律关系无争议，只是对这一法律关系是否变更或如何变更有争议。

(2) 双方当事人只是要求法院对某一法律关系加以变更，而不要求解决权利或义务的承担问题。

(3) 在法院的变更判决生效以前，当事人之间的法律关系仍然保持不变。

在一个案件中，有可能结合了三种类型的诉。如在违约之诉中，法院审理时首先要对合同的有效性进行确认。如果合同是有效的，那么法院就要审理给付之诉；如果违约行为成立，那么将判决对方给付违约金或承担违约赔偿。

第三节　反　　诉

一、反诉的概念和特征

(一) 反诉的概念

反诉是指在已经开始的诉讼程序中，本诉的被告通过法院，向本诉的原告提出的一种独立的反请求。最初提起的诉，称为本诉。反诉和本诉都是法律规定的、用以保护当事人合法权益的制度。

(二) 反诉的特征

1. 反诉当事人的特定性

反诉中的原告只能是本诉中的被告，反诉中的被告只能是本诉中的原告。

2. 反诉请求的独立性

反诉和本诉都是以实体法和程序法为根据所提起的完整之诉。

3. 反诉时间的限定性

反诉只能在本诉进行中提起，反诉时间的特定性便于人民法院将反诉与本诉合并审理。

4. 反诉目的的对抗性

被告提起反诉的目的，在于抵消或吞并原告所提起之诉，使原告败诉，以保护自己的合法权益。

5. 反诉的请求和理由与本诉的请求和理由具有关联性

反诉的诉讼请求与本诉的诉讼请求虽然是相互对立的，但提出反诉的诉讼请求和理由所依据的事实和法律应与本诉的诉讼请求和理由具有关联性。

二、反诉的条件

在一个已经开始的原告提起的诉讼中，被告要提起反诉，必须具备下述条件。

（一）反诉只能由本诉被告向本诉原告提起

反诉是针对本诉的原告提出的诉讼请求，其目的是吞并原告的请求。

（二）反诉只能在本诉进行中提起

反诉只能在本诉开始但尚未审理终结时提出。如果法庭审理已经结束，则不能提出反诉，而应当另案起诉。

（三）反诉只能向审理本诉的人民法院提起

反诉是在本诉的审理过程中提起的，因此只有向本诉审理的同一人民法院提起，向其他有管辖权的人民法院提起的不构成反诉。

（四）反诉必须与本诉为同一诉讼程序

反诉与本诉是合并审理的程序，因此反诉与本诉在诉讼中适用同一诉讼程序，且同一审级。如果在二审中被告提出反诉，那么二审法院可以调解，调解不成的另案起诉。

（五）反诉与本诉应有一定的牵连性

牵连性是指反诉与本诉的诉讼标的或者诉讼理由应当在法律上或事实上有牵连关系。

第四节　诉的合并与分离

一、诉的合并

（一）诉的合并的定义

诉的合并，是指人民法院把几个独立的诉，合并在一个案件中进行审理和裁判。诉的合并的意义在于：一是提高法院的效率；二是保障判决的统一，防止出现矛盾判决。

（二）诉的合并的情形

根据我国《民事诉讼法》第 52 条和第 140 条的规定，诉的合并存在下列类型。

1. 诉的主体合并

诉的主体合并，又称为主观的诉的合并或广义上的诉的合并，即几个诉的被告是同一的或几个诉的原告是同一的。

2. 诉的客体合并

诉的客体合并，又称为诉的标的合并、客观的诉的合并或狭义上的诉的合并。在同一诉讼程序中，同一方当事人向对方当事人提出了两个或两个以上的诉的标的，人民法院予以合并审理的，称为诉的客体合并。

3. 诉的主、客体合并

诉的主、客体合并是指人民法院在诉的合并审理过程中既有主体合并的内容，又有客体合并的内容。如在有独立请求权的第三人参加的诉讼中，有独立请求权的第三人是以本诉中的原告、被告作为被告而参加诉讼的，从这个意义上讲，是诉的主体合并。但是，有独立请求权的第三人提起的诉与本诉，又形成了两个诉，诉的客体不同，这就是诉的客体合并的情形。因此，第三人参加诉讼属于诉的主、客体合并。

4. 反诉与本诉的合并

人民法院受理案件后，本诉的被告向本诉的原告提出反诉，人民法院认为可以合并审理的，应当合并审理。

二、诉的分离

（一）诉的分离的定义

诉的分离是诉的合并的对称，是指人民法院受理案件后，将几个诉从一个案件中分离出来，作为若干个独立的案件分别进行审理和裁判。诉的分离的目的在于避免诉讼的复杂化，便于法院顺利地审结案件，确保案件审理质量。但是，应注意的是，能够分离的诉必须是独立的诉，而是否是独立的诉应依照诉的构成要素来判断。

（二）诉的分离的条件

诉的分离应当具备可分离诉的特征。一般而言，得以要求分离的诉为独立的诉。具体而言，诉的分离要具备下列条件：

（1）人民法院已经将多个诉合并受理，并且其可以分为几个独立的诉。

（2）合并受理的诉如果进行合并审理，将会使诉讼复杂化或导致诉讼迟延。

（3）诉的分离不得违背法律的强制性规范，如必要共同诉讼就不得进行分离。

（三）诉的分离的情形

1. 将普通共同诉讼分为若干诉进行审理

在普通共同诉讼中，共同诉讼人的诉是相互独立的，因此人民法院认为分离更有利于法院审理时，可以进行分离或部分分离。

2. 有独立请求权的第三人的诉的分离

在有独立请求权的第三人加入别人已经开始的诉讼程序中时，如果其对正在审理的原告、被告提出自己独立的请求将会导致案件更复杂，法院可以将其作为独立的案件来审理。如果有独立请求权的第三人加入的案件是在二审阶段的，二审法院可以进行调解，调解不成的将其作为另案处理。

3. 被告向本诉原告提出的反诉与本诉的分离

反诉是指在已经开始的诉讼程序中，本诉的被告通过法院向本诉的原告提出的一种独立的反请求，其为独立的诉，本身就是可以分离的。因此，当法院在审理过程中认为不宜合并审理，或合并审理会加重原审理的难度或导致审理迟延的，可以分离。如在法庭开庭审理结束后，合议庭评议阶段被告提出反诉，人民法院认为恢复庭审加重了审理的负担，将导致审理迟延，那么法院可以将其分离，作为另案处理。

【课后习题】

一、思考题

1. 我国现行民事诉讼法如何体现对公民诉权的保护？有何不足之处？
2. 简述诉与诉权的关系。
3. 反诉应具备哪些条件？
4. 诉的合并的主要原因是什么？
5. 诉的分离主要有哪几种情形？

二、案例分析题

阅读下面的案例，并回答问题。

吕某是某省甲市乙县某村村民委员会主任。村里实行土地承包时，村民崔某要求承包40亩烤烟田。在签承包合同时，崔某称，如果以村委员会主任的名义承包烤烟田，在秋天卖烟时，烟厂顾及村委会主任的面子，可以卖到最高价钱。吕某听后觉得有几分道理。于是烤烟田承包合同上的承包方就戏剧性地变成了吕某。合同签订后，崔某未按合同的约定种植烤烟，而是全部种上了大豆。秋后履行烤烟合同时，村委会不能向某烟厂履行合同。在无可奈何的情况下，吕某以崔某违约为由起诉崔某，法院在审查承包合同时发现，承包方不是崔某，而是吕某。

问题：

1. 本案中的诉讼属于何种类型的诉讼？
2. 吕某是否有诉权或法院是否应当受理吕某的起诉？为什么？
3. 如果烟厂以吕某为被告提起诉讼，则法院可否合并审理？为什么？
4. 如果烟厂以村委会为被告提起诉讼，则法院可否合并审理？为什么？
5. 崔某能否以自己不是承包合同当事人为由提出反诉，主张自己不应承担责任？

【本章实务应用难点分析】

1. 诉权理论与实务应用

诉权是民事诉讼法学基础理论的重要组成部分。诉权理论诞生已一百余年，亦形成了各种关于诉权的学说。因本书属于教材，所以并未将各种诉权学说展开论述，只以诉权二分学说展开论述。本书认为，诉权是一个连接实体法和程序法的桥梁，同时诉权是诉讼法的理论基石，诉权学说的应用可以说贯穿了民事诉讼的整个过程。本知识点中的诉讼权理论与应用只涉及起诉时诉权理论的应用。

（1）审查起诉与诉权。

诉权是作为抽象意义来讲的，在诉讼中的审查起诉是具体诉权的体现。在审查起诉时，如果不符合起诉的要件，则以“驳回起诉”来实现一个案件进入司法公权救济的门槛设定。法院审查起诉审查的是具体的诉权还是抽象的诉权？从民事诉讼的起诉条件来看，要求适格的主体、具有利害关系等，其实审查的是具体的诉权，而非抽象的诉权。如本章的“案例导入”中，牛某和张某欲起诉离婚而法院不能受理。因为根据《中华人民共和国婚姻法》的规定，牛某和张某并未在法律上“结婚”，其同居关系不受法律保护，因而法院不能受理，但是如果提出要求对同居财产进行分割，则可以得到司法救济。法院作为公权介入司法，必须是在具体的诉的前提下，因而，如果一个当事人提出的诉不符合诉的要素时，法院可以“驳回起诉”。而作为抽象的诉权则是来解释当事人为什么能够在遇到救济困难时提出公力救济，是一项请求。对于该项请求不能剥夺，不能限制，不存在审查的可能。如我国加入世界贸易组织时，在文本文件中承诺“司法最终解决”则是对诉权的贯彻，抽象的诉权理论解决实体权利与程序权利结合的问题。以本章“案例导入”来进行说明，张某可以向法院提出一项请求，是实体意义上的抽象考察，是其认为自己的权利需要保护，作为程序意义上的抽象诉权，则是其向法院提出司法保护的权利。当然，抽象的诉权在具体案件中必须转化为具体的诉权，作为具体的诉时必须受到法院的审查。在某种意义上而言，抽象的诉权是请求提出的资格，而具体的诉权是请求获得支持的问题。审查起诉审查的是具体的诉权而非抽象的诉权。

（2）抽象的诉权的意义。

抽象的诉权是与程序正义联系在一起的，是实体正义与程序正义的连接点。抽象的诉权宣告了任何人都有一项司法救济的潜在权利请求，不管该项权利主张是否真的能成立，都可以请求司法救济。如果我们连请求的权利都没有，如何来保障程序正义和实体正义？如果我们不给股东提起诉讼的请求，又如何判断股东对公司的诉求是否合理及合法？这也是近代立法赋予股东派生诉讼及直接诉讼资格的权利缘由，至于股东的诉求是否超越公司法或司法给予的权利、资格或起诉的要件，则是对具体诉的审查的问题。不区分抽象诉权与具体诉权（诉）是当下我国部分学者认为诉权理论有缺陷的原因，其实我们看到抽象诉权理论的意义已经超越程序法和实体法的划分，任何赋权性规范，如果没有赋予一项潜在的保护请求，那么就无法来保护。

2. 具体诉的审查

对于具体诉的审查，根据《民事诉讼法》第 119 条的规定，起诉必须符合下列条件：（1）原告是与本案有直接利害关系的公民、法人和其他组织；（2）有明确的被告；（3）有具体的诉讼请求和事实、理由；（4）属于人民法院受理民事诉讼的范围和受诉人民法院管辖。对于诉的审查属于形式审查，否则就有在立案之时超越审判的危险。当然，我国《民事诉讼法》第 119 条受到了部分学者的批评，认为其提高了起诉的门槛，而将一些案件排除在法院审理之外。其实，国外在起诉时也要求当事人提供“初步证据”。法律总是在平衡各种利益，门槛太低了，可能会带来诉权权利被滥用的危险。

第五章　民事诉讼法的基本原则和民事诉讼的基本制度

【本章要点】

- 民事诉讼法的基本原则
- 民事诉讼基本制度的主要内容
- 民事诉讼法的基本原则在司法实践中的应用
- 民事诉讼基本制度在实践中的应用

【案例导入】

2015 年 6 月 7 日夜晚，张某与罗某来到镇上一歌厅，张某在大堂点了一首《纤夫的爱》演唱。当时，经营房地产的老板刘某也在大堂。刘某听见张某唱歌，觉得其唱得太难听，便叫自己的几个手下驱赶张某。张某不从，仍继续演唱。刘某顿时恼火，命令其手下殴打张某，并在殴打结束后，当场给予参与殴打的人员奖金。事后，张某住院治疗共花费 3 000 余元，经鉴定属于轻微伤。张某向刘某索赔，被拒绝。2016 年 3 月，张某向法院提起诉讼，要求被告刘某赔偿住院费、误工费、营养费，并主张精神损害赔偿。张某经济不富裕，没有聘请律师，刘某则聘请了律师代为参加诉讼。在诉讼中刘某的律师提出，刘某并不知道张某被人打伤的事情，打伤张某与其没有关系，因此刘某不应当承担任何责任。于是主审法官告知张某，要实现诉讼请求，必须证明参加殴打的人员是刘某指使的，并告知张某可以尝试到当地派出所索取案发当天对殴打人员的询问笔录和寻求适当的证人。同时告知张某如果到派出所取证有困难可以向法庭提出申请，由法院来收集证据。张某根据法官的告知提请了法院收集证据，并提供了当晚的证人 2 人，为该歌厅的保安。法院以这些证据判决刘某向张某支付医疗费、误工费、营养费等。一审判决作出后，刘某立即提起上诉，认为主审法官明显偏袒原告，告知原告如何行使权利、如何取证，违反了民事诉讼法的当事人诉讼权利平等原则。同时，刘某还通过律师向当地检察院申诉，要求检察院调查主审法官有无收受原告贿赂的行为。

思考：

1. 本案主审法官的做法是否恰当？
2. 本案主审法官是否违反了民事诉讼法的当事人诉讼权利平等原则？
3. 在诉讼中法官应当如何切实保障当事人诉讼地位的平等？

第一节　民事诉讼法的基本原则

所谓民事诉讼法的基本原则，是指在民事诉讼的整个过程中或某个重要阶段起指导作用的准则或者原理。民事诉讼法的基本原则具有基础性、导向性、抽象性的特征。民事诉讼法的基本原则不同于民事诉讼法的一般原则，更不同于民事诉讼法的具体条文，它并不具体规定诉讼的具体制度和诉讼主体的权利义务，而是对民事诉讼法的基本精神及立法指导思想作出的高度概括性规定，对立法和司法均有指导意义。

民事诉讼法的基本原则主要有：(1) 民事审判权由人民法院行使原则；(2) 人民法院依法独立对民事案件进行审判原则；(3) 以事实为根据，以法律为准绳原则；(4) 对诉讼当事人适用法律一律平等原则；(5) 用本民族语言文字进行诉讼原则；(6) 诉讼权利平等原则；(7) 法院调解原则；(8) 处分原则；(9) 诚实信用原则；(10) 辩论原则；(11) 检察监督原则；(12) 支持起诉原则；(13) 同等与对等原则。

民事诉讼法的基本原则在民事诉讼法中有着十分重要的地位和作用：

(1) 民事诉讼法的基本原则是民事诉讼法的核心，民事诉讼的程序设计和各项制度都是在基本原则的指导下建立起来的。

(2) 民事诉讼法的基本原则是民事诉讼法学基本理论的重要组成部分和集中体现。

(3) 民事诉讼法的具体规定都是在民事诉讼法基本原则的指导下制定的，是对民事诉讼法基本原则的条文化和法律化。

(4) 民事诉讼法的基本原则具有概括性高、适应性强的特点，可以弥补民事诉讼立法的不足。

在实践中，要正确贯彻民事诉讼法的基本原则，应当注意以下问题：

第一，要正确认识民事诉讼法基本原则的具体含义。

第二，要正确认识民事诉讼法各项基本原则之间的联系和相互之间的关系。

第三，要正确认识民事诉讼法基本原则对民事诉讼的指导作用。

第四，要把握民事诉讼法各项基本原则与民事诉讼程序制度之间的联系。

对于民事诉讼法的上述原则，有的学者以共有原则和特有原则的方式将其分为两大类。共有原则是指根据诉讼制度的共同规律所设置的原则，包括宪法、人民法院组织法、刑事诉讼法、民事诉讼法等都作了规定。特有原则是指根据民事诉讼的特有规律所设置的原则，只在民事诉讼法中有规定。还有的学者认为民事诉讼法的基本原则不应局限于民事诉讼法的规定，只要是反映诉讼活动的内在规律和基本特点的，也应确立为基本原则。① 在此，我们并不对这些分类的标准进行讨论，只是对其中的某些原则进行详细的论述。

一、当事人诉讼权利平等原则

(一) 当事人诉讼权利平等原则的含义

当事人诉讼权利平等原则是指民事诉讼中当事人的法律地位平等，享有平等的诉讼权

① 江伟. 民事诉讼法学原理. 北京：中国人民大学出版社，1999：306.

利和承担平等的诉讼义务，人民法院应为当事人平等地行使诉讼权利提供保障和便利。这一原则包括以下三方面的内容：一是民事诉讼当事人平等地享有诉讼权利，承担诉讼义务。二是诉讼当事人不分身份、民族、种族、年龄、性别、文化程度，在诉讼地位上一律平等。三是当事人诉讼地位平等。这并不意味着当事人拥有完全相同的诉讼权利和义务，对于不同的当事人，在诉讼上的权利有些是相同的，如原告与被告都有辩论的权利，但有些权利则是对应的，如原告有起诉权，而被告则有应诉权；原告有提出诉讼请求的权利，而被告则有反驳原告诉讼请求的权利。

（二）当事人诉讼权利平等原则的适用

在实践运用中，诉讼权利平等原则的适用应注意以下问题：一是适用的主体。当事人诉讼权利平等原则适用于在我国人民法院进行民事诉讼活动的所有当事人。在属性上，包括自然人、法人和其他组织；在国籍上，既包括我国当事人，也包括在我国人民法院进行诉讼的外国人、无国籍人。但是，对于外国人、无国籍人及外国公司、组织适用该原则还要受到对等原则的制约。二是适用的案件。凡是涉及民事权利义务争议的案件，无论是财产权益争议案件还是身份关系争议案件，都适用该原则。特别需要指出的是，对于非讼案件，由于其自身的特殊性，不适用这一原则。三是适用的程序。除特别程序、公示催告程序等非诉讼程序外，其他诉讼程序都适用该项原则。四是适用的人民法院。该原则适用于审理民事案件的各级人民法院和各专门法院。

二、法院调解原则

（一）法院调解原则的含义

法院调解原则是指在民事诉讼中，人民法院应在当事人自愿的前提下，组织当事人依法定程序对民事争议进行协商，并通过协商的方式促成当事人达成协议以解决民事纠纷。对于调解不成的，法院应及时判决。

法院调解原则主要包含以下三方面的内容：一是人民法院调解适用于民事诉讼的全过程，在一审、二审及审判监督程序中，在开庭审理前、庭审中、法庭辩论后，人民法院均可主持进行调解。二是法院主持调解应遵循当事人自愿和合法的原则，当事人对于是否同意进行调解有自主决定权，不受非法干预，法院不得强迫或变相强迫当事人同意进行调解；在法院主持调解中应遵循法律的禁止性规定，不得违法进行调解。三是法院对于调解不成的案件，应及时判决，不应久调不决，以调解为由拖延诉讼时间，侵害当事人的诉讼权利。

（二）法院调解原则的意义

人民法院用调解方式解决民事纠纷，具有十分重要的意义：一是其符合我国的优良传统和民族习惯，是我国司法工作成功经验的总结，对于解决民事纠纷具有重要的价值；二是其符合民事纠纷的性质和一般特点，适用调解方式解决民事纠纷有利于社会的和谐发展；三是其有利于迅速彻底地解决纠纷，维护当事人之间的团结，并可以简化诉讼程序，节省诉讼成本。

（三）法院调解原则的适用

1. 法院调解原则的适用范围

（1）适用的案件。一般来讲，凡属于民事权益争议、存在调解可能的案件，人民法院均可以用调解的方式解决。

（2）适用的程序。法院调解原则适用于解决民事权益争议的案件审理的全过程，包括第一审程序、第二审程序及审判监督程序。非诉讼程序及强制执行程序不适用调解原则。

2. 在理解法院调解原则时应当注意调解与判决的关系

调解与判决都是人民法院行使审判权、解决民事争议的方式，虽然法院调解是民事诉讼法确立的基本原则之一，但是，并不能因此认为以调解方式结案优于以判决方式结案。在处理两者的关系时，应当注意以下几点：第一，人民法院审理民事案件时，是根据自愿原则使用调解方式，还是使用判决方式，应当根据不同案件的具体情况合理选择适用；第二，调解不是人民法院审理任何民事案件的必经程序，人民法院可不经调解，而在查明事实的前提下，直接作出判决；第三，即使当事人愿意进行调解的民事案件，人民法院也不能久调不决，对于调解不成或调解书送达前当事人反悔的，人民法院应当及时作出判决。

三、处分原则

（一）处分原则的含义

处分原则是指当事人在诉讼中有权对自己的实体权利和诉讼权利依法支配，自主决定是否行使及如何行使自己的实体权利和程序权利。这一原则包括以下具体内容：一是处分权的享有者只限于民事诉讼当事人，其他诉讼参与人不享有处分权；二是当事人行使处分权的对象，包括自己依法享有的民事实体权利和程序权利；三是当事人行使处分权不得损害国家、社会和他人的合法利益，对于滥用处分权的行为，人民法院有权纠正。

（二）处分原则的意义

处分原则贯彻于民事诉讼的全过程，对于民事诉讼有重要的意义：一是当事人的处分行为对于民事诉讼程序的发展和终结有着重要影响，例如，在民事诉讼中原告申请撤诉，若获得法院的许可，则诉讼终结；二是体现了民事审判保护的范围和方法，在民事诉讼中一般要尊重当事人的意愿，充分体现了私法自治的原则。

（三）处分原则的适用

1. 当事人行使处分权的方式

在民事诉讼过程中，当事人行使处分权表现为积极处分和消极处分两种方式。积极处分的形态包括：原告提起诉讼、放弃或者变更诉讼请求、撤诉；被告承认原告的请求、提起反诉等。消极处分即不作为，其情形有：一审判决后当事人不提起上诉、执行时效期内不申请强制执行等。

2. 当事人行使处分权的诉讼阶段

处分原则贯穿于民事诉讼程序的全过程，在民事诉讼的各个阶段，当事人都可以处分其权利。具体表现为：（1）当事人的民事权利义务关系发生争议或其权利受到侵害时，可以自主决定是否通过诉讼的方式解决纠纷。（2）诉讼开始后，当事人有权以撤诉的方式结束诉讼。在诉讼中，原告可以变更诉讼请求、增加诉讼请求或放弃诉讼请求；被告可以反驳原告的诉讼请求，也可以承认原告的诉讼请求，还可以提出反诉。（3）一审的判决作出后，当事人有权决定是否启动二审程序，并确定上诉审理的范围。二审程序开始后，当事人也可以用撤诉的方式终结诉讼。（4）当事人在诉讼中还可以通过和解的方式和申请法院调解的方式解决纠纷。（5）法院作出的裁判生效后，在义务人拒不履行生效裁判所确定的义务时，是否通过执行程序来加以实现，原则上也由当事人决定。

3. 正确认识法院审判权与当事人处分权的关系

（1）法院审判权对当事人处分权具有一定的监督作用。民事诉讼法规定的处分原则，不是当事人绝对的自由处分。当事人行使处分权不得违背法律的规定，不得损害国家、社会和他人的合法权益。因此，民事诉讼法在确立处分原则的同时，还确立了国家干预制度，具体表现为人民法院对当事人实施处分权的行为进行监督，依法进行审查。例如，当事人申请撤诉的，应经人民法院审查同意；当事人达成的调解协议，应经人民法院审查认可，方才有效。

（2）为了使处分原则能够在民事诉讼中得到正确的贯彻和实施，人民法院首先应当明确处分原则在诉讼中的重要意义，并为当事人行使处分权提供保障。

四、诚实信用原则

（一）诚实信用原则的含义

诚实信用原则是指所有诉讼参与人都应当依法行使诉讼权利，履行诉讼义务，遵守诉讼秩序，尊重发生法律效力的诉讼文书等。诚实信用原则贯穿于整个民事诉讼活动。在民事诉讼活动的推进过程中，为了保障诚实信用原则的顺利适用，还规定了一些违反诚实信用原则所应承担的法律责任。

（二）诚实信用原则的意义

诚实信用原则有利于维护民事诉讼的诉讼秩序，保障诉讼活动的顺利进行；有利于保护当事人及其他诉讼参与人的合法权益；有利于保障人民法院公正裁判以及裁判的及时实现。

（三）诚实信用原则的适用

1. 当事人及其他诉讼参与人应当遵守诚实信用原则

在诉讼中，当事人不得恶意串通，损害其他人的合法权益；不得伪造、毁灭证据；不得妨碍人民法院的审判活动；应当依法行使诉讼权利，有协助义务的，应当积极履行协助义务；积极履行发生法律效力的诉讼文书，否则应当承担相应的法律责任，严重的还要承担刑事责任。

2. 人民法院也应当遵守诚实信用原则

人民法院作为民事案件的审判机关，也应当遵守诚实信用原则，以事实为根据、以法律为准绳，依法行使审判权。不得贪污受贿、徇私舞弊、枉法裁判。不得为了追求结案率，而不顾公平正义，违反法定程序。

五、辩论原则

（一）辩论原则的含义

辩论原则是指在民事诉讼中，当事人有权在人民法院主持下，就案件事实和争议的问题，各自陈述其主张和根据，互相进行反驳和答辩。该原则是审理民主化的体现，是司法公正的需要。其具体内容包括：一是辩论的主体只限于当事人及其诉讼代理人，其他诉讼参与人无权进行辩论；二是当事人辩论的范围，既可以是程序方面的内容，也可以是实体方面的内容；三是辩论权是当事人进行辩论的基本权能；四是经当事人辩论所形成的“材料”应当是法院作出判决的依据。

（二）辩论原则的意义

辩论原则是现代民主政治制度在司法领域的体现，是实现社会公平、正义的需要，是体现私法自治、保障当事人合法权益的重要原则。辩论原则有利于法院查明案件，正确地作出裁判，有利于推进我国的司法制度改革，转变法院在庭审中的职能，实现当事人的主张，完善我国的民事诉讼法。

（三）辩论原则的适用

（1）辩论原则适用的方式。当事人行使辩论权既可以是口头的，也可以是书面的。口头方式的表现有当事人在庭审中的法庭辩论阶段的你来我往，在质证阶段的针锋相对等。书面的辩论方式，如原告在开庭审理之前提供的书面起诉状，以及此后被告方提供的书面的答辩状等。

（2）辩论原则适用的阶段。辩论原则贯穿于民事诉讼的全过程，而不仅仅限于开庭审理的辩论阶段。

（3）民事诉讼中的辩论是在法院的主持下进行的，受法院的影响。首先，法院是辩论的主持者，当事人的辩论活动应在法院的主持下进行，应服从法庭的指挥，不得滥用辩论权。其次，在辩论过程中，审判人员应当保持中立地位，既不能参与当事人的辩论，也不能发表具有倾向性的意见。再次，审判人员应恰当地组织和引导当事人的辩论活动，既不能限制当事人的辩论，也不能放任自流，要让当事人能够紧紧围绕案件争议焦点进行辩论。最后，审判人员应当为当事人进行辩论提供机会，既要为当事人在庭审中提供平等的辩论机会，又要为当事人辩论提供时间保障。

（4）辩论权属于当事人所有，其他诉讼参与人所发表的意见、在法庭上与当事人的对质不属于诉讼上的辩论。其他诉讼参与人虽然没有辩论权，但是基于法庭辩论原则，其他诉讼参与人的参与是为了查明案件事实，因此法庭上应当允许当事人对其他诉讼参与人进行合法询问，保障其他诉讼参与人向法庭如实陈述的权利。

六、检察监督原则

（一）检察监督原则的含义

检察监督原则是指人民检察院有权对民事诉讼实行法律监督。人民检察院是我国的法律监督机关，这是宪法赋予检察机关的神圣权力，在民事诉讼法中的表现为对民事诉讼的法律监督。

（二）检察监督原则的意义

检察机关对民事诉讼实行法律监督，是保证法院依法行使审判权，正确实施法律的重要制度，对促进司法公正、维护社会公共利益，具有重要作用。

（三）检察监督原则的适用

（1）检察监督的范围为民事诉讼，这其中既包括民事审判活动、调解活动，还包括民事执行活动。2007 年《民事诉讼法》没有明确规定对民事执行活动和人民法院的调解活动能否实行检察监督。针对执行活动中一些当事人恶意串通，通过调解协议损害社会公共利益的情况，2012 年《民事诉讼法》将人民检察院有权对民事审判活动实行法律监督，修改为人民检察院有权对民事诉讼实行法律监督，将民事执行活动纳入法律监督。

（2）检察监督的方式包括抗诉以及提出检察建议的方式。2007 年《民事诉讼法》只规定了抗诉一种监督方式。根据近年来一些地方的试点探索，2012 年《民事诉讼法》增加规定，人民检察院有权以检察建议的方式对民事诉讼实行法律监督。2012 年《民事诉讼法》还规定，各级人民检察院对审判监督程序以外的其他审判程序中审判人员的违法行为，有权向同级人民法院提出检察建议。

（3）检察监督的手段。人民检察院因履行法律监督职责提出再审检察建议或者抗诉的需要，可以向当事人或者案外人调查核实有关情况。此项规定明显地强化了检察监督的手段，增强了检察监督的作用。

七、支持起诉原则

（一）支持起诉原则的含义

支持起诉原则是指在特定受害人不能或不敢起诉的情况下，有关机关、社会团体、企业事业单位对损害国家、集体或者个人民事权益的行为，可以支持受损害的单位或者个人向人民法院起诉。

（二）支持起诉原则的意义

支持起诉原则有利于维护社会公平和正义，维护社会弱势群体的合法利益；有利于制裁社会上的不法行为，纠正社会歪风，树立社会正气；有利于发挥社会主义人道主义精神，平衡社会利益，维护社会的和谐发展；有利于完善国家机关、社会组织的职能，充分发挥司法权的保护和纠正职能。

（三）支持起诉原则的适用

（1）支持起诉原则适用的案件范围。该原则适用的案件一般是因为侵权行为而引起的民事纠纷。

（2）支持起诉的主体。在该原则中，支持起诉的主体必须是组织，只限于机关、社会团体和事业单位，不包括个人。即依法享有某种社会救助职能的组织，如妇联组织、消费者协会等。

（3）支持起诉原则的前提。适用该原则的一个重要前提是当事人没有起诉，且是因为自己的主观原因没有起诉。受损害者由于自身的原因而不能或不敢起诉，无法通过诉讼途径维护自己的合法权益。

（4）支持起诉的形式。支持起诉的形式，一般只是道义上的或物质上的帮助，支持者不能以自己的名义起诉。支持起诉者只是提供一种帮助，而不是替代起诉，该原则不能发生诉权的转移。

八、诉讼权利义务同等原则和对等原则

（一）诉讼权利义务同等原则和对等原则的含义

所谓诉讼权利义务同等原则，是指一国公民、企业和组织在他国进行民事诉讼，与他国公民、法人和其他组织一样同等地享有该国法律所规定的诉讼权利，并同等地承担该国法律所规定的诉讼义务。

所谓诉讼权利义务对等原则，是指一国司法机关如果对他国公民、企业和组织的诉讼权

利加以限制的，他国司法机关也可以对该国公民、企业和组织的诉讼权利加以同样的限制。

（二）诉讼权利义务同等原则和对等原则的关系

诉讼中的对等原则与同等原则是紧密联系、不可分割的。它们是同一个问题的两个方面，前者是手段，后者是目的。在当今复杂的国际交往中，只有通过“以限制对限制”的方法，才能达到主权国家之间互相尊重、平等对待的目的。

对等原则和同等原则的区别也是十分明显的，对等原则中的限制是有针对性的，其只针对相应的具体国家，不涉及第三国，而同等原则的适用则具有普遍性。

（三）诉讼权利义务同等原则和对等原则的适用

同等原则所强调的是外国人与本国人享有同等的诉讼权利，承担同等的诉讼义务，其实质是对外国人实现国民待遇。对等原则所强调的是某国人在我国所享有的诉讼权利及承担的诉讼义务，与该国对我国人在该国所享有的诉讼权利和承担的诉讼义务相同。这两项原则体现了国家主权原则，在实践中放弃这两项原则就等于放弃了国家主权。

第二节　民事诉讼的基本制度

民事诉讼的基本制度，是人民法院进行民事审判活动应当遵守的基本规程，包括合议制度、独任制度、回避制度、公开审判制度和两审终审制度。

一、合议制度

（一）合议制度的含义

合议制度是指由三名以上的法官或法官与陪审员组成审判集体，代表人民法院行使审判权，对案件进行审理并作出裁判的法律制度。合议制度是一种集体审判制度，是我国民事诉讼中最常用的一种审判制度。该制度可以避免由一人审判可能产生的不足，有利于提高审判质量，保证案件的正确处理。

（二）合议制度的组成

合议制度的组织形式为合议庭。合议制度包括合议庭的组成、合议庭的职能和合议庭的活动原则三个方面的内容。

1. 合议庭的组成

合议庭的组成因审级和案件性质的不同而不同，人民法院审理第一审民事案件，合议庭由审判员、陪审员共同组成或者由审判员组成。人民法院审理第二审民事案件，由审判员组成合议庭。对于发回重审的案件，原审人民法院应当按照第一审程序另行组成合议庭。人民法院审理再审案件，原来是第一审的，按照第一审程序另行组成合议庭；原来是第二审的或者是上级人民法院提审的，按照第二审程序另行组成合议庭。但不论上述哪种组成形式，合议庭的人数都必须是三人以上的单数，并且要由其中一人担任审判长，主持审判活动。合议庭的审判长由院长或者庭长指定审判员一人担任；院长或者庭长参加审判的，由院长或者庭长担任。

2. 合议庭的职能

合议庭的职能是代表人民法院行使审判权，对具体案件进行审理并作出裁判。但合议庭应当接受审判委员会的指导和监督，并执行审判委员会的决定。

3. 合议庭的活动原则

合议庭成员地位平等，享有同等的权力；陪审员在执行陪审职务时，与审判员有同等的权力和义务。合议庭评议案件，实行少数服从多数的原则。评议应当制作笔录，由合议庭成员签名。评议中的不同意见，必须如实记入笔录。

（三）合议制度的适用

（1）就适用的案件而言，合议制度适用于审理除适用简易程序的案件和特别程序、督促程序外的各种民事案件，包括一般、重大、复杂和疑难的案件。

（2）就适用的法院而言，我国四级法院都可以采用合议制度。其中，中级以上法院审判民事案件，只能采用合议制度。

（3）就适用的程序而言，合议制度既适用于一审程序，也适用于二审程序。一审普通程序、二审程序及重审和再审程序，均应采用合议制度。特别程序中的选民资格案件和重大、疑难的非讼案件，应当采用合议制度。

二、独任制度

（一）独任制度的含义

独任制度是指由一名法官单独负责对案件审理并作出裁判的法律制度。独任制度是法官个人独立负责的审判制度，它可以充分发挥法官个人的才智，在保证办案质量的基础上，有利于案件的速决、速判，提高办案效率，有利于充分发挥国家有限司法资源的效用。独任制和合议制，构成了我国完整的民事审判组织形式。

（二）独任制度的适用

（1）适用的案件：独任制适用于审理简单的诉讼案件和一般的非讼案件。简单的诉讼案件是指事实清楚、权利义务关系明确、争议不大的民事案件。

（2）适用的法院：独任制目前只能适用于基层法院和它的派出法庭。

（3）适用的程序：独任制适用于一审简易程序、特别程序、督促程序。最高法院对适用公示催告程序的审判组织作了特别规定，即适用公示催告程序审理案件，可由一人独任审理；判决宣告票据无效的，应当组成合议庭审理。

三、回避制度

（一）回避制度概述

1. 回避制度的概念

回避制度是指为了审判的公平和正义，审判员和其他有关人员在法律规定的情况下，不宜继续参加诉讼，而退出对案件审理的制度。设立回避制度，直接目的在于排除与案件有利害关系的审判人员参与案件的处理过程，以保证案件得到公正审判。同时，这对于消除当事人的疑虑、维护法院的公正形象，也能起到重要的作用。

2. 回避制度适用的对象

回避制度的适用对象首先是审判人员，包括法官和其他审判人员（如陪审员、审判委员会委员等）。其次是其他有关人员，包括书记员、翻译人员、鉴定人、勘验人、执行员等。

3. 回避的事由

回避制度只能在有法律明文规定的情况下适用。依我国现行的《民事诉讼法》的规定，回避事由主要有：（1）回避对象是本案当事人或者当事人、诉讼代理人的近亲属。所谓近亲属通常是指配偶、父母、子女、兄弟姐妹、祖父母、外祖父母、孙子女、外孙子女。（2）回避对象与本案有利害关系。这是指案件处理的结果会直接或间接地影响自身的利益。（3）回避对象与本案当事人、诉讼代理人有其他关系，可能影响对案件公正审理的。所谓其他关系是指除上述两种关系之外的社会关系，如师生、同学、亲属、朋友关系等。其他关系并不一定引起回避后果，只有可能影响对案件的公正审理的，才构成回避的理由。审判人员接受当事人、诉讼代理人请客送礼，或者违反规定会见当事人、诉讼代理人的，当事人有权要求他们回避。审判人员有以上行为的，应当依法追究法律责任。（4）回避对象曾经参与过本案审判工作。在一个审判程序中参与过本案审判工作的审判人员，不得再参与该案其他程序的审判。但发回重审的案件，在一审法院作出裁判后又进入第二审程序的，原第二审程序中合议庭组成人员不受此规定的限制。

（二）回避的程序

1. 回避的提出

回避的提出有三种方式：一是申请回避；二是自行回避；三是决定回避。

当事人申请回避，可采用口头或书面形式，但应当说明申请回避的理由。审判人员和其他有关人员自行回避的，应当向审判长、院长或审判委员会提出，并说明理由。审判人员有应当回避的情形，没有自行回避，当事人也没有申请其回避的，由院长或者审判委员会决定其回避。

2. 申请回避的时间

民事诉讼法规定，当事人申请回避，应当在案件开始审理时提出；回避事由在案件开始审理后知道的，也可以在法庭辩论终结前提出。

3. 回避的决定

院长担任审判长时的回避，由审判委员会决定；审判人员的回避，由院长决定；其他人员的回避，由审判长决定。

4. 回避的效力

法院对当事人提出的回避申请应在3日内以口头或书面方式作出决定。被申请回避的人员在法院作出是否回避的决定前，应当暂停参与本案工作，但案件需要采取紧急措施的除外。

法院决定回避的，被申请回避的人员应退出本案审理；驳回回避申请的，被申请回避的人员应继续本案的审理。

5. 回避争议的处理

民事诉讼法对不服驳回回避申请的决定设置了救济程序，即申请人对决定不服的，可以在接到决定时申请复议一次。复议期间，被申请回避的人员，不停止参与本案的工作。法院对复议申请应当在3日内作出复议决定，并通知复议申请人。

四、公开审判制度

（一）公开审判制度概述

公开审判制度是指人民法院对民事案件的审理过程和判决结果，除合议庭评议案件外，全部向群众和社会公开的制度。公开审判制度包括两方面内容：第一，公开审判在形式上要求：（1）向群众公开，允许群众旁听案件的审判活动；（2）向社会公开，允许大众传媒对案件的审判情况进行采访和报道；（3）为了便于群众参加旁听和新闻媒体采访报道，应当在开庭前公告当事人的姓名、案由、开庭的时间和地点。第二，公开审判在内容上要求公开宣告判决。

公开审判制度是社会主义民主原则在民事诉讼中的重要体现。实行公开审判将案件的审判活动置于群众的监督之下，能够增加审判活动的透明度，有助于审判人员增强责任感，正确行使审判权，提高办案质量；公开审判对案件当事人和其他诉讼参与人也能起到一定的约束作用，可以促使他们在公众监督之下正确行使诉讼权利和履行诉讼义务，保证庭审活动的顺利进行；另外，公开审判可以使旁听群众受到很好的法制教育，扩大办案的社会效果，从而有利于预防纠纷、减少诉讼、维护社会稳定。

在我国，公开审判制度是民事诉讼的一项重要制度，在民事诉讼中把公开审判作为一项重要原则，而不公开审判作为例外，只在法律有明文规定时才能适用不公开审判。

（二）公开审判制度的例外——不公开审判

不公开审判是相对于公开审判而言的，具体包括两种类型。

1. 应当不公开审判的案件

具体包括以下三种：第一，涉及国家秘密的案件。国家秘密是指关系到国家安全和利益，依照法定程序，在一定时间内只限于一定范围的人知悉的事项，包括科技、经济、军事、外交政策等国家事务方面的秘密。这种案件不公开审判是为了维护国家政治、经济利益和社会公共利益。第二，涉及个人隐私的案件。个人隐私是指个人私生活中不愿公开的内容。这种案件不公开审判，既考虑到对个人隐私权的保护，也顾及可能对社会产生的不良影响。第三，法律另有规定的案件。除上述两种案件外，法律有明确规定的案件，也应当不公开审判。例如，民事诉讼法第二审程序中径行裁判的案件，就实行不公开审判。

2. 可以不公开审判的案件

具体包括以下两种：第一，离婚案件。离婚案件涉及双方当事人之间的生活和感情问题，多属人格与情感的问题，应当尊重当事人的意愿，故法律赋予离婚案件当事人选择的权利，可以申请不公开审判。第二，涉及商业秘密的案件。商业秘密是指不为公众所知悉，能为权利人带来经济利益、具有实用性并经权利人采取保密措施的技术信息和经营信息。商业秘密包括技术秘密和经营秘密两种：技术秘密是指从事生产活动所必需的技术、技能、知识和经验方面的秘密，具体表现为产品的配方、图案、设计、工艺、工序、操作方式等；经营秘密是指经营者在经营管理过程中一切不对外公开的信息、资料。如企业自身结构的变更计划、销售状态、信息情报、管理经验、客户名单等。涉及商业秘密的案件，法律赋予当事人选择审判方式的权利，可以申请不公开审判。

五、两审终审制度

（一）两审终审制度的概念

两审终审制度，是指一个民事案件经过两级法院的审判，即宣告终结的制度。也就是说，第一审人民法院审理宣判的判决、裁定，尚不能立即产生法律效力，只有上诉期限届满，当事人没有提起上诉，或当事人提起上诉，经第二审人民法院审理后作出的裁判一经宣判，立即产生法律效力。

在我国的民事诉讼中，两审终审是案件审级的原则，适用于一般民事案件，即在我国一个民事案件一般最多经过两级法院的审理，所形成的裁判就是终局裁判。但是，在例外的情况下，针对法定的特殊民事案件，一个民事案件只要经过一级法院审理所形成的裁判结果就能生效，这些特殊民事案件主要有特别程序、督促程序、公示催告程序。

此外，为充分保护当事人的合法权益，在两审终审的基础上，我国在民事诉讼的程序中还设置了审判监督程序和当事人申请再审程序，以弥补审级上的不足。如果经过二审仍有不正确的裁判，还可以通过再审程序予以纠正。

（二）两审终审制度的内容

我国人民法院组织体系分为四级，即最高人民法院、高级人民法院、中级人民法院和基层人民法院。同时，根据需要设置了军事人民法院和海事人民法院等专门人民法院。我国民事案件的审级制度也可以称为四级两审终审制。

根据《民事诉讼法》的规定，除最高人民法院作出的裁判属于终审裁判，以及民事诉讼法另有规定不准上诉的裁判外，对一般的民事案件、经济纠纷案件都应实行两审终审制。凡当事人不服地方各级人民法院一审作出的裁判，都可以在上诉期内依法向上一级人民法院上诉，由上一级人民法院进行二审。二审人民法院所作出的判决、裁定属于终审裁判，当事人不得再行上诉。

【课后习题】

一、思考题

1. 什么是民事诉讼法的基本原则？民事诉讼法的基本原则体系是怎样的？
2. 如何防止当事人对处分原则的滥用？
3. 法院调解与其他调解的不同之处有哪些？
4. 回避制度的内容有哪些？
5. 哪些案件不公开审判？为什么？

二、案例分析题

阅读下面的案例，并回答问题。

案例一

刘某因买卖合同纠纷向法院起诉，要求被告冯某履行合同并承担违约责任。法院按照普通程序审理该案件，由于被告要求由人民陪审员参加审理，法院决定由法官张某和人民陪审员乔某、吉某组成合议庭，张某任审判长。在审理中，被告提出自己未能按照合同约定交货，是由于天降大雨，冲垮了公路。法庭审理后认为，原告未及时告知交货地点是造成被告迟延履行的主要原因，因而驳回了原告要求被告承担违约责任的请求。原告不服判决，提起上诉，二审法院发回重审，一审法院组成合议庭对该案件再次进行审理。

问题：

1. 本案合议庭的组成是否合法？

2. 对法院的决定不服，是否可以提出上诉？

3. 张法官的做法是否合法？

4. 张法官是否可以参加新的合议庭？新合议庭可否由人民陪审员参加？

5. 一审法院对案件的审判是否存在程序上的错误？

案例二

原告甲公司向人民法院起诉被告乙及丙公司。甲公司在起诉中称，被告乙原是其营销部经理，被丙公司高薪挖去，在丙公司负责市场推广工作。乙利用其在甲公司所掌握的商业秘密，将甲公司的推广方案与进货渠道几乎全部提供给了丙公司，甲公司因而损失严重，请求人民法院判决乙和丙公司承担连带赔偿责任。同时，甲公司申请不公开审判，以避免商业秘密泄露给第三人。

问题：

1. 本案中人民法院能否依职权决定不公开审判案件？为什么？

2. 人民法院能否同意原告不公开审判的要求？为什么？

3. 如果审判员高某是丙公司销售部经理的堂弟，高某是否应当回避？为什么？如果应当回避，程序如何？

4. 如果审理中甲公司与丙公司达成和解协议而申请撤诉，法院准许，后丙公司拒不执行和解协议，甲公司可否再次起诉？为什么？

【本章实务应用难点分析】

1. 民事诉讼基本原则与民事诉讼实务

许多初学法律的学生倾向于认为民事诉讼的基本原则没有什么用，其实民事诉讼基本原则是诉讼法的精髓所在，理解了民事诉讼的基本原则，才能够理解民事诉讼法为什么这样规定。同时，在法条规定词义存在不同的解释时，基本原则是对词义作出最准确的解释的依据。因为民事诉讼的基本原则是民事诉讼活动的本质和规律，贯穿于整个民事诉讼的过程当中，具有内容的根本性和效力的贯穿性，对民事诉讼法的全部规范具有导向的作用。它不仅规范和指导民事诉讼的立法活动，而且也规范民事诉讼行为。在民事诉讼活动的进行过程中，由于行为的复杂性，难免会出现具体的法律条文遗漏的内容或者具体法律条文规定模糊的内容，在这些情况下，会有法律条文不能规制的所谓“真空地带”，这时法官就会援引基本原则作为依据。很多法院的判决书在说明当事人的诉讼权利义务时，并非引用基本原则的法条，而是直接根据基本原则来说明处理的依据和理由。例如，法院认为没有必要追加非必要的共同诉讼人时，一般会援引处分原则来说明为什么没有追加非必要共同诉讼人。

以基本原则对一项行为进行衡量和评价时，有时会有冲突，如本章“案例导入”中涉及法官中立（或称公平原则）与诉讼当事人地位平等的保障的冲突。在案例中可以看到，法官向本案的受害方解释了如何取证，依行为来看法官似乎违背了中立原则和公平原则，但是在该案例中，法官告知的内容属于法官释明责任的范围，因此并没有导致当事人地位的不平等，相反，实现了当事人地位的平等。因此，各项基本原则作为民事诉讼精神的集合，承载着民事诉讼的价值，至于基本原则如何运用到具体的案件中则是法律解释的问题。

2. 对我国辩论原则的检讨

根据对法官或法院的裁判是否具有拘束力，法庭辩论原则可分为约束性辩论原则和非约束性辩论原则。

大陆法系的一些国家实行的是约束性辩论原则，即作为裁判基础的事实和证据的提出属于当事人意思自治，法院应充分尊重当事人的自由，这包含三层含义：(1) 直接决定法律效果的必要事实必须在当事人的辩论中出现，没有出现的事实不能作为法院裁判的依据；(2) 当事人一方主张的事实，为另一方所承认的，法院必须认定并作为裁判的依据（自认）；(3) 法院对证据的调查，原则上限于当事人在辩论中提出的证据。

根据《民事诉讼法》的规定，我国民事诉讼中对于辩论原则采取的是非约束性辩论原则。当事人有权进行辩论，但法院的审理和作为裁判的依据不限于当事人辩论中提出的事实和证据，辩论结果对法院或法官的采信没有约束力，并非必然成为裁判的依据。因此，我国的法庭辩论也备受学者批评。学者张卫平对这个现象是这样评论的：“虽然不能把辩论程序的空洞化视为导致程序非正当化的‘潘多拉盒子’，但辩论程序的空洞化的确助长了民事诉讼实务中的不正之风。当事人双方的辩论不过是法院裁判的信息来源，而且往往不是主要的信息渠道。当事人的辩论对法官完全没有约束力。这样，又反过来促使了辩论程序的空洞化。”

虽然现阶段我国的辩论原则为非约束性辩论原则，但是辩论其实是证明责任的一项组成部分。证明责任包括主张责任、说服责任、举证责任、不利后果承担责任。因而，充分的辩论是说服法官采信自己提出的证据、支持自己的主张、避免承担法律责任的最重要的手段，应当得到充分的重视。

第六章 法院的主管与管辖

【本章要点】

- 法院主管范围及其与其他组织处理民事纠纷的关系
- 主管与管辖之间的关系
- 管辖异议的条件
- 级别管辖的确定标准与法律规定
- 一般地域管辖的原则和例外
- 特殊地域管辖的法律规定
- 移送管辖和管辖权转移
- 协议管辖的应用

【案例导入】

安徽省萧县某加工厂和山东省曹县某食品厂，在安徽砀山县签订了一份真空食品袋加工承揽合同。合同约定：由加工厂代办托运；履行地点是加工厂设在山东省单县的仓库；如果发生纠纷，由菏泽市仲裁委员会仲裁，也可以向砀山县法院和菏泽市法院起诉。合同签订后，加工厂交由淮北市的分厂进行加工，并在淮北市汽车站发货。食品厂收货后即投入使用。因真空食品袋质量不合格，致使食品厂已封装入库和销售出去的袋装食品大量腐败变质，损失 10 万元。两厂几经协商未果。食品厂的厂长找律师咨询，并要求必须在曹县法院起诉。

思考：

1. 依法律规定，此纠纷应通过仲裁解决还是应通过诉讼解决？
2. 菏泽市法院是否有管辖权？
3. 砀山县法院是否有管辖权？
4. 淮北市法院是否有管辖权？
5. 单县法院是否有管辖权？
6. 萧县法院是否有管辖权？
7. 如果你是律师，你认为能满足食品厂的要求吗？

第一节　民事案件管辖概述

一、民事案件主管

（一）民事案件主管的概念和意义

主管一般是指国家机关的职权范围，任何一个国家机关都有特定的职权范围，这是基于国家权力分工的原理，法院也不例外。法院主管就其实质而论，是审判权的范围问题。民事案件主管，是指人民法院依法受理和解决一定范围内民事纠纷的权限，也即明确人民法院与其他国家机关、社会组织之间解决民事纠纷的分工，其实质是确定人民法院行使民事审判权的范围和权限。

现实社会中的民事纠纷种类繁多，范围广，数量大，情况复杂。这些民事纠纷大致可分为两类，即民事法律纠纷和民事非法律纠纷。受法律评价的社会冲突为民事法律纠纷，受道德等评价的为民事非法律纠纷。在社会实践中，有时还会出现民事纠纷介于法律纠纷和非法律纠纷之间的模糊状态，处于法律的边缘。例如，学生对于学校未颁发学位证书而将学校告上法庭；丈夫因妻子单方面堕胎而提出侵权赔偿诉讼等。即便是可以交由法院通过诉讼解决的民事法律纠纷，也可以通过其他国家机关或者社会团体采取非诉讼方式解决。哪些民事纠纷，法院可以行使审判权予以解决，以及法院行使审判权解决民事纠纷与其他国家机关或者社会团体采取非诉讼方式解决民事纠纷的关系，就是民事案件主管所要解决的问题。

（二）法院主管民事案件的范围

根据民事诉讼法及其他有关法律、法规的规定，人民法院主管的民事案件主要有以下几类：一是由民法调整的平等权利主体之间因财产关系和人身关系发生纠纷而引起的案件；二是由婚姻法调整的平等权利主体之间因婚姻家庭关系发生纠纷而引起的案件；三是由经济法调整的平等权利主体之间因经济关系发生纠纷而引起的案件；四是由劳动法调整的用人单位与劳动者之间因劳动关系发生纠纷而引起的案件；五是由其他法律调整的社会关系发生争议，法律明确规定依照民事诉讼程序审理的案件；六是由海商法调整的海上运输关系和船舶关系发生纠纷而引起的海事案件；七是适用民事诉讼法中特别程序、督促程序、公示催告程序等非民事权益争议案件。

（三）法院主管与其他机构、社会组织主管的关系

法院主管和其他国家机关、社会团体解决民事纠纷的关系，具体可表述为如下几点。

1. 法院主管与人民调解委员会处理民事纠纷的关系

人民调解委员会是群众性自治组织，其任务是调解民间纠纷，主要指简单的民事法律纠纷和民间非法律纠纷。法院主管的民事案件和人民调解委员会调处的民事纠纷存在交叉关系。对于性质重要、情况复杂、影响较大的民事案件，属于法院主管范围，而不属于人民调解委员会处理范围；对于民间非法律纠纷，如婆媳矛盾、邻里拌嘴等，则属于人民调解委员会处理范围，而不属于法院主管范围。对于法院和人民调解委员会都有权处理的民事纠纷，双方当事人合意选择人民调解委员会调处的，由人民调解委员会进行调解；一方向人民调解委员会申请调解，另一方向法院起诉的，由法院主管；人民调解委员会调解不

成或者达成协议违法，当事人向法院起诉的，由法院主管。

2. 法院主管与仲裁委员会处理民事纠纷的关系

根据《民事诉讼法》和《中华人民共和国仲裁法》的规定，法院主管与仲裁解决的关系体现在以下几方面：

（1）法院主管的范围大于仲裁解决的范围。仲裁机关受理案件的范围，是平等主体的公民、法人和其他组织之间发生的合同纠纷和其他财产权益纠纷，但婚姻、收养、监护、扶养、继承纠纷除外。

（2）对于法院和仲裁机关受理案件范围重合的民事纠纷，由双方当事人合意选择主管机关并实行“裁”“审”分离。如果双方当事人达成了仲裁协议，应由仲裁委员会主管，法院不能受理；没有仲裁协议或者仲裁协议无效，一方当事人向法院起诉，法院应予受理；在仲裁机关作出裁决后，当事人就同一纠纷向法院起诉，法院不予受理。

（3）当事人在仲裁裁决被法院依法撤销、裁定不予执行，双方当事人又没有重新达成仲裁协议的情况下，向法院提起民事诉讼的，法院应当受理。

为了专门解决劳动争议，我国单独设立了劳动争议仲裁委员会。劳动争议仲裁委员会不同于民间性质的仲裁委员会，它由劳动行政部门代表、同级工会代表、用人单位方面的代表组成。劳动争议仲裁委员会主管的范围和法院主管的范围是相同的，但在处理程序上实行劳动争议仲裁程序前置原则，即采用先“裁”后“审”模式。劳动争议发生后，当事人可以向本单位劳动争议调解委员会申请调解，也可以直接向劳动争议仲裁委员会申请仲裁，对仲裁裁决不服的，可以自收到裁决书之日起15日内向法院起诉，由法院通过审判解决。

3. 法院主管与行政机关处理民事纠纷的关系

根据我国有关法律规定，行政机关采用行政调解、行政仲裁、行政决定等方式处理一定范围内的民事权益纠纷。法院主管与行政机关处理民事纠纷的关系主要有两种类型：

（1）某些与行政管理权有关的民事纠纷，由行政机关处理，不属于法院主管范围。这又分为两种情况。第一种：行政机关的处理是最终解决。如根据《中华人民共和国商标法》的规定，商标注册人对他人已注册的商标提出争议，其他人对注册商标人已注册的商标提出争议，由工商行政管理机关内设立的商标评审委员会处理，该委员会作出的裁决是最终裁决，当事人不得向法院提起诉讼。第二种：行政机关的处理并非最终解决，当事人不服只能提起行政诉讼。这主要是指有关土地、矿产、森林、草原等自然资源权属的民事纠纷。如根据《中华人民共和国土地管理法》的规定，个人之间、个人与全民所有制单位和集体所有制单位之间的土地使用权争议，应由乡级人民政府或县级人民政府处理，当事人对处理决定不服的，可以向法院起诉，法院应按行政案件受理。

（2）某些民事纠纷，法院和行政机关都拥有处理权，按以下几种方式解决：1）法院主管优先，即一方当事人请求行政机关处理，另一方当事人向法院提起民事诉讼的，由法院主管。2）双方当事人都请求行政机关处理的，由行政机关处理，但当事人对行政处理不服的，仍可提起民事诉讼。3）当事人不服行政机关居间调解，达不成调解协议或者达成协议后一方反悔的，当事人向法院提起诉讼，属于法院主管范围。4）当事人不服行政机关仲裁裁决的，若法律规定先裁后审的，如劳动争议仲裁，属于法院民事诉讼主管范围；若法律规定“裁”“审”分离的，如著作权合同纠纷，则不属于法院民事诉讼主管范围。

二、民事案件管辖的概念和意义

民事案件管辖，是指确定各级人民法院之间和同级人民法院之间受理第一审民事案件的分工和权限。

在法律上，我国民事诉讼法将管辖分为级别管辖、地域管辖、移送管辖和指定管辖四大类，在以下的内容中我们将进行重点论述。值得一提的是，在理论上，依据管辖是由法律直接规定的还是由法院裁定确定的，又将管辖分为法定管辖和裁定管辖。法定管辖即由法律直接规定，如级别管辖、地域管辖等；裁定管辖则由法院通过裁定才能决定，如移送管辖、指定管辖等。

我国民事诉讼法对管辖的规定，主要体现了以下几个原则：（1）便于当事人进行诉讼；（2）便于法院审理案件和执行裁判；（3）保证案件的公正审判；（4）均衡各级法院的工作负担；（5）确定性和灵活性相结合；（6）有利于维护国家主权。

第二节　法定管辖

一、级别管辖

（一）级别管辖的概念和确定级别管辖的依据

级别管辖，是指上、下级人民法院之间受理第一审民事案件的分工和权限。

我国四级人民法院由于职能分工不同，受理第一审民事案件的权限范围也不同。确定不同级别的人民法院管辖第一审民事案件的依据主要是：案件的性质、案件影响的大小、诉讼标的的金额大小等。

（二）各级人民法院管辖的第一审民事案件

1. 基层人民法院管辖的第一审民事案件

《民事诉讼法》第 17 条规定："基层人民法院管辖第一审民事案件，但本法另有规定的除外。"所以，第一审民事案件原则上由基层人民法院管辖。

2. 中级人民法院管辖的第一审民事案件

根据《民事诉讼法》第 18 条的规定，中级人民法院管辖下列第一审民事案件：

（1）重大涉外案件。涉外民事案件，是指民事法律关系的主体、内容、客体三者之一含有涉外因素的民事案件，如当事人为外国人、标的物在国外等。重大涉外案件，是指一方当事人人数众多，或者案情复杂，或者争议标的额较大的民事案件。

（2）在本辖区内有重大影响的案件。中级人民法院的辖区有重大影响的案件，是指案情复杂、涉及范围广、诉讼标的的金额较大，案发后案件处理结果的影响超出了基层人民法院的辖区范围，基层人民法院已不便行使管辖权，而由中级人民法院作为第一审法院进行审理比较适宜的案件。

（3）最高人民法院确定由中级人民法院管辖的案件。除涉外案件外，基于某些案件的特殊性，最高人民法院指定由某些中级人民法院管辖的民事案件。这些案件主要有：1）海事、海商案件。海事、海商案件包括海事侵权纠纷案件、海商合同纠纷案件、海事保全案件、海事执行案件及其他海事、海商案件等。海事、海商案件由海事法院管辖。2）专利纠纷案件。这类案件由知识产权法院、最高人民法院确定的中级人民法院和基层人民法院管辖。2014年我国在北京、上海、广州设立了首批知识产权法院。而海事法院、知识产权法院在我国的司法系统中为中级人民法院。

（4）公益诉讼案件。我国2015年2月实施的《最高人民法院关于适用〈中华人民共和国民事诉讼法〉的解释》（以下简称《民诉解释》）第258条规定，公益诉讼案件由侵权行为地或者被告住所地中级人民法院管辖，但法律、司法解释另有规定的除外。公益诉讼是在2012年《民事诉讼法》修改之后，才被写入法律中来的。

3. 高级人民法院管辖的第一审民事案件

我国《民事诉讼法》第19条规定，高级人民法院管辖在本辖区有重大影响的第一审民事案件。

4. 最高人民法院管辖的第一审民事案件

最高人民法院是我国最高审判机关，其主要任务是指导和监督地方各级人民法院和各专门人民法院的审判工作，审理不服高级人民法院裁判的上诉案件，并对审判过程中如何具体适用法律、法规进行司法解释。为了保证最高人民法院能有效地行使上述各项职能，《民事诉讼法》第20条规定，最高人民法院管辖以下第一审民事案件：

（1）在全国有重大影响的案件；

（2）认为应当由本院审理的案件。

二、地域管辖

（一）地域管辖概述

地域管辖，是指同级人民法院之间受理第一审民事案件的分工和权限。级别管辖是在纵向关系上划分上下级法院之间受理第一审民事案件的分工和权限；而地域管辖是在横向关系上划分同级法院之间受理第一审民事案件的分工和权限。在我国四级法院中，最高法院只有一个，高级法院有31个，中级法院有300多个，基层法院有3 000多个。级别管辖只是确定案件由哪级法院管辖，如某一案件属基层法院管辖，但究竟由3 000多个基层法院中的哪一个法院管辖，则必须通过地域管辖来确定。因此，一个案件在级别管辖明确以后，只有进一步通过地域管辖，才能最终将案件的管辖权落在具体的法院，才能彻底解决案件的管辖问题。

根据《民事诉讼法》的规定，地域管辖分为一般地域管辖、特殊地域管辖、专属管辖、共同管辖与选择管辖、协议管辖和应诉管辖。下面将分别对此进行阐述。

（二）一般地域管辖

1. 一般地域管辖概述

一般地域管辖又称普通管辖，是指以当事人住所地与法院辖区的关系来确定管辖法院。一般地域管辖的原则是“原告就被告”，即民事诉讼由被告住所地人民法院管辖。

实行“原告就被告”原则，有利于人民法院调查、核实证据，迅速查明案情，正确处理民事纠纷；有利于传唤被告出庭应诉；有利于采取财产保全和先予执行措施；如果被告败诉，还有利于执行；同时，还可以防止原告滥用诉权，给被告造成不应有的损失。

（1）被告为公民时的住所地的确定。《民事诉讼法》第21条第1款规定，对公民提起的民事诉讼，由被告住所地人民法院管辖；被告住所地与经常居住地不一致的，由经常居住地人民法院管辖。这里所说的住所地，是指公民的户籍所在地；经常居住地，是指公民离开住所地时起至起诉时止，连续居住一年以上的地方，但公民住院就医的地方除外。在司法实践中，公民在其户籍迁出后，未迁入异地之前，如果没有经常居住地的，仍然以其原户籍所在地为其住所地。

（2）被告为法人或者其他组织时的住所地的确定。《民事诉讼法》第 21 条第 2 款规定，对法人或者其他组织提起的民事诉讼，由被告住所地人民法院管辖。这里所说的法人或者其他组织的住所地，是指其主要办事机构所在地。法人或者其他组织的主要办事机构所在地不能确定的，法人或者其他组织的注册地或者登记地为住所地。个人合伙、合伙型联营体，没有注册登记，几个被告又不在同一辖区的，被告住所地的人民法院都有管辖权。

（3）按照司法解释，下列诉讼也根据“原告就被告”原则确定管辖法院：

1）双方当事人均为军人或者军队单位的民事案件由军事法院管辖。

2）双方当事人都被监禁或被采取强制性教育措施的，由被告原住所地人民法院管辖；被告被监禁或被采取强制性教育措施一年以上的，由被告被监禁地、被采取强制性教育措施地的人民法院管辖。

3）夫妻双方离开住所地超过一年，一方起诉的离婚案件，由被告经常居住地人民法院管辖；没有经常居住地的，由原告起诉时被告居住地人民法院管辖。

4）不服指定监护或变更监护关系的案件，由被监护人住所地人民法院管辖。

2. 一般地域管辖的例外规定

一般地域管辖的“原告就被告”原则，在某些特殊情况下无法适用，或者适用后将会对原告或法院产生极为不便的结果。为此，《民事诉讼法》第 22 条规定了几种例外的情况，由原告住所地人民法院管辖；原告的住所地与经常居住地不一致的，由经常居住地人民法院管辖。

这些例外情况包括：

（1）对不在中华人民共和国领域内居住的人提起的有关身份关系的诉讼。对于符合不在中国领域内居住、与身份有关的诉讼案件，如涉及婚姻关系、亲子关系、收养关系等的案件，由原告住所地或者经常居住地人民法院管辖。

（2）对下落不明或者宣告失踪的人提起的有关身份关系的诉讼。在被告下落不明或者已经宣告失踪的情况下，根本无法确定其住所地或者经常居住地，由原告住所地或者经常居住地人民法院管辖，可以方便原告行使诉权。

（3）对被采取强制性教育措施的人提起的诉讼。被采取强制性教育措施的人由于离开了住所地或者经常居住地，集中在特定场所接受强制性教育，人身自由受到一定的限制。如果向被告所在的强制性教育地的人民法院起诉，对原告来说十分不便，因此法律规定由原告住所地或者经常居住地人民法院管辖。

（4）对被监禁的人提起的诉讼。正在被监禁的人，包括已决犯和未决犯，都丧失了人身自由，脱离了住所地或者经常居住地，原告向被告监禁地人民法院起诉不仅不便，而且由被告监禁地人民法院管辖，很可能造成其工作量过大，因此法律规定由原告住所地或者经常居住地人民法院管辖，这样可以方便原告起诉，减轻被告监禁地人民法院的负担。

除上述四种情况外，最高人民法院根据司法实践的需要，对“被告就原告”的适用还进行了以下补充规定：

(1) 追索赡养费、抚育费、扶养费案件的几个被告住所地不在同一辖区的，可以由原告住所地人民法院管辖。

(2) 夫妻一方离开住所地超过一年，另一方起诉离婚的案件，可以由原告住所地人民法院管辖。

由于涉及国外华侨离婚案件管辖上的特殊性，为了方便当事人行使诉讼权利，我国《民事诉讼法》根据具体情况，作出了如下规定：

(1) 在国内结婚并定居国外的华侨，如定居国法院规定离婚诉讼必须由婚姻缔结地法院管辖，当事人向人民法院提出离婚诉讼的，由婚姻缔结地或一方在国内的最后居住地人民法院管辖。

(2) 在国外结婚并定居国外的华侨，如定居国法院以离婚诉讼须由国籍所属国法院管辖为由不予受理，当事人向人民法院提出离婚诉讼的，由一方原住所地或在国内的最后居住地人民法院管辖。

(3) 中国公民一方居住在国外，另一方居住在国内，不论哪一方向人民法院提起离婚诉讼，国内一方住所地的人民法院都有管辖权。如国外一方在居住国法院起诉，国内一方向人民法院起诉的，受诉人民法院有权管辖。

(4) 中国公民双方在国外但未定居，一方向人民法院起诉离婚的，应由原告或者被告原住所地的人民法院管辖。

(5) 已经离婚的中国公民，双方均定居国外，仅就国内财产分割提起诉讼的，由主要财产所在地人民法院管辖。

（三）特殊地域管辖

特殊地域管辖又称特别地域管辖，是指以诉讼标的所在地或者引起民事法律关系发生、变更、消灭的法律事实所在地为标准确定的管辖。特殊地域管辖是相对于一般地域管辖而言的，但是特殊地域管辖并不排斥一般地域管辖的适用，是法律针对特别类型案件的管辖作出的特殊规定。也就是说，在上述案件的法定管辖中，允许由当事人住所地确定的一般地域管辖和法律事实所在地、诉讼标的物所在地确定的特殊地域管辖进行共同管辖，使多个人民法院对同一案件有共同管辖权。《民事诉讼法》第 23 条至第 32 条，针对 10 类特殊案件规定了它们的特殊地域管辖，具体如下所述。

1. 因合同纠纷提起的诉讼，由被告住所地或者合同履行地人民法院管辖

因合同发生纠纷，包括因合同是否成立而发生的争议、因合同变更发生的争议及因合同履行而发生的争议。法律规定因合同纠纷提起的诉讼，由被告住所地或者合同履行地人民法院管辖，主要是考虑到这样便于人民法院查明案情，在必要时及时采取财产保全等紧急措施，以利于合同纠纷的解决。

在司法实践中，如何确认合同履行地是比较复杂的问题。一般来说，合同履行地是合同规定的义务履行和合同权利实现的地点，在实物交付中主要是指合同标的物交接的地点。合同的种类不同，合同履行地也不同。根据最高人民法院的司法解释，主要有以下几种情况：

(1) 因合同纠纷提起的诉讼，如果合同没有实际履行，当事人双方住所地又都不在合同约定的履行地，应由被告住所地人民法院管辖。

（2）当事人在合同中明确约定履行地点的，以约定的履行地点为合同履行地。合同对履行地点没有约定或者约定不明确，争议标的为给付货币的，接收货币一方所在地为合同履行地；交付不动产的，不动产所在地为合同履行地；其他标的，履行义务一方所在地为合同履行地。即时结清的合同，交易行为地为合同履行地。

（3）财产租赁合同、融资租赁合同以租赁物使用地为合同履行地。合同对履行地有约定的，从其约定。

（4）以信息网络方式订立的买卖合同，通过信息网络交付标的的，以买受人住所地为合同履行地；通过其他方式交付标的的，收货地为合同履行地。合同对履行地有约定的，从其约定。

（5）供用电、水、气、热力合同的履行地点，按照当事人的约定确定，约定不明确或没有约定的，根据《合同法》的规定，以供电、供水、供气、供热设施的产权分界处为履行地点。

2. 因保险合同纠纷提起的诉讼，由被告住所地或者保险标的物所在地人民法院管辖

保险合同，是指投保人支付保险费给保险人，保险人对于投保人因自然灾害或意外事故所致的损害或责任，承担赔偿责任或支付一定金额的合同。因保险合同发生的纠纷，是指投保人或者保险受益人与保险人之间发生的争议。因保险合同纠纷提起的诉讼，被告住所地、保险标的物所在地人民法院都有管辖权。

保险标的物，是投保人与保险人订立的保险合同所指向的对象，如财产、人身健康或生命等。因财产保险合同纠纷提起的诉讼，如果保险标的物是运输工具或者运输中的货物，可以由运输工具登记注册地、运输目的地、保险事故发生地人民法院管辖。因人身保险合同纠纷提起的诉讼，可以由被保险人住所地人民法院管辖。

3. 因票据纠纷提起的诉讼，由票据支付地或者被告住所地人民法院管辖

票据是指由出票人签发的，写明在一定的时间、地点由本人或者指定他人按照票面所载文义，向执票人无条件支付一定金额的有价证券。票据分为本票、汇票和支票三种。所谓票据纠纷，是指出票人或付款人与执票人之间因票据承兑等发生的争议。

因票据纠纷提起的诉讼，可以由票据支付地或者被告住所地人民法院管辖。票据支付地即票据上载明的付款地。如果票据未载明付款地的，则票据付款人的住所地或主要营业所所在地为票据付款地，原告可以任选其中一个人民法院起诉。

4. 因公司设立、确认股东资格、分配利润、解散等纠纷提起的诉讼，由公司住所地人民法院管辖

有关公司设立、确认股东资格、分配利润、解散等公司组织行为的诉讼，被称为公司诉讼，也被称为公司组织诉讼。顾名思义，该类诉讼反映的是股东、实际控制人、债权人及其他利害关系人针对公司的内部组织行为发生的各类法律关系产生的诉讼。根据该概念，公司组织行为产生的诉讼并不限于《民事诉讼法》第26条所列的四种类型。

（1）设立行为。公司应当符合法定条件并进行工商登记方能设立，故未能符合法定条件或者虽已符合法定条件但未进行工商登记即以公司名义对外从事民商事法律行为的，即为设立瑕疵行为。因该设立瑕疵行为产生的纠纷属于公司组织行为引起的诉讼，适用《民事诉讼法》第26条。

（2）确认股东资格。首先，确认股东资格有两层含义：一是符合《中华人民共和国公

司法》（以下简称《公司法》）规定的股东的资格，如实际出资。二是在符合公司法规定的股东资格后，该公司实际操作层面、内部公司文件、程序上对该股东资格的确认，如更改、新增股东姓名在股东名册，变更登记股东人数等。《民事诉讼法》第 26 条所指确认股东资格是指后者。

（3）利润分配。利润分配往往约定在公司章程中，多为以股东资本多数决或人头多数决的方式进行表决，在税后利润中是提取法定公积金后分配利润，还是继续提取任意公积金，或者不分配利润。但不可排除某些大股东利用表决权比重大，或者利益股东联合形成利益群体，出现过分提取任意公积金、超限制多分配利润等损害小股东分红权的情况。故允许小股东、债权人提起诉讼。

（4）解散行为。与设立对立，解散亦为公司组织行为，但《公司法》规定公司应当符合法定程序并进行注销登记才能解散，《民法总则》《公司法》也对清算中的法人的法律行为进行限制，故不符合法定程序、未注销登记、超出法律许可的范围从事民商事活动，损害股东、实际控制人、债权人及其他利害关系人的，适用《民事诉讼法》第 26 条。但须注意，《民事诉讼法》第 26 条所指解散行为是指公司发生僵局，由公司股东提起的强制解散之诉（《公司法》第 182 条），非自行解散和司法解散。自行解散无须诉讼（《公司法》第 180 条第 1 项至第 4 项），司法解散是国家权力导致的私法主体解散（《公司法》第 180 条第 5 项）。

另外，公司的变更、合并、分立亦可参考公司的设立、解散的法理理解，资本方面的增资、减资亦属于公司组织行为。还有诸如公司人事任免引起的诉讼、股东（大）会决议内容违反章程、法律、表决程序违反章程等，同样可以适用《民事诉讼法》第 26 条的规定确定管辖。

《民法总则》第 63 条规定，法人以它的主要办事机构所在地为住所地。《公司法》第 10 条规定，公司以其主要办事机构所在地为住所。《中华人民共和国公司登记管理条例》第 12 条规定，公司的住所地应当在其公司登记机关辖区内。故公司的住所地应当是公司注册地。《最高人民法院关于适用〈中华人民共和国公司法〉若干问题的规定（二）》第 24 条规定，解散公司诉讼案件和公司清算案件由公司住所地人民法院管辖。以方便诉讼、收集证据、方便送达各类文书、便于执行等多方面考量，设立公司住所地为管辖法院较为合适，具体应当以公司主要办事机构所在地为住所地，没有具体办事机构的，应当以公司注册地为住所地。

5. 因侵权行为提起的诉讼，由侵权行为地或者被告住所地人民法院管辖

侵权行为，是指加害人不法侵害他人财产权利和人身权利的行为。侵权行为地，包括侵害行为实施地和侵权结果发生地。侵权行为发生后，受害人既可以向侵权行为地人民法院起诉，也可以向被告住所地人民法院起诉。根据最高人民法院的司法解释：（1）因产品、服务质量不合格造成他人财产、人身损害提起诉讼的，产品制造地、产品销售地、服务提供地、侵权行为地和被告住所地人民法院都有管辖权；（2）信息网络侵权行为实施地包括实施被诉侵权行为的计算机等信息设备所在地，侵权结果发生地包括被侵权人住所地；（3）当事人申请诉前保全后没有在法定期间起诉或者申请仲裁，给被申请人、利害关系人造成损失引起的诉讼，由采取保全措施的人民法院管辖。当事人申请诉前保全后在法定期间内起诉或者申请仲裁，被申请人、利害关系人因保全受到损失提起的诉讼，由受理

起诉的人民法院或者采取保全措施的人民法院管辖。在涉外民事诉讼中，只要侵权行为发生地或者侵权结果发生地在中国领域内的，人民法院依法都享有管辖权。

与合同案件的法定管辖只限于某一个或几个特定的法院不同，有些侵权案件的侵权行为实施地或结果发生地可能特别广泛。例如，在反不正当竞争案件中，不正当竞争者的一个违法广告可能在全国市场上给同行业者的市场销售都带来影响。其同行可以因这一不正当竞争行为在任何一个地方市场上产生的损失请求损害赔偿，这些市场所在地的法院都有管辖权。

6. 因铁路、公路、水上、航空运输和联合运输合同纠纷提起的诉讼，由运输始发地、目的地或者被告住所地人民法院管辖

运输合同纠纷，是指承运人与托运人双方在履行运输合同中发生的权利义务争议。例如，因托运的货物被损坏、丢失引起的纠纷；旅客乘坐运输工具时人身受到伤害引起的纠纷等。对这类纠纷，运输始发地（客运或货运合同规定的出发地点）、目的地（合同约定的乘客或货物最终到达地）、被告住所地人民法院都有管辖权。

7. 因铁路、公路、水上和航空事故请求损害赔偿提起的诉讼，由事故发生地或者车辆、船舶最先到达地、航空器最先降落地或者被告住所地人民法院管辖

铁路、公路、水上、航空事故是车辆、船舶或者航空器所有人或管理人的侵权行为造成的。例如，火车相撞、脱轨；汽车倾覆，撞击了其他车辆、人员；轮船相撞、沉没；航空器坠毁，因排油、抛物造成环境污染和人身伤亡等。因这些事故引起的损害赔偿纠纷，法律规定事故发生地、车辆最先到达地（事故发生后，车辆第一个停靠站）、船舶最先到达地（事故发生后，船舶第一个停靠港或者沉没地）、航空器最先降落地（飞机、飞艇、卫星等最先降落地或者因事故而坠落地）、被告住所地人民法院都有权管辖。

8. 因船舶碰撞或者其他海事损害事故请求损害赔偿提起的诉讼，由碰撞发生地、碰撞船舶最先到达地、加害船舶被扣留地或者被告住所地人民法院管辖

其他海损事故，是指船舶在航行过程中，除碰撞以外发生的触礁、触岸、搁浅、浪损、失火、爆炸、沉没、失踪等事故。

因船舶碰撞或者其他海损事故造成财产、人身损害，原告追索损害赔偿的诉讼，以下四个地方的人民法院都有管辖权：其一，碰撞发生地，即船舶碰撞的侵权行为发生的具体地点。其二，碰撞船舶最先到达地，即船舶碰撞事故发生后，受害船舶最先到达的港口所在地。其三，加害船舶被扣留地，即加害船舶实施侵权行为继续航行后，被有关机关扣留的具体地点。其四，被告住所地，一般是加害船舶的船籍港所在地，即该船舶进行登记、获得航行权的具体港口。

9. 因海难救助费用提起的诉讼，由救助地或者被救助船舶最先到达地人民法院管辖

海难救助，是指对海上遇难的船舶及所载的货物或者人员给予援救。实施救助的外力，可能是从事救助的专业单位，也可能是邻近或者经过的船舶。救助活动完成后，实施救助的一方有权要求被救助的一方给付一定报酬，这就是海难救助费用。法律规定，因追索海难救助费用提起的诉讼，救助地（实施救助行为或者救助结果发生地）、被救助船舶最先到达地（被救助船舶经营救脱离险情后，最初到达的地方）的人民法院都有管辖权。

10. 因共同海损提起的诉讼，由船舶最先到达地、共同海损理算地或者航程终止地人民法院管辖

共同海损，是指海上运输中，船舶及所载的货物遭遇海难等意外事故时，为了避免共

同危险而有意地、合理地作出特殊的物质牺牲和支付的特殊费用。例如，为灭火而引海水入舱；为避免全船覆没而将全部或部分货物抛进大海；为进行船舶紧急修理而自动搁浅等。共同海损的牺牲和费用经过清算，由有关各方按比例分担。如果共同海损的全体受益人对共同海损的构成与否及分担比例等问题发生争议而诉诸法院，这就是共同海损诉讼。

因共同海损提起的诉讼，船舶最先到达地、共同海损理算地或者航程终止地人民法院都有管辖权。船舶最先到达地，是对遇难船舶采取挽救措施后，继续航行最初到达的港口所在地。航程终止地，是发生共同海损船舶的航程终点。共同海损理算地，是处理共同海损损失，理算共同海损费用的工作机构所在地。我国共同海损理算机构是中国国际贸易促进委员会，地点在北京，理算适用的规则是 1975 年 1 月 1 日公布的《中国国际贸易促进委员会共同海损理算暂行规则》。目前，国际上通用的理算规则是 1974 年的《约克-安特卫普规则》。

（四）专属管辖

专属管辖，是指对某些特定类型的案件，法律强制规定只能由特定的人民法院行使管辖权。

凡是专属管辖的案件，只能由法律明文规定的人民法院管辖，其他人民法院均无管辖权，从而排除了一般地域管辖、特殊地域管辖和外国法院管辖的适用，但不排除级别管辖的适用。对于专属管辖的案件，当事人双方无权以协议或约定的方式变更管辖法院，从而也排除协议管辖的适用。总之，专属管辖是排斥其他类型管辖的法定管辖，也是排斥协议管辖的管辖制度。

根据《民事诉讼法》第 33 条的规定，下列案件由法律确定的人民法院专属管辖。

1. 因不动产纠纷提起的诉讼，由不动产所在地人民法院管辖

不动产是指不能够移动或者移动后会引起性质、状态的改变，从而损失其经济价值的财产，如土地、山林、草原及土地上的建筑物等。不动产纠纷是指因不动产的权利确认、分割、相邻关系等引起的物权纠纷。法律规定该类案件由不动产所在地人民法院管辖，便于受诉人民法院勘验现场，调查收集证据，也便于裁判生效后的执行工作。根据最高人民法院的司法解释规定，不动产已登记的，以不动产登记簿记载的所在地为不动产所在地；不动产未登记的，以不动产实际所在地为不动产所在地。同时还规定：农村土地承包经营合同纠纷、房屋租赁合同纠纷、建设工程施工合同纠纷、政策性房屋买卖合同纠纷，按照不动产纠纷确定管辖。

2. 因港口作业中发生纠纷提起的诉讼，由港口所在地人民法院管辖

港口作业中发生的纠纷主要有两类：一是在港口进行货物装卸、搬运、保管等作业中发生的纠纷；二是船舶在港口作业中，由于违章操作造成他人人身或财产损害的侵权纠纷。因此类纠纷提起的诉讼，由港口所在地人民法院管辖。根据最高人民法院《关于海事法院受理案件范围的若干规定》，港口作业纠纷属于海事海商案件，应由该港口所在地的海事法院管辖。

3. 因继承遗产纠纷提起的诉讼，由被继承人死亡时住所地或者主要遗产所在地人民法院管辖

遗产是指死者生前的个人财产，包括动产和不动产。继承人为继承遗产发生纠纷诉诸

法院的诉讼，称为继承遗产诉讼。继承遗产诉讼，由被继承人死亡时住所地或者主要遗产所在地人民法院管辖。如果被继承人死亡时住所地与主要遗产所在地是一致的，则该地人民法院具有管辖权。二者不一致的，则这两个地方的人民法院都有管辖权，当事人可以任选其中一个人民法院提起诉讼。如果被继承人的遗产分散在几个人民法院辖区，应以遗产的数量和价值来确定主要遗产所在地，进而确定管辖法院。以此来确定管辖，既有利于人民法院正确确定继承开始的时间、继承人与被继承人之间的关系、遗产的范围和分配等问题，也有利于扩大人民法院对涉外继承诉讼的司法管辖权。

（五）共同管辖与选择管辖

共同管辖，是指依照法律规定两个或两个以上的人民法院对同一诉讼案件都有管辖权。这种情况既可以因诉讼主体或诉讼客体的原因发生，也可以因法律的直接规定而发生。选择管辖是指在两个以上的法院对一个案件都有管辖权的情况下，当事人可选择其中的一个提起诉讼。从概念上我们可以看出，共同管辖与选择管辖是一个问题的两个角度，共同管辖是从法院的角度来说的，而选择管辖则是从当事人的角度来看的。

在几个人民法院对同一案件都有管辖权的情况下，就形成了管辖权的积极冲突。对于解决管辖权冲突的最主要的办法，是赋予原告选择权，即原告可以向其中任一人民法院起诉。如果原告向两个以上有管辖权的人民法院起诉，则由最先立案的人民法院管辖。

（六）协议管辖

协议管辖，又称合意管辖或者约定管辖，是指双方当事人在纠纷发生之前或发生之后，以合意方式约定解决他们之间纠纷的管辖法院。

《民事诉讼法》第 34 条规定："合同或者其他财产权益纠纷的当事人可以书面协议选择被告住所地、合同履行地、合同签订地、原告住所地、标的物所在地等与争议有实际联系的地点的人民法院管辖，但不得违反本法对级别管辖和专属管辖的规定。"根据最高人民法院司法解释规定，当事人因同居或者在解除婚姻、收养关系后发生财产争议，约定管辖的，同样适用《民事诉讼法》第 34 条的规定。

依据该规定，协议管辖必须符合以下几个条件：

（1）当事人协议管辖的案件为合同案件或者其他财产权益纠纷案件，并且只限于第一审。

（2）当事人协议选择管辖法院的范围，只限于被告住所地、合同履行地、合同签订地、原告住所地、标的物所在地等与争议有实际联系的地点的人民法院。如果当事人选择了与争议没有实际联系的地点的人民法院，该协议无效。

（3）必须以书面协议的形式选择管辖，包括书面合同中的协议管辖条款或者是诉讼前双方当事人达成的管辖协议。口头协议无效。格式合同中，经营者未采取合理方式提请消费者注意，消费者可主张该管辖协议无效。

（4）协议管辖不得违反民事诉讼法关于级别管辖和专属管辖的规定。当事人在协议时只能约定第一审案件的地域管辖，不能突破级别管辖的限制，随意地将依法应当由基层人民法院管辖的案件约定由中级甚至是更高级别的人民法院管辖。专属管辖是法律的强制性规定，不允许当事人协议。

（5）管辖法院的选择具有确定性，即管辖法院能够通过协议得以明确。在《民诉解释》出台前，协议管辖的条件还包括必须选定唯一地点，但在该解释实施后，法律规定，管辖协议约定两个以上与争议有实际联系的地点的人民法院管辖，原告可以向其中一个人民法院起诉。另外，根据法律规定，管辖协议约定由一方当事人住所地人民法院管辖，协议签订后当事人住所地变更的，由签订管辖协议时的住所地人民法院管辖，但当事人另有约定的除外。此规定主要解决协议签订后当事人住所地变更的问题。另外，需要注意的是，合同中协议管辖的条款具有独立性，即便合同无效，也不影响管辖条款的效力。

（七）应诉管辖

协议管辖有明示协议管辖和默示协议管辖之分。前者必须有当事人约定管辖的书面协议；后者又被称为应诉管辖，或推定管辖，是指双方当事人没有订立选择管辖法院的书面协议，只是当一方当事人在某一法院提起诉讼时，另一方当事人对该法院行使管辖权不表示异议，或者在该法院提起反诉，均表示当事人已同意受该法院的管辖，该法院由此取得案件管辖权的一种制度。这种管辖制度在英美法系国家比较流行，可以使诉讼当事人更加灵活地利用协议管辖制度，既便于他们进行诉讼，又有助于提高诉讼的效率。我国民事诉讼法一直没有全面地承认应诉管辖，只是在涉外民事诉讼程序中特别规定应诉管辖，直到2012年《民事诉讼法》出台后，才把它正式引入民事诉讼程序当中。但是，需要提醒注意的是，默示推定不能做扩大的解释，以下这种情况不属于默示推定：当事人在答辩期间届满后未应诉答辩，人民法院在一审开庭前，发现案件不属于本院管辖的。根据法律规定此种情况仍可以进行案件移送。

第三节　裁定管辖

裁定管辖是对法定管辖的补充和变通，它既可以弥补法定管辖的不足，又可以解决因管辖问题发生的争议，以便适应司法实践中复杂多变的情况。民事诉讼法规定的移送管辖、指定管辖、管辖权的转移，都是通过裁定的方式来确定管辖法院的，都属于裁定管辖的范畴。

一、移送管辖

移送管辖，是指已经受理案件的人民法院，因发现本院对该案件没有管辖权，而将案件移送给有管辖权的人民法院管辖。移送管辖是案件从无管辖权的法院向有管辖权的法院的移送。

我国《民事诉讼法》第36条规定，人民法院发现受理的案件不属于本院管辖的，应当移送有管辖权的人民法院，受移送的人民法院应当受理。受移送的人民法院认为受移送的案件依照规定不属于本院管辖的，应当报请上级人民法院指定管辖，不得再自行移送。依照该法律规定，移送只能发生一次。

移送管辖包含以下四层含义：

（1）所移送的案件是法院已经受理的案件。受理前，法院认为自己有管辖权，但是受理后，法院发现自己无管辖权，即错误地受理了案件，因此将案件移送至其认为有管辖权的法院。如果受理时其有管辖权，则其不能因以后某种因素的改变而移送案件。

（2）移送法院对案件无管辖权。管辖权是法院对案件行使审理权的根据，没有管辖权的法院不能对案件进行审理，只能将案件予以移送；反之，有管辖权的法院应当对案件行使审判权，不能随意移送。如果是两个以上法院都有管辖权的案件，先立案的法院不得将案件移送给另一个有管辖权的法院；后立案的法院应将案件移送给先立案的法院。

（3）受移送法院对案件有管辖权。法律要求移送管辖不得随意进行，应将案件移送到对案件确有管辖权的法院。

（4）移送管辖后产生不得再自行移送的效力。不得再自行移送是指移送法院作出的移送案件裁定，对受移送法院具有约束力，受移送法院必须受理，不得以任何理由再自行移送。如果受移送法院认为本院依法确无管辖权，应当报请上级法院指定管辖。

二、指定管辖

指定管辖，是指上级人民法院根据法律规定，以裁定的方式，指定其辖区内的下级人民法院对某一民事案件行使管辖权。

根据《民事诉讼法》的有关规定，下列两种情况需要上级人民法院指定管辖：

（1）有管辖权的人民法院由于特殊原因，不能行使管辖权的，由上级人民法院指定管辖。

（2）人民法院之间因管辖权发生争议，由争议双方协商解决；协商解决不了的，报请它们的共同上级人民法院指定管辖。

指定管辖的效力：

（1）对报请上级人民法院指定管辖的案件，下级人民法院应当中止审理。

（2）指定管辖裁定作出前，下级人民法院对案件作出判决、裁定的，上级人民法院应当在裁定指定管辖的同时，一并撤销下级人民法院的判决、裁定。

三、管辖权的转移

管辖权的转移，是指由上级人民法院决定或者经其同意，将某一案件的管辖权由下级人民法院转移给上级人民法院，或者确有必要的，经其上级人民法院批准将本院管辖的第一审民事案件交下级人民法院审理。管辖权的转移，是对级别管辖的补充和变通。

根据相关法律规定，下列第一审民事案件，人民法院可以在开庭前经上级人民法院批准后裁定交下级人民法院审理：

（1）破产程序中有关债务人的诉讼案件。

（2）当事人人数众多且不方便诉讼的案件。

（3）最高人民法院确定的其他类型案件。

管辖权的转移与移送管辖同属于裁定管辖。但是，两者的区别也是明显的：一是管辖权的转移发生在上下级法院之间，而移送管辖发生在同级法院之间；二是在管辖权的转移中，原法院有管辖权，由于上级法院的裁定而不再行使管辖权，但是在移送管辖中，移送的法院对案件无管辖权，因此需要移送至有管辖权的人民法院。

四、管辖权异议

管辖权异议，是指人民法院受理民事案件以后，当事人向受诉人民法院提出的不服该人民法院行使管辖权的意见或者主张。在我国民事诉讼中，管辖权异议作为当事人的一项诉讼权利，对于纠正错误的管辖，保障和落实法定管辖，克服民事审判中的地方保护主义，有积极意义。

当事人提出管辖权异议，必须符合以下四个条件：

(1) 提出管辖权异议的案件：只能是一审案件，但不包括人民法院发回重审或者按第一审程序再审的。

(2) 提出管辖权异议的主体：只能是本案的被告。

(3) 提出管辖权异议的时间：当事人对管辖权有异议的，应当在提交答辩状期间提出。

(4) 提出管辖权异议的方式：当事人一般应当通过书面方式提出管辖权异议。

根据《民事诉讼法》的规定，受诉人民法院对当事人提出的异议应当进行审查。经过审查，可以作出如下处理：认为当事人对管辖权的异议成立的，裁定将案件移送有管辖权的人民法院；异议不成立的，裁定驳回当事人的异议。人民法院在裁定移送时，遇有两个以上人民法院都有管辖权的案件，究竟向哪一个人民法院移送，应当征求原告的意见。

对人民法院就管辖权异议所作的裁定，当事人如果不服，可以在裁定书送达后10日内向上一级人民法院提出上诉。上一级人民法院收到上诉状后，应当依法进行审理，并作出终审裁定。当事人在第二审人民法院确定案件的管辖权后，或对一审裁定逾期未上诉的，应按照二审或一审生效裁定所确定的管辖法院参加诉讼。如果当事人不按要求参加诉讼，人民法院可以在依法传唤被告后缺席判决。

当事人如果不服法院移送管辖的裁定，可否提出异议或提起上诉？一般认为，管辖异议权不包括对移送管辖裁定的异议权和上诉权。

另外，提出管辖权异议的当事人，通常是被告。原告在以下两种情况下也可以提出管辖权异议：一是原告发现其误向无管辖权的人民法院起诉后；二是诉讼开始后被追加的共同原告认为受诉人民法院无管辖权的。民事诉讼第三人无权提出管辖权异议。至于一审法院因指定管辖而取得对本案的管辖权，一般认为，指定管辖是法律赋予上级人民法院的权力，当事人不能提出异议。

第四节　实务中管辖权的确定

一、管辖恒定原则

管辖恒定是指管辖权的确定以原告起诉时的情况为准，人民法院在原告起诉时有管辖权，此后无论案件情况发生何种变化，案件始终由受诉人民法院管辖。该原则的确定主要意义在于保证案件得到及时审理，防止诉讼的延误。

在实践中，该原则的具体含义为：

(1) 案件受理后，受诉人民法院的管辖权不受当事人住所地、经常居住地变更的影响。

(2) 有管辖权的人民法院受理案件后，不得以行政区域变更为由将案件移送给变更后有管辖权的人民法院。判决后的上诉案件和依审判监督程序提审的案件，由原审人民法院的上级人民法院进行审判；第二审人民法院发回重审或者上级人民法院指令再审的案件，

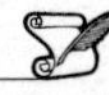

由原审人民法院重审或者再审。

二、当事人在纠纷发生后如何确定法院的管辖

特定纠纷发生后，必须确定纠纷的性质。根据我国法律的规定，就其一般性质而言，纠纷可分为民事纠纷、行政纠纷和刑事纠纷。刑事纠纷通常称为刑事案件。刑事案件具有社会危害性，除法律规定的可由受害人自诉的案件外，对刑事案件实行“国家追诉主义”，禁止当事人之间“私了”。具有行政可诉性的行政纠纷由当事人自己决定选择行政复议或行政诉讼予以救济。民事纠纷完全由当事人自由选择救济途径。

当明确是民事纠纷后，则必须确定该纠纷是否具有民事案件的可诉性，即确定是否属于人民法院主管。属于人民法院主管的民事案件，需确定依法应由哪一个人民法院管辖。在确定案件管辖法院时，应遵循以下步骤：

(1) 确定该案应由哪一级人民法院管辖。确定案件的级别管辖后，除属于最高人民法院管辖的案件外，还需要通过其他管辖规则来具体确定管辖的人民法院。

(2) 当案件的级别管辖确定后，若此案属于专属管辖的案件，则该案件的管辖法院即可确定。

(3) 案件如不属于专属管辖，但符合协议管辖的规定，则可依当事人的管辖协议确定管辖的人民法院。

(4) 如案件既不属于专属管辖，也不属于协议管辖，但若符合特殊地域管辖的情况，则适用民事诉讼法特殊地域管辖的规定，确定案件的管辖法院。

(5) 若案件不属于专属管辖、协议管辖和特殊地域管辖的情形，则需判断该案是否适用一般地域管辖的例外规定，即适用“被告就原告”规则确定案件管辖。

(6) 若案件不属于专属管辖、协议管辖、特殊地域管辖和一般地域管辖的例外情形，则适用一般地域管辖的通常规则“原告就被告”，以确定本案管辖法院。

由于据以确定民事案件管辖法院因素的多样性，级别管辖、特殊地域管辖、一般地域管辖中都可能出现两个以上的法院依法享有对该特定案件的管辖权，则原告可以向其中任何一个人民法院起诉。原告向两个以上有管辖权的人民法院起诉的，由最先立案的人民法院管辖。

在审判实践中，由于各种主客观因素的作用，可能出现实际受理案件的人民法院无法定管辖依据、人民法院之间因案件管辖权发生争议及有管辖权的人民法院因特定原因不能或不宜审理案件的情况，应当依据裁定管辖的规定分别适用移送管辖、指定管辖或管辖权转移予以处理，以确定特定案件的管辖法院。

为确保人民法院管辖的合理性，我国还确立了管辖权异议制度，以此来保障民事诉讼法在司法实践中的落实。

【课后习题】

一、思考题

1. 管辖与主管有哪些区别？

2. 管辖异议的条件主要有哪些？

3. 法院主管范围及法院与其他组织处理民事纠纷的关系是什么？

4. 由中级人民法院管辖的案件主要有哪些？

5. 一般地域管辖的例外主要有哪些？

6. 移送管辖和管辖权转移有哪些区别？

二、案例分析题

阅读下面的案例，并回答问题。

在一起离婚案件中，夫妻二人住所地均在一个基层人民法院管辖区域内，丈夫已被判处有期徒刑1年，其服刑地不在该人民法院辖区内。

问题：

1. 如果妻子提出离婚，该案应由哪个人民法院管辖？为什么？

2. 如果妻子因患病到外地治病1年多时间，在治病期间提出离婚，应由哪个人民法院管辖？为什么？

3. 如果妻子移居到外地1年多后，提出离婚，应由哪个人民法院管辖？为什么？

4. 如果妻子因盗窃被判处3年有期徒刑，妻子提出离婚，可以向哪个人民法院起诉？为什么？

5. 如果丈夫提出离婚，哪个人民法院有管辖权？为什么？

【本章实务应用难点分析】

司法实践中管辖权异议的无端提起与滥用

管辖权的行使能够有效地防止案件的错误管辖，维护当事人的合法权益。行使管辖权异议本来是当事人的诉讼权利之一。然而，这项权利在给当事人带来好处的同时，也成为一些当事人用来不正当地拖延案件的期限、损害对方当事人合法权益的一种手段。当事人采用这种方法，主要是因为它成本低、收益高、风险小。当事人提出管辖权异议，法院并不收费，异议人所付出的成本只是自己或者代理人的劳务而已。但收益却是显而易见的，可使办案的期限加长，并利用这段时间来非法转移财产或逃避债务等。一旦管辖权异议被驳回，还可以有一次上诉的机会，唯一增加的成本是付出50元诉讼费。基于现有规定，法院也没有很好的办法能够解决滥用管辖权异议的问题。

提出管辖权异议属于当事人的诉讼权利之一，因此不能剥夺或限制当事人管辖权异议的权利。但是，权利不得被滥用，滥用诉权是一项侵权行为已经获得我国法律和司法实践的认可。因此，对于滥用管辖权异议的当事人可以提出损害赔偿。当然，提出对方滥用管辖权异议，必须依照侵权责任法的侵权构成要件承担举证责任。

第七章　诉讼中的各方

【本章要点】

- 当事人的概念
- 当事人的更换和诉讼承担
- 特殊情况下原被告的确定

【案例导入】

在放学回家的路上，路过一个工地时，8岁的王辉为了走快一点，推了一下7岁的姚娟，致使姚娟摔倒，头碰到路边的一块石头上，经医院诊断姚娟为轻度脑震荡。就姚娟的医疗费及营养费问题，姚娟的父亲与王辉的父亲发生了争执。

思考：

1. 如果要起诉，本案的原告、被告分别是谁？

2. 如果说明确起诉的原告、被告是诉讼准备的第一步，那么请结合诉权理论思考当事人适格的问题。

第一节　诉讼中的各方概述

民事诉讼是在人民法院的主持下，在当事人、第三人及其他诉讼参与人的参与下，以查清事实、正确适用法律从而解决纠纷为目的的多方当事人共同进行的诉讼程序。民事诉讼程序以人民法院为主导，人民法院是以中立的第三方身份处理当事人之间的民事纠纷的。当事人是纠纷的主体，包括原告和被告。民事诉讼程序是以原告的起诉而开始的，诉讼中当事人的诉讼行为影响着诉讼程序的进程。证人、鉴定人、翻译人员等是民事诉讼程序的参与人，其参与民事诉讼是为了帮助法院查清案件事实，从而正确地适用法律。

在民事诉讼中，诉讼的各方为各自的目的共同推动着民事诉讼程序的进程。在诉讼中他们形成多面的法律关系，在这些法律关系中，首要的问题是他们是如何参与到这个复杂的法律关系中的。

一、诉讼中的法院

诉讼中的人民法院行使的是国家的司法裁判权。在民事领域坚持的是“私法自治”，即民事主体有权自主解决自己的一切私人事务。因此，通常国家无须介入私法权利领域。但是，当民事主体之间发生纠纷，民事主体及社会无力去恢复私法秩序时，就需要国家以公权力去强制恢复已被破坏的私法秩序，从而来保护特定民事主体的利益。诉讼中的人民法院就是以中立的第三方的方式，公平、公正地解决当事人的纠纷，确认权利归属，恢复私法秩序。人民法院因一方当事人，即原告的请求而开始，并在诉讼中居于主导地位，与当事人及其他诉讼参与人发生诉讼法律关系。

二、诉讼中的当事人

民事诉讼当事人，是以自己的名义，就特定的民事争议要求人民法院行使民事裁判权的人及相对人（即原告和被告）。[①] 原告因起诉行为而进入民事诉讼法律关系中，为主动介入；被告因原告的起诉而被动进入民事诉讼法律关系中，为被动介入。当事人不管是原告还是被告，在诉讼法律关系中，均为维护自己的合法民事权益而请求人民法院支持自己一方。

三、诉讼中的第三人

诉讼中的第三人是指案外人对于已经开始的诉讼中的标的有自己不同于原告、被告的独立诉讼请求，或对案件标的虽无独立的诉讼请求，但是因与案件的处理结果有利害关系，为了自己的利益，而辅助诉讼中一方当事人进行诉讼的人。第三人参加诉讼的目的是维护自己的合法权益，针对原告和被告的诉讼请求而提出自己独立的反请求，或支持原告、被告一方的诉讼请求，从而与原告、被告及人民法院发生诉讼上的法律关系。

在民事诉讼中，法院审理的一般是原告与被告之间的民事纠纷。但在特殊情形下，在已经进行的诉讼之外，可能还有“真正的权利人”。在“真正的权利人”看来，原告、被告所争执的民事权利，既不属于原告，也不属于被告，而应归属于自己。为了维护自己的利益，“真正的权利人”要求加入正在进行的诉讼。在另外的情形下，“诉讼外的第三者”认为进行中的诉讼可能会产生对其不利的后果，直接影响其切身利益，为避免这种不利后果的出现，也要求参加到正在进行的诉讼中来。设立第三人制度的主要目的是节约诉讼成本。如果置“真正的权利人”和“诉讼外的第三者”的利益于不顾，则在判决形成后，“真正的权利人”极有可能向原诉当事人提起新的诉讼或原诉败诉方向“诉讼外的第三者”提起新的诉讼。显然，这种情况的发生不符合诉讼经济原则，也不利于维护法院判决的权威性和稳定性。如果将“真正的权利人”和“诉讼外的第三者”纳入本诉一同审理，不但可以避免新的诉讼、节约诉讼成本，而且可以避免就同一事项作出矛盾的判决。为此，民事诉讼法确立了第三人制度。

---

① 江伟．民事诉讼法．北京：高等教育出版社，2000．

四、诉讼中的其他参与人

（一）证人

证人指亲身经历案件，并向法庭证实案件客观事实的人。证人一般由案件的原告或被告提供，并且一般来证明自己的主张。但是，证人的证言是对法庭作出的。因此，证人与原告、被告和法院发生诉讼上的法律关系，承担诉讼上的证人的权利和义务。

（二）鉴定人员

鉴定人员，一般是指以自己的专业知识，为法庭查清事实提供专业鉴定的人。这类人员一般受人民法院的委托或当事人的委托，就案件的某一问题提供鉴定结论，从而与人民法院发生诉讼法律关系，并承担诉讼权利义务。

（三）翻译人员

翻译人员，一般为人民法院聘请的为当事人及法庭提供翻译的人员，其在诉讼中与人民法院发生诉讼法律关系。

第二节　当事人概述

一、当事人的概念

民事诉讼当事人，是指以自己的名义要求人民法院保护其民事权利或者特定法律关系，且受人民法院裁判约束的起诉方和被诉方。

一般来说，同时符合以下三个要求的主体就可成为民事诉讼当事人：

（1）以自己的名义起诉或者应诉，实施诉讼行为。

（2）向法院请求解决争议、保护民事权益。

（3）接受法院裁判的约束。

在实务中，非实体权利义务主体在特殊情况下，也可以成为当事人。目前，我国民事诉讼法中存在下列实体可以成为诉讼的当事人：（1）破产管理人；（2）失踪人的财产代管人；（3）遗产管理人、遗嘱执行人；（4）对侵害死者遗体、遗骨以及姓名、肖像、名誉、荣誉、隐私等行为提起诉讼的死者的近亲属，包括死者的配偶、父母、子女、兄弟姐妹、祖父母、外祖父母、孙子女、外孙子女。

二、当事人的确定、称谓和类型

（一）当事人的确定

当事人的确定，就是指在具体的诉讼案件中决定何人为当事人。当事人应当在原告起诉时予以确定。

我国民事诉讼法对原告和被告的确定采用了不同的标准。具体来说，就是要求原告是“与本案有直接利害关系的人”，而被告只要是“明确的被告”即可。

（二）当事人的称谓

民事诉讼是在利害关系相互对立的两方当事人之间进行的，由于审级和诉讼程序的不同，当事人在诉讼中的称谓也不完全相同。在第一审普通程序和简易程序中，称为原告和被告。在第二审程序中，称为上诉人和被上诉人，其中既包括一审的原告和被告，也包括有独立请求权的第三人和被人民法院判决承担民事责任的无独立请求权的第三人。在特别程序中，称为申请人、债务人等。在审判监督程序中，若适用第一审程序审理，分别称为原审原告、原审被告、原审第三人；若适用第二审程序审理，则分别称为原审上诉人、原审被上诉人、原审第三人。在执行程序中，则称为申请人和被申请人，或申请执行人和被执行人。

（三）当事人的类型

我国《民事诉讼法》第 48 条规定："公民、法人和其他组织可以作为民事诉讼的当事人。法人由其法定代表人进行诉讼。其他组织由其主要负责人进行诉讼。"由此可见公民、法人和其他组织都可以成为诉讼中的当事人。

公民以自己的名义亲自或由法定代理人参加诉讼。公民作为我国民事诉讼的当事人，既可以是我国的公民，也可以是外国人和无国籍人。

法人以自己的名义由法定代表人参加诉讼。法人的法定代表人一般以依法登记的为准，依法不需要办理登记的法人，以其正职负责人为法定代表人；没有正职负责人的，以其主持工作的副职负责人为法定代表人。

其他组织是以本组织的名义由主要负责人进行诉讼。根据《民诉解释》的规定，其他组织包括：

（1）依法登记领取营业执照的个人独资企业。

（2）依法登记领取营业执照的合伙企业。

（3）依法登记领取我国营业执照的、没有法人资格的中外合作经营企业、外资企业。这里是指没有取得法人资格的中外合作经营企业、外资企业，而中外合资经营企业必须是法人，因而不属于这里的其他组织。

（4）依法成立的社会团体的分支机构、代表机构。

（5）法人依法设立并领取营业执照的分支机构。这里有两个条件缺一不可，即法人依法设立和领取营业执照。非依法设立，或者虽依法设立但没有领取营业执照的分支机构，不具有诉讼权利能力，不能作为当事人，应当以设立的法人作为当事人。

（6）依法设立并领取营业执照的商业银行、政策性银行和非银行金融机构的分支机构。

（7）经核准登记领取营业执照的乡镇、街道、村办企业。

（8）合法成立，有一定的组织机构和财产，但又不具备法人资格的其他组织。

三、诉讼权利能力和诉讼行为能力

（一）诉讼权利能力

1. 诉讼权利能力的概念

诉讼权利能力，又称诉讼法上的权利能力或当事人能力，指可以作为民事诉讼当事人的能力或资格。诉讼权利能力只是一种法律资格，享有这种资格的人，并不必然成为当事人。实际地成为当事人，还需要在具体的案件中通过起诉或者应诉来实现。

2. 实务中诉讼权利能力的确定

（1）公民的诉讼权利能力始于出生，终于死亡。无论是未成年人还是精神病人，都享有诉讼权利能力，能够作为当事人。

(2) 法人与其他组织的诉讼权利能力始于其成立之时，终于其消灭之时。

(二) 诉讼行为能力

1. 诉讼行为能力的概念

诉讼行为能力，是指当事人能够自己实施诉讼行为、行使诉讼权利和履行诉讼义务的资格，又可称为诉讼能力。

既有诉讼权利能力，又有诉讼行为能力的人，才能亲自实施诉讼行为，行使诉讼权利、履行诉讼义务。如果当事人只有诉讼权利能力而无诉讼行为能力，需要由其法定代理人代为诉讼。公民的诉讼权利能力与诉讼行为能力在取得和消灭的时间上不同，而且公民的这两种能力可以分离。

2. 实务中诉讼行为能力的确定

(1) 公民的诉讼行为能力。根据法律规定，公民的诉讼行为能力为在民事上具有完全民事行为能力者所具有，而在民事上为限制行为能力或无行为能力者，在诉讼上为无诉讼行为能力。没有诉讼行为能力的当事人进行诉讼，由他们的法定代理人代为进行。

(2) 法人、其他组织的诉讼行为能力。法人、其他组织的诉讼行为能力完全与其诉讼权利能力一致，即有诉讼权利能力者就有诉讼行为能力。

四、当事人适格

当事人适格又称为正当当事人，是指就特定的纠纷，有资格以自己的名义成为原告或者被告，并因此得受本案判决的资格。判断一个具体案件当中的当事人是否适格的标准是看对受损的法律利益是否具有管理处分权，具有管理处分权的即为适格的当事人。

正当当事人这一概念的意义在于：防止滥诉，节约有限的司法资源。在民事诉讼理论中，把当事人分为两种，包括形式上的当事人和实质意义上的当事人。形式上的当事人即谁提起了诉讼，以及向谁提起诉讼。而实质意义上的当事人则是指谁应当有权提起诉讼，以及谁应当作为被起诉相对人。在实践中，有时会出现起诉者与实际权利者不一致的情况。导致这一情况出现的原因有两种：第一，起诉者自己认为拥有权利而进行起诉，实际上其不拥有该权利，此时的当事人为不适格的当事人；第二，本来不享有该民事实体权利，但是基于法律的规定却赋予了其诉讼的权利，此时的当事人我们认为是适格的当事人。

五、当事人的更换和诉讼承担

(一) 当事人的更换

1. 当事人的更换的概念

当事人的更换是指在诉讼过程中，人民法院发现起诉或应诉的人为非正当当事人，而通知有关的正当当事人参加诉讼，要求非正当当事人退出诉讼的一种诉讼行为。因此，当事人的更换，实际上是非正当当事人被更换。原告和被告都存在被更换的可能。

2. 更换当事人应当注意的问题

(1) 非正当被告必须是对案件争执没有诉的利益，从而自愿退出诉讼或者法院命令其退出诉讼的人。

（2）需要更换非正当原告的，必须征得具有正当原告资格的案外人同意。法院不能强制当事人提起一个诉讼，所以也不能强制更换原告。在案外人有正当原告资格却不愿意成为起诉方的情况下，法院应当裁定终结诉讼。

（3）更换非正当的被告，以原告提出申请或者更改诉状为前提。有正当被告资格的案外人不愿意参加诉讼的，人民法院应当命令其参加诉讼。开庭审理前，被告一方被确认为非正当被告，原告没有申请或者不同意更换被告的，法院应当裁定驳回起诉。

（4）更换当事人应当在第一审开庭前进行。具体地说，应当在举证时效届满前提出有关非正当当事人的抗辩事由。如果法院在开庭审理中发现当事人为非正当当事人，可以直接判决驳回诉讼请求。例如，某报社记者甲按照报社领导的安排对乙进行采访，并在该报发表了一篇关于乙家庭生活的报道。乙认为该报道侵害了自己的名誉权，遂对甲提起民事诉讼。法院根据最高人民法院《关于审理名誉权案件若干问题的解答》认为，甲不是本案的正当被告，某报社才是本案的正当被告，应当更换被告。但是，原告乙不同意更换。在这种情况下，法院应当判决驳回原告乙对被告甲的诉讼请求。

（5）二审过程中，当事人可以就非正当当事人问题提起上诉。第二审程序查明第一审应当更换当事人而没有更换的，应当通知更换后的有关适格当事人参加诉讼，并进行调解，调解不成的应当裁定撤销原判，发回重审。

（6）更换非正当当事人必须由受诉人民法院作出裁定。更换当事人后，诉讼应当重新开始。原当事人的诉讼行为对更换后的当事人不发生效力。被更换的当事人，再次就同一诉讼标的起诉时，人民法院将不会受理，即该裁定产生“一事不再理”的效果。

（二）诉讼承担

1. 诉讼承担的含义

诉讼承担也称诉讼权利义务的承担。其含义是指在诉讼进行中，因发生了法定事由，一方当事人将其诉讼权利义务转移给案外人，由该案外人续行原当事人已经开始的诉讼。如在诉讼中，一方当事人死亡，需要等待继承人表明是否参加诉讼的，法院应裁定中止诉讼，并及时通知继承人作为当事人承担诉讼。被继承人已经进行的诉讼行为对承担诉讼的继承人有效。

2. 诉讼承担的事由

（1）在诉讼中，当事人死亡，由继承人或者遗产管理人承担诉讼。

（2）在诉讼中，一方当事人为法人或者其他组织的民事主体资格消灭的，由承受其权利义务的主体承担诉讼。

（3）在诉讼中，法人因发生合并或分立而消灭的，由合并后的法人或者分立后新成立的法人共同作为诉讼权利的承担者参加诉讼。

（4）在诉讼中，法人被撤销的，由决定撤销的主管单位作为诉讼的承担者。需要注意的是，在诉讼进行中，法定代表人的更换不能引起诉讼权利义务的承担，因为在这种情况下当事人的实体权利义务并未发生转移。

（5）在诉讼中，作为诉讼当事人的组织终止的，由接受管理其财产的组织承继诉讼。

（6）不具备法人资格的乡村企业和街道企业因经营管理不善或管理体制变革而关闭的，诉讼权利义务由主管部门或主办单位承担。

（7）不具备法人资格的企业分支机构作为合同一方当事人的保证人，如无代为履行或者代偿能力，在有关保证责任的诉讼中，其诉讼权利义务由企业法人承担。

（8）在诉讼中，当事人转移其实体权利义务，可以引起诉讼承担。

3. 诉讼承担的法律后果

发生诉讼承担后，承担诉讼的新当事人应当继续原当事人已经开始的诉讼，诉讼程序继续进行而不是重新开始；原当事人所进行的一切诉讼行为，对新当事人都发生诉讼法上的效力；诉讼承担的某些法定事由，可能同时会引起诉讼中止或者诉讼终结。

第三节　原告与被告

原告是指提起诉讼请求的一方当事人。被告是指由于原告的起诉而应诉的对方当事人。原告为提出权利保护的权利主体，一般在民事纠纷中，权利的享有者均为合格的原告。但如何确定被告，在某些情况下是比较复杂的。我国民事诉讼法及司法解释对某些情况下原告、被告的确定作出了一些规定。

一、企业法人及其他组织

（一）法人及其他组织为当事人的情形

（1）法人或其他组织的工作人员执行工作任务造成他人损害的，该法人或其他组织为当事人。

（2）法人非依法设立的分支机构，或者虽依法设立，但没有领取营业执照的分支机构，以设立该分支机构的法人为当事人。

（3）法人解散的，依法清算并注销前，以该法人为当事人。

（二）行为人为当事人的情形

（1）法人或者其他组织应登记而未登记，行为人即以法人或者其他组织名义进行民事活动，行为人为当事人。

（2）行为人没有代理权、超越代理权或者代理权终止后以被代理人名义进行民事活动的，行为人为当事人，但相对人有理由相信行为人有代理权的除外。

（3）法人、其他组织依法终止后行为人仍以其名义进行民事活动的，行为人为当事人。

（三）股东、发起人或者出资人为当事人的情形

企业法人未依法清算即被注销的，以该企业法人的股东、发起人或者出资人为当事人。

二、个体工商户、合伙组织

（1）在诉讼中，个体工商户以营业执照上登记的经营者为当事人。有字号的，以营业执照上登记的字号为当事人，但应同时注明该字号经营者的基本信息。个体工商户营业执照上登记的经营者和实际经营者不一致的，以登记的经营者和实际经营者为共同诉讼人。

农村承包经营户应以承包的农民作为当事人。

（2）在诉讼中，合伙组织以依法登记的企业为原告或被告。此处，区别于个人合伙，个人合伙以全体合伙人为原告或被告。

三、雇工和雇主

（1）提供劳务一方因劳务造成他人损害，受害人提起诉讼的，以接受劳务一方为被告。

（2）在劳务派遣期间，被派遣的工作人员因执行工作任务造成他人损害的，以接受劳务派遣的用工单位为当事人。当事人主张劳务派遣单位承担责任的，该劳务派遣单位为共同被告。

（3）根据最高人民法院《关于审理人身损害赔偿案件适用法律若干问题的解释》第9条的规定，雇员在从事雇佣合同活动中，因故意或者重大过失致人损害的，受害人可以将雇主和雇员作为共同被告。

四、新闻报道或其他作品发生的名誉权纠纷

因新闻报道或其他作品发生的名誉权纠纷，根据原告的起诉确定被告。

（1）只诉作者的，列作者为被告。

（2）只诉新闻出版单位的，列新闻出版单位为被告。

（3）对作者和新闻出版单位都提起诉讼的，将作者和新闻出版单位均列为被告，但作者与新闻出版单位有隶属关系的，且作品系作者履行职务所形成的，只列新闻出版单位为被告。

五、村民委员会或者村民小组

村民委员会或者村民小组与他人发生民事纠纷的，村民委员会或者有独立财产的村民小组为当事人。

【课后习题】

一、思考题

1. 当事人有哪些主要的诉讼权利和诉讼义务？

2. 什么情况下发生诉讼权利义务的承担？诉讼权利义务承担与当事人更换在效力方面有何不同？

3. 简述在审判实践中确定原告、被告应当注意的问题。

二、案例分析题

阅读下面的案例，并回答问题。

王某将房屋四间卖给吕某，但吕某迟迟不付购房款。为此，王某诉至人民法院，要求吕某付款并支付违约金。在诉讼中，王某的弟弟王军得知此事，向人民法院说明这四间房屋中有两间是他的，要求法院确认并请求返还房屋。

问题：

1. 在本案件中诉讼参加人的诉讼地位如何？

2. 如果吕某反诉，则反诉的对象可以是谁？为什么？

3. 如果法院判决吕某向王某支付违约金，王军不服，则王军可以通过何种途径维护自己的权益？

4. 如果王某与吕某达成和解协议，而王军不同意该协议，则法院应如何处理？为什么？

5. 如果王军与吕某达成和解协议，而王某不同意该协议，则法院应如何处理？为什么？

【本章实务应用难点分析】

1. 当事人的诉讼权利能力与民事权利能力的关系

当事人的诉讼权利能力与民事权利能力分别描述了不同法律状态下的法律主体资格。民事权利能力是民事权利义务归属的主体必须具备的资格，当事人的诉讼权利能力则是作为诉讼主体接受诉讼法上的效果所必需的。诉讼法上的权利能力或诉讼上的主体地位，是一般意义上作为诉讼当事人的能力或资格。有了这种资格或能力，才可以从事诉讼法上的各种诉讼行为，成为诉讼权利和诉讼义务的承受者，并通过各种诉讼行为取得诉讼法所承认的诉讼效果。①

首先，在通常情况下，有民事权利能力的人，即具有诉讼权利能力。我国《民事诉讼法》明确规定：公民的诉讼权利能力始于出生，终于死亡；法人的诉讼权利能力始于其成立之时，终于其消灭之时。此项规定，与民法中民事权利能力的规定是一致的。

其次，在某些情况下，特殊的民事权利能力人诉讼权利能力不明确。例如，尚未出生的胎儿。《中华人民共和国继承法》第 28 条中特设了保留胎儿继承份额的制度，这实际上是有限制地承认了胎儿在特定事项上具有民事权利能力。而且在学界和司法实务中大多承认胎儿具备有限的民事权利能力，但胎儿却没有在民事诉讼法中被明确规定享有诉讼权利能力。

最后，无民事权利能力的人，也可能有诉讼权利能力，如其他组织。其他组织主要是指非法人组织和法人的分支机构。在传统的民法领域并不承认非法人团体具有民事权利能力，但是各国民事诉讼法却一般都承认其具有诉讼权利能力。我国《民事诉讼法》第 48 条就规定，不具有民事权利能力的非法人组织也可以作为当事人。同时，最高人民法院相关司法解释指出，不具有法人资格但依法成立的一些法人分支机构也可以作为当事人进行诉讼。

2. 当事人适格判断的实务问题

对于当事人是否适格，可分实质的正当当事人和形式的正当当事人来判断。实质的正当当事人就是争讼的实体权利义务主体，其以实体法律关系中的权利义务的分配来判断。形式的正当当事人并非争诉实体法上的权利义务主体，但是根据法律的特别规定，为实现特定的目的而加入诉讼中来，如遗嘱执行人、财产管理人等。《中华人民共和国刑事诉讼

① 张睿. 论民事权利能力与当事人能力的分离及其原因. 商丘师范学院学报，2009 (1).

法》第99条规定："如果是国家财产、集体财产遭受损失的，人民检察院在提起公诉的时候，可以提起附带民事诉讼。"因此，人民检察院也可以成为民事诉讼的原告。

对适格当事人的判断，首先应判断当事人是否具备诉讼权利能力。诉讼权利能力不以特定的诉讼存在为前提，具有诉讼权利能力，不管有无诉讼，这种能力均在；在特定诉讼中，权利人或义务人进入诉讼首先要解决的是诉讼权利能力的问题，不具备诉讼权利能力者不能作为当事人。其次应根据当事人起诉时诉的主张，判断当事人是否具有诉讼行为实施权。虽然诉讼中解决诉讼权利能力问题之后，需要诉讼行为能力，但在具体的诉讼中，除考察诉讼行为能力外，还应当考察诉讼行为实施权（涉及权利义务的承担问题），这是具体诉权实现的要求，应以原告起诉时所主张的法律关系为判断依据。原告起诉时所主张的法律关系与实际存在的法律关系是两回事，切不可把当事人适格与真正的权利义务主体等同起来，应根据其诉讼主张来判断其是不是真正的权利义务的承担者，在此又必须以实体法律所确认的法律关系为判断。如在婚约彩礼退还诉讼中，到底谁是适格当事人？在实体法律关系中，婚约彩礼被定性为契约关系。根据婚姻法的司法解释，婚约关系即是指以结婚为目的而事先达成给付一定财物的协议。最高人民法院下发的《民事案件案由规定》及相关的司法解释对婚约财产纠纷作了解释：婚约财产纠纷是指婚约关系存在期间，订婚双方因维持婚约关系而产生的财产关系。在实际法律关系中，存在父母给付、子女自己给付的情形。因此，父母给付的应当以父母为适格当事人，子女给付的应当以子女为适格当事人，也就是应当以缔结该婚约的当事人为适格当事人。在实体法中，已经明确婚约的财产给付为契约性质，因此应当以实体法来判断，该契约的给付如果是订婚人的其他亲属而为给付的，自然该亲属为适格当事人。

对适格当事人的判断，实务中因区分原告和被告而不同。原告侧重的是诉讼权利能力，而被告是否适格还应注意其责任承担能力，如银行的分支机构可以作为原告提起诉讼，要求权利保护，但是要作为被告则不适格，因为其不具备责任承担能力。同样的情形，会存在于公司分支机构和公司之间，还可能存在于各种非法人团体中。

第八章　多数人之诉讼

【本章要点】

- 共同诉讼
- 必要共同诉讼的概念
- 普通共同诉讼
- 必要共同诉讼与普通共同诉讼的区别
- 必要共同诉讼的内外部关系
- 普通共同诉讼的内外部关系

【案例导入】

红光化工厂排放的化学废液污染了东风村村民甲和乙共有的鱼塘，使鱼苗全部死亡。两村民向法院起诉，要求红光化工厂赔偿损失20万元。法院立案后，又收到东风村村民丙和丁的联名诉状，称红光化工厂的化学废液污染了他们各自的一块水稻苗床田，毒死了全部秧苗，要求该厂向他们分别赔偿3万元秧苗费。

思考：

1. 本案中当事人该怎样进行诉讼？
2. 本案中的两起诉讼属于何种共同诉讼？
3. 受诉法院可否将其合并审理？为什么？

第一节　多数人之诉讼概述

一、多数人之诉讼的概念

多数人之诉讼是指在诉讼中，诉的主体为多数人的诉讼形态。法律规定多数人之诉讼的目的在于：一是可以简化诉讼程序，节省时间和费用；二是可以避免法院对同一案件或者同类案件作出互相矛盾的判决。

二、多数人之诉讼的种类

（一）共同诉讼

所谓共同诉讼是指当事人一方或双方为两人或两人以上，标的是同一的或同一种类的多数人诉讼。我国《民事诉讼法》第52条规定，当事人一方或者双方为二人以上，其诉讼标的是共同的，或者诉讼标的是同一种类、人民法院认为可以合并审理并经当事人同意的，为共同诉讼。共同诉讼是诉的合并的一种形式，属于诉的主体合并，即诉讼当事人的合并。

在民事诉讼理论中，根据共同诉讼人的人数不同，共同诉讼又可以分为以下三种：一是原告为两人以上的共同诉讼，称为积极的共同诉讼；二是被告为两人以上的共同诉讼，称为消极的共同诉讼；三是原告和被告均为两人以上的共同诉讼，称为混合的共同诉讼。

根据诉讼标的的不同，又可将共同诉讼分为两种类型：必要共同诉讼和普通共同诉讼。其中争议的诉讼标的是同一的共同诉讼，为必要共同诉讼。如李某和王某开各自的车上班，因两人的共同过失撞了在院门口乘凉的刘某，刘某起诉李某和王某，请求损害赔偿，由于刘某的损失是由李某和王某的共同致害行为引起的，因此存在着同一的诉讼标的，为必要共同诉讼。争议的诉讼标的是同种类的共同诉讼，是普通共同诉讼。如刘某开车上班，因其过失撞了在院门口乘凉的李某和王某，三方在事发后就赔偿事项进行协商，未能达成协议。李某和王某将刘某告上了法庭，要求其赔偿。由于李某和王某的诉讼标的为同一种类，因此是普通共同诉讼。

（二）代表人诉讼

代表人诉讼是指一方或者双方当事人人数众多时，由众多的当事人推选出代表人代表本方全体当事人进行诉讼，维护本方全体当事人的利益，代表人所为诉讼行为对本方全体当事人发生效力的诉讼制度。我国法律将代表人诉讼分为两类：一类是起诉时当事人人数就可以确定的代表人诉讼，称为“人数确定的代表人诉讼”；另一类是起诉时当事人人数不能确定，需要法院受理案件后公告告知多数人全体进行登记，并选定代表人进行的诉讼，称为“人数不确定的代表人诉讼”。

（三）公益诉讼

公益诉讼是相对于私益诉讼而言的，是以保护社会大众的个人利益为目的的。现代法意义上的公益诉讼一般是指特定的机关、相关组织，依据法律法规的授权，对违反法律，侵犯不特定多数人利益的行为，向法院提起诉讼，由法院依法追究法律责任的活动。《民事诉讼法》第55条规定，对污染环境、侵害众多消费者合法权益等损害社会公共利益的行为，法律规定的机关和有关组织可以向人民法院提起诉讼。这是民事诉讼法首次写入公益诉讼的内容，中国公益诉讼制度的程序大门已经开启。

（四）第三人之诉

所谓第三人之诉是指有第三人参加的诉讼。对于已经开始的诉讼，案外人以该诉讼的原告和被告为被告，提出一个独立的诉讼请求，或者由该诉讼中的原告或被告引进后主张独立的利益，或者为了自己的利益，辅助该诉讼一方当事人进行辩论的人，称为民事诉讼第三人。第三人之诉在我国民事诉讼法上又可分为两类：一类是“有独立请求权的第三人”参加诉讼；另一类是“无独立请求权的第三人”参加诉讼。

第二节　必要共同诉讼

一、必要共同诉讼的概念和特征

必要共同诉讼，是指当事人一方或者双方为两人以上，诉讼标的是同一的，法院必须合并审理并合并判决的共同诉讼。

所谓诉讼标的是同一的，是指共同诉讼人之间具有诉讼标的同一性，在这个诉讼标的中，共同诉讼人共同享有权利，或者共同承担义务。例如，多人的侵权行为对他人造成损害，受害人诉至法院，以所有侵权人为被告，要求他们共同承担赔偿责任。再如，几个子女为继承遗产而产生的纠纷。正因为在必要共同诉讼中，当事人的诉讼标的具有同一性，因此要求共同诉讼人一同起诉或应诉。如果共同诉讼人未一同起诉或应诉，法院应当追加共同诉讼人。

必要共同诉讼具有以下特征：

（1）当事人一方或双方为两人以上，这是共同诉讼的基本要求。

（2）诉讼标的具有同一性。

（3）法院必须合并审理且合并判决。所谓法院必须合并审理且合并判决是指对于共同诉讼，法院必须适用同一诉讼程序进行审理，并对共同诉讼人的权利义务作出内容相同的裁判。这是由必要共同诉讼诉讼标的的同一性决定的。

如果法院在审理中发现有必要共同诉讼的当事人没有起诉的情况，法院必须追加当事人。如果二审法院发现原审法院对于在必要共同诉讼中应当追加的当事人而没有追加，应当发回重审。

二、引起必要共同诉讼的原因和情形

（一）引起必要共同诉讼的原因

我国学者将诉讼标的同一，即共同诉讼人存在共同的权利义务关系作为共同诉讼形成的主要原因。在司法实务中，引起必要共同诉讼的原因主要有：

（1）各共同诉讼人之间存在着权利义务共同关系。如合伙人对合伙财产的共同所有。

（2）各共同诉讼人之间存在着连带债权或连带债务。如承担连带保证责任的保证人与被保证的主债务人之间存在着连带清偿关系。

（3）数人共同致他人损害，他人向数个加害人要求损害赔偿的诉讼。在损害发生前，数人之间既没有共同关系，也没有连带关系，只是因为发生了共同的加害事实，才使共同诉讼人之间有了连带关系。

（二）引起必要共同诉讼的情形

1. 民事诉讼法中规定的引起必要共同诉讼的情形

根据我国 2015 年实施的《民诉解释》的规定，下列情况为必要共同诉讼：

（1）挂靠关系。以挂靠形式从事民事活动，当事人请求由挂靠人和被挂靠人依法承担民事责任的，该挂靠人和被挂靠人为共同诉讼人。

（2）劳务派遣。在劳务派遣期间，被派遣的工作人员因执行工作任务造成他人损害的，当事人主张劳务派遣单位承担责任的，该劳务派遣单位为共同被告。

(3) 营业执照上登记的经营者与实际经营者不一致。营业执照上登记的经营者与实际经营者不一致的，以登记的经营者和实际经营者为共同诉讼人。

(4) 个人合伙。未依法登记领取营业执照的个人合伙的全体合伙人为共同诉讼人。个人合伙有依法核准登记的字号的，应在法律文书中注明登记的字号。这里与合伙组织作为当事人是有区别的。

(5) 企业分立。因企业法人分立前的民事活动发生的诉讼，企业法人分立的，以分立后的企业为共同诉讼人。

(6) 借用关系。因借用业务介绍信、合同专用章、盖章的空白合同书或者银行账户而产生的诉讼，出借单位和借用人为共同诉讼人。这里借用和冒用是有区别的，借用是经过出借单位同意的；而冒用事实上是未经允许而使用，冒用的情况下应当以冒用人作为当事人。

(7) 保证合同。因保证合同纠纷提起的诉讼，债权人向保证人和被保证人一并主张权利的，人民法院应当将保证人和被保证人列为共同被告。保证合同约定为一般保证，债权人仅起诉保证人的，人民法院应当通知被保证人作为共同被告参加诉讼；债权人仅起诉被保证人的，可以只列被保证人为被告。

(8) 无民事行为能力人、限制民事行为能力人造成他人损害的，无民事行为能力人、限制民事行为能力人和其监护人为共同被告。

(9) 在继承遗产的诉讼中，部分继承人起诉的，人民法院应当通知其他继承人作为共同原告参加诉讼；被通知的继承人不愿意参加诉讼，又未明确表示放弃实体权利的，人民法院仍应将其列为共同原告。

在继承中，被遗漏的继承人是以共同诉讼人的身份参加诉讼，还是以有独立请求权的第三人的身份参加诉讼，是根据其诉讼主张是否和双方当事人的主张均相冲突来决定的。如果和双方当事人的主张均相冲突，就属于有独立请求权的第三人；如果只和一方当事人的主张相冲突，就属于共同诉讼人。

(10) 代理关系。原告起诉被代理人和代理人，要求承担连带责任的，被代理人和代理人为共同被告。

(11) 共有财产权受到他人侵害，部分共有权人起诉的，其他共有权人应当列为共同诉讼人。

2. 其他实体法中涉及的有关共同诉讼人的情形

(1) 属于共同侵权行为或者共同危险行为的，行为人均作为共同被告。

(2) 从事住宿、餐饮等经营活动，因第三人侵权导致损害结果发生的，赔偿权利人起诉安全保障义务人的，应当将第三人作为共同被告。

(3) 帮工活动中，帮工人存在故意或者重大过失，赔偿权利人请求帮工人和被帮工人承担连带责任的，可将帮工人和被帮工人列为共同诉讼人。

(4) 用人单位分立为若干单位的，其分立前发生的劳动争议，由分立后的实际用人单位为当事人。用人单位分立为若干单位后，对承受劳动权利义务的单位不明确的，分立后的单位均为当事人。

(5) 原用人单位以新的用人单位和劳动者共同侵权为由向人民法院起诉的，新的用人单位和劳动者列为共同被告。

（6）劳动者在用人单位与其他平等主体之间的承包经营期间，与发包方和承包方双方或者一方发生劳动争议，依法向人民法院起诉的，应当将承包方和发包方作为共同诉讼人。

（7）动产质押活动中，质权人向出质人、出质债权的债务人行使质权时，出质人、出质债权的债务人拒绝的，质权人可以起诉出质人和出质债权的债务人，也可以单独起诉出质债权的债务人。因此，出质人和出质债权的债务人可以作为共同诉讼人。

（8）企业法人的分支机构为他人提供保证的，人民法院在审理保证纠纷案件中，可以通知该企业法人作为共同被告参加诉讼。但是商业银行、政策性银行和非银行金融机构的分支机构提供保证的除外。

（9）债权人向人民法院请求行使担保物权时，债务人和担保人应当作为共同被告参加诉讼。同一债权既有保证又有物的担保，当事人发生纠纷提起诉讼的，债务人与保证人、抵押人或者出质人可以作为共同被告参加诉讼。也就是说，行使担保物权必须将债务人和担保人作为共同被告。

三、必要共同诉讼人的追加

由于在必要共同诉讼中，诉讼标的具有同一性，法院只能合并审理和合并判决，当事人只能一同起诉或应诉，因此在起诉或应诉时，如果有部分当事人没有参加诉讼，就需要追加当事人。

追加当事人的方式有两种：一种是由法院依职权进行；另一种是由法院根据参加诉讼的当事人的申请追加。根据《民诉解释》的规定，如果在起诉时法院发现必须共同进行诉讼的当事人没有参加诉讼的，应当通知其参加；当事人也可以向法院申请追加。对应当追加的原告，已明确表示放弃实体权利的，可不予追加；既不愿意参加诉讼，又不放弃实体权利的，仍追加为共同原告，其不参加诉讼，不影响人民法院对案件的审理和依法作出判决。对被追加的被告，如果不愿意参加诉讼的，法院一般可以对其缺席判决，但对符合拘传条件的被告，则可以通过拘传，强制其到庭参加诉讼。

四、必要共同诉讼人的内部关系和外部关系

（一）必要共同诉讼人的内部关系

各个共同诉讼人在诉讼中都是独立的诉讼主体，都有权独立地实施诉讼行为，但是各共同诉讼人相互间的诉讼行为可能会不一致，这就产生了如何处理必要共同诉讼人内部关系的问题。《民事诉讼法》第 52 条第 2 款规定，共同诉讼的一方当事人对诉讼标的有共同权利义务的，其中一人的诉讼行为经其他共同诉讼人承认，对其他共同诉讼人发生效力；对诉讼标的没有共同权利义务的，其中一人的诉讼行为对其他共同诉讼人不发生效力。我国民事诉讼法以承认原则来处理必要共同诉讼人的内部关系，即必要共同诉讼人对诉讼标的行为，必须经其他必要共同诉讼人承认，才对其他必要共同诉讼人发生效力。

这里的承认包括明示承认和默示承认。所谓默示承认，是指只要共同诉讼人未对其他共同诉讼人实施的诉讼行为表示异议，即表明该共同诉讼人已经承认。不过承认原则也有例外，在共同诉讼人中，一人对判决不服提起上诉的，如果上诉后为不可分之诉，不管其他共同诉讼人是否承认该上诉行为，上诉的效力及于共同诉讼人全体。

（二）必要共同诉讼人的外部关系

在必要共同诉讼中，必要共同诉讼人之间因为诉讼标的的同一性，使得其在诉讼中的诉讼活动是不可分离的，因此，必要共同诉讼人之间为统一的整体对外享有权利，承担责任和义务。

第三节　普通共同诉讼

一、普通共同诉讼的概念和特征

普通共同诉讼是指当事人的一方或双方为二人以上，其诉讼标的是同一种类的，法院认为可以合并审理并经当事人同意，合并进行审理的共同诉讼。

所谓诉讼标的是同一种类，是指一方当事人与对方当事人之间发生争议的法律关系是同属一种法律类型的，如同是买卖合同关系、承包合同关系等。普通共同诉讼要求共同诉讼人必须都同意法院合并审理诉讼，不论是一同起诉还是各自分别起诉，都同意法院合并进行诉讼审理。另外在此类诉讼中，还要求法院对共同诉讼人的诉讼都有管辖权，并适用同一诉讼程序进行审理。根据《民事诉讼法》的规定，在简易程序中不存在诉的合并，因此也就不存在共同诉讼。总之，共同诉讼人之间诉讼标的同种类，是形成普通共同诉讼的基础，而当事人的同意和法院的认可则是成为普通共同诉讼的条件。

普通共同诉讼的设立，是基于提高诉讼效率，减少诉讼成本，使两个以上的同种类的案件通过同一的诉讼程序得到解决。

普通共同诉讼与必要共同诉讼至少都有一方当事人为两人以上，法院都在同一诉讼程序中合并处理多数人之间的民事争议，这是两者的相同之处。但与必要共同诉讼相比，普通共同诉讼还具有以下特征：

（1）普通共同诉讼的诉讼标的是同一种类的。这是普通共同诉讼与必要共同诉讼的基本区别。正因为普通共同诉讼人之间的诉讼标的是同一种类的，而不是同一的，所以共同诉讼人之间没有共同的权利义务，对其中一个诉讼标的作出的判决，其效力也不及于其他的诉讼标的。

（2）普通共同诉讼中各共同诉讼人与对方当事人之间必然存在两个以上的诉讼请求。

（3）普通共同诉讼是一种可分之诉，共同诉讼人的诉讼行为具有独立性。因此普通共同诉讼既可以单独起诉，也可以共同起诉。共同起诉的，法院认为可以合并审理，而当事人又同意合并审理的，形成普通共同诉讼；而必要共同诉讼只能合并审理，不可分割。

（4）法院对普通共同诉讼的案件合并审理，分别判决。在普通共同诉讼中，法院对案件合并审理只是审理行为的合并，不是审理对象的合并，因此，针对不同的案件事实，法院应分别作出裁判。而对于法院裁判，当事人则可以自主决定是否上诉。

二、普通共同诉讼的构成要件

普通共同诉讼的形式要求须具备如下要件：

（1）有两个以上属于同一种类的诉讼标的。普通共同诉讼属于诉讼客体的合并，并因

为诉讼客体的合并，导致诉讼主体的合并。因此要成为普通共同诉讼，必须有两个以上当事人，就两个以上同一种类的诉讼标的向同一法院起诉或应诉。

（2）由同一法院管辖，适用同一诉讼程序。

（3）符合合并审理节约司法资源的目的。普通共同诉讼的目的在于实现诉讼经济。

（4）法院认为可以合并审理，当事人也同意合并审理。

在符合以上条件的情况下，是否合并审理，由人民法院决定，但应征求当事人的同意。如果当事人不同意，法院不能硬性合并为共同诉讼。

三、普通共同诉讼人之间的关系

在普通共同诉讼中，由于共同诉讼人各自与对方当事人存在着独立的诉讼标的，原本是可分之诉，只因诉的合并而共同进行诉讼。因此，我国《民事诉讼法》规定，对诉讼标的没有共同权利义务的，其中一人的诉讼行为对其他共同诉讼人不发生效力。

普通共同诉讼人共同出席法庭，在法庭上一同参加法庭调查、法庭辩论。但是这些诉讼行为并非是共同行为，而是共同诉讼人各自独立的行为，如各自进行举证。因此，共同诉讼人虽在同一诉讼中进行诉讼，但其诉讼行为是独立的，其中任何一个共同诉讼人的诉讼行为，对其他共同诉讼人均不发生效力，如一人撤诉，不影响其他共同诉讼人的诉讼进行；一人减少诉讼请求或承认诉讼请求，不影响其他共同诉讼人的诉讼请求。

普通共同诉讼人之间的相互独立性具体表现在以下几个方面：

第一，各共同诉讼人可以不受其他共同诉讼人的限制进行诉讼。如在诉讼中各共同诉讼人可以自行撤诉、自认、和解、上诉，其中一人的自认效力不及于其他共同诉讼人。

第二，各共同诉讼人可以分别委托诉讼代理人。

第三，共同诉讼人的对方当事人，对于各共同诉讼人的态度可以不同，甚至对立。如与其中一个共同诉讼人和解，但拒绝与其他共同诉讼人和解。

第四，法院可以在诉讼进行中，认为合并辩论不利于诉讼或不经济时，将法庭辩论分开进行。

第五，共同诉讼中一个共同诉讼人发生的诉讼中止、终结，不影响其他共同诉讼人继续进行诉讼。

第六，法院在对各共同诉讼人的资格审查中，对于不符合条件的可以不予受理，但不影响其他共同诉讼人进行诉讼。

四、普通共同诉讼与必要共同诉讼的主要区别

（一）诉讼标的的同类性与同一性不同

普通共同诉讼的诉讼标的是同一种类的，共同诉讼人不享有共同的权利和义务；必要共同诉讼的诉讼标的是同一的，共同诉讼人享有共同的权利或承担共同的义务。

（二）共同诉讼人之间的相关性与独立性不同

在普通共同诉讼中，每个共同诉讼人都处于独立的地位，其诉讼行为对其他共同诉讼人不发生效力；而在必要共同诉讼中，采取承认原则，即视全体共同诉讼人为一个整体，

其中一人的诉讼行为经其他共同诉讼人同意，对其他共同诉讼人发生效力。

（三）审判方式和审判结果不同

普通共同诉讼是一种可分之诉，因此共同诉讼人既可以一同起诉或者一同应诉，也可以分别起诉或应诉。法院既可以合并审理，也可以分开审理。合并审理时应经共同诉讼人同意，并分别作出判决，确认每个共同诉讼人与对方当事人之间的权利义务关系。

必要共同诉讼是一种不可分之诉，共同诉讼人必须一同起诉或者一同应诉，法院必须合并审理并作出合一判决，且判决内容必须一致。

第四节 代表人诉讼

一、代表人诉讼制度概述

（一）代表人诉讼的概念和分类

代表人诉讼是指一方或者双方当事人人数众多时，由众多的当事人推选出代表人或人民法院指定代表人，代表本方全体当事人进行诉讼，维护自己及全体当事人的利益，代表人所进行的诉讼行为对本方所代表的当事人发生效力的多数人诉讼的形态。

我国法律将代表人诉讼分为两类：一类是起诉时当事人人数就可以确定的代表人诉讼，称为“人数确定的代表人诉讼”；另一类是起诉时当事人人数不能确定，需要法院受理案件后，公告告知多数人全体进行登记，并选定代表人进行的诉讼，称为“人数不确定的代表人诉讼”。提起代表人诉讼要求当事人一方人数众多，一般指 10 人以上。在此类案件中，由于人数众多，让所有的当事人参加诉讼不仅极为不便，也会给法院的传唤、审理、开庭带来困难，在人数不确定的情况下更是如此。由多数当事人选定代表人进行诉讼，对于节约诉讼资源是非常必要。

（二）代表人诉讼制度的意义

我国在民事诉讼中确立代表人诉讼制度的意义，主要有以下几点：

(1) 代表人诉讼制度具有司法解决群体性纠纷的功能。群体性纠纷的大量出现，已经使单独个人的私人利益问题变成了一个广泛的公益问题。为了避免公益遭受侵害，法律许可有共同利益的多数人选任代表人进行诉讼。我国代表人诉讼是诉讼担当和诉讼代理的结合，成功地解决了主体众多与诉讼程序空间容量有限之间的矛盾，扩大了司法解决纠纷的功能。

(2) 代表人诉讼制度与实体法律制度保持协调，对于解决当前社会中大量出现的群体性纠纷具有重要的作用。目前，社会上存在的群体性纠纷涉及环境、医药、产品责任等多个实体法领域，往往涉及众多的受害者。受害者虽然人数众多，但对现代高技术的企业或者行业提出诉讼，单个受害者在诉讼能力或者经济能力上都无力与之抗衡，加害人与受害人力量严重不均衡。为改变这种状态，民法、经济法等法律法规都加强了对有关行业或者企业的规范，通过无过失责任及赋予消费者法定权益来保障多数受害者的利益。为此，诉讼法允许特定地域的居民、特定的消费者进行群体诉讼，这显然有利于保持实体法律制度与程序法律制度的协调，有利于实体法律制度的贯彻落实。

(三) 我国代表人诉讼制度存在的不足和需要完善的地方

我国的代表人诉讼制度在解决群体性纠纷方面具有重要作用，但是，该制度也存在着明显的缺陷，其要求起诉人必须与案件有利害关系，这在某种程度上限制了该制度作用的发挥。例如，甲公司的保健品广告存在夸大其功能和效用，误导消费者的现象。熟悉该产品的公民李某发现了此问题，要求甲公司停止广告宣传，但甲公司依然在发布该产品的广告。那么，李某除非先购买该产品，成为该产品的消费者，否则李某不能提起诉讼及代表人诉讼。

另外，代表人诉讼尤其人数不确定的代表人诉讼存在诉讼周期长、成本高的缺陷，也使得这一制度在保护群体性权利方面的价值减弱。如前面所举的保健品广告侵权，当李某发起了人数不确定的代表人诉讼，法院需要进行公告、权利登记、审理、判决、执行等一系列活动，而在这一过程中该公司可能已经获得了巨额利益，同时在这期间又有大批的受害者产生。

二、代表人诉讼的提起与受理

(一) 代表人诉讼的提起

提起代表人诉讼除需具备我国《民事诉讼法》第 119 条规定的条件外，还应当具备下述要件。

1. 当事人一方人数众多

根据《民诉解释》第 75 条的规定，当事人一方人数众多，一般指 10 人以上。一方当事人未超过 10 人的案件，不得提起代表人诉讼。

2. 众多当事人一方的诉讼标的相同或者属于同一种类

提起代表人诉讼，多数人之间应当存在一定的利益关系。

3. 诉讼请求或者抗辩的方法相同或者对各成员都能成立

依照《民诉解释》第 76 条的规定，在多数人内部对诉讼请求或者抗辩方法不能达成一致意见的情况下，可由部分当事人推选自己的代表人进行诉讼。人民法院也可以在多数人诉讼中，要求分别选定代表人。

4. 代表人适格

虽然当事人适格在一般情况下不是诉讼成立要件，但是在代表人诉讼中代表人的适格具有特殊的重要性。适格的诉讼代表人要具备下列条件：

(1) 必须是其所代表的一方当事人中的一员，与其他成员具有共同的利害关系；

(2) 必须由依法定程序登记的权利人商定；

(3) 具有相应的诉讼行为能力；

(4) 能够正确履行代表义务，能善意地维护被代表的全体当事人合法权益。

在代表人诉讼中，代表人适格与否关系重大。只有适格的代表人，才能代表众多当事人的利益。

5. 受诉人民法院对案件有管辖权

我国民事诉讼法对代表人诉讼案件的管辖未作专门规定。按照民事案件管辖的原则及司法实践，其确定方法是：

(1) 级别管辖。凡涉及当事人人数众多、标的额较大、有较大影响的案件，一般由中级人民法院管辖；案情简单、涉及面小和诉讼标的额不大的案件，由基层人民法院管辖。

（2）地域管辖。在侵权纠纷或者合同纠纷中，代表人代表多数人一方作为原告方提起诉讼时，依侵权案件或者合同案件确定其地域管辖。专属管辖的案件，按照民事诉讼法专属管辖的规定来确定。最高人民法院《关于审理证券市场因虚假陈述引发的民事赔偿案件的若干规定》第8条、第9条特别规定，虚假陈述引起的证券民事赔偿案件，由发行人或者上市公司等虚假陈述行为人所在地有管辖权的中级人民法院管辖，而且只限于省、直辖市、自治区人民政府所在的市、计划单列市和经济特区中级人民法院有管辖权。

（二）代表人诉讼的受理

为了发挥代表人诉讼的积极作用，防止代表人诉讼的滥用，人民法院应当对诉讼代表人资格进行实体审查。人民法院受理代表人诉讼不仅要审查代表人诉讼是否具备一般的起诉要件，还要审查是否具备提起代表人诉讼的要件。例如，对证券市场因虚假陈述引发的民事赔偿案件，投资人必须依据有关机关的行政处罚决定或者人民法院的刑事裁判文书，对虚假陈述行为人提起民事赔偿诉讼，并且要提交行政处罚决定或者公告，或者人民法院的刑事裁判文书，同时要提交交易的凭证等证据以证明投资损失。

对于符合起诉条件的代表人诉讼，人民法院应当受理并立案；对于不符合条件且不可能补正的代表人诉讼，人民法院应当裁定不予受理。

三、代表人诉讼案件的审理与裁判

（一）人数确定的代表人诉讼案件的审理与裁判

1. 诉讼代表人的产生

对于人数确定的代表人诉讼，《民事诉讼法》第53条规定，当事人一方人数众多的共同诉讼，可以由当事人推选代表人进行诉讼。《民诉解释》第60条规定，当事人一方人数众多在起诉时确定的，可以由全体当事人推选共同的代表人，也可以由部分当事人推选自己的代表人；推选不出代表人的当事人，在必要的共同诉讼中可由自己参加诉讼，在普通共同诉讼中可以另行起诉。《民诉解释》第78条规定，推选的代表人人数为2至5人，每位代表人可以委托1至2人作为诉讼代理人。

2. 诉讼代表人的诉讼权利

《民事诉讼法》第53条第2款规定，代表人的诉讼行为对其所代表的当事人发生效力。同时规定，代表人变更、放弃诉讼请求或者承认对方当事人的诉讼请求，进行和解，必须经被代表的当事人同意。诉讼中出现代表人死亡、丧失诉讼行为能力及不能尽代表人职责的情况时，可以由原推选代表人的当事人推选新的代表人予以更换。更换后的代表人继续履行原代表人职责；原代表人的诉讼行为，对新更换的代表人具有法律效力。

（二）人数不确定的代表人诉讼案件的审理与裁判

1. 追加对方当事人

在有些案件中，法院应当追加对方当事人。如最高人民法院《关于审理证券市场因虚假陈述引发的民事赔偿案件的若干规定》第10条规定，人民法院受理以发行人或者上市公司以外的虚假陈述行为人（即发起人、控股股东等实际控制人；证券承销商；证券上市推荐人；会计师事务所、律师事务所、资产评估机构等专业中介）为被告提起的诉讼后，经当事人申请或者征得所有原告同意后，可以追加发行人或者上市公司为共同被告。人民法院追加后，应当将案件移送发行人或者上市公司所在地有管辖权的中级人民法院管辖。当事人不申请或者原告不同意追加，人民法院认为确有必要追加的，应当通知发行人或者上市公司作为共同被告参加诉讼，但不得移送案件。

2. 公告

人数众多的一方在起诉时，其人数不确定的，人民法院受理后可以发出公告，说明案件情况和诉讼请求，并通知有关利害关系人向人民法院进行登记。公告期应根据具体案件的情况确定，最少不得少于 30 日。公告要明确通知当事人案件已经开始，可起送达作用。

3. 登记

登记人要证明他与对方当事人的法律关系及其所受的损害。证明不了的，不予登记，当事人可以另行起诉。权利登记人应当证明的两个事项包括：一是其与对方当事人的法律关系；二是所受到的损害。

4. 诉讼代表人的产生

根据《民诉解释》第 77 条的规定，当事人一方人数众多且在起诉时不确定的，由当事人推选代表人；当事人推选不出的，可以由人民法院提出人选与当事人协商，协商不成的，也可以由人民法院在起诉的当事人中指定代表人。代表人的权限与人数确定的代表人相同。

四、人数不确定的代表人诉讼判决效力的范围和扩张

（一）人数不确定的代表人诉讼判决效力的范围

根据《民事诉讼法》第 54 条的规定，在人数不确定的代表人诉讼中，人民法院的裁判对其所代表的当事人发生效力，即在权利登记的范围内执行。未参加登记的权利人在诉讼时效期间内提起诉讼，人民法院认定其请求成立的，裁定适用人民法院已经作出的判决、裁定。

（二）人数不确定的代表人诉讼判决效力的扩张

未参加登记的权利人在诉讼时效期间内提起诉讼，人民法院认定其请求成立的，裁定适用人民法院已作出的判决、裁定，即人数不确定的代表人诉讼判决对未参加诉讼的案外人也有效。

第五节　第三人诉讼

一、第三人诉讼的概念和分类

第三人是指对于已经开始的诉讼，有独立于原告和被告的诉讼请求或与案件的处理结果有法律上的利害关系，而辅助诉讼一方进行诉讼活动的人。

第三人诉讼产生的前提：一是他人之间已经存在一个诉讼；二是第三人在他人的诉讼已经开始、法院作出裁判之前参加诉讼。此处所说的诉讼既包括一审也包括二审。

第三人诉讼在我国民事诉讼法上分为两类：一类是“有独立请求权的第三人”参加的诉讼；另一类是“无独立请求权的第三人”参加的诉讼。

二、有独立请求权的第三人参加的诉讼

（一）有独立请求权的第三人的概念

有独立请求权的第三人是指对于他人正在进行的诉讼，有独立于原告和被告的诉讼请求的第三方当事人。

例如，人民法院在审理重婚案件时，涉及财产处理的，应当准许合法婚姻当事人作为有独立请求权的第三人参加诉讼。

（二）有独立请求权的第三人参加诉讼的根据

有独立请求权的第三人参加他人已经开始的诉讼的依据是：

（1）对他人之间未决案件的诉讼标的有独立的请求权。这是有独立请求权的第三人能够参加诉讼的最主要的原因。

（2）主张诉讼结果可能使自己的权利受到损害。

（三）有独立请求权的第三人的诉讼地位

有独立请求权的第三人有权向人民法院提出诉讼请求和事实、理由，成为诉讼中第三方当事人，其在诉讼中的地位与原告的地位一样。

在诉讼中有独立请求权的第三人可以行使原告的权利。如撤诉、上诉、在诉讼中进行和解、参加法庭辩论等。但是有独立请求权的第三人是主动参加到他人已经开始的诉讼中来的，应当视为同意该法院对案件的管辖权，因此有独立请求权的第三人不能在诉讼中提出管辖权异议。但是，从审判公正的角度考虑，有独立请求权的第三人有提出回避的权利。

（四）有独立请求权的第三人参加诉讼的方式

有独立请求权的第三人只能以起诉的方式参加诉讼，而不能由人民法院追加。其提起的诉讼请求是独立的，因此，人民法院在认为不能合并审理时可以将其另案处理。

（五）必要共同诉讼人与有独立请求权的第三人的区别

人民法院对待有独立请求权的第三人参加的诉讼，实际上是把两个诉讼合并在一个诉讼程序中一同审理。这两个诉讼是：原来当事人之间的诉讼，即本诉；第三人和原来当事人之间的诉讼。有独立请求权的第三人在诉讼中的地位相当于原告，即以本诉的原告和被告作为被告的诉讼结构。这是因为有独立请求权的第三人既不同意本诉原告的主张，也不同意本诉被告的主张。其认为，不论是原告胜诉还是被告胜诉，都将损害其合法权益。因此，实质上有独立请求权的第三人是为了维护自己的民事权益，以独立的实体权利人的身份，向人民法院提起了一个新的诉讼。所以，其享有原告的诉讼权利，承担原告的诉讼义务。

必要共同诉讼人与有独立请求权的第三人有以下几个方面的不同。

1. 争议的诉讼标的不同

必要共同诉讼人争议的诉讼标的是同一的，共同诉讼人共同享有权利，或者共同承担义务；而第三人提起的诉讼，其诉讼标的与本诉的诉讼标的并不是同一的，其同本诉当事人的任何一方都不具有共同的权利、义务。

2. 争议的主体对象不同

必要共同诉讼人只能同另一方当事人发生争议；而第三人则同本诉的双方当事人都有争议。

3. 诉讼地位不同

必要共同诉讼人既可能处于原告地位，也可能处于被告地位；而第三人只能处于原告地位。

4. 诉讼行为效力不同

必要共同诉讼人一个人的诉讼行为，经全体承认，对全体发生效力；而第三人的诉讼行为不受本诉任何一方当事人诉讼行为的限制。

5. 参加诉讼方式不同

必要共同诉讼是不可分之诉，未参加诉讼的其他必要共同诉讼人，法院应通知其参加诉讼；第三人的诉讼为独立之诉，可单独提起，即第三人可以另行起诉。

三、无独立请求权的第三人参加的诉讼

(一) 无独立请求权的第三人的概念

根据《民事诉讼法》第56条第2款的规定，无独立请求权的第三人是指对当事人双方的诉讼标的没有独立请求权，但是案件处理结果同他有法律上的利害关系，而申请参加诉讼或者由人民法院通知他参加诉讼的人。

(二) 无独立请求权的第三人参加诉讼的根据

根据《民事诉讼法》的规定，无独立请求权的第三人参加诉讼的根据是案件的审理结果与其有法律上的利害关系。所谓有法律上的利害关系，是指其民事权利义务将受到他人案件处理结果的影响，如可能判决其承担民事责任，增加其民事义务或减少其民事权益。例如，甲从乙处购买了一台热水器，在使用过程中，热水器漏电导致其妻身亡，甲在悲痛之余将热水器的销售者乙告上了法庭，如果乙败诉，被判决向甲承担赔偿责任，则乙很可能起诉生产商丙，要求其最终承担赔偿责任。因此，丙与该案件有法律上的利害关系，直接影响丙的利益。丙为自己未来的利益考虑，可以申请以第三人的身份参加诉讼，辅助乙进行诉讼活动。因此，从实践来看，无独立请求权的第三人与案件的处理结果有利害关系，通常体现为该第三人与本诉讼的被告之间存在另一个与本诉讼争议的法律关系具有牵连性的法律关系。但是，从理论上说，并不能排除无独立请求权的第三人与本诉讼原告之间存在另一个与本诉讼争议的法律关系具有牵连性的法律关系的可能性。

(三) 无独立请求权的第三人的诉讼地位

由于案件的处理结果与其有法律上的利害关系，因此，无独立请求权的第三人参加诉讼是为了维护自己的利益，但由于对当事人正在争议的诉讼标的没有独立的请求权，无独立请求权的第三人在诉讼中不是完全独立的诉讼当事人。一般认为，无独立请求权的第三人不享有管辖权异议、申请回避、和解、上诉和撤诉的权利，但具有参加法庭辩论的权利。根据《民事诉讼法》第56条第2款的规定，人民法院判决承担民事责任的无独立请求权的第三人，有当事人的诉讼权利义务。

《民诉解释》对于无独立请求权的第三人的诉讼权利义务作了以下规定：

(1) 无独立请求权的第三人在诉讼中有当事人的诉讼权利义务，判决承担民事责任的

无独立请求权的第三人有权提起上诉。但该第三人在一审中无权对案件的管辖权提出异议，无权放弃、变更诉讼请求或者申请撤诉。

（2）无独立请求权的第三人参加诉讼的案件，人民法院调解时需要确定无独立请求权的第三人承担义务的，应当经第三人同意，调解书应当同时送达第三人。

（3）无独立请求权的第三人经人民法院传票传唤，无正当理由拒不到庭，或者未经法庭许可中途退庭的，不影响案件的审理。

（四）无独立请求权的第三人参加诉讼的方式

1．申请参加诉讼

尽管对当事人正在争议的诉讼标的没有独立的请求权，但是由于案件的处理结果与其有法律上的利害关系，所以，无独立请求权的第三人为了维护自己的利益依法申请参加诉讼的，人民法院自然应当准许。申请参加是无独立请求权的第三人参加诉讼的重要方式。

2．经人民法院通知参加诉讼

无独立请求权的第三人与案件处理结果之间的利害关系，通常是因他与被告之间存在法律上的利害关系。在这种情况下，人民法院往往通知该第三人作为无独立请求权的第三人参加诉讼。可见，经通知参加诉讼也是无独立请求权的第三人参加诉讼的方式之一。

从司法实践来看，将无独立请求权的第三人纳入诉讼，往往是要求该第三人承担责任。因此，无独立请求权的第三人一般不是主动申请参加诉讼，而是由人民法院通知参加诉讼。同时，个别法院还存在滥用追加无独立请求权的第三人承担责任的问题，以致严重损害了案外人的合法权益。为此，最高人民法院《关于在经济审判工作中严格执行〈中华人民共和国民事诉讼法〉的若干规定》第 9 条、第 10 条、第 11 条对追加无独立请求权的第三人进行了限制，指出以下情况不能追加：

（1）受诉人民法院对与原被告双方争议的诉讼标的无直接牵连和不负有返还或者赔偿等义务的人，以及与原告或被告约定仲裁或有约定管辖的案外人，或者专属管辖案件的一方当事人，均不得作为无独立请求权的第三人通知其参加诉讼。

（2）人民法院在审理产品质量纠纷案件中，对原被告之间法律关系以外的人，证据已证明其已经提供了合同约定或者符合法律规定的产品的，或者案件中的当事人未在规定的质量异议期内提出异议的，或者作为收货方已经认可该产品质量的，不得作为无独立请求权的第三人通知其参加诉讼。

（3）人民法院对已经履行了义务，或者依法取得了一方当事人的财产，并支付了相应对价的原被告之间法律关系以外的人，不得作为无独立请求权的第三人通知其参加诉讼。

（五）无独立请求权的第三人的特别适用

根据我国的法律规定，以下案件特别适用于无独立请求权的第三人。

1．保证合同发生纠纷引起债权人反诉的情况

根据最高人民法院《关于适用〈中华人民共和国担保法〉若干问题的解释》第 127 条的规定，有保证的债务合同发生纠纷，债务人对债权人提起诉讼，债权人提起反诉的，保证人可以作为第三人参加诉讼。

2．因解除劳动合同劳动者与原用人单位发生争议的情况

根据最高人民法院《关于审理劳动争议案件适用法律若干问题的解释（一）》第 11

条的规定，用人单位招用尚未解除劳动合同的劳动者，原用人单位与劳动者发生的劳动争议，可以列新的用人单位为第三人。原用人单位以新的用人单位侵权为由向人民法院起诉的，可以列劳动者为第三人。

3. 代位权诉讼中的无独立请求权的第三人

代位权诉讼是指债务人怠于行使其到期债权，对债权人造成损害的，债权人向人民法院请求以自己的名义代位行使债务人的债权而提起的诉讼。债权人代位行使的债权不能是专属于债务人自身的债权，如基于扶养、抚养、赡养、继承关系产生的给付请求权和劳动报酬、退休金、养老金、抚恤金、安置费、人寿保险、人身伤害赔偿请求权等权利就不能提起代位权诉讼。在代位权诉讼中，债权人以次债务人为被告向人民法院提起代位权诉讼，债务人是无独立请求权的第三人。债权人起诉时未将债务人列为第三人的，人民法院可以追加债务人为第三人。在代位权诉讼中，该无独立请求权的第三人可对债权人的债权提出异议，经审查异议成立的，人民法院应当裁定驳回债权人的起诉。代位权诉讼判决的效力比较特殊。判决认定代位权成立的，次债务人向债权人履行清偿义务，债权人与债务人、债务人与次债务人之间相应的债权债务关系即予消灭。代位权不成立的，债权人对债务人的诉权并不消失，原告可以以债务人为被告再次提起诉讼。

4. 撤销权诉讼中的无独立请求权的第三人

债务人放弃其到期债权或者无偿转让或以不合理的低价转让财产，对债权人造成损害的，债权人可以请求人民法院撤销债务人的行为，这种诉讼称为撤销权诉讼。债权人提起撤销权诉讼时，只以债务人为被告，未将受益人或者受让人列为第三人的，人民法院可以追加该受益人或者受让人为无独立请求权的第三人。

5. 合同转让案件中的无独立请求权的第三人

合同的转让包括债权的转让和债务的承担。债权人转让合同权利后，债务人与受让人之间因履行合同发生纠纷诉至人民法院，债务人对债权人的权利提出抗辩的，人民法院可以将债权人列为第三人；经债权人同意，债务人转移合同义务后，受让人与债权人之间因履行合同发生纠纷诉至人民法院，受让人就债务人对债权人的权利提出抗辩的，人民法院可以将债务人列为第三人；合同当事人一方经对方同意将其在合同中的权利义务一并转让给受让人，对方与受让人因履行合同发生纠纷诉至人民法院，对方就合同权利义务提出抗辩的，人民法院可以将出让方列为第三人。

【课后习题】

一、思考题

1. 普通共同诉讼与必要共同诉讼的内外部关系有何异同？如何处理？
2. 必要共同诉讼人与有独立请求权的第三人有何区别？
3. 普通共同诉讼人之间的关系如何？
4. 怎样理解有独立请求权的第三人和无独立请求权的第三人？

二、案例分析题

阅读下面的案例，并回答问题。

李某与赵某是邻居，李某委托张某包工包料保证质量砌一段墙，并付工钱、材料钱共计1 000元。但该墙砌完后不到三天便倒塌，并砸坏了赵某的财产，赵某受到的经济损失为800元。赵某起诉到法院要求李某赔偿损失。在诉讼中，李某称该墙是委托张某砌的，不到三天就倒塌了，纯属工程质量问题，张某应负责任，应为被告，故要求法院更换被告。

问题：

1. 李某的主张对不对？
2. 张某应否参加诉讼？

【本章实务应用难点分析】

1. 代表人的诉讼与群体诉讼实务

1991年我国颁布的《民事诉讼法》，为了解决群体纠纷，吸收借鉴美国的集团诉讼和日本的选定当事人诉讼等的立法经验，确立了我国群体诉讼制度——代表人诉讼制度。1992年最高人民法院发布的《民诉解释》，对该制度进一步作了具体规范。根据我国《民事诉讼法》第54条的规定，所有的共同利益人都是案件的当事人，他们并不因推选了代表人而脱离诉讼，只是在诉讼中委托代表人行使诉讼权利、履行诉讼义务。同时，我国《民事诉讼法》第54条第3款规定，代表人的诉讼行为对其所代表的当事人发生效力。也因此规定了代表人变更、放弃诉讼请求或者承认对方当事人的诉讼请求，进行和解，必须经被代表的当事人同意。

相比较其他国家的立法，我国民事诉讼更侧重利益的直接共同性，而其他国家的立法侧重的是利益的间接共同性。美国将人数不确定但各个人所具有同一事实或法律关系的当事者拟制为一个群体。群体中的一人或数人提起诉讼视为代表整个群体所提起，判决效力扩及群体中的每个个体。日本则是扩大原有共同诉讼制度的适用，并通过当事人适格的扩张，在任意的诉讼担当理论基础上，由全体共同诉讼选出能够代表他们的当事人，通过委托授权使多数人诉讼通过选定的当事人进行。德国则将具有共同利益的众多法律主体提起诉讼的权利“信托”给具有公益性质的社会团体，由该社会团体提起符合其章程、设立目的的诉讼。判决是针对该团体及其被告作出的，有利判决的效力间接地惠及团体的成员，产生“事实上的既判力”。也正因为制度如此设计，导致实践中代表人诉讼难以发挥其应有的功能，出现代表人在诉讼中处分实体权利困难重重。由于代表人诉讼中当事人人数众多、居住分散、处分实体权利要征得全体当事人的同意，不仅代表人要花费大量的时间、人力和物力，造成诉讼拖延、诉讼成本增加，而且当事人人数众多，极易造成意见不统一，使得代表人无法行使代表权，最终导致代表人诉讼无法进行。诉讼代表人的实体权利和诉讼权利分离最终导致诉讼代表人的诉讼权利难以保障。诉讼代表人不享有实体处分权，便无法根据自己的意志和判断，自主地行使权利，维护己方合法权益。其诉讼权利充其量不过是被动地把各当事人意思表示收集后代为转告而已。

在当前的法律框架下，如果必须采用诉讼代表的形式，本书建议代表人以与所有参与人协议的方式改变现有法律制度下存在的问题。即通过协议中订立授权性条款使代表人可以在诉讼中对各项行为自主决定，以更快的速度推进诉讼进程和保护群体的利益。另外，在协议中，对代表人的自主决定的界限直接作出限制。代表人进行民事诉讼时，如果依照民事基本制度去合理建设自己完成工作的制度设计，完全是可以的，这样对群体权利的保

护也是有益的。

2. 普通共同诉讼的诉的合并与分离的界限

普通共同诉讼与必要共同诉讼不同，其诉讼利益的结合并非非常紧密，因此普通共同诉讼各当事人之间的诉讼法律关系完全具备每一个诉的全部要素，此点与必要共同诉讼不同。普通共同诉讼仅仅因诉讼标的是同一种类的，法院认为可以合并审理，并经当事人同意，合并进行审理的共同诉讼，这是诉讼中的技术性程序合并。普通共同诉讼的合并是否必需，法院和当事人应当考虑合并以后是否会造成案件的繁杂，从而导致法庭审理的迟延。

第九章 诉讼代理制度

【本章要点】

- 诉讼代理人的特征与种类
- 法定诉讼代理人的代理权限和诉讼地位
- 委托诉讼代理人的代理权限和诉讼地位
- 诉讼代理制度的本质和作用
- 诉讼代理人的特点和不同种类诉讼代理人的区别

【案例导入】

张某起诉要求与其丈夫解除婚姻关系，诉讼过程中张某委托一名律师作为全权代理人，并授权律师可以和解、调解。此后，为防止尴尬局面的出现，张某在征得主审法官同意的情况下，未出庭参加庭审，张某的律师与其丈夫李某在法院的主持下，达成调解协议，解除婚姻关系，并放弃对共同财产的分割。张某得知该结果后，认为律师不该代替她放弃对共同财产的分割。

思考：

1. 诉讼代理人与民事代理人有何区别？
2. 诉讼代理人如何取得？
3. 什么人可以担任诉讼代理人？组织或法人能否担任诉讼代理人？
4. 诉讼代理人有何作用？
5. 该调解协议对未出庭参加诉讼的张某是否有效？

第一节 诉讼代理人概述

一、诉讼代理人的概念和特征

民事诉讼代理人，是指基于法律规定、法院指定或者当事人的委托授权，在法律规定或者当事人授权的范围内，在民事诉讼中以当事人的名义并为其利益进行民事诉讼活动的人。诉讼代理制度就其本质而言，是当事人为了维护自己的民事权益，而借助他人获得司法保护的一种诉讼制度，因为当事人可能缺乏诉讼的基本知识或缺乏诉讼的时间。

诉讼代理人代理当事人进行诉讼活动的权限称为诉讼代理权。诉讼代理人在授权范围内所实施的诉讼行为，称为诉讼代理行为。被代理的当事人称为被代理人。依据诉讼代理人产生方式的不同，诉讼代理人有法定诉讼代理人、指定诉讼代理人和委托诉讼代理人之分。

民事诉讼代理人具有以下法律特征：

（1）具有诉讼行为能力。诉讼代理人参与民事诉讼的目的，就在于通过自己的诉讼行为来维护被代理人的合法民事权益，因而必然要求诉讼代理人具有诉讼行为能力。

（2）以被代理人名义进行诉讼活动。诉讼代理人作为诉讼参加人参与诉讼，与案件没有直接的利害关系，不是案件的当事人。因此，诉讼代理人在诉讼中只能以当事人的名义进行诉讼活动，而不能以自己的名义进行诉讼活动。

（3）在代理权限范围内进行诉讼活动。诉讼代理人在代理权限范围内所为行为的法律后果由当事人承担，超越代理权范围所为行为的法律后果由诉讼代理人自己承担。诉讼代理人的诉讼代理行为是否产生诉讼代理的法律后果，取决于诉讼代理权的范围。

（4）诉讼代理后果由被代理人承担。诉讼代理人不是为自身利益进行诉讼，与案件也无直接的利害关系，因而不承担诉讼行为的后果。诉讼的后果直接由被代理人承担，法院的判决也只对当事人有拘束力。

（5）禁止双方代理。在民事案件中，双方当事人利益相冲突的特点和设立诉讼代理制度的目的，决定了诉讼代理人在同一案件中只能代理一方当事人，而不能同时代理双方当事人，也不能在担任一方当事人诉讼代理人的同时又是该诉讼的对方当事人。

二、诉讼代理人的种类

根据我国《民事诉讼法》的规定，诉讼代理人分为法定诉讼代理人和委托诉讼代理人两种。这是以诉讼代理权发生的原因（即发生根据）为标准划分的。法定诉讼代理权基于法律规定的亲权和监护权而发生，委托诉讼代理权基于委托人的授权而发生。现行《民事诉讼法》中没有规定指定诉讼代理人，因为《民事诉讼法》明确规定，法定诉讼代理人由监护人担任。而根据《民法总则》的规定，在我国监护人的范围十分广泛，几乎不存在未成年人和精神病人没有监护人的情况。也就是说，未成年人和精神病人在民事诉讼中都有法定代理人代为诉讼。

三、诉讼代理制度的作用

诉讼代理制度在民事诉讼中具有重要作用。首先，它可以帮助公民、法人和其他组织获得司法保护，有利于维护当事人的合法权益。其次，它可以帮助法院查清案情和正确适用法律，有利于保障案件的公正处理。最后，诉讼代理制度的设立，在保障公民的民主权利、宣传社会主义法制等方面也具有重要作用。

四、民事诉讼代理人与民事代理人、刑事诉讼辩护人的区别

（一）民事诉讼代理人与民事代理人的区别

尽管民事诉讼代理人与民事代理人存在着某些共同点，如代理人都必须以被代理人的

名义，并且为了维护被代理人的利益进行代理活动，代理人都必须在代理权限范围内进行代理活动，代理人都必须有行为能力，代理的法律后果都由被代理人承担等。但是民事诉讼代理人与民事代理人存在着以下区别。

1. 代理的内容和后果不同

在民事诉讼代理中，代理人所代理的是民事诉讼行为，其后果是导致代理人和被代理人同法院之间民事诉讼法律关系的发生、变更和消灭；在民事代理中，代理人所代理的是民事法律行为，其后果是导致被代理人与第三人之间民事法律关系的发生、变更和消灭。

2. 代理的对象不同

民事诉讼代理人代理的对象是案件中的原告、被告和第三人；民事代理人代理的对象是参加民事活动的公民、法人和其他组织。

3. 代理的法律依据不同

民事诉讼代理人的代理活动以民事诉讼法为依据；民事代理人的代理活动以民事实体法为依据。

（二）民事诉讼代理人与刑事诉讼辩护人的区别

1. 适用对象不同

民事诉讼代理人适用的对象包括民事案件的原告、被告和第三人；刑事诉讼辩护人适用的对象只限于刑事案件的被告。

2. 产生原因不同

民事诉讼代理人基于当事人的委托或者法律的直接规定而产生；刑事诉讼辩护人基于被告的委托或者法院的指定而产生。

3. 职责不同

民事诉讼代理人的职责较为广泛，可以在代理权限范围内实施各种诉讼行为，包括处分当事人的实体权利；刑事诉讼辩护人的职责较为单一，只能根据事实和法律，提出证明犯罪嫌疑人、被告无罪、罪轻或者减轻、免除其刑事责任的材料和意见。

4. 诉讼地位不同

民事诉讼代理人必须以被代理人的名义，并且为了维护被代理人的利益参加诉讼活动，其代理行为受代理权限的限制。严格来说，民事诉讼代理人在诉讼中不具有独立的诉讼地位。刑事诉讼辩护人既不以被告的名义参加诉讼，也不为被告的意志所左右，而只根据事实和法律提出辩护意见，其在诉讼中有独立的诉讼地位。

5. 介入的时间不同

在民事诉讼中，诉讼代理人一般在法院受理案件之后介入诉讼，开始诉讼代理活动；在刑事诉讼中，公诉案件自案件移送检察机关审查起诉之日起，辩护人即可介入诉讼，犯罪嫌疑人需要聘请律师提供法律帮助的，可在其被侦查机关第一次讯问或者采取了强制措施时提出，自诉案件的被告有权在法院受理案件后委托辩护人介入诉讼。

6. 法律依据不同

民事诉讼代理人实施诉讼代理行为的法律依据是民事诉讼法；刑事诉讼辩护人实施刑事辩护行为的法律依据是刑事诉讼法。

第二节　法定诉讼代理人

一、法定诉讼代理人的概念和特点

法定诉讼代理人，就是指根据法律规定，代理无民事诉讼行为能力当事人进行民事诉讼活动的人。法定诉讼代理人的代理权来自于法律的规定。法定诉讼代理人进行诉讼的目的在于保护其被监护人的利益，因此，与监护人的范围一致，法定诉讼代理人既可以是自然人，也可以由机关、团体或企事业单位担任。

法定诉讼代理人具有以下三个突出特点：

（1）代理权来自于法律的规定。法定诉讼代理人的代理权直接源于法律的规定，既不受当事人意志的制约，也不存在当事人的委托授权问题。其代理权限只受“监护人利益的限制”，即代理权的行使不得损害被监护人的利益。

（2）法定代理的对象只限于无民事诉讼行为能力人。无民事行为能力或限制民事行为能力人，在民事诉讼中都是无诉讼行为能力人，包括未成年人和精神病人。法定诉讼代理制度就是专门为无诉讼行为能力人提供的旨在保护无诉讼行为能力人利益的一种代理制度。

（3）在法定代理中，代理人与被代理人以监护关系为基础。法定诉讼代理人限于与被代理人存在亲权关系或者监护关系的人。对于法定诉讼代理人范围的这种特定的限制，完全是出于对无诉讼行为能力人合法权益保护的需要。

二、法定诉讼代理人的代理权限和诉讼地位

法定诉讼代理的对象，是因年龄或者智力原因而不能正确识别自己行为后果的无诉讼行为能力的人。代理对象的特殊性决定了法定诉讼代理是一种真正意义上的全权代理。为了充分保护被代理人的合法权益，法定诉讼代理人可以实施一切诉讼行为，包括对被代理人程序权利和实体权利的处分。与委托诉讼代理人不同，法定诉讼代理人的代理权并不受被代理的当事人意志的限制。

法定诉讼代理人与被代理人在民事实体法上是一种监护和被监护的关系，这种特殊的身份关系决定了在民事诉讼程序中，法定诉讼代理人处于“几乎等同于当事人”的诉讼地位，法定诉讼代理人的诉讼行为，视为被代理人当事人的行为，二者具有同等法律效力。因此，民事诉讼中有关仅对当事人适用的诉讼制度，比如拘传措施，对于法定诉讼代理人同样可以适用。

三、法定诉讼代理人的范围

《民事诉讼法》第 57 条规定：无诉讼行为能力人由他的监护人作为法定代理人代为诉讼。也就是说，民事诉讼中的法定诉讼代理人，必须是对被代理人享有监护权的人。对无诉讼行为能力人享有监护权的人，包括与无诉讼行为能力人有身份关系的亲属和对无诉讼行为能力人有监护责任的其他监护人。《民法总则》第 27 条和第 28 条分别对未成年人和精神病人的监护人的范围作了明确规定。

（一）未成年人的监护人

未成年人的监护人首先是父母，父母死亡或者没有监护能力的，由下列人员中有监护能力的人担任监护人：祖父母、外祖父母；兄、姐；其他愿意担任监护人的个人或者组织，但是须经未成年人住所地的居民委员会、村民委员会或者民政部门同意。

对担任监护人有争议的，由未成年人的父、母所在单位或者未成年人住所地的居民委员会、村民委员会在近亲属中指定。对指定不服提起诉讼的，由人民法院裁决。

没有上述监护人的，由未成年人的父、母所在单位或者未成年人住所地的居民委员会、村民委员会或者民政部门担任监护人。

（二）精神病人的监护人

可以担任无民事行为能力或者限制民事行为能力的精神病人的监护人的顺序是：（1）配偶；（2）父母、子女；（3）其他近亲属；（4）其他愿意担任监护人的个人或者组织，但是须经被监护人住所地的居民委员会、村民委员会或者民政部门同意。

对担任监护人有争议的，由精神病人的所在单位或者住所地的居民委员会、村民委员会在近亲属中指定。对指定不服提起诉讼的，由人民法院裁决。没有上述监护人的，由精神病人的所在单位或者住所地的居民委员会、村民委员会或者民政部门担任监护人。

四、法定诉讼代理权的取得与消灭

法定诉讼代理权是根据法律的规定而取得并行使代理权。依照法律规定取得代理权的称为法定代理人。我国《民法总则》第 23 条规定，无民事行为能力人、限制民事行为能力人的监护人是他的法定代理人。根据该条文的法律规定，无民事行为能力人、限制民事行为能力人的监护人取得法定诉讼代理权。目前，法定诉讼代理权的取得根据的是狭义上的民法规范，但是广义上的民法，如《中华人民共和国收养法》等也规定了法定诉讼代理权的取得，因而，养父母也是无民事行为能力人、限制民事行为能力人的法定代理人。

法定诉讼代理权的消灭与监护权的丧失同步。法定诉讼代理人的监护权丧失，则应自动或由人民法院通知其退出诉讼，由当事人本人或新的适格监护人作为法定诉讼代理人继续进行诉讼。

在司法实践中，法定诉讼代理权消灭主要有以下几种情形：

（1）被代理人具备或恢复了诉讼行为能力。如未成年人年满 18 周岁、精神病人康复等。在这种情况下，诉讼应由其本人继续进行，原法定诉讼代理人的诉讼行为仍然有效。若继续参加诉讼，应由本人另行委托授权，此时，原法定诉讼代理人转变为委托诉讼代理人。

（2）基于婚姻关系发生的监护权因婚姻关系解除而消灭。

（3）法定诉讼代理人丧失行为能力。

（4）法定诉讼代理人或被代理人死亡。

（5）收养关系解除。

（6）诉讼终结。

五、实践中有关法定诉讼代理人的代理权限应明确的问题

（一）法定诉讼代理人可以行使的权利

法定诉讼代理人不仅能够行使一般性诉讼权利，如提供证据、委托代理人等，而且可以行使一些涉及实体利益处分的特殊诉讼权利，如提出、放弃、变更诉讼请求，自行和解，请求调解等。

从理论上讲，可以认为法定诉讼代理人可以从事一切本人可以从事的行为。但是，如果法定诉讼代理人死亡的，诉讼中止；但本人死亡的，则有可能诉讼终止。

（二）解决法定诉讼代理人之间互相推诿诉讼代理责任的方法

法定诉讼代理权是基于法律的直接规定而发生的，无民事行为能力人或限制民事行为能力人的监护人以法定诉讼代理人身份参加诉讼，既是他们依法享有的一项权利，又是他们对被代理人和社会应尽的一项义务。因此，法定诉讼代理人不应推卸自己代理诉讼的责任。但是，在审判实践中，当无民事行为能力人或限制民事行为能力人的法定诉讼代理人有两个或者两个以上时，他们往往因怕影响自己的工作或者怕增加自己的负担而互相推诿诉讼代理责任。为了保障诉讼活动的正常进行，保护无民事行为能力人和限制民事行为能力人的利益及社会公共利益，我国《民事诉讼法》第 57 条规定：法定代理人之间互相推诿代理责任的，由人民法院指定其中一人代为诉讼。

在司法实践中，人民法院从被代理人的法定代理人之中指定诉讼代理人时，应当考虑法律所规定的监护人的顺序、监护人的监护能力及监护人与被监护人的关系等因素。法院指定法定诉讼代理人的决定具有法律效力，被法院指定的诉讼代理人必须履行诉讼代理责任，而不得再以各种理由推诿和拒绝代理诉讼。

第三节 委托诉讼代理人

一、委托诉讼代理人的概念与特点

委托诉讼代理人，是指基于当事人、法定诉讼代理人的委托，为当事人的利益在授权范围内进行民事诉讼活动的人。委托代理源于被代理人的授权，没有被代理人的授权，委托代理是不可能存在的。

委托诉讼代理人具有以下特点：

（1）委托诉讼代理权基于委托人的授权而产生。委托诉讼代理权是在委托双方达成合意的基础上，由委托人进行授权而产生的。

（2）委托代理权范围的限制。根据委托人的意愿，可以给予委托诉讼代理人一般授权，也可以给予涉及实体权利处分的特别授权。具体体现在授权委托书中。

（3）委托人与被代理人之间不以存在特定身份关系为前提。委托诉讼代理人与被代理人之间不存在监护关系，也不一定具有特定身份联系。

（4）证明代理权存在的方式是授权委托书。委托诉讼代理人参加民事诉讼，必须向人民法院提交由委托人签名或盖章的授权委托书。

二、委托诉讼代理人的范围

委托诉讼代理人的范围，是指哪些人可以担任民事诉讼的委托诉讼代理人。根据《民事诉讼法》第 58 条的规定，委托诉讼代理人的范围包括：

（1）律师、基层法律服务工作者。律师是为社会提供法律服务的专业执业人员，接受民事当事人的委托，担任代理人参加民事诉讼活动是律师职业当中的一项非常重要的业务。律师通常具有专业的法律知识和丰富的诉讼经验，对于诉讼案件的顺利进行和当事人合法权利的维护都具有非常重要的意义。基层法律服务制度是一项具有中国特色的法律服务制度，其目的是为基层群众提供便利、及时、价格低廉的法律服务。明确基层法律服务工作者在民事诉讼中的地位，可以更好地发挥基层法律服务工作的作用，更好地服务基层群众。

（2）当事人的近亲属或者工作人员。当事人为自然人时，可以委托近亲属作为诉讼代理人维护其合法权益。根据《民诉解释》的规定，近亲属包括与当事人有夫妻、直系血亲、三代以内旁系血亲、近姻亲关系以及其他有抚养、赡养关系的亲属。当事人为法人或其他组织时，可以委托其工作人员作为诉讼代理人。根据《民诉解释》的规定，当事人工作人员是指与当事人有合法劳动人事关系的职工。

（3）当事人所在社区、单位以及有关社会团体推荐的公民。需要注意的是，无论是哪个机构推荐的人员，最终必须征得当事人的同意才能成为诉讼代理人。根据《民诉解释》第 87 条的规定，社会团体推荐公民担任诉讼代理人的，应当符合下列条件：1）社会团体属于依法登记设立或者依法免予登记设立的非营利性法人组织；2）被代理人属于该社会团体的成员，或者当事人一方住所地位于该社会团体的活动地域；3）代理事务属于该社会团体章程载明的业务范围；4）被推荐的公民是该社会团体的负责人或者与该社会团体有合法劳动人事关系的工作人员。专利代理人经中华全国专利代理人协会推荐，可以在专利纠纷案件中担任诉讼代理人。

《民事诉讼法》对于委托诉讼代理人的人数作了规定，即以 2 人为限。如果委托 2 人作为诉讼代理人，各自的代理权限应在授权委托书中分别载明，以免造成诉讼代理人之间因意见不一致而影响诉讼正常进行。

根据我国法律的规定，下列人员不得作为诉讼代理人：

（1）无民事行为能力人。

（2）限制民事行为能力人。

（3）可能损害被代理人利益的人。

（4）人民法院认为不宜做诉讼代理人的人，不能作为诉讼代理人。

三、委托诉讼代理人代理权的产生和范围

委托诉讼代理人的代理权产生于当事人或法定代理人的授权行为。为了保证授权行为的确定性和代理权限的明晰性，授权委托行为一般要求必须采用书面形式，即必须向人民法院提交由委托人签名或盖章的授权委托书，此外，还应当提交相关的身份证明材料。如果是侨居国外的中国公民从国外寄交或者托交的授权委托书，还必须经中华人民共和国驻该国使领馆证明；没有使领馆的，由与中华人民共和国有外交关系的第三国驻该国使领馆

证明，再转由中华人民共和国驻该第三国使领馆证明，或者由当地的爱国华侨团体证明，以保证授权委托书的真实性。但根据《民诉解释》的规定，适用简易程序审理的案件，双方当事人同时到庭并径行开庭审理的，可以当场口头委托诉讼代理人，由人民法院记入笔录。

委托诉讼代理人的代理权有一般授权和特别授权。一般授权，是指属于纯程序性质或者与实体权利关系不密切的诉讼权利，如申请回避、管辖权异议、收集提供证据、辩论等权利。特别授权是与实体权利联系紧密的诉讼权利，如代为承认、变更、放弃诉讼请求，进行和解，提起反诉或者上诉等。

委托诉讼代理人仅享有一般授权所列举的诉讼权利的，我们通常称之为“一般代理”。如果授权委托书中明确注明委托诉讼代理人同时享有特别授权所列举的诉讼权利的，则通常称之为“特别代理”。根据《民诉解释》第 89 条的规定，如果授权委托书仅写“全权代理”而无具体授权的，视为一般代理。

四、委托诉讼代理人的诉讼地位

委托诉讼代理人参与民事诉讼，是运用自己的经验、学识、技巧等，发挥自己的主观能动性，最大限度地维护被代理人的合法权益。委托诉讼代理人在授权范围内的诉讼行为，对被代理人产生法律效力。委托诉讼代理人的意见与委托人的意见不一致的，原则上以委托人的意见为准。如果双方意见发生冲突且无法协调一致，委托人可以解除委托，诉讼代理人也可以辞去委托。

当事人委托诉讼代理人后，自己可以出庭，也可以不出庭。但对于离婚案件，由于涉及复杂的感情问题，以及人民法院对离婚诉讼应当进行调解，因此我国《民事诉讼法》第 62 条作了特别规定。按此规定，委托了诉讼代理人的当事人，本人除不能表达意思的以外，仍应出庭；确因特殊情况无法出庭的，必须向人民法院提交同意离婚或者不同意离婚的书面意见。可见，委托诉讼代理人在诉讼中只能居于诉讼参加人的地位。

五、委托诉讼代理权的变更、解除和消灭

（一）变更和解除委托诉讼代理权的法律效果

委托诉讼代理关系成立后，诉讼代理人取得的诉讼代理权在诉讼过程中有可能发生变更或者解除。所谓委托诉讼代理权的变更，是指委托诉讼代理人取得诉讼代理权后，在诉讼过程中，委托人基于一定原因，扩大原来的诉讼代理权或者缩小原来的诉讼代理权。所谓委托诉讼代理权的解除，是指在委托诉讼代理关系成立后，因委托人收回诉讼代理权或者代理人放弃诉讼代理权而终止双方的诉讼代理关系。根据《民事诉讼法》第 60 条的规定，诉讼代理人的权限如果变更或者解除，当事人应当书面告知人民法院，并由人民法院通知对方当事人。否则，诉讼代理权的变更或解除对人民法院和对方当事人不发生效力。在诉讼代理权未变更、解除前，委托诉讼代理人已经实施的诉讼代理行为仍然有效。

（二）委托诉讼代理权消灭的原因

委托诉讼代理权可以因各种原因而消灭。委托诉讼代理权的消灭不同于委托诉讼

代理权的解除，委托诉讼代理权的解除完全是由于人为的原因，而委托诉讼代理权的消灭则既可能是人为的原因，也可能是非人为的客观原因。但是委托诉讼代理权的消灭和解除又有一定的联系，即委托诉讼代理权的解除是导致委托诉讼代理权消灭的原因之一。

导致委托诉讼代理权消灭的主要原因有：

(1) 诉讼结束，代理任务完成；

(2) 代理人丧失诉讼行为能力或者死亡；

(3) 代理人辞去委托或者被代理人取消委托。

第四节　民事诉讼中的法律援助制度及代理中的特殊实务

一、法律援助制度

（一）法律援助制度的概念

所谓法律援助制度，又称法律救助、法律扶助制度，是国家对需要采用法律救济手段、法律服务捍卫自己的法定权利不受非法侵害，但又因经济困难无力支付法律服务费用的当事人及某些特殊案件的当事人提供免费法律服务，以保证法律赋予公民的各项权利在现实诉讼中切实得以实现的一项法律制度。它实际上是法律扶贫、扶弱、扶残，是实现法律面前人人平等和完善社会法律保障体系的重要措施。

（二）法律援助的对象

根据我国《法律援助条例》等法律法规和规范性文件的立法精神，我国的法律援助对象是指具备获得法律援助资格并实际获得法律援助的人。有充分理由证明为保障自己合法利益需要帮助，或者确因经济困难，无能力或者无完全能力支付法律服务费用的我国公民，可以通过申请获得法律援助。其中，有关我国公民经济困难的标准由各地参照当地政府部门的规定执行。

（三）民事案件法律援助的范围

《法律援助条例》第10条规定：公民对下列需要代理的事项，因经济困难没有委托代理人的，可以向法律援助机构申请法律援助：(1) 依法请求国家赔偿的；(2) 请求给予社会保险待遇或者最低生活保障待遇的；(3) 请求发给抚恤金、救济金的；(4) 请求给付赡养费、抚养费、扶养费的；(5) 请求支付劳动报酬的；(6) 主张因见义勇为行为产生的民事权益的。省级人民政府可根据授权扩大民事法律援助范围。

（四）法律援助的承担者

法律援助的承担者不仅包括律师，还包括公证员和基层法律工作者。律师主要提供诉讼法律援助（包括刑事辩护、刑事代理和民事诉讼代理等）和非诉讼法律援助；公证员主要提供公证事项的法律援助；基层法律工作者主要提供法律咨询、代书、普通非诉讼事项的帮助等简易法律援助。

（五）法律援助的资金来源

法律援助的资金来源有政府出资、社会捐赠及行业奉献（主要指义务办案）等。

我国的法律援助制度尚处于建立阶段。作为一项重要的法律制度，其不断发展和完善必将为实现司法公正、保障公民的基本人权和促进社会稳定发挥重要的作用。

二、关于转委托诉讼代理

所谓转委托诉讼代理（简称转委托），是指委托诉讼代理人接受代理诉讼的委托后，在诉讼过程中，依照法定程序又将诉讼代理事项的一部分或者全部再委托他人代理。实施转委托行为的人叫转委托人，接受转委托代理诉讼的人叫转委托诉讼代理人，也叫复代理人。转委托诉讼代理，也称为复代理。

委托诉讼代理人接受代理诉讼的委托后，是否可以再转委托，我国《民事诉讼法》未作明文规定。委托诉讼代理关系是建立在委托人对代理人的信任和代理人自愿接受委托的基础之上的，因此，诉讼代理人接受委托后，如无特殊情况，应认真履行诉讼代理职责，而不宜再将诉讼代理权转委托他人行使。

但是在实务中，的确存在需要转委托的情况。这时，我们应当注意掌握在实践中转委托的一些条件：（1）转委托人有合法的诉讼代理权；（2）转委托人基于特殊原因不能或者不便履行诉讼代理职责；（3）取得委托人的事先同意或者事后认可；（4）转委托诉讼代理人具有诉讼行为能力；（5）转委托代理的权限不得超越委托人原来授予的权限。

三、关于代理离婚案件的特别规定

由于诉讼代理人在授权范围内所为的诉讼行为被视为被代理人本人所为的诉讼行为，其法律后果归属于被代理人。因此，在通常情况下，民事案件的当事人只要委托了诉讼代理人，本人既可以出庭，也可以不出庭。但由于离婚案件的代理特殊情况，我国《民事诉讼法》第62条对离婚案件的代理专门作出了如下特别规定：离婚案件有诉讼代理人的，本人除不能表达意思的以外，仍应出庭；确因特殊情况无法出庭的，必须向人民法院提交书面意见。这一规定包括两层含义：第一，离婚案件的当事人即使有诉讼代理人，原则上当事人仍应亲自出庭，只有不能正确表达自己意志的当事人才可以不出庭。第二，能够正确表达自己意志的当事人确因特殊情况无法出庭的，必须向人民法院提交书面意见，以便使法院充分考虑当事人的意愿，对案件作出正确处理。所谓“书面意见”，是指不出庭的当事人提出的对离婚或不离婚及对子女抚育、财产分割的意见。

【课后习题】

一、思考题

1. 诉讼代理制度有什么意义？

2. 为什么法定诉讼代理人与当事人处于相类似的诉讼地位？

3. 同一案件的双方当事人可否同时委托一个律师事务所的不同律师进行诉讼代理？

4. 在未成年人为一方当事人的案件中，其父母可否分别委托两名诉讼代理人同时作为该未成年当事人的诉讼代理人参与诉讼？请阐明法理。

5. 法律援助制度设立的意义是什么？

二、案例分析题

阅读下面的案例，并回答问题。

原告田某（女）与被告谢某（男）均系聋哑人。两人经人介绍相识，婚后生一女孩。因夫妻双方性格不合，经常发生争执。结婚三年后田某向当地人民法院提起诉讼，要求与谢某离婚，并要求抚养女儿。人民法院受理案件后，发现原、被告均系聋哑人，于是通知原告之母席某与被告之父谢某，分别作为原、被告法定代理人参加诉讼。经审理，在双方当事人未到庭的情况下达成调解协议："同意原告与被告离婚；婚生女儿由原告田某抚养，被告谢某每月给付抚养费500元。"

问题：

1. 本案应设法定代理人还是应当由当事人委托代理人？
2. 人民法院按照代理人的意思表示达成准予当事人离婚的调解协议是否合适？

【本章实务应用难点分析】

1. 关于律师代理诉讼的几个问题

（1）律师能否代理执行案件？

我国法律对律师能否代理执行案件虽未明确规定，但基于对律师代理诉讼应当包括审判和执行两个完整阶段的理解，一般认为，只要当事人提出委托，律师可以代理执行案件。特别是当前执行案件的难度一般都较大，涉及的情况也较复杂，如果有律师代理，可以协助法院更好地完成执行任务。但律师代理执行案件，应由当事人另行委托，而不属于当事人在审判阶段一般授权和特别授权的代理范围。

（2）特别程序中的当事人可否委托律师代理？

特别程序是民事诉讼程序的有机组成部分，律师代理民事诉讼也应当包括代理特别程序中的当事人的诉讼行为。只要特别程序中的当事人有委托授权的，律师便可以接受委托进行代理。

（3）律师可否代理当事人申请再审和参加再审程序？

再审程序是民事审判程序的有机组成部分，律师代理民事诉讼应当包括各种审判程序中的代理。因此，律师可以接受当事人的委托，代理当事人申请再审和参加再审程序，但这种情况也应由当事人另行委托。

2. 诉讼委托代理合同应当注意的问题

委托代理合同是取得委托权的主要依据，也是律师或其他委托人收取被代理人代理费的主要依据。因此，委托代理合同应当引起被委托人足够的重视。

（1）委托代理合同的合法性问题。

委托代理合同的合法性的把握是每一个法律人认为很容易把握的问题，即在诉讼中的委托事项不可能存在非法的事项。上海一家律师事务所就因委托代理合同限制了当事人的权利而非法，从而其要求被告方支付代理费的请求被法院拒绝。该律师事务所签订的是风险代理合同，规定诉讼获得胜诉后，该律师事务所可以获得25%的风险代理费。同时，在合同中规定了委托人不得与对方和解。但诉讼中委托人与纠纷相对方达成和解协议并撤诉，因而律师事务所认为其违反了委托代理合同，要求对方承担相应的法律责任。法院认为委托人进行诉讼、和解是委托人的诉权，该委托代理合同限制了委托人的诉权，因而该条款违法无效，判决驳回律师事务所的诉讼请求。本书认为，委托代理合同的违法性问题主要表现为三类：一是委托事项的违法；二是不正当地限制了他人的基本诉讼权利或其他基本权利；三是违反了《中华人民共和国律师法》或其他行政管理法规的强制规定。

（2）委托代理合同的授权的明确性。

依照目前的实务，委托代理合同采取的是一般授权和特别授权的规则，对于放弃、承认、变更诉讼请求，进行和解，提起反诉，上诉等涉及实体权利义务关系及重大的诉讼行为都必须要有委托人的特别授权。此种授权方式一般不会产生纠纷，但是和解确是容易产生纠纷的授权，对于和解授权应当注明在什么样的程度范围内。放弃、承认、变更诉讼请求也应当进行范围的限定，否则委托人可能会受到来自被授权人的权利滥用。

（3）委托代理合同收费包含的事项范围应当明确、具体。

委托代理合同收费包含的事项范围包括哪些，目前律师协会的范本及各个律师事务所的标准委托代理合同中很少具体涉及，这也是容易产生纠纷的地方，因此，收费包含的服务项目也应当明确化，以减少纠纷的产生，这也是代理人获得被代理人信赖的要求。

第十章 民事诉讼证据

【本章要点】

- 民事诉讼证据的概念及特点
- 民事诉讼中证明的对象及无须证明的对象
- 民事诉讼证据的分类
- 民事诉讼的证明标准
- 民事诉讼中的证明责任
- 人民法院调查、收集证据的范围

【案例导入】

刘某在某保险公司业务员的说服下投保，保险公司签发了“老来福终生寿险”及“附加住院医疗保险”。之后刘某因病住院，刘某依保险单向保险公司申请给付医疗费，保险公司以刘某带病投保为由拒绝给付。刘某遂以该保险公司为被告向人民法院提起诉讼。

保险公司认定刘某带病投保的根据是刘某诊治医院的病历记录，病历记录中关于刘某投保前患病的记载来源于刘某亲属的口述。刘某提出，保险公司的业务员在订立保险合同时，没有依法向他说明保险条款，证人为刘某的同事。

思考：

1. 刘某的同事能否成为原告方的证人？
2. 保险公司提供的病历记录是属于言词证据还是实物证据？是属于原始证据还是传来证据？是属于直接证据还是间接证据？
3. 什么是证据？诉讼与证据的关系是什么？
4. 证据应当具备什么特征？为什么？
5. 案例中证明的对象是什么？怎么去证明？
6. 案例中举证证明的责任应当如何分配？法院在其中的责任是什么？
7. 证据要达到什么样的证明标准？

第一节　民事诉讼证据的特征和分类

一、民事诉讼证据的概念和特征

（一）民事诉讼证据的概念

民事诉讼证据是指能够证明民事诉讼案件事实，并为法庭所采纳的客观依据。通常意义上讲的证据，既指民事诉讼中当事人向法院提供的或者法院依职权收集的用以证明案件事实的各种材料，亦指法院对案件作出判决的依据。在法律上，证据和证据材料是两个截然不同的概念，证据来源于证据材料，证据材料是证据的初始形态。

证据与证据材料有着明显的区别：首先，证据材料要成为诉讼证据，需经过质证，还要经过法庭的审核和认定。其次，证据材料出现在诉讼的较早阶段，而证据则形成于诉讼的中后阶段，因为只有在法庭调查终结和法庭评议以后被法庭所采纳的证据材料，才能称为证据。因此，所谓证据只是指能够证明民事案件真实情况的，并为法庭所采纳的各种客观依据。

在民事诉讼中，法官的任务是查明一个在审判时间点以前已经发生的事实，因时间的一维性和不可逆性，法官不可能回到案件发生的时间去查明案件，尽管该事件的发生是客观的存在。因此，诉讼中的法官是在证据规则的引导下，通过证据构建一个已经过去的时间点上的事实，进而适用法律规则明确双方权利义务的归属。法官作出的判决，往往以案件事实得到证明为前提，而案件事实是已经发生的事实，当事人之间的争执，往往就是因为对案件事实有不同的认识而发生。所以，法官要对当事人有争议的事实进行认定，必须借助于各种证据，并在此基础上作出正确的裁判。对法官而言，证据是查明案件事实并作出正确裁判的根据；对当事人而言，证据是主张有利于自己的事实、反驳不利于自己的事实，维护自身合法权益的方法和手段。总之，诉讼开始、继续和终结都离不开证据的运用，证据是进行民事诉讼的核心。

（二）民事诉讼证据的特征

一般认为，民事诉讼证据具有客观性、关联性和合法性三个特征。

1. 客观性

所谓客观性，是指证据必须是客观存在的事实。证据是证明待证事实的根据或方法，它必须是可靠的、可信的，否则就无法得出符合案件真相的认识。尽管提出的证据、调查收集的证据，可能会受人的主观因素的影响，但是证据必须是客观存在的材料，而不是人为的产物。如伪造的证据，因其缺乏的正是证据的客观性，因而被排除。

在实务中，证据的客观性一般用来排除伪造的证据，或通过对客观性的质疑来降低证据的证明力和可采性，影响法官对证据的认定。如在一份鉴定意见中，律师提出对鉴定专家的知识结构、资格的质疑，那么势必影响该证据的客观性，从而影响法官对该证据的采信。为了保证证据的客观性，我国最高人民法院《关于民事诉讼证据的若干规定》（以下简称《民诉证据的若干规定》）中相应地作出了一些规定，如为了保证证人证言的客观性，《民诉证据的若干规定》第 57 条规定：出庭作证的证人应当客观陈述其亲身感知的事实。证人为聋哑人的，可以以其他表达方式作证。证人作证时，不得使用猜测、推断或者评论性的语言。第 58 条规定：证人不得旁听法庭审理；询问证人时，其他证人不得在场。

第 60 条第 2 款规定：询问证人、鉴定人、勘验人不得使用威胁、侮辱及不适当引导证人的言语和方式。

2. 关联性

所谓关联性，是指证据与证明对象之间具有的某种内在的联系，即证据必须与案件事实有内在的联系。这种内在的联系表现为，证据应当能证明案件事实的全部或一部分。缺乏关联性的事实材料，不是案件的证据，当然对案件也无证明力。确定某一证据与案件的待证明事实是否有关联性，往往取决于人们有关的生活经验和科学发展水平。如根据 DNA 技术进行亲子关系鉴定，是以前所不能想象的，正是科学技术的发展提高了人们认识案件事实的能力。可以说，人们对客观世界包括对诉讼证据的认识一直是在发展的。

在实务中，对于证据关联性的判断是一个非常复杂的问题。一个证据与案件的待证明事实是否存在着关联，最早出现在证据的收集中。哪些证据需要收集是当事人及其诉讼代理人进行诉讼的首要判断。如《民诉证据的若干规定》第 5 条规定，在合同纠纷案件中，主张合同关系成立并生效的一方当事人对合同订立和生效的事实承担举证责任；对合同是否履行发生争议的，由负有履行义务的当事人承担举证责任。因此，在合同违约案件中，原告需要证明其与被告存在合同关系并且合同有效，以及被告的违约造成损害的程度，至于原告与被告的社会关系如何，怎样缔结的合同是无关紧要的，因为那些与案件不具备关联性。其实，诉讼中的证明标准要求达到的是法律真实，因此对于当事人而言，其证据关联性的判断，应围绕案件的法律构成要件来进行，再结合举证责任规则收集证据，不失为最简便的方法。例如，在侵权案件中，可以围绕当事人的过错、行为的违法性、损害程度、行为与损害存在因果关系等作为其证据关联性的判断。

3. 合法性

所谓合法性，是指证据必须符合法律的要求，不为法律禁止。

证据的合法性首先体现在证据应当具备法律要求的形式。实体法要求某些法律行为必须采用法定形式的，作为证明这些法律行为的证据材料就应当具备这些法定形式。如我国《合同法》规定，建设工程合同、技术开发合同必须采用书面形式，在涉讼时，当事人要证明合同的有效存在，就应当使用书面合同来证明。

证据的合法性还表现在取得证据的程序要合法。《民诉证据的若干规定》第 68 条关于“以侵害他人合法权益或者违反法律禁止性规定的方法取得的证据，不能作为认定案件事实的依据”的规定，就体现了这一要求。个人采用偷拍、偷录等侵害他人隐私权的行为而获取的证据是不能被采信的。

概括起来，合法性包括三个方面的内容：一是收集证据的程序的合法性；二是证据形式的合法性；三是证据材料转化为证据的合法性。

二、民事诉讼证据的学理分类

根据不同的标准，学理上对民事诉讼证据进行了不同的分类：本证与反证、直接证据与间接证据、原始证据与传来证据、言词证据与实物证据，下面分别论述。

（一）本证与反证

按照民事诉讼证据与当事人所主张事实的关系，可以把证据分为本证与反证。

本证，是负有举证责任的一方当事人为了证明自己主张的成立而提出的证据；反证是不负有举证责任的一方当事人为了证明负有举证责任的对方当事人的主张不成立而提出的证据。本证与反证的区别不在于提出的主体，而在于是否为了完成举证责任。原告和被告都有可能提出本证，或者都有可能提出反证。

反证不同于证据反驳。证据反驳是针对对方的证据本身的客观性、关联性和合法性进行质疑，进而否定对方证据的效力。例如，被告提出原告的书证是伪造的，原告提出被告的证据不具有合法性等。证据反驳针对的是证据，而不是直接针对事实，也不提出新的证据。

有些情况下，同一证据可能既是本证，又是反证。例如，原告主张被告借款未还，以借据为凭，该借据属于本证。如果被告以该证据证明该借贷关系不能成立，则该证据就是反证。如果被告主张借款已清偿完毕，对方的权利已经消灭，并出示原告给他的收据，则该收据仍然属于本证而不构成反证。因为被告对主张对方的权利已经消灭的事实有证明责任。如果原告否定被告主张的借款已还的事实，并提出证据证明，则该证据属于反证。所以原告为了证明自己主张的事实而提出的证据是本证，被告为了证明作为答辩的基础事实存在，而履行其举证义务所提出的证据也是本证。

理论上区分本证与反证的意义是：本证必须完成对案件真相的证明，才算尽到举证责任；如果本证仅使案件事实处于真伪不明的状态，那么法院仍应认定该事实不存在，不利诉讼后果由应负举证责任的当事人承担。而反证的目的在于推翻或者削弱本证的证据力，使本证的待证事实陷于真伪不明的状态，即可达到提出反证的目的。在这种情况下，法院如果依职权不能调查收集到必要的证据查明案件真相，应依举证责任的分配原则，判定待证事实真伪不明，其不利后果应当由提出本证的一方当事人承担。

（二）直接证据与间接证据

按照民事诉讼证据与案件事实的关系，证据可以分为直接证据与间接证据。直接证据是指能够单独地、直接地证明待证事实的证据。如原告提出购销合同来证明他与被告之间的购销关系，该合同就属于直接证据。间接证据是指单个证据无法直接证明待证事实，而得通过与其他证据联合在一起，方有可能证明待证事实的证据。例如，甲请求乙给付买卖价金，乙否认有买卖事实发生，甲为此提出合同为证，直接证明买卖事实存在，买卖合同书即直接证据。如果乙主张甲造成乙的人身伤害，请求侵权赔偿，以抵消甲提出的给付价金的诉讼请求，甲否认侵害乙的人身权，并以护照证明乙受伤时甲正在国外。护照虽不能直接证明甲未伤害乙的事实，但依照护照记载的事实，甲当时并不在国内，依据日常经验可判断甲无法在国内伤害乙，从而可间接证明甲未伤害乙的事实。护照对于当事人间争执的是否存在侵权行为的事实是间接证据。

我国《民诉证据的若干规定》第 77 条规定：直接证据的证明力一般大于间接证据。但是，间接证据仍具有重要作用，包括：可以为寻找直接证据提供线索或为事实推定提供前提条件；可以鉴别、印证直接证据；在无法收集到直接证据的情况下，若干个有效的间接证据综合在一起也能证明一定的待证事实。

（三）原始证据与传来证据

按照民事诉讼证据的来源，可以将证据分为原始证据和传来证据。原始证据直接与待证事实有原始的关系，它直接来源于案件事实，也叫第一手证据。例如，合同原件、发票原件、遗嘱原件，以及证人、当事人关于案件事实的亲自所为、亲身感受、亲眼所见的陈述等，都是原始证据。物证、书证、视听资料、勘验笔录的原件也是原始证据。

凡是间接来源于案件事实的证据，也即经过转述、传抄、复制的第二手及第二手以下的证据，是传来证据，也叫“派生证据”或“衍生证据”。如证人从他人处得知案件事实的证言、书证的副本、音像资料的复制品等都是传来证据。

我国《民诉证据的若干规定》第77条规定，原始证据的证明力一般大于传来证据。通常情况下，在无法收集到原始证据时，才使用传来证据。

（四）言词证据与实物证据

根据民事诉讼证据的表现形式，证据可以分为言词证据与实物证据。所谓言词证据，是以人的陈述形式表现证据事实的各种证据，包括证人证言、当事人的陈述等。鉴定意见虽然具有书面形式，但其实质是鉴定人就案件中某些专门问题进行鉴定后所作的判断，且在法庭审理时，当事人有权就鉴定意见发问，鉴定人有义务对这种发问作出口头回答，以阐明或补充其鉴定意见，所以鉴定意见也是言词证据。

实物证据，是言词证据的对称，是指以客观存在的物体为证据事实表现形式的证据。这类证据，或者以物体的外部特征、性质、位置等证明案情，或者以其记载的内容对查明案件具有意义。书证、物证、勘验笔录等都是实物证据。

以上是根据我国民事诉讼法的规定就证据形式所做的分类。事实上，证据形式是多种多样的，不同的国家及不同的学者划分的证据类别也是不尽一致的。苏联的诉讼法学者将证据分为直接证据、间接证据、原始证据和传来证据。英国学者则将证据分为四类：第一类是直接证据和环境证据；第二类是感觉性证据与传闻证据；第三类是第一位证据与第二位证据；第四类是初看证据与终局证据。

三、民事诉讼证据的法定形式

根据我国《民事诉讼法》的规定，民事诉讼证据的表现形式可以分为当事人的陈述、书证、物证、视听资料、电子数据、证人证言、鉴定意见和勘验笔录八种。

（一）当事人的陈述

1．概念和特征

当事人的陈述是指当事人在诉讼中就与本案有关的事实，向法院所做的陈述。当事人的陈述作为证据的一个种类，是我国的民事诉讼证据种类划分中的特色。当事人是民事诉讼法律关系的主体，由于与诉讼结果有着直接的利害关系，决定了当事人的陈述具有真实与虚假并存的特点。因此，审判人员在运用这一证据时，应注意防止将虚假的证据作为认定案件事实的根据，对于当事人的陈述，应结合本案的其他证据进行审查核实，以确定作为认定案件事实的根据。根据《民诉解释》第110条的规定，人民法院在询问当事人之前，可以要求其签署保证书。保证书应当载明据实陈述、如有虚假陈述愿意接受处罚等内容。当事人应当在保证书上签名或者捺印。这是最高人民法院在2012年《民事诉讼法》修改后新增加的内容，目的是增加当事人陈述的可靠性。

2．形式

当事人的陈述分为口头陈述和书面陈述，也可以分为对案件事实的陈述和当事人的承认两类。当事人对案件事实的陈述，其目的在于取得有利于自己的后果。当事人的承认，是指一方当事人对另一方当事人所证明的事实的真实性表示同意的一种陈述。当事人的承认又可以分为审判上的承认和审判外的承认两种。审判上的承认，是指在审判案件时，当事人向法院所做的承认。这种承认是一方当事人对对方当事人所做的关于事实的陈述表示同意，一旦承认即可免除对方当事人的举证责任。该承认的主体仅限于原告、被告、法定代理人、第三人、诉讼代表人和经被代理人特别授权的诉讼代理人等。审判外的承认，是指当事人在法院外对某些事实所做的承认。这种承认不能作为免除举证责任的根据，因其没有人民法院的参与，对法庭不存在任何拘束力。

人民法院对当事人的陈述的可靠性的判断，必须综合全部案情和其他证据加以判定。在判断承认时，必须审查承认是否系当事人自愿，如果存在受欺诈、恶意通谋和重大误解的情况，则不能认定承认的效力。

（二）书证

1. 概念和特征

书证是指以文字、符号、图形等所记载的内容或表达的思想来证明案件事实的证据。这种证据之所以被称为书证，不仅是因为它的外观呈书面形式，更重要的是它记载或表示的内容能够证明案件事实。

2. 分类

书证可以按不同标准作以下分类：

（1）以制作书证的主体为标准进行分类，书证可分为公文书证和私文书证。

公文书证是指国家公务人员在职权范围内和企事业单位、社会团体在其权限范围内制作的文书。私文书证是指公民个人制作的文书。根据最高人民法院《民诉证据的若干规定》第77条第1款的规定，国家机关、社会团体依职权制作的公文书证的证明力一般大于其他书证。之所以公文书证的证明力大于其他书证，原因在于单位制作的书证是由国家机关、法人或者其他组织依照一定程序和格式，在行使自己职权范围内制作的各种文书。例如，人民法院的调解书、判决书，公证机关制作的公证书，婚姻登记机关颁发的结婚证、离婚证等。该类书证与其他书证相比更具客观性，只要没有相反证据加以推翻的话，其证明力应高于其他书证。

（2）以文书的内容和所产生的法律效果为标准进行分类，书证可分为处分性书证和报道性书证。

处分性书证是指记载一定意思表示或行为而能设定、变更或消灭某一特定法律关系的书证。如委托书、遗嘱、契约、合同等。报道性书证是指只是报道具有法律意义的事实，不以引起民事法律关系发生为目的的书证。如日记、信件等。处分性书证能够直接证明有争议的民事权利义务关系，因而具有较强的证明力；而报道性书证一般不具有直接的证明作用。

（3）以书证制作必须采用特定形式或履行特定手续为标准进行分类，书证可分为普通书证和特定书证。

所谓普通书证是指具有一定思想内容，但法律不要求具备特定形式和履行特定手续的书证。如收条、借据等。特定书证是指法律规定必须具备一定形式或必须经过特定程序或履行特定手续，否则无效的书证。例如，公证机关公证收养关系成立的文书、涉外公证的认证书等就是特定书证。

（4）以书证的制作方式和来源为标准进行分类，书证可分为原本、副本、复印件和节录本。

原本（或原件）是指文件制作人最初制作的文件；照原本全文抄录、印刷而具有原本效力的文件，称为副本；复印件是指用复印机复制的材料；节录本是指仅摘抄原本或正本文件部分内容的文件。《民事诉讼法》和《民诉证据的若干规定》对于该类书证的提交有不同的规定。《民事诉讼法》规定，书证应当提交原件，提交原件有困难的，可以提交复制件。而《民诉证据的若干规定》第 20 条规定：调查人员调查收集书证，可以是原件，也可以是经核对无误的副本或复制件。是副本或者复制件的，应当在调查笔录中说明来源和取证情况。

对书证作上述分类，有助于掌握各种书证的不同特点并认定其法律效力，便于当事人举证，便于人民法院审查核实和判断书证的法律效力。

（三）物证

1. 概念和特征

物证是指以其存在的形状、质量、规格、特征等客观存在来证明案件事实的证据。物证通过其外部特征和自身所体现的属性来证明案件的真实情况，它不受人们主观因素的影响和制约。因此，物证是民事诉讼中重要的证据之一。例如，请求侵权赔偿的诉讼，被侵权行为损害的财物和侵权人所用的侵权工具等就是物证；建筑工程质量的诉讼，已经完工的建筑物就是物证；伪造文书的诉讼，签名的笔迹、墨水等就是物证。物证的特点是，以自己的客观存在和特征证明待证事实，所以西方国家曾把物证称为“哑巴证人”，并将它作为最有证明力的证据来使用。

在民事诉讼中，有些物证的原物由于各种原因无法长期保存，如易腐烂的物品、倒塌的建筑物等，需要用照相、复制模型等方法来固定和保存。物证的摄影照片或用各种方法复制的物证模型，也属于物证。

物证和其他证据相比，具有如下特征：

（1）物证具有较强的客观性、真实性。

争议的案件事实都是已经发生的，是现实的客观存在。如果能够判定物证是真实的，不是虚假的，通过物证与案件事实的联系，就能够用其来证明案件事实，因而物证具有较强的证明力。

（2）物证具有独立的证明性。

物证是一种客观存在，并不反映人的主观意志，也不以人的主观意志为转移，比较容易审查核实。在大多数情况下，物证能独立证明案件事实是否存在，而不需要其他证据加以印证，物证可以直接成为认定事实的依据。例如，在因产品质量而引发的诉讼中，物证就可以直接作为定案的依据。因为，该产品作为争议的标的物本身就是物证。也就是说，只要查明该标的物的质量是否符合要求，就可以直接认定案件事实，解决当事人之间的纠纷。

（3）物证具有不可代替的特定性。

物证作为一种客观存在的具体物体和痕迹，具有自己特有的特征，且被特定化于特定的物体之上。因此，它是不能用其他物品或者同类物品来代替的，否则就不能保持原物的特征。我国民事诉讼法明确规定“物证应当提交原物”，只有在提交原物确有困难时，才“可以提交复制品、照片”，但提交的复制品的一切特征必须与原物相同，照片也只能是原

物的真实情况的反映。这种复制品和照片，只是固定和保存原物的方法，作为物证的仍是原来的物品和痕迹，而不是复制品和照片。

2. 分类

(1) 以与争议标的物的关系为标准，分为争议标的物的物证和非争议标的物的物证。

争议标的物的物证，是指诉讼中当事人的民事权利义务关系所指向的对象。例如，双方当事人争议的不动产（房屋、土地）和动产（珠宝、古董）等。非争议标的物的物证，是指不是当事人民事权利义务所指向的对象，而是案件所涉及的作为物证的物品。例如，从事侵权行为所使用的工具等。

(2) 以物证是否便于保存为标准，分为易保存的物证和不易保存的物证。

易保存的物证，是指在常规条件下不易改变其原有特性的物证。例如，彩电、冰箱等。不易保存的物证，是指在常规条件下容易改变其原有特性的物证。例如，药品、水产品和食品等。

(3) 以物证所起的证明作用为标准，分为实物物证、痕迹物证、微量物证和气味物证。

实物物证，是指以物体本身起证明作用的物证。例如，房屋、汽车等。痕迹物证，是指以物体相互作用遗留的遗迹起证明作用的物证。例如，指纹、印记等。微量物证，是指以存在少量物质起证明作用的物证。例如，灰尘、粉末等。气味物证，是指以某种物质散发的气味来起证明作用的物证，如废气等。

(4) 以物证的出处为标准，分为原始物证和复制物证。

原始物证，是指凡证明内容直接来源于原始的物品，如劣质产品等。复制物证，是指证明的内容来自原始物证的复制品，如有瑕疵产品的复制件等。

3. 物证与书证的区别

物证与书证之间有着明显的区别，其主要区别在于：

(1) 物证以其存在、外形等外部特征和物质属性证明案件事实；书证则以文书或物品所记载的内容证明案件事实。

(2) 法律对物证无特殊的形式上的特定要求，只要能以其存在、外形、特征证明案件事实，就可以作为物证；对书证则不同，法律有时规定书证必须具备特定形式或履行了特定的程序后，才具有证据效力。

(3) 物证是一种客观实在，不反映人的主观意志；而书证是一定主体制作的，反映了人的主观意志。

(四) 视听资料

1. 概念和特征

视听资料，是指利用录音、录像、电子计算机储存的资料和数据等来证明案件事实的一种证据。它包括录像带、录音带、传真资料、电影胶卷、微型胶卷、电话录音、雷达扫描资料、电脑储存数据和资料等。外国民事诉讼法一般都没有将视听资料作为一种独立的证据类型对待，仅将其归入书证和物证。鉴于视听资料具有自身的特殊性，我国民事诉讼法将其归为一类独立的证据加以使用。

视听资料是通过图像、声音等来再现案件事实的，其具有生动逼真、便于使用、易于保管等特点。具体而言，首先，视听资料具有较强的生动性和真实性。由于视听资料是采用现代科学技术手段记录下的有关案件的原始材料，并且通过对该资料的回放能够再现当事人的声音、图像和数据等，它同物证一样不受主观因素的影响，所以能够比较客观地反映案件的事实。其次，视听资料还具有体积小、重量轻等优点，易于保管和使用。随着科学技术的发展，录音机、录像机、电脑、传真机等日渐普及，在人们的日常生活中，视听资料的来源和应用日益广泛。视听资料作为证据，不仅可以在民事诉讼中应用，而且可以在仲裁活动和非讼案件中应用，并越来越受到欢迎，其为人民法院的审判活动及当事人和其他诉讼参与人的诉讼活动提供了更多的方便。

视听资料虽然具有生动逼真、便于使用、易于保管等特点，但也不能由此认为其是绝对可靠的证据，原因在于视听资料是可以通过剪接手段伪造变换的。因此，对视听资料需进行全面审查，具体分析。根据《民诉证据的若干规定》第 22 条的规定，调查人员调查收集计算机数据或者录音、录像等视听资料的，应当要求被调查人提供有关资料的原始载体。提供原始载体确有困难的，可以提供复制件。提供复制件的，调查人员应当在调查笔录中说明其来源和制作经过。人民法院在审查视听资料时，应查明该项视听资料的来源，录制的时间、地点，录制的内容、目的，参与录制的人，录制的形象和声音是否真实，以及该项视听资料的保管、储存情况等。凡窃听、偷录、剪接、篡改、内容失真的视听资料，都不能作为民事诉讼证据。

2. 种类

视听资料是我国诉讼证据上新增添的证据种类，它对于人民法院查明案情，提高审判质量，正确处理民事纠纷有着重要的意义。如何对视听资料这一新的证据种类进行划分，目前尚没有统一的见解和认识。但一般认为，视听资料应包括录音录像资料、电脑储存的资料和电视监视资料三大类。录音录像资料，是指用现代科技的手段将声音、图像如实地加以记录，通过该记录的重放来证明案件事实的一种证据；电脑储存的资料是指通过计算机中储存的数据和信息，来证明案件事实的证据；电视监视资料是指对特定人或物，通过电视监视手段所获得的图像和声音，并用于证明案件事实的一种证据。

3. 视听资料与书证和物证的区别

（1）视听资料与书证的区别。

视听资料与书证既有相同之处也有不同之处。相同之处是它们都以一定的思想内容来证明案件事实。不同之处在于：首先，书证是以书面文字形式记载的思想或者行为内容来证明案件事实的；而视听资料主要是以声音、图像、数据来反映案件的内容的。但是，不能否认的是，视听资料中也有以文字形式反映人的思想内容的，但绝不是单纯的用文字和符号证明案件事实。其次，书证是以静态的方式来证明案件事实的；而视听资料则可以以动态的方式来证明案件事实，具有生动逼真的特点，这是书证无可比拟的。

（2）视听资料与物证的区别。

物证以外部特征证明案件事实，而视听资料以资料中的内容发挥证明作用。虽然都能够证明案件的事实，但作为独立的一种证据，两者又有着明显的区别。物证是以自己外部的形态、质量、规格、特征等来证明案件事实的；视听资料也能反映物的外部形状、规格、质量、特征，但却是以科技手段为载体的再现。

（五）电子数据

1. 电子数据概述

电子数据是指与案件有关的电子邮件、网上聊天记录、电子签名、网络访问等电子形

式的证据。与传统证据相比，电子数据作为一项新的证据种类，主要是在证据的来源和表现形式上有所不同。数据电文不得仅因为其是以电子、光学、磁或者类似手段生成、发送、接收或者储存的，而被拒绝作为证据使用。

根据2004年8月通过的《中华人民共和国电子签名法》的规定，数据电文符合下列条件的，视为满足法律、法规规定的原件形式要求：(1) 能够有效地表现所载内容并可供随时调取查用；(2) 能够可靠地保证自最终形成时起，内容保持完整、未被更改。但是，在数据电文上增加背书以及数据交换、储存和显示过程中发生的形式变化不影响数据电文的完整性。

符合下列条件的数据电文，视为满足法律、法规规定的文件保存要求：(1) 能够有效地表现所载内容并可供随时调取查用；(2) 数据电文的格式与其生成、发送或者接收时的格式相同，或者格式不相同但是能够准确表现原来生成、发送或者接收的内容；(3) 能够识别数据电文的发件人、收件人以及发送、接收的时间。

审查数据电文作为证据的真实性，应当考虑以下因素：(1) 生成、储存或者传递数据电文方法的可靠性；(2) 保持内容完整性方法的可靠性；(3) 用以鉴别发件人方法的可靠性；(4) 其他相关因素。

2. 电子数据与视听资料的异同

电子数据与视听资料有许多相似之处：(1) 在表现形式上，两者都可显示为可视或可听的形式；(2) 在存储方式上，两者都需要借助特定的媒介存在，经过一定手段的转化才能够被人们所感知；(3) 两者都没有正本与副本的区别。

当然两者之间也存在着很大的区别：视听资料主要强调的是以声音和图像的方式来证明案件的事实；而电子数据主要是以文字或网络访问的数据等电子记录来证明案件的事实。

(六) 证人证言

1. 概念和特征

证人是指知晓案件事实并应当事人的要求和法院的传唤，向法庭如实陈述自己亲身经历的人。证人就案件事实向法院所作的陈述称为证人证言。

根据《民事诉讼法》第72条第1款的规定，凡是知道案件情况的单位和个人，都有义务出庭作证。有关单位的负责人应当支持证人作证。以上规定大致说明了民事诉讼证人的范畴。我国民事诉讼法规定的证人，包括单位和个人两大类。即凡是知道案件情况的单位和个人都有义务出庭作证。但这里有一个值得探讨的问题：单位能否像自然人一样出庭作证呢？单位显然是不能的。《民事诉讼法》第72条第2款规定：不能正确表达意思的人，不能作证。这一条是关于证人的能力方面的规定。在我国，自然人作为证人，除必须了解案件的事实外，还须能够正确表达自己的意思。《民诉证据的若干规定》第53条也进一步规定：不能正确表达意志的人，不能作为证人。待证事实与其年龄、智力状况或者精神状况相适应的无民事行为能力人和限制民事行为能力人，可以作为证人。因此，根据我国法律和司法解释，自然人虽然是无民事行为能力或限制民事行为能力的人，仍然能够作为证人对与自己年龄和智力状况相适应的待证事实作证。

证人证言具有以下三个方面的特征：

(1) 证人证言是了解案件事实的人提供的证明。也就是说，证人必须是知道案件情况的，只有知道案情的人才能作证，知道案件情况的人并不一定都是亲眼所见，如盲人可以就其听到的事实进行作证。作证的人也并非一定要用言词形式作证才有效力，如聋哑人可以就自己亲眼所见，用哑语作证。

（2）证人证言只包括能够正确表达意思的人就案件事实所作的陈述。例如，精神病人或年幼不能辨别是非，不能正确表达意思的人，所作的证人证言是无效的。

（3）证人证言的真实性、可靠性受到多种因素的影响。证人作为自然人，对于案件事实的感知要受到主观和客观各种因素的制约和限制。因此，证人证言可能有真有假，审判人员应尽可能地结合其他证据对证人证言进行印证，印证后无误的，才可以作为认定案件事实的根据。

2. 形式和评价

证人证言有两种形式：一是口头形式；二是书面形式。

口头形式，是指证人就所了解的案件事实向法庭所作的陈述。该形式是证人作证的基本形式。在审判实践中，证人大多是以口头形式向法院陈述的，证人作证以到庭接受口头询问为主，主要是便于当庭质证和确认。依据《民诉证据的若干规定》中的相关规定，当事人向人民法院申请要求证人出庭作证时，应当在举证期限届满 10 日前提出，并经人民法院许可，且必须指明证人的姓名、住址，以便法院传唤。当事人虽未申请，法院为了查明一定的案情事实，也可依职权主动地传唤证人。

书面形式，是指以文字形式向人民法院陈述已知的案件事实。证人作证以到庭接受口头询问为主，但“证人确有困难不能出庭”的，例如，年迈体弱或者行动不便无法出庭，特殊岗位确实无法离开，路途特别遥远、交通不便难以出庭，因自然灾害等不可抗力的原因无法出庭，或其他无法出庭的特殊情况等，经人民法院许可，证人可以通过书面证言、视听传输技术或者视听资料等方式作证。（1）书面证言应当庭宣读，听取当事人的意见。但应注意的是，书面证言不应认为是“书证”，而是“证人证言”的一种表现形式。（2）视听传输技术包括电视、电话、网络等即时传输的方式用声音、图像进行即时的交流。通过这种方式，可以直观地反映证人作证的现场状况，能够便利地展开对证人的询问，有利于法庭程序的进行。（3）与书面证言相比，通过视听资料的方式作证更直观，可信性更高。

证人证言应当是证人耳闻目睹的与案件有联系的客观情况，即引起民事法律关系发生、变更或者消灭的事实及发生争议的事实。对于证人提供的证言，只要其能将这些事实陈述清楚即可，并不要求证人对这些事实作主观上的评价。因此，证人陈述与案件无关的事实，不应作为证言的内容；证人的分析认识或者法律评价也不能作为证据。证人证言应是自己亲自所见所闻，如果是别人看到或听到转告的所谓传闻证言，也不能作为证人证言的内容。人民法院在分析证人证言时，还必须查明证人的身份及他和当事人之间的关系，然后再仔细地从证人的主观及客观因素两方面来分析研究。对证人的主观因素方面，应考虑他的文化水平，对事物的理解程度，以及他的认识能力和表达能力等。在客观因素方面，则应考虑证人当时所处的客观环境，如光线明暗、距离远近、室内或室外、嘈杂还是安静等。对证人证言分析判断时，应综合案件的全部情况及其他证据，进行全面分析、认真研究，只有这样才能确定证言的真伪及其效力的大小。

3. 证人出庭作证费用补偿制度

我国诉讼法规定证人有出庭作证的义务，但是证人出庭作证必然会花费一定的人力、

物力、财力，使证人遭受一定的损失。因此，建立证人出庭作证费用补偿制度，可以相应地弥补证人出庭作证所造成的一部分损失，也可以更好地提高证人出庭作证的积极性。

（1）费用的范围。根据法律规定，费用包括因履行出庭作证义务而支出的交通、住宿、就餐等必要费用以及误工损失两部分。

（2）费用的负担主体。根据法律规定，由败诉一方当事人负担。当事人申请证人作证的，由该当事人先行垫付；当事人没有申请，人民法院通知证人作证的，由人民法院先行垫付。

（七）鉴定意见

1. 鉴定人的概念

鉴定人是指那些接受聘请或指派，凭借自己的专门知识对案件中的疑难问题进行科学研究，并作出具有法律效力结论的人。我国民事诉讼理论中普遍认为鉴定人是诉讼参与人，并在某种意义上认为鉴定人就是法官的帮手。在国外一般是将鉴定人纳入证人范畴，称为专家证人。

鉴定人与证人的不同之处在于：（1）法律对他们知识结构的要求不同。法律要求鉴定人必须具备某种专门知识，且能够解决案件中的专门性问题。证人则不一样，法律并未要求他们具备专门知识，只要他了解案情，即使是文盲也可出庭作证。（2）知悉案件的时间不同。证人是在案件发生的过程中凭其五官感知案件的。而鉴定人是案件发生后通过阅卷和访问等途径才了解案件情况的。（3）主体的特定性不同。鉴定人是用专门知识对某些专门性问题进行分析判断的人，只要具有所需的专门知识和技术条件，并且不存在法定回避情由的人，均可以被指定为鉴定人。因此，鉴定人具有可替代性。但证人则不同。根据我国法律的规定，无论证人有无专门知识，是否存在回避情由，证人始终是证人。是证人就必须到庭作证，任何理由的推脱都是不允许的。与鉴定人相比，证人具有不可代替性。

2. 鉴定人的诉讼权利与义务

为了保证鉴定人能顺利地进行鉴定和认真地作出科学鉴定意见，鉴定人在鉴定活动中应依法享有一定的权利，并承担一定的义务。

鉴定人主要的诉讼权利是：（1）有权了解全部案件情况，并有权要求人民法院提供为进行鉴定所需要的材料；（2）有权询问当事人、证人及参加检验证据和现场勘验等活动；（3）有权拒绝鉴定；（4）有权用本民族语言文字作鉴定意见；（5）有权请求给付必要的鉴定费用和劳务报酬。

鉴定人主要的诉讼义务是：（1）鉴定人接受鉴定任务后，除有正当理由外，必须按时到庭陈述鉴定意见；（2）鉴定人必须忠实地进行鉴定，对所需要鉴定的问题，必须认真负责地进行科学的实验、分析，作出科学的判断；（3）鉴定人必须接受审判人员、检察人员、当事人和诉讼代理人对所鉴定的内容、结论提出质询，并应给予科学的回答和说明；（4）鉴定人要遵守鉴定纪律，妥善保管提交鉴定的物品和材料；（5）对鉴定中涉及国家秘密的内容，必须严格保密。

3. 鉴定意见的概念和特征

鉴定人运用专业知识、专门技术对案件中的专门性问题进行分析、鉴别、判断后作出的结论，称为鉴定意见。民事诉讼中的鉴定意见具有广泛性和多样性，通常有医学鉴定意见、文书鉴定意见、痕迹鉴定意见、事故鉴定意见、产品质量鉴定意见、会计鉴定意见、行为能力鉴定意见等。

鉴定意见作为诉讼证据的一种，具有三个基本特点：一是独立性。它是鉴定人根据案件的事实材料，按科学技术标准，以自己的专门知识，独立对鉴定对象分析、研究、推论作出的判断。二是结论性。其他证据仅就某一个方面或某几个方面作证，通常不可能有结论性意见，结论只能由法官去作。鉴定意见则不然，它不仅要求鉴定人叙述根据案件材料所观察到的事实，而且更重要的是，必须对这些事实作出结论性的鉴别和判断。三是范围性。对这种专门性问题所作出的鉴别和判断，只限于应查明的案件事实本身，而不直接涉及对案件的有关法律问题作出评价。对法律问题的评价，应由审判人员去解决，而不属于鉴定意见的范围。

4. 鉴定的程序

（1）鉴定人的确定。

根据《民诉证据的若干规定》第 25 条的规定，当事人申请鉴定，应当在举证期限内提出。对需要鉴定的事项负有举证责任的当事人，在人民法院指定的期限内无正当理由不提出鉴定申请或者不预交鉴定费用或者拒不提供相关材料，致使对案件争议的事实无法通过鉴定意见予以认定的，应当对该事实承担举证不能的法律后果。《民诉证据的若干规定》第 26 条同时规定，当事人申请鉴定经人民法院同意后，由双方当事人协商确定有鉴定资格的鉴定机构、鉴定人员，协商不成的，由人民法院指定。

《民诉证据的若干规定》第 27 条规定，当事人对人民法院委托的鉴定部门作出的鉴定意见有异议申请重新鉴定，提出证据证明存在下列情形之一的，人民法院应予准许：1）鉴定机构或者鉴定人员不具备相关的鉴定资格的；2）鉴定程序严重违法的；3）鉴定意见明显依据不足的；4）经过质证认定不能作为证据使用的其他情形。对有缺陷的鉴定意见，可以通过补充鉴定、重新质证或者补充质证等方法解决的，不予重新鉴定。另外，一方当事人自行委托有关部门作出的鉴定意见，另一方当事人有证据足以反驳并申请重新鉴定的，人民法院应予准许。

（2）鉴定部门的确定。

鉴定部门的确定有两种情况：一种是法律或行政法规明确规定鉴定部门，例如，根据国务院《医疗事故处理条例》中的规定，医疗事故技术鉴定采用的是由负责组织医疗事故技术鉴定工作的医学会组织专家鉴定组进行，当事人可随机抽取专家进行鉴定。另一种是法律和行政法规未规定鉴定部门，由人民法院根据具体情况加以指定。

（3）鉴定意见的审查和判断。

审判人员对鉴定人出具的鉴定意见，应当审查是否具有下列内容：1）委托人姓名或者名称、委托鉴定的内容；2）委托鉴定的材料；3）鉴定的依据及使用的科学技术手段；4）对鉴定过程的说明；5）明确的鉴定意见；6）对鉴定人鉴定资格的说明；7）鉴定人员及鉴定机构签名盖章。

鉴定人有责任在法庭上回答审判人员、当事人及其诉讼代理人提出的有关鉴定方面的问题。鉴定人应当出庭接受当事人质询。鉴定人确因特殊原因无法出庭的，经人民法院准许，可以书面答复当事人的质询。在法庭上进行的比较简单的鉴定，鉴定人也可用口头向法院提出鉴定意见，由书记员记入笔录，并由鉴定人在笔录上签名或盖章。不论以书面形

式还是口头方式提出鉴定意见，如有必要，当事人及其诉讼代理人都可以要求鉴定人对鉴定意见作补充说明或解释。这些补充说明和解释，也应记入法庭笔录。如果数个鉴定人的鉴定意见互相抵触，或鉴定人未能提出肯定的意见，或者人民法院对鉴定意见有怀疑时，除可要求鉴定人进行补充说明或补充鉴定外，还可以另行指定鉴定人再行鉴定。

根据民事诉讼法的规定，在两种情况下，鉴定人应当出庭作证：一是当事人对鉴定意见有异议。鉴定人提出鉴定意见后，人民法院应当将鉴定意见发送双方当事人，双方当事人对鉴定意见都没有表示异议的，在开庭时可以不再对鉴定意见进行质证。若当事人一方或双方对鉴定意见有异议的，开庭时鉴定人应当到庭回答质询。二是人民法院认为有必要时，鉴定人应当出庭。法律为了强调鉴定人出庭作证的必要性，规定了鉴定人拒不出庭的法律后果：1）经人民法院通知，鉴定人拒不出庭作证的，鉴定意见不得作为认定事实的根据；2）经人民法院通知，鉴定人拒不出庭作证的，支付鉴定费用的当事人可以要求返还鉴定费用。这样既可以起到规制鉴定人的作用，也可以避免当事人承担不必要的损失。

(4) 有专门知识的人出庭作证。

有专门知识的人俗称专家，又称诉讼辅助人，是指在科学、技术等专业领域具有专门知识和专门经验的人。具有专门知识的人经法院的通知出庭，就鉴定人作出的鉴定意见或者专业问题提出意见。因此，具有专门知识的人出庭具有两方面的作用：一是就鉴定人作出的鉴定意见提出意见；二是就专业问题提出意见。可以帮助法官更顺利、更客观地对鉴定意见进行审查判断；帮助法官认识专业问题，更客观地认识案件的事实；有助于案件公正、客观地审理，实现公平、正义。

有专门知识的人出庭，应当由当事人向人民法院提出申请并说明理由。人民法院收到申请后，应当对申请的理由进行审查，认为理由成立的，就应当通知有专业知识的人出庭；理由不成立的，应当驳回当事人的申请。可见有专门知识的人出庭具有两个条件：一是当事人的申请，法院不能主动启动；二是法院的通知，当事人不能自行通知。

(八) 勘验笔录

所谓勘验，是指人民法院审判人员，在诉讼过程中，为了查明一定的事实，对与案件争议有关的现场、物品或物体亲自进行或指定有关人员进行查验、拍照、测量的行为。对于查验的情况与结果制成的笔录叫勘验笔录。勘验笔录是一种独立的证据，也是一种固定和保全证据的方法。

在勘验物证或者现场时，勘验人员必须出示人民法院的证件，邀请当地基层组织或者当事人所在单位派人参加，当事人或者他们的成年家属应当到场；拒不到场的，不影响勘验的进行。有关单位和个人根据人民法院的通知，有义务保护现场、协助勘验工作的进行。人民法院勘验物证或者现场，应当制作笔录记录勘验的时间、地点、勘验人、在场人、勘验的经过、结果，由勘验人、在场人签名或者盖章。对于绘制的现场图应当注明绘制的时间、方位、测绘人姓名、身份等内容。勘验笔录应把物证或者现场上一切与案件有关的客观情况，详细、如实地记录。在开庭审理时，审判人员应当庭宣读或出示勘验笔录和照片、绘制的图表等，使当事人都能了解勘验的事实情况，并听取他们的意见。当事人要求重新勘验的，可以重新勘验。

勘验笔录是以文字、图表等记载的内容来说明一定的案件事实的，从这个意义上来说，它与书证有相似之处，但不能认为它是书证。两者的主要区别是：（1）产生的时间不同。书证一般是在案件发生前或在发案过程中制作的；而勘验笔录则是在案件发生后，在诉讼过程中，为了查明案件事实，对物证或者现场进行检验后制作的。（2）制作主体不同。书证一般是由当事人或有关单位及公民制作的；而勘验笔录则是办案人员或人民法院指定进行勘验的人执行公务依法制作的一种文书。（3）反映的内容不同。书证一般是用文字、符号来表达其内容，本身能直接证明案件的事实情况，是制作人主观意志的外部表现；而勘验笔录的文字、图片记载的内容，是对物证或者现场的重新再现，其内容不能有制作人的主观意思表示，完全是一种对客观情况的如实记载。（4）能否重新制作不同。书证不能涂改，也不能重新制作，要保持其原意；而勘验笔录则不同，若记载有误或不明确，可以重新勘验，并作出新的勘验笔录。

第二节 证明责任

一、证明责任概述

所谓证明责任，是指诉讼当事人通过提出有利于自己的事实证据来证明自己的诉讼主张，避免因待证事实处于真伪不明状态而承担不利诉讼后果。当作为裁判基础的案件事实处于真伪不明的状态时，必然有一方要承担由此而带来的不利后果，那么这一后果应当由谁来承担呢，这就是证明责任分配所要解决的问题。证明责任分配的含义是：法院在诉讼中按照一定规范或标准，将事实真伪不明时所要承担的不利后果在双方当事人之间进行划分。我国的司法解释及有些论著使用了“举证责任”和“举证责任的分配”的术语，含义与“证明责任”和“证明责任的分配”大致相同。

有学者认为证明责任包括主张责任、提供证据加以证明的责任、说服责任、不利后果的承担责任。从诉讼过程来看，证明责任包括下面几层含义。

（一）主张责任

当纠纷发生后，当事人向法院请求国家以公权力的手段介入私法时，其首先应当向法院提出主张。如要求损害赔偿或违约赔偿等。如果当事人没有向法院提出主张，那么法院也就无从审理。根据《民事诉讼法》第 119 条的规定，起诉必须符合下列条件：（1）原告是与本案有直接利害关系的公民、法人和其他组织；（2）有明确的被告；（3）有具体的诉讼请求和事实、理由；（4）属于人民法院受理民事诉讼的范围和受诉人民法院管辖。从第三个条件来看，当事人的主张是我国法院受理民事纠纷案件的前提。因此，对于当事人而言，证明责任的第一层次为主张责任。

（二）提供证据加以证明的责任

提供证据加以证明的责任，是指当事人对于自己的主张有提供证据加以证明的责任。法院对于纠纷的审理是建立在当事人提供的证据的基础之上的，法院的审判是基于独立于当事人双方之外的中立的行为。法官在审理中的责任是查明事实、分清是非，法官不承担举证责任。《民事诉讼法》第 64 条第 1 款规定，当事人对自己提出的主张，有责任提供证据。简言之，就是“谁主张，谁举证”。《民诉证据的若干规定》第 2 条规定，当事人对自己提出的诉讼请求所依据的事实或者反驳对方诉讼请求所依据的事实有责任提供证据加以

证明。这是我国对于民事诉讼举证责任的一般规定。因此，诉讼中的当事人必须对其主张提供证据加以证明。

（三）说服责任

当事人之间的纠纷，在法院判决以前，处于真伪不明的状态。当事人在诉讼中的任务是提供证据证明自己的主张或反驳他方的主张，从而保护自己的权利。要达到此目的，当事人必须说服法官，使法官能够确信该待证事实存在或不存在，以支持自己的主张。法官在无法确定作为裁判基础的事实存在与否的时候，就要考虑根据法律规定应当由谁来承担该事实不明所带来的不利后果。诉讼中是以法院或法官为主导的，双方当事人诉讼活动的中心在于提供证据，说服法官确信有利于自己的事实状态的存在，从而适用法律支持自己的主张。因此，诉讼中的当事人必须对其主张提供证据加以证明，并使法官确信其为客观事实，从而避免承担不利的诉讼后果。

（四）不利后果的责任承担

证明责任包括可能承担不利诉讼后果的责任。不利诉讼后果的责任承担是在当事人不能充分举证或说服的情况下才可能发生的。《民诉证据的若干规定》第 2 条规定，当事人对自己提出的诉讼请求所依据的事实或者反驳对方诉讼请求所依据的事实有责任提供证据加以证明。没有证据或者证据不足以证明当事人的事实主张的，由负有举证责任的当事人承担不利后果。这种后果只在作为裁判基础的主要事实真伪不明时，才发生作用。客观证明责任由哪一方当事人承担，是由法律规范预先确定的，客观证明责任在诉讼中不存在原告被告之间相互转移问题。因此，当当事人不能完成举证责任时，就要承担不利的诉讼后果。

证明责任的以上四层含义是相互关联的，当事人的主张责任是前提，举证与说服是过程，不利后果的承担是效果。当事人在承担证明责任过程中必须承担或可能承担这四方面的责任。

二、我国关于证明责任的立法分配

（一）我国证明责任分配的一般原则

我国《民事诉讼法》第 64 条第 1 款规定，当事人对自己提出的主张，有责任提供证据。简言之，就是“谁主张，谁举证”。由于我国受成文法传统的影响较深，理论和实务界普遍赞同运用法律要件分类学说来处理证明责任的分配问题。《民诉证据的若干规定》第 2 条规定，当事人对自己提出的诉讼请求所依据的事实或者反驳对方诉讼请求所依据的事实有责任提供证据加以证明。没有证据或者证据不足以证明当事人的事实主张的，由负有举证责任的当事人承担不利后果。该规定和其他相关规定一起，明确了我国确定证明责任分配的原则。

根据待证事实与法律规范之间的关系，《民诉证据的若干规定》第 4 条、第 5 条、第 6 条，确定了合同、侵权等民事案件中一般证明责任分配的规则：

（1）在合同纠纷案件中，主张合同关系成立并生效的一方当事人对合同订立和生效的事实承担证明责任；主张合同关系变更、解除、终止、撤销的一方当事人，对引起合同关系变动的事实承担证明责任。对合同是否履行发生争议的，由负有履行义务的当事人承担证明责任。

（2）对代理权发生争议的，由主张有代理权的一方当事人承担证明责任。

（3）一般侵权诉讼案件中，主张损害赔偿的权利人应当对损害赔偿请求权产生的事实加以证明。损害赔偿法律关系产生的法律要件事实，包括侵害损害事实、侵害行为、损害行为与侵害行为之间的因果关系、行为的违法性及行为人的主观过错。

（4）在劳动争议纠纷案件中，因用人单位作出开除、除名、辞退、解除劳动合同、减少劳动报酬、计算劳动者工作年限等决定而发生劳动争议的，由用人单位负证明责任。

（二）我国证明责任分配的补充规则

《民诉证据的若干规定》在规定证明责任分配一般原则的同时，也考虑到某些具体案件的特殊情况，证明责任分配的特殊性，在规定一般原则之外，将证明责任分配的倒置、推定、一定范围的司法公平裁量作为我国证明责任分配的补充规则。具体如下所述。

1. 证明责任分配的倒置

证明责任的分配应当考虑其公平性。现代社会越来越重视对处于弱势地位的受害者或消费者的保护。例如，在大工业生产流通领域或危险领域发生的侵权事件中，原告主张的事实往往无法提出证据证明或难以证明，让原告承担证明责任，原告就无法获得赔偿救济。所以，当事人双方证明待证事实的难易、距离证据的远近及待证事实发生的盖然性高低，在分配证明责任时都必须加以考虑。而证明责任分配的倒置就是解决这一问题的方案。

证明责任分配的倒置，是法律直接规定主张有利于自己的事实者不负担证明责任，而由对方当事人承担证明责任；对方当事人在不能履行证明义务时，将承担败诉的后果。证明责任倒置必须有法律的规定，在诉讼中法官不可以任意倒置证明责任分配。根据我国的法律和《民诉证据的若干规定》第 4 条的规定，下列情形属于证明责任倒置：

（1）因新产品制造方法发明专利引起的专利侵权诉讼，由制造同样产品的单位或者个人对其产品制造方法不同于专利方法承担证明责任；

（2）高度危险作业致人损害的侵权诉讼，由加害人就受害人故意造成损害的事实承担证明责任；

（3）因环境污染引起的损害赔偿诉讼，由加害人就法律规定的免责事由及其行为与损害结果之间不存在因果关系承担证明责任；

（4）建筑物或者其他设施及建筑物上的搁置物、悬挂物发生倒塌、脱落、坠落致人损害的侵权诉讼，由所有人或者管理人对其无过错承担证明责任；

（5）饲养动物致人损害的侵权诉讼，由动物饲养人或者管理人就受害人有过错或者第三人有过错承担证明责任；

（6）因缺陷产品致人损害的侵权诉讼，由产品的生产者就法律规定的免责事由承担证明责任；

（7）因共同危险行为致人损害的侵权诉讼，由实施危险行为的人就其行为与损害结果之间不存在因果关系承担证明责任；

（8）因医疗行为引起的侵权诉讼，由医疗机构就医疗行为与损害结果之间不存在因果关系及不存在医疗过错承担证明责任。

上述关于证明责任分配倒置的规定，应当注意以下几点：

第一，证明责任分配倒置并非将原告主张的要件事实的证明责任全部转给被告，而是将加害人的过错或者行为和结果之间的因果关系等要件事实的证明责任予以倒置。未被倒置的事实仍然由受害人加以证明。值得注意的是，因医疗行为引起的侵权诉讼，医疗机构必须同时证明医疗行为与损害结果之间不存在因果关系及不存在医疗过错这两个要件事实，方可免责。

第二，在我国，证明责任分配倒置，是指主张有利于己的事实者不承担证明责任，实体法或者程序法明确规定转由对方当事人承担，它是针对主张有利于己的事实者应当承担证明责任而言的。

第三，我国证明责任分配倒置，既涵盖了实体法上的无过错规则，也涵盖了推定过错的情形。证明责任倒置要求被告证明自己是无过错的，对应于实体法中的过错推定；证明责任倒置要求被告证明其加害行为与损害后果之间不存在因果关系的，对应于实体法中的因果关系推定。在过错推定和因果关系推定的情况下，如加害人不能证明自己无过错或者证明因果关系不存在的，就要承担损害赔偿责任。

2. 证明责任推定

从证明责任推定与规范的关系看，推定可以分为法律推定和事实推定，它们都可以起到分配证明责任的作用。

(1) 法律推定。

法律推定，指法律规定以某一事实的存在为基础，并直接根据该事实认定待证事实的存在与否，是依据法律从已知事实推论未知事实、从前提事实推论待证推定事实的结果。大陆法系学者称之为“真正的法律上推定”。这种推定在法律上应用得比较广泛，我国实体法中也有大量的推定，如《合同法》第48条规定，行为人没有代理权、超越代理权或者代理权终止后以被代理人名义订立的合同……相对人可以催告被代理人在一个月内予以追认。被代理人未作表示的，视为拒绝追认。《合同法》第78条规定，当事人对合同变更的内容约定不明确的，推定为未变更。适用这种推定，可以减轻主张推定事实的一方当事人的证明责任。它实际上是通过变更证明的主题，用对前提事实的证明替代对推定事实的证明，而当事人证明前提事实则相对较容易。如果对方有异议，应当提出反证推翻推定事实，此时，证明责任被分配给对方。例如，依有关法律规定，夫妻关系存续期间所生的子女，视为婚生子女。一方当事人要否定这一推定事实，必须提出充分的证据证明夫妻于该子女出生前，已分居若干年，且无往来，从而使推定事实是否存在陷入真伪不明的状态。在此情况下，就不能再适用推定法则认定该子女为婚生。当然，对推定的反驳并不限于针对推定事实提出反证；还可就前提事实提出争议，并提供证据证明前提事实不存在，只要使前提事实的存在与否处于真伪不明状态，就可达到推翻推定事实的目的。

由于推定的重要性，我国正在制定的证据法和民法典都在有意规定一些法律上的事实推定，为司法裁判提供明确的依据。推定可减少司法裁量的随意性，对推定事实有异议的人可反证推翻推定事实，所以推定也不会损害当事人的利益。《民诉证据的若干规定》第75条和最高人民法院《关于民事经济审判方式改革问题的若干规定》第30条都规定，有证据证明一方当事人持有证据无正当理由拒不提供，如果对方当事人主张该证据的内容不利于证据持有人，可以推定该主张成立。这就是关于妨碍举证的推定，属于证据法上的法律推定。在诉讼中，双方当事人往往利益对立，一方作为证据持有人持有对自己不利的证据，该证据证明的待证事实为对方当事人所主张，证据持有人一般不会将这一证据出示给法庭，也不会在证据交换程序中使用。如果对方当事人主张该证据的持有人持有该证据，并且他举证证明或法院根据相关证据或经验法则发现该证据掌握在其手里，在法院要求其提供的情况下，持有人无正当理由拒绝提供的，推定一方当事人主张该证据的内容不利于持有者一方，是比较合乎情理的。从理论上来说，持有证据，但是无正当理由拒不提供该证据的当事人，其行为构成“妨碍举证的行为”。这一推定，客观上将证明责任倒置给证据持有人。不过，与证明责任倒置不同，当事人可以提出相反的证据驳倒妨害举证的推定，即证据持有人可以反证推翻推定事实；而证明责任倒置的规则不能用任何方法推翻。

（2）事实推定。

事实推定是指法院依据某一已知事实，根据经验法则，推出诉讼中需要证明的另一事实存在或者不存在。如可根据被告在诉讼中销毁、隐匿证据这一事实，推断出示该证据必定于其不利；如当事人就书证的形式和内容真实性不表明态度，且在其他陈述中对书证的真实性也未提出争执时，可认为已经承认该书证；法院要求当事人就书证的真实性陈述意见，而当事人拒不陈述时，视为承认该书证等。

事实推定区别于法律推定的明显标志，在于有无法律明文规定。事实推定可以被吸收为法律规则，就成为法律推定。事实推定是建立在严密的逻辑推理和人们日常生活经验的基础之上的，当事人可以提出反证推翻推定，从而使推定规则失去效用。

事实推定既然是司法裁量的表现形式，并对当事人的利益产生重大影响，对事实推定加以规范就成为必要。立法上规定事实推定为证明方式的国家，都对司法裁量权作出了严格限定。例如，《意大利民法典》第 2 729 条规定，不是由法律规定的推定由法官慎重作出，法官仅应当接受重要的、精确的和一致的推定。对于法律排除证人证言的情况，推定不被认可。《法国民法典》第 1 359 条规定，非法律上的推定，由审判员根据学识与智力定之，但审判员只得为真诚、正确而且前后一致的推定。并且只于法律许可用人证的情形始得为之，但在以诈欺为原因而提起取消证书之诉的情形，不在此限。

3. 司法者公平裁量

证明责任的分配一般是由实体法和诉讼法确定的，不能由司法自由裁量；但是，由于发生在社会生活中的案件繁杂多样，而且新的类型的纠纷也不断出现，通过授予司法裁量权来决定特殊案件的证明责任分配是必要的。《民诉证据的若干规定》第 7 条规定，在法律没有具体规定，依本规定及其他司法解释无法确定举证责任承担时，人民法院可以根据公平原则和诚实信用原则，综合当事人举证能力等因素确定举证责任的承担。由此，在无法律规定时，证明责任分配的司法裁量可考虑公平正义原则、诚实信用原则和当事人举证能力等因素来确定。公平正义原则是理解和适用规范说、危险领域说等证明责任分配规则的价值前提，也是作出一切公正裁判的必要条件；诚实信用原则是对当事人进行民事活动和民事诉讼行为时必须具备诚实、善意的内心状态的要求，对当事人进行民事活动和民事诉讼行为起着指导作用，当事人是否有诚实、善意的内心状态和行为，可以成为法官分配举证责任的一个依据；当事人举证能力则包括双方当事人距离证据的远近、接近证据的难易及收集证据能力的强弱等因素。

第三节 证明对象与证明标准

一、证明对象

（一）证明对象的概念及特征

所谓证明对象，又称为证明的客体，它是指证明主体运用证据予以证明的对审理案件有重要意义的事实。证明对象是证明的出发点。在民事诉讼中，当事人起诉时会提出一定的证据，被告人进行答辩、反驳或者反诉时也要提出一定的证据。这些证据的提出不是为了别的目的，而是为了证明自己的主张，因此，当事人提出的证据仅是一种手段，是一种为了求得胜诉的手段。证明制度的目的在于证明主体通过各种证据，以实现证明客体的确定化和客观化。

证明对象的确定有利于审判人员和当事人有目的地收集和提供证据，也有利于人民法院及时查明案件的事实，正确解决民事纠纷。但是，在民事诉讼中不是所有案件的事实都能成为证明对象。能够成为证明对象必须具备以下的特征：首先，能够成为证明对象的事实必须是与审理的案件有关联的事实，只有与案件有关联的事实，对于当事人和人民法院来讲才是具有重要意义的事实，即对于认定案件事实能够具有法律上的意义。如果某一事实与案件无关联或对认定事实无法律意义的话，就不能成为证明对象。其次，作为证明对象的事实必须处于真伪不明状态。也就是说，该事实存在与否必须由证明主体进行证明，以消除真伪不明这一状态，可见，证明对象与证明责任的关系相当紧密。最后，证明对象的确定与实体法律规范中的要件事实有着密切的联系。当事人要使自己的诉讼请求获得人民法院的支持，必须就自己主张的事实与实体法规中抽象的要件事实相一致，才能获得该法规的相应效果。于是在三段论式的证明过程中，只有蕴含于实体法规范中的要件事实，才是当事人证明的主要对象。

（二）证明对象的范围

根据民事实体法和民事诉讼法的规定，民事诉讼证明对象的范围应包括下述几个方面。

1. 民事案件实体法上的事实

民事案件的实体法事实，是指由民事实体法规定的发生、变更或消灭民事法律关系的法律事实。包括：

（1）主要事实，即由民事实体法规定的构成特定民事法律关系的基本要素的事实。1）产生当事人之间权利义务关系的法律事实。如人的出生或死亡、签订合同、立遗嘱、造成损害等。2）变更当事人之间权利义务关系的法律事实。如债权债务主体的变更、经济合同的变更、遗嘱的改变等。3）消灭当事人之间权利义务关系的法律事实。如履行债务、民事主体死亡、放弃继承等。4）妨碍当事人权利实现、义务履行的法律事实。如无效合同、行为人丧失行为能力、不可抗力事由等。以上主要事实，可能是原告提出诉讼请求的根据，也可能是被告人、第三人进行答辩而提出的依据，或者人民法院认为必须查清才能解决争议的事实，这些事实都是民事诉讼的证明对象。

（2）间接事实。是指用来推定主要事实存在与否的事实。例如“不在场”这一间接事实，可以用来推定主要事实“侵害行为”的不存在。

（3）辅助事实。即与本案事实无关的、有关证据能力的有无、证明力的大小的事实。例如，证人与当事人存在亲属关系的事实，证人曾经说谎等。

2. 当事人主张的程序法上的事实

所谓程序法上的主要事实，是由民事诉讼法律规范所规定，能够引起民事诉讼法律关系发生、变更或消灭的事实。这类事实主要包括：（1）有关当事人适格的事实。（2）有关主管和管辖的事实。（3）有关审判组织形式的事实。（4）有关回避的事实。（5）有关审判方式的事实。（6）适用强制措施条件的事实。（7）有关诉讼期间的事实等。主要是解决诉讼程序问题上具有法律意义的事实，这些事实虽不直接涉及实体问题，但在具体案件中，如不加以证明，就会影响诉讼活动的顺利进行，影响实体问题的正确解决，因而也属于证明对象。程序法上的事实也可以分为主要事实、间接事实和辅助事实三个不同的层次。

3. 外国法律和地方性法规

熟练掌握本国国内的法律是法官在职务范围内应当做到的，但是对于外国的法律并不是法官职务范围内应当掌握的，如果在案件的审理过程中当事人援引国外的法律法规，应当说明出处及内容。由于我国的国情，存在大量的地方性法规，法官不可能也没必要全部了解，因此在案件中当事人援引地方性法规的，也应当证明。

（三）无须证明的事实

所谓无须证明的事实，又称为免证事实。这类事实不需证明，就能断定它的真实性。根据民事审判实践及《民诉解释》第 93 条的规定，无须证明的事实主要有以下几类：

（1）自然规律以及定理、定律；

（2）众所周知的事实；

（3）根据法律规定推定的事实；

（4）根据已知的事实和日常生活经验法则推定出的另一事实；

（5）已为人民法院发生法律效力的裁判所确认的事实；

（6）已为仲裁机构生效裁决所确认的事实；

（7）已为有效公证文书所证明的事实。

上述第二项至第四项规定的事实，当事人有相反证据足以反驳的除外；第五项至第七项规定的事实，当事人有相反证据足以推翻的除外。

二、证明标准

（一）客观真实与法律真实的争论

关于民事诉讼的证明标准，如同刑事诉讼法和行政诉讼法一样，我国民事诉讼法并没有明确规定在诉讼过程中的证明标准。长期以来坚持“排除一切合理怀疑”的“客观真实”的证明程度，其理论基础是唯物主义的认识论。唯物主义认识论认为世界是可知的，人类具有认识客观世界的能力。案件事实虽然是过去发生的事实，但人们总是能够依靠案件所留下的这样或那样的物品和痕迹发现案件的客观真实，也就是通常所说的可以还原案件事实的本来面目。于是长期以来认为民事诉讼的证明标准与刑事诉讼的证明标准并无二致，即对案件事实的证明必须达到以下四项程度：（1）据以定案的证据已查证属实；（2）案件事实均有必要的证据予以证明；（3）证据之间、证据与案件事实之间的矛盾得到合理的排除；(4) 得出的结论是唯一的，排除了其他可能性。也就是要做到事实清楚、证据确凿充分，裁判才是正确的。

近年来的学术界认为，民事诉讼中的证明标准不同于刑事诉讼中的证明标准。首先，民事诉讼中的证明标准比刑事诉讼中的证明标准低些；其次，民事诉讼中追求客观真实是诉讼资源的浪费和不可能达到的标准。民事诉讼的证明标准应是法律真实。所谓法律真实，是指裁判人员运用证据认定的案件事实达到了法律规定标准的，即视为案件事实的查明。也就是说，在诉讼证明过程中，法官运用证据、逻辑推理和经验法则，对案件事实的认定符合实体法和程序法的规定，达到从法律的角度认为是真实的程度，即符合法律真实的要求。

《民诉证据的若干规定》确立的"法律真实"的证明标准，结束了理论界和实务界长期以来以"客观真实"排斥"法律真实"的现象。事实上，"法律真实"与"客观真实"并没有矛盾。"法律真实"一样坚持主客观相统一，只是"法律真实"体现了对不同正义的选择，体现了对更深层次正义的保护。如对违法取得的证据的排除，法官舍弃了"毒树之果"，放弃了明显可得的客观事实而选择了"法律事实"。这种选择是为了更好地体现程序正义与法治的尊严。

(二) 我国民事诉讼的证明标准

民事诉讼的证明标准就是指在民事诉讼中，用来衡量证明主体利用证据证明的活动是否达到了要求，以及具体达到了何种程度的准则和尺度。民事诉讼证明标准是证据法学中的一个基本问题，也是在审判实践中经常遇到的问题。无论是当事人收集、提供和运用证据证明自己的主张，还是法院分析认定证据、查明案件事实，都会遇到证明标准问题。证明标准的存在以举证责任为基础，如果规定举证责任而不确定证明标准，将难以确定证明的程度是否已经达到要求，证明是否还应继续。因此，确定证明标准的功能在于使证明责任更具有可操作性。

我国的民事诉讼证明标准的发展经历了从"排除一切合理怀疑"到"高度盖然性"的过程。《民诉证据的若干规定》第 73 条规定，双方当事人对同一事实分别举出相反的证据，但都没有足够的依据否定对方证据的，人民法院应当结合案件情况，判断一方提供证据的证明力是否明显大于另一方提供证据的证明力，并对证明力较大的证据予以确认。因证据的证明力无法判断导致争议事实难以认定的，人民法院应当依据证明责任分配的规则作出裁判。此条被视为确立了我国"高度盖然性"的标准。"高度盖然性"标准又为"优势证据"标准，即在民事诉讼中，如果一方的证据证明力明显超过另外一方，即完成了证明责任，避免了不利后果的承担。

第四节　证据的提交

一、证据的提交概述

(一) 当事人有及时提供证据的义务

2012 年《民事诉讼法》新增第 65 条第 1 款规定，当事人对自己提出的主张应当及时提供证据。本条把当事人及时提供证据作为一种义务，一方面可以防止当事人进行"证据突袭"，故意拖延诉讼，提高审判效率；另一方面也有助于诉讼公正的实现。

（二）证据提交的要求

当事人必须在举证期限内向法院提交证据，否则将产生证据失权的效果，人民法院在法庭审理之时不予以组织质证。除此之外，《民诉证据的若干规定》还规定了各种证据提交的规则，具体如下：

（1）当事人向人民法院提供证据，应当提供原件或者原物。如需自己保存证据原件、原物或者提供原件、原物确有困难的，可以提供经人民法院核对无异的复制件或者复制品。

（2）当事人向人民法院提供的证据系在中华人民共和国领域外形成的，该证据应当经所在国公证机关予以证明，并经中华人民共和国驻该国使领馆予以认证，或者履行中华人民共和国与该所在国订立的有关条约中规定的证明手续。当事人向人民法院提供的证据是在我国香港、澳门、台湾地区形成的，应当履行相关的证明手续。

（3）当事人向人民法院提供外文书证或者外文说明资料，应当附有中文译本。

（4）对双方当事人无争议但涉及国家利益、社会公共利益或者他人合法权益的事实，人民法院可以责令当事人提供有关证据。

（5）当事人应当对其提交的证据材料逐一分类编号，对证据材料的来源、证明对象和内容作简要说明，签名盖章，注明提交日期，并依照对方当事人人数提出副本。人民法院收到当事人提交的证据材料，应当出具收据，注明证据的名称、份数和页数及收到的时间，由经办人员签名或者盖章。

（三）证据收据

在司法实践过程中，过去有些人民法院在收到当事人提交的证据材料后，由于种种原因会出现证据材料丢失或被篡改的情况。基于以上问题，2012 年《民事诉讼法》修改时新增第 66 条规定了证据收据制度。即人民法院收到当事人提交的证据材料，应当出具收据，写明证据名称、页数、份数、原件等信息，确认证据提交的时间，由负责接收的工作人员签名或盖章。

这一制度的建立，既可以丰富法院内有关证据材料的管理制度，也可以保障当事人的相关权益。

二、举证时限

（一）举证时限的概念

举证时限，是指在诉讼过程中人民法院为诉讼当事人限定的提供证据的期间。举证期间属于指定期间。人民法院可根据案件情况指定举证时限，举证时限在诉讼中起到了固定证据的效果，从而避免当事人利用证据在庭审时搞“证据突袭”。根据相关规定，人民法院应当在送达案件受理通知书和应诉通知书的同时，向当事人送达举证通知书。举证通知书应当载明证明责任的分配原则与要求、可以向人民法院申请调查取证的情形、人民法院根据案件情况指定的举证时限及逾期提供证据的法律后果。

（二）举证时限的确定

《民诉解释》第 99 条第 1 款和第 2 款规定：“人民法院应当在审理前的准备阶段确定当事人的举证期限。举证期限可以由当事人协商，并经人民法院准许。人民法院确定举证期限，第一审普通程序案件不得少于十五日，当事人提供新的证据的第二审案件不得少于十日。”

1. 举证时限确定的主体为人民法院

在司法实践中，由当事人协商确定举证时限的方式操作性极差，当事人很难达成一致意见。因此，由人民法院来确定举证时限，操作性更强。另外，人民法院作为民事案件专门的审判机关，在对案件性质以及案件情况的把握上具有更大的发言权，由人民法院来确定举证时限也更为合理。

2. 举证时限期间的确定方式

在期间的确定上，法律处处体现出灵活的方式，具体表现在：(1) 法律赋予人民法院更多的自由裁量权，人民法院根据当事人的主张和案件审理的情况来确定，并不是“一刀切”，而是具体问题具体分析。(2) 举证时限的确定一般是针对具体的证据，而不是对整个案件的所有证据笼统地规定一个期限。(3) 举证期限届满后，当事人对已经提供的证据，申请提供反驳证据或者对证据来源、形式等方面的瑕疵进行补正的，人民法院可以酌情再次确定举证期限。

3. 举证时限期间的延长

当事人在确定的期限内提供证据确有困难的，可以向人民法院申请期限延长。当事人申请延长举证期限的，应当在举证期限届满前向人民法院提出书面申请。人民法院对申请的事由进行审查，申请事由成立的，人民法院视具体情况确定延长的时间；申请事由不成立的，裁定驳回。

(三) 逾期举证的法律后果

民事诉讼法对于当事人未及时提供证据，规定了一系列的法律后果，旨在督促当事人及时举证。

当事人逾期举证的，人民法院应当责令其说明理由，当事人应当向人民法院说明其逾期举证的理由，若当事人拒不说明逾期举证的理由或者人民法院经审查后，认为理由不成立的，可以根据不同的情况处理：不予采纳该证据或者采纳该证据但对当事人予以训诫、罚款。当事人一方要求另一方赔偿因逾期提供证据致使其增加的交通、住宿、就餐、误工、证人出庭作证等必要费用的，人民法院可以予以支持。

三、证据交换

(一) 证据交换的概念

证据交换，是指在人民法院的主持下，在人民法院指定的期间内当事人双方互相交换证据，从而来确定双方当事人争议的主要问题的制度，国外称之为“证据开示”。但我国民事诉讼法对于证据交换未作规定，《民诉证据的若干规定》也只是规定，经当事人申请，人民法院可以组织当事人在开庭审理前交换证据。证据交换制度的价值在于：一是为了固定证据，形成双方纠纷的争点；二是为了形成双方的对抗性，以便法庭审理时当事人双方有准备地辩论，使法官能够在双方的辩论中查明案情。实践中法庭上出现的原、被告“你辩你的，我辩我的”的庭审局面，正是由我国证据交换制度的不足所导致的，立法应当作出强制性证据交换的规定。

(二) 证据交换的程序

1. 证据交换的时间

根据《民诉证据的若干规定》第 37 条的规定，经当事人申请，人民法院可以组织当事人在开庭审理前交换证据。人民法院对于证据较多或者复杂疑难的案件，应当组织当事人在答辩期届满后、开庭审理前交换证据。证据交换的时间应当是答辩期届满后、开庭审理前，对于简单案件只需在开庭审理前进行。同时，《民诉证据的若干规定》第 38 条也规定，交换证据的时间可以由当事人协商一致并经人民法院认可，也可以由人民法院指定。人民法院组织当事人交换证据的，交换证据之日举证时限届满。当事人申请延期举证经人民法院准许的，证据交换日相应顺延。

2. 证据交换的过程

证据交换应当在审判人员的主持下进行。在证据交换的过程中，审判人员对当事人无异议的事实、证据应当记录在卷；对有异议的证据，按照需要证明的事实分类记录在卷，并记载异议的理由。如果当事人收到对方交换的证据后，提出反驳并提出新证据的，人民法院应当通知当事人在指定的时间进行交换。证据交换一般不超过两次，但重大、疑难和案情特别复杂的案件，人民法院认为确有必要再次进行证据交换的除外。

第五节　法院收集证据

一、法院收集证据概述

法院收集证据，是指人民法院的审判人员依职权按照法定程序，发现、提取、收集和保全证据的活动。根据《民事诉讼法》第 64 条的规定：当事人对自己提出的主张，有责任提供证据。当事人及其诉讼代理人因客观原因不能自行收集的证据，或者人民法院认为审理案件需要的证据，人民法院应当调查收集。由此可以看出，我国民事诉讼法虽然规定了当事人提供证据责任的制度，但同时也规定，在特殊情况下当事人无法收集证据或人民法院认为有必要依职权收集证据时，也赋予了人民法院在一定范围内调查收集证据的权力。

《民诉证据的若干规定》对于人民法院收集证据有如下要求。

（一）人民法院收集和调查证据必须按照法定程序进行

具体而言应做到以下几个方面：

（1）收集和调查证据应由审判员主持，两人以上共同进行。

（2）调查要写明调查人、被调查人、记录人，以及调查的时间、地点、原因、经过和结果，不受当事人提供证据范围的限制。

（3）从有关单位摘抄的证明材料，应说明摘抄材料的名称、出处。

（4）收集的书证应当是原件，物证应当是原物；收集原件和原物有困难的，可以收集复制品、照片、副本、节录本。

（5）调查材料要由调查人、被调查人、记录人签名、捺印或者盖章。

（二）人民法院在收集和调查证据时的注意事项

（1）调查人员调查收集的书证可以是原件，也可以是经核对无误的副本或者复制件。是副本或者复制件的，应当在调查笔录中说明来源和取证情况。

（2）被调查人提供原物确有困难的，可以提供复制品或者照片。提供复制品或者照片的，应当在调查笔录中说明取证情况。

(3) 调查人员调查收集计算机数据或者录音、录像等视听资料的，应当要求被调查人提供有关资料的原始载体。提供原始载体确有困难的，可以提供复制件。提供复制件的调查人员应当在调查笔录中说明其来源和制作经过。

二、法院收集证据的范围

根据《民诉证据的若干规定》第 15 条、第 16 条的规定，人民法院收集和调查证据可以细化为两个方面，即当事人申请人民法院调查收集证据和人民法院依职权主动进行调查收集证据。

我国《民事诉讼法》第 64 条第 3 款明确规定，人民法院应当按照法定程序，全面地、客观地审查核实证据。依据该立法精神，人民法院无需对案件的全部证据进行收集和调查。民事诉讼当事人对自己的诉讼请求或主张，首先有责任提供证据，如果他们提供的证据不充分或不全面时，人民法院可以责令他们补充证据。确因特殊情况无法提供证据的，人民法院可以根据当事人的申请，也可以依职权主动地收集和调查证据，以弥补当事人举证不足。

根据《民诉解释》的有关规定，人民法院可以主动依职权调查收集的证据包括：(1) 涉及可能损害国家利益、社会公共利益的；(2) 涉及身份关系的；(3) 涉及《民事诉讼法》第 55 条规定诉讼的；(4) 当事人有恶意串通损害他人合法权益可能的；(5) 涉及依职权追加当事人、中止诉讼、终结诉讼、回避等程序性事项的。根据相关法律的规定，依当事人申请由人民法院调查收集的证据范围包括：(1) 申请调查收集的证据属于国家有关部门保存并须人民法院依职权调取的档案材料；(2) 涉及国家秘密、商业秘密、个人隐私的材料；(3) 当事人及其诉讼代理人确因客观原因不能自行收集的其他材料。

当事人及其诉讼代理人申请人民法院调查收集证据，首先，应当提交书面申请。申请书应当载明被调查人的姓名或者单位名称、住所地等基本情况，所要调查收集的证据的内容，需要由人民法院调查收集证据的原因及其要证明的事实。当事人及其诉讼代理人申请人民法院调查收集证据，不得迟于举证期限届满前 7 日。其次，人民法院对当事人及其诉讼代理人的申请不予准许的，应当向当事人或其诉讼代理人送达通知书。当事人及其诉讼代理人可以在收到通知书的次日起 3 日内向受理申请的人民法院书面申请复议一次。人民法院应当在收到复议申请之日起 5 日内作出答复。

第六节　证据保全

一、证据保全的概念

证据保全又称为保全证据，是指人民法院在起诉前或在对证据进行调查前，依据申请人的申请或当事人的请求，以及依职权对可能灭失或今后难以取得的证据，予以固定和保存的行为。人民法院解决民事纠纷，认定案件事实是必不可少的环节，认定案件事实必须依靠证据。由于民事案件的事实是过去发生的事实，民事案件的起诉、审理直至判决需要一个过程，所需的证据可能会由于没有及时地收集而因人为或客观的原因灭失或难以取得，于是为了维护当事人的合法权益，为了人民法院公正审理民事案件，需要采取一定的措施，将可能灭失或以后难以取得的证据固定或保存下来，因此，有必要建立这样一套保全证据的制度。

证据保全有两种方式：一种是诉前证据保全。它是指起诉前由申请人向人民法院申请对证据进行保全的行为。也可以向公证机关申请，采用公证的形式对证据进行保全。另一种是诉讼证据保全，就是在民事诉讼中人民法院对证据采取的固定和保存行为。我国《民事诉讼法》第 81 条规定，在证据可能灭失或者以后难以取得的情况下，当事人可以在诉讼过程中向人民法院申请保全证据，人民法院也可以主动采取保全措施。

二、证据保全的条件

根据我国民事诉讼法的规定，证据只要具备如下条件，申请人或诉讼参与人即可申请人民法院采取证据保全措施，人民法院也可以主动进行证据保全：

（1）证据有灭失的可能。如证人因衰老、疾病有死亡的可能，将来作为证据的物品容易腐坏、变质等。

（2）证据将来有难以取得的可能。例如，证人将要出国。虽然难以取得不等于无法取得，但会影响案件的及时处理，甚至影响办案的质量，因此应当及时保全。

（3）证据的保全应在开庭前进行，不得迟于举证期限届满前 7 日。因此，证据保全也应在开庭前完成。如果是属于在庭审期间新发现的证据，可以直接向人民法院提供或由人民法院收集，没有必要进行证据保全。

上述情况，只要具备其中之一，就可采取保全措施。证人证言、物证、书证等都可能成为保全的对象。

三、证据保全的程序

证据保全一般因诉讼参加人或申请人提出申请而采取。但人民法院认为有必要采取证据保全措施的，也可以依职权主动进行。当事人依据该规定向人民法院申请保全证据的，不得迟于举证期限届满前 7 日。当事人或诉讼代理人向人民法院提出证据保全的，通常应提出书面申请，并在申请书中写明申请保全证据的形式、内容，证据存在地点，以及这个证据能证明什么事实和申请保全证据的原因。另外，对于诉讼前向公证机关提出证据保全申请的，可依照有关公证程序进行。公证机关采取证据保全措施时，只能依照申请人的申请来进行，不能依职权主动采取证据保全措施。

当事人申请保全证据的，由人民法院审查决定是否准许证据保全。如果人民法院接受了当事人关于证据保全的申请，就应作出准许保全的裁定，并要在裁定中指明应保全哪种证据，以及在什么时间、什么地点、用什么方法实施保全。人民法院可以同时要求当事人提供相应的担保。

根据《民诉证据的若干规定》第 24 条的规定，人民法院进行证据保全，可以根据具体情况，采取查封、扣押、拍照、录音、录像、复制、鉴定、勘验、制作笔录等方法。因此，保全证据的方法，可根据证据的不同形式，采取不同的措施。例如，对书证，可以复制拍照；对物证，可以录像、拍照、制作勘验笔录；对证人证言，可以预先询问、制作笔录、录音、录像等。不管采取何种方法，均应客观、真实地反映证据情况。同时，人民法

院在进行证据保全时，可以要求当事人或者诉讼代理人到场。保全证据的材料，由人民法院存卷保管，以备将来使用。

第七节　质证与认证

一、质证

（一）质证的概念和特点

质证是指在法院主持下，当事人在诉讼过程中，双方采用询问、辨认、质疑、辩驳等核实方式对对方当事人提出的证据进行质辩的活动。

质证的目的是就证据的可采性和证明力对法官心证产生影响，使法官能够判定证据能力和证明力。根据《民事诉讼法》第 68 条的规定，证据应当在法庭上出示，并由当事人互相质证。《民诉解释》第 103 条也规定，证据应当在法庭上出示，由当事人互相质证。最高人民法院《关于民事经济审判方式改革问题的若干规定》第 12 条规定，未经庭审质证的证据，不能作为定案的证据。《民诉证据的若干规定》第 47 条规定，证据应当在法庭上出示，由当事人质证。未经质证的证据，不能作为认定案件事实的依据。当事人在证据交换过程中认可并记录在卷的证据，经审判人员在庭审中说明后，可以作为认定案件事实的依据。可见，质证是我国民事诉讼程序中的重要一环，也是诉讼正当程序的重要标志。质证制度的设立有助于审判的公正，并且是约束法官恣意审理的有效机制。

质证具有以下几个特点：

（1）质证是当事人法定的诉讼权利。质证是法律明确规定的当事人重要的诉讼权利，质证保证了当事人对于诉讼的参与性，通过质证，当事人可以充分表达自己对于案件证据材料的看法和意见，从而可以对审判的结果产生实质性的影响，使审判的结果更具有可接受性和公正性。

（2）质证是人民法院事实认定的前提，也是审查和判断证据证明力的基础。在民事诉讼中，当事人收集和提交的证据材料真伪并存，人民法院只有在证据材料查证属实时，才能将其作为认定案件事实的根据。为了使证据材料转化为证据，应当充分发挥庭审质证的作用，排除与案件事实无关的、虚假的和非法收集的证据材料。然后，在此基础上对于证据的证明力进行分析和判定，以帮助法庭查明案件的事实，作出正确的裁判。

（3）质证的主体必须是双方当事人，并且只能以言词方式进行质证。质证的主体也有广义和狭义之分，广义的质证主体，是将质证作为一种法庭调查的方式来进行的划分，其中包括当事人、法院和其他诉讼参与人。狭义的质证主体是从诉讼权利角度进行的划分，仅限于双方当事人。我们这里所指的质证的主体是指狭义的质证主体，因此，只包括双方当事人。强调双方当事人的亲自参与和以言词方式质证是民事诉讼直接原则、言词原则的具体体现，也是民事诉讼法对于质证的具体要求。

（二）质证的范围、对象和程序

1. 质证的范围

一般来讲，质证的范围应包括法庭上出示的所有证据，包括在法庭上出示的书证、物证、视听资料、电子数据、证人证言、勘验笔录和鉴定意见。

质证的证据仅仅是需要在法庭上出示的证据。根据《民诉证据的若干规定》第 39 条的规定，在证据交换的过程中，审判人员对当事人无异议的事实、证据应当记录在卷；对有异议的证据，按照需要证明的事实分类记录在卷，并记载异议的理由。通过证据交换，确定双方当事人争议的主要问题。《民诉证据的若干规定》第 47 条第 2 款规定，当事人在证据交换过程中认可并记录在卷的证据，经审判人员在庭审中说明后，可以作为认定案件事实的依据。因此，并非所有的证据都必须经过质证，对于当事人无异议的证据，不用在法庭上质证。另外，对于对方当事人自认或不予反驳的证据也不需要质证。根据最高人民法院《关于民事经济审判方式改革问题的若干规定》第 22 条的规定，一方当事人提出的证据，对方当事人认可或不予反驳的，可以确认其证明力。这是我国民事诉讼法中关于自认的规定，对于自认的情况，应免除对方当事人的质证责任，该证据可以不经过质证作为认定案件事实的根据。

法庭上进行质证的证据，并不一定要在公开开庭时出示，下列证据不得在开庭时公开进行质证：（1）涉及国家秘密的证据；（2）涉及商业秘密的证据；（3）涉及个人隐私的证据；（4）法律规定的其他应当保密的证据。

对书证、物证和视听资料进行质证时，当事人有权要求出示该证据的原件或原物。但有下列情况之一的除外：（1）出示原件或者原物确有困难，并经人民法院准许出示复制件或者复制品的；（2）原件或者原物已不存在，但有证据证明复制件、复制品与原件或者原物一致的。

2. 质证的对象

质证的目的在于确定证据是否可以作为定案的根据。根据《民诉证据的若干规定》第 50 条的规定，证据要具有定案依据，必须表现在证据的证据能力和证明力两个方面。第一个方面，应当审查证据的证据能力。所谓证据能力，又称为证据资格或证据的可采性。它包括真实性、关联性和合法性三个特征。第二个方面，应当审查证据的证明力。当事人应就证据有无证明力和证明力大小进行质疑和辩驳。因此，质证的对象是证据的证据能力和证明力。

3. 质证的程序

根据《民诉证据的若干规定》第 51 条的规定，质证应按下列顺序进行：（1）原告出示证据，被告、第三人与原告进行质证；（2）被告出示证据，原告、第三人与被告进行质证；（3）第三人出示证据，原告、被告与第三人进行质证。

人民法院调查收集的证据质证，大致可分为两类：第一类，人民法院依照当事人申请调查收集的证据。对于这类证据应作为提出申请的一方当事人提供的证据进行质证。第二类，当事人没有申请人民法院调查收集的证据，但人民法院依职权调查收集的，这类证据也应当在庭审时出示，听取当事人意见，并可就调查收集该证据的情况予以说明。这里应注意的是，即使是对人民法院收集调查的证据进行质证时，法官本身也不是质证的主体，因此，法官不应与当事人进行辩驳和冲突，以免法官丧失中立性和公正性。对于该证据的质证仍是在当事人之间进行，法官只起到说明和解释的作用。另外，一个案件如果有两个以上独立的诉讼请求时，当事人可以逐个出示证据进行质证。

对于证人、鉴定人和勘验人的质询，根据《民诉证据的若干规定》的相关规定，审判人员和当事人可以对证人进行询问。证人不得旁听法庭审理；询问证人时，其他证人不得在场。人民法院认为有必要的，可以让证人进行对质。鉴定人应当出庭接受当事人质询。鉴定人确因特殊原因无法出庭的，经人民法院准许，可以书面答复当事人的质询。当事人有权向证人、鉴定人和勘验人发问，但询问不得使用威胁、侮辱及不适当引导证人的言语和方式。

对于专门性问题，当事人可以向人民法院申请 1 至 2 名具有专门知识的人员出庭就案件专门性问题进行说明，其费用由提出申请的当事人负担。审判人员和当事人可以对出庭的具有专门知识的人员进行询问。经人民法院准许，也可以由当事人申请的具有专门知识的人员就有关案件中的问题进行对质。具有专门知识的人员也可以对鉴定人进行询问。

法庭应当将当事人的质证情况记入笔录，并由当事人核对后签名或者盖章。

二、证据的审核认定——认证

（一）认证的概念和特点

所谓认证，又称为认定证据，是指人民法院的审判人员在诉讼参与人的参加下，就当事人举证、质证、法庭辩论过程中所涉及的与待证事实有关联的证据进行查证和核实，以确定案件全部证据证明力的活动。认证不但是对证据的证明力进行的审查和认定，而且还包含了对证据是否可采信及如何采信的含义。当事人举证、质证及法官认证是一环紧扣一环的诉讼过程。在这一阶段要确认证据的能力和判定证据力的大小和强弱。

认证与举证和质证相比，具有以下特点：首先，举证和质证是认证的前提和基础。举证、质证和认证三者密不可分，其中举证是质证的基本前提，而举证与质证则是认证的共同前提和基础。其次，认证是审判人员的审判活动的一部分，举证和质证则主要是当事人的诉讼行为。最后，举证与质证是当事人在诉讼程序中一种对抗的、动态的诉讼活动，认证是法官中立的、静态的审判活动。

（二）认证的原则：法官依法独立判断证据原则

我国《民事诉讼法》第 64 条规定，人民法院应当按照法定程序，全面地、客观地审查核实证据。我国之所以强调依法全面、客观地判断证据，与过去对大陆法系国家自由心证主义的批判是分不开的。过去我们认为自由心证是主观的、唯心的东西，认为它助长了法官判断证据的恣意性，是伪善的。但是现代自由心证主义强调法官心证客观化和合理化，即在公开判决理由和结果的同时，依据合理的经验法则对事实进行认定。因此，在反思我国原有立法的基础上，借鉴大陆法系自由心证的理论，《民诉证据的若干规定》第 64 条规定，审判人员应当依照法定程序，全面、客观地审核证据，依据法律的规定，遵循法官职业道德，运用逻辑推理和日常生活经验，对证据有无证明力和证明力大小独立进行判断，并公开判断的理由和结果。

（三）认证的规则

证据的审核认定是法官的一项重要活动，法官在对证据的效力进行认定时必须遵循证据法或诉讼法所确认的程序和规则。具体而言，法官对证据的认证必须遵循下列规则：

1. 证据的审核判断规则

证据的审核判断主要包括两部分的审查：证据能力和证明力的审查判断。证据的证据能力又称证据资格，是指一定的事实材料能够作为诉讼中的证据使用的法律上的资格。证据的证明力又称为证据价值，是指证据对于案件事实的证明作用的大小。

（1）证据的证据能力的审核规则。

根据《民诉证据的若干规定》的规定，证据的证据能力的审核包括单一证据的认定和案件的全部证据的审查判断。

第一，单一证据的审核认定规则。

主要包括：1）证据是否原件、原物，复印件、复制品与原件、原物是否相符；2）证据与本案事实是否相关；3）证据的形式、来源是否符合法律规定；4）证据的内容是否真实；5）证人或者提供证据的人，与当事人有无利害关系。

第二，不能认定的证据规则。

在诉讼中存在以下情况的证据不能加以认定：1）在诉讼中，当事人为达成调解协议或者和解的目的作出妥协所涉及的对案件事实的认可，不得在其后的诉讼中作为对其不利的证据，但法律另有规定或者当事人均同意的除外。2）以侵害他人合法权益或者违反法律禁止性规定的方法取得的证据，不能作为认定案件事实的依据，即非法证据排除。

第三，案件全部证据的审查判断。

对于案件的全部证据的审查判断应根据《民诉证据的若干规定》第 66 条的规定，审判人员对案件的全部证据，应当从各证据与案件事实的关联程度、各证据之间的联系等方面进行综合审查判断。

第四，补强证据规则。

在证据认定中，有些证据因其客观性受到质疑，不能单独作为认定案件事实的依据，需要在其他证据加以佐证的情况下，才能作为认定案件的根据，即为补强证据规则。不能单独认定的证据包括：1）未成年人所作的与其年龄和智力状况不相当的证言；2）与一方当事人或者其代理人有利害关系的证人出具的证言；3）存有疑点的视听资料；4）无法与原件、原物核对的复印件、复制品；5）无正当理由未出庭作证的证人证言。

（2）证据的证明力认定规则。

根据《民诉证据的若干规定》第 64 条的规定，对证据证明力的认定包括对证据有无证明力和证明力大小的判断。

第一，证明力有无的判断。

1）根据法律规定，对于一方当事人提出的下列证据，对方当事人提出异议但没有足以反驳的相反证据的，人民法院应当确认其证明力：

- 书证原件或者与书证原件核对无误的复印件、照片、副本、节录本；
- 物证原物或者与物证原物核对无误的复制件、照片、录像资料等；
- 有其他证据佐证并以合法手段取得的、无疑点的视听资料或者与视听资料核对无误的复制件；
- 一方当事人申请人民法院依照法定程序制作的对物证或者现场的勘验笔录。

2）对于人民法院委托鉴定部门作出的鉴定意见，当事人没有足以反驳的相反证据和理由的，也可以认定其证明力。

3）对于一方当事人提出的证据，另一方当事人认可或者提出的相反证据不足以反驳的，人民法院可以确认其证明力。而一方当事人提出的证据，另一方当事人有异议，并提出反驳证据，对方当事人对反驳证据认可的，可以确认反驳证据的证明力。双方当事人对同一事实分别举出相反的证据，但都没有足够的依据否定对方证据的，人民法院应当结合案件情况，判断一方提供证据的证明力是否明显大于另一方提供证据的证明力，并对证明力较大的证据予以确认。

4）根据《民诉证据的若干规定》第73条第2款的规定，因证据的证明力无法判断导致争议事实难以认定的，人民法院应当依据举证责任分配的规则作出裁判。最高人民法院在此采用了高度盖然性的证明标准和在事实真伪不明情况下依据证明责任分配进行判定的规则。

第二，证明力大小的判断：优势证据规则。

优势证据规则在于通过法律确定证据相互间的证明力的大小，即确定证据之间的证明力的强弱。《民诉证据的若干规定》确立了优势证据规则，人民法院就数个证据对同一事实的证明力可以依照下列原则认定：1）国家机关、社会团体依职权制作的公文书证的证明力一般大于其他书证；2）物证、档案、鉴定意见、勘验笔录或者经过公证、登记的书证，其证明力一般大于其他书证、视听资料和证人证言；3）原始证据的证明力一般大于传来证据；4）直接证据的证明力一般大于间接证据；5）证人提供的对与其有亲属或者其他密切关系的当事人有利的证言，其证明力一般小于其他证人证言。

2. 关于自认的证据效力规则

对于当事人及其诉讼代理人认可的事实和证据，《民诉证据的若干规定》第74条和76条规定，诉讼过程中，当事人在起诉状、答辩状、陈述及其委托代理人的代理词中承认的对己方不利的事实和认可的证据，人民法院应当予以确认，但当事人反悔并有相反证据足以推翻的除外。当事人对自己的主张，只有本人陈述而不能提出其他相关证据的，其主张不予支持，但对方当事人认可的除外。

3. 关于证据推定的证据规则

证据推定的证据规则是一项特殊的规则，根据《民诉证据的若干规定》第75条和《关于民事经济审判方式改革问题的若干规定》第30条的规定，有证据证明一方当事人持有证据无正当理由拒不提供，如果对方当事人主张该证据的内容不利于证据持有人，可以推定该主张成立。主张适用该规则的当事人应当承担对方持有该项证据的证明责任，除非存在免于证明的情形。

关于证据的认证，人民法院应当在裁判文书中阐明证据是否采纳的理由。对当事人无争议的证据，是否采纳的理由可以不在裁判文书中表述。

【课后习题】

一、思考题

1. 简述如何体现民事诉讼证据关联性。

2. 比较书证与物证的区别。试述在何种情况下，一份证据既可能是书证也可能是物证。

3. 在何种情况下，某个民事案件事实能够得到确认？

4. 在民事诉讼中，法院可否主动收集证据？如果可以，收集的范围是什么？

二、案例分析题

阅读下面的案例，并回答问题。

案例一

2015年2月，张某带儿子到动物园玩。正玩得高兴时，张某听到在动物园内一处假山附近的儿子发出一声惨叫。张某立即跑了过去，看到儿子捂着头倒在地上，假山上的一块石头掉在儿子旁边。张某忙问旁边的一位游人，游人说可能是被石头砸着了。张某没有时间顾及儿子受伤的原因，抱着儿子飞奔出去，拦下一辆车将儿子送往医院。然而张某的儿子没到医院就已死亡。经法医鉴定，张某儿子死亡的原因是外来钝物猛烈撞击头部。张某为此将动物园告上法庭。动物园提出，张某的儿子被砸伤的瞬间谁也没有看到，没有证据证明是动物园假山上的石头砸伤了孩子，是张某对孩子监护不力，才导致孩子死亡。张某经过多方寻找，才找到当时路过的那位游人。游人描述说："当时我看到孩子躺在地上，我还以为是孩子顽皮。这个孩子还说，砸到我头了。"现场勘查出事地点，假山上的石头有明显断裂的痕迹。

问题：

1. 法院对于张某的儿子被砸伤的事实是否应认定？请说明理由。

2. 从证据的分类来看，游人的证据属于何种证据？

3. 如果当时在场的还有一个7岁的男孩，则该男孩的证言是否能作为证据使用？法院能否采信？为什么？

4. 如果动物园认为鉴定意见有误，申请重新鉴定，法院该如何处理？

5. 如果现场勘查人员张某某是张某的弟弟，现场勘查笔录是否有效？法院应如何处理？

6. 如果张某为了获得动物园应承担责任的证据，偷录了动物园管理人员的谈话，对于该录音法院应如何处理？

7. 如果7岁的男孩的证言能作为证据使用，且男孩说，他看到张某的儿子不小心从假山上摔下来，该男孩的证言和游人的证言，何者更具有证明力？法院应如何认定？

案例二

甲将乙撞伤，乙举出了如下事实：甲的车是红色的，而撞伤自己的车也是红色的；甲的邻居丙（9岁）证明甲在乙被撞伤的当晚开车外出了；甲的车经检验表面有被撞的痕迹；离乙被撞的地点500米远的一家酒店的服务员说，当晚在该酒店见过甲；交警部门安装在路口的摄像头拍了甲将乙撞伤的视频；路人丁用手机拍摄了甲将乙撞伤的视频；乙被撞现场留下的一块车牌上面的号码正好是甲的车牌号。

问题：

1. 上述哪些事实可以作为乙被甲撞伤的证据使用？结合本案例说明证据的特点。

2. 丙的证言效力如何？试说明证人的证明能力与民事行为能力的关系。

3. 现场留下的车牌是书证还是物证？比较书证和物证的区别。

4. 交警部门的视频和丁的视频是否都是视听资料？简述视听资料的特点及证明力。

5. 上述哪些事实属于间接证据？间接证据有哪些作用？

6. 如果法院认为乙所举证据不足以证明被甲撞伤的事实，于是主动收集了其他证据，则法院的做法是否正确？法院在何种情况下可以调查收集证据？

7. 上述各个证据的证明力如何？简述我国民事诉讼证据证明力的确定规则。

【本章实务应用难点分析】

1. 诉讼中的举证责任实务分析

举证责任是证明责任中的一个重要环节，对于当事人而言，应当注意举证责任的时间和充分提出证据的问题。

对于举证责任的时间，我国民事诉讼法并没有强制规定证据交换制度，因此，存在两种可能：一种是人民法院要求当事人在庭审前进行证据交换，如果当事人没有进行交换，那么就有可能失去证据的效力。根据《民诉证据的若干规定》的规定，人民法院组织当事人交换证据的，交换证据之日举证期限届满，因此未交换的证据则视为当事人放弃举证的权利，庭审中对于此类证据，除非对方当事人同意质证，否则不予质证，而未经质证的证据不能作为法院裁判的依据。另一种是法院没有要求当事人进行证据交换，那么当事人应当在举证期限内向人民法院提交证据材料，当事人在举证期限内不提交的，视为放弃举证权利。此情形中未在举证期限提出的证据也属于不能作为裁判依据的证据。

但是，根据《民诉证据的若干规定》第 41 条的规定，如果在举证期限届满后出现“新证据”，是可以在庭审中出示而不产生证据失权的效果。对于“新证据”法规的解释是：当事人在一审举证期限届满后新发现的证据；当事人确因客观原因无法在举证期限内提供，经人民法院准许，在延长的期限内仍无法提供的证据。这里包含两种情形：一种是新发现的，另一种是在有限的时间内因客观原因无法提供的。而作为二审的“新证据”，法规的解释为：一审庭审结束后新发现的证据；当事人在一审举证期限届满前申请人民法院调查取证未获准许，二审法院经审查认为应当准许并依当事人申请调取的证据。但是，如果当事人以“新证据”在一审或者二审法院提交证据，则必须对证据的取得承担取得的证明责任，否则就不能按照“新证据”来对待，也就失去了法院支持的可能。

对于证据提出什么情况下才算充分，实务中应当结合诉讼的主张、证明标准、责任构成要件来要求，也可以说是从请求权到证据的思路，即证据能够支撑请求权的成立。如一般侵权案件中，原告应当提供的证据包括：(1) 权利证据；(2) 侵权证据；(3) 损害赔偿的证据。当然，从民事诉讼中的优势证据来考虑，提供的证据只要证明力能够大于另一方，就算充分了。

2. 证据收集实务中的疑难与适用

对于证据收集应当尽可能地收集直接证据，如果收集直接证据有困难，应当多收集间接证据，收集的间接证据之间不能有矛盾，且能够形成证据链。在收集间接证据时，应当考虑到法律推理和经验法则的运用问题，许多的损害，如一般的交通费，如果没有保留原始凭证，则可以收集客运公司的票价标准，然后按经验法则主张一般的交通费。

对于属于可以请求法院收集的证据，可以请求人民法院收集。在一些特殊的情况下，也可以申请公证机关以公证的形式收集证据。如网络侵权案件中，对于侵权事实可以申请公证机关对一些证据事实进行公证，从而取得证据。当然，也可以申请法院进行诉前证据保全。

第十一章　民事诉讼保障制度

【本章要点】

- 期间的种类
- 送达方式与送达效力
- 财产保全的条件和措施
- 财产保全的程序
- 妨害民事诉讼行为的构成、强制措施的性质
- 诉讼费用的负担
- 诉讼前保全与诉讼中保全的区别
- 先予执行的条件

【案例导入】

王甲与刘乙系同事，2015 年 4 月，王甲向刘乙借款 4 000 元，并写了借条，写明 2016 年 4 月底之前还清。2016 年 7 月，刘乙向王甲催要欠款，并请同事章红共同来劝说王甲，在刘乙出示借条时，王甲将借条夺走并撕毁。刘乙将被撕毁的借条夺回，并用胶水粘贴修补，但借条上王甲的签名已模糊不清。刘乙于 2016 年 8 月到人民法院起诉，要求王甲返还借款。法院开庭时传唤证人章红到庭作证，章红以工作忙为借口拒不到庭，而被告王甲则在法庭上嘲笑和侮辱审判人员。法院经笔迹鉴定，确认破碎的借条上的字迹为王甲所写，判决王甲败诉。王甲在法定期限内未提起上诉。判决生效后，王甲找法庭原案审判员纠缠，并顺手将审判员桌上的该案案卷材料撕毁两页。

思考：

1. 以上有哪些行为属于妨害民事诉讼的行为？
2. 民事诉讼保障制度的目的是什么？

第一节　期　　间

一、期间的含义

期间，是指由法律规定或人民法院指定的，法院、当事人和其他诉讼参与人完成诉讼

行为的时间限制。期间包括法定期间和指定期间。

所谓法定期间，是指法律明确规定的诉讼活动的期间。法定期间通常因某种法定事实的出现而开始，以法律规定的时间而结束，因此法定期间原则上为不变期间，法院不得依当事人的申请或者依职权予以变更，但法律明文规定允许变动的除外。

所谓指定期间，是指法院根据案件的具体情况和需要，依职权指定当事人或者其他诉讼参与人完成某项诉讼行为的期间。由于指定期间是根据情况和需要的不同，法院依职权临时确定的，而且确定后如有特殊情况还可以重新指定，所以指定期间是一种可变期间。但“可变”并不意味着任意改变，应当维护指定期间的确定性、严肃性。

二、期间的计算

（1）期间以时、日、月、年为计算单位。

（2）以时、日为单位计算期间的，开始的时间不计算在内，而是以下一个小时、次日起计算。

（3）期间届满的最后一日是节假日的，以节假日后的第一个工作日为期间届满日。节假日是指国家规定的公共休息日，如国庆节、周末等。

（4）期间不包括在途时间，诉讼文书在期满前交邮的，不算过期。如通过邮寄方式上诉的，上诉状只要在法定期间届满前交邮，即使法院收到时已逾上诉期间，也不能认为逾期上诉。

三、期间耽误的顺延和补救

期间的耽误，是指当事人及其诉讼代理人在法律规定或者人民法院指定的期间内，未能进行诉讼行为，导致期间届满。

根据我国《民事诉讼法》第83条的规定，期间的顺延是指，当事人因不可抗拒的事由或者其他正当理由耽误期限的，在障碍消除后的10日内，可以申请顺延期限，是否准许，由人民法院决定。

（一）期间顺延的条件

（1）因不可抗拒的事由或者其他正当理由造成期间耽误。

（2）当事人应当在障碍消除后10日内申请顺延。

（二）期间耽误的补救

对于耽误的期间是否准许补救由人民法院决定。由于期间延误的原因不同，法律后果也有所不同。对于当事人或者其诉讼代理人主观上的故意或者过失导致的期间耽误，其后果直接由当事人承担，即当事人失去在规定的期间内行使某种权利的机会，是不可补救的。如果由于客观上不能抗拒的事由或者其他正当理由造成了期间耽误的，法院则可以给予其补救的机会。客观上不能抗拒的事由，是指在当时的条件下，当事人无法预测，也不可能避免的事实和理由，如洪水造成的交通中断、战争的爆发等，使当事人无法进行诉讼行为。其他正当理由，是指除了客观上不能抗拒的事由之外，不可归责于当事人的其他客观情况。

应当注意，顺延期限是指把耽误了的诉讼期间如实补上去，不是重新开始计算。根据我国民事诉讼法的规定，当事人申请顺延期限，是否准许，由人民法院决定。

四、民事诉讼中不计入期间的情形

在审判及执行的过程中，根据我国相关法律的规定，有些期间是不计入审限或执行期限范围以内的。根据《关于严格执行案件审理期限制度的若干规定》第 9 条的规定，在民事诉讼中，以下期间不计入审限或执行期限内：

（1）因当事人、诉讼代理人、辩护人申请通知新的证人到庭、调取新的证据、申请重新鉴定或者勘验，法院决定延期审理一个月之内的期间；

（2）民事案件公告、鉴定和当事人和解的期间；

（3）审理当事人提出的管辖权异议和处理法院之间的管辖争议的期间；

（4）民事审判及执行案件由有关专业机构进行审计、评估、资产清理的期间；

（5）中止诉讼（审理）或执行至恢复诉讼（审理）或执行的期间；

（6）当事人达成执行和解或者提供执行担保后，执行法院决定暂缓执行的期间；

（7）上级人民法院通知暂缓执行的期间；

（8）执行中拍卖、变卖被查封、扣押财产的期间。

五、期日

期日，是指法院和诉讼参与人会合进行诉讼活动的时间。审判实务中常见的期日有庭审日、调解日、宣判日、证据交换日等。

第二节　送　达

一、送达的含义

送达，是指法院依法定的程序和方式，将诉讼文书送交当事人或其他诉讼参与人的行为。送达行为是能够产生诉讼上法律效果的行为。因此，对于送达应当重视。

送达的主要内容：送达的主体是人民法院，送达行为的对象是当事人或者其他诉讼参与人，送达的内容是各种诉讼文书，送达必须严格按照法律规定的程序和方式进行。

送达的法律效果可概括如下：

（1）从法律规定的或人民法院指定的期间开始计算。如从一审判决书的送达次日起开始计算上诉的期间，从起诉状副本的送达次日起开始计算提交答辩状的期间。

（2）送达将使得法律文书生效。如法院调解书的送达、终审判决的送达等，该类文书一经送达，文书对当事人则产生法律效力，要求当事人必须履行文书载明的义务。

二、送达的方式

法院送达诉讼文书的方式有下述七种。

（一）直接送达

直接送达，是法院指派本院的工作人员将诉讼文书直接面交受送达人。

(1) 送达对象：受送达人是公民的，本人不在，交他的同住成年家属签收；受送达人是法人或者其他组织的，应当由法人的法定代表人、其他组织的主要负责人或者该法人、组织负责收件的人签收；受送达人有诉讼代理人的，可以送交其代理人签收；受送达人已向人民法院指定代收人的，送交代收人签收。

(2) 送达日期：受送达人的同住成年家属，法人或者其他组织负责收件的人，诉讼代理人或者代收人在送达回证上签收的日期为送达日期。

(3) 送达地点：可以是当事人的住所，也可以是住所以外的约定地点。人民法院直接送达诉讼文书的，可以通知当事人到人民法院领取。当事人到达人民法院，拒绝签署送达回证的，视为送达。审判人员、书记员应当在送达回证上注明送达情况并签名。

(二) 留置送达

留置送达，是指受送达人或者他的同住成年家属拒绝接收诉讼文书的，送达人把诉讼文书留在受送达人住所，即视为送达。

(1) 留置送达的条件：受送达人或者他的同住成年家属拒绝接收诉讼文书。

(2) 留置送达的方法：根据《民事诉讼法》的规定，留置送达的方法有两种：一是可以邀请有关基层组织或者所在单位的代表到场，说明情况，在送达回证上记明拒收事由和日期，由送达人、见证人签名或者盖章，把诉讼文书留在受送达人的住所。二是把诉讼文书留在受送达人的住所，并采用拍照、录像等方式记录送达过程，即视为送达。

(3) 留置送达的对象：公民、法人及其诉讼代理人。根据《民诉解释》第130条的规定，向法人或者其他组织送达诉讼文书，应当由法人的法定代表人、该组织的主要负责人或者办公室、收发室、值班室等负责收件的人签收或盖章，拒绝签收或者盖章的，适用留置送达。根据《民诉解释》第132条的规定，受送达人有诉讼代理人的，人民法院既可以向受送达人送达，也可以向其诉讼代理人送达。受送达人指定诉讼代理人为代收人的，向诉讼代理人送达时，适用留置送达。

(4) 留置送达的法律效力：留置送达与直接送达产生同等的法律效力。但是，调解书不适用留置送达。当事人或者其指定的代收人拒绝签收调解书，说明当事人已反悔，不能将调解书留在受送达人的住所。

(三) 委托送达

委托送达，是指法院直接送达诉讼文书有困难的，委托其他人民法院代为送达。委托送达时，委托法院应当出具委托函，并附需要送达的诉讼文书和送达回证，以受送达人在送达回证上签收的日期为送达日期。委托送达的，受委托人民法院应当自收到委托函及相关诉讼文书之日起10日内代为送达。

(四) 邮寄送达

邮寄送达，是指法院直接送达诉讼文书有困难的，通过邮局将诉讼文书挂号寄交受送达人。邮寄送达，应当附有送达回证。挂号信回执上注明的收件日期与送达回证上注明的收件日期不一致的，或者送达回证没有寄回的，以挂号信回执上注明的收件日期为送达日期。

(五) 转交送达

转交送达，是指法院将诉讼文书送交受送达人所在单位，由单位转交受送达人。

转交送达的适用范围为：(1) 受送达人是军人的，通过其所在部队团以上单位的政治机关转交；(2) 受送达人被监禁的，通过其所在监所或者劳动改造单位转交；(3) 受送达人被采取强制性教育措施的，通过其所在强制性教育机构转交。代为转交的机关、单位收到诉讼文书后，必须立即转交受送达人签收，以送达回证上的签收日期为送达日期。

（六）公告送达

公告送达，是指法院以公告方式将诉讼文书内容公之于众，经过法定期间，即视为送达。公告送达是一种推定送达，适用时应特别注意以下几个问题：

（1）公告送达的条件。受送达人下落不明，或者用其他方式无法送达的，才能采用公告送达。

（2）公告送达的方式。公告送达可以在法院的公告栏和受送达人住所地张贴公告，也可以在报纸、信息网络等媒体上刊登公告，发出公告日期以最后张贴或者刊登的日期为准。对公告送达方式有特殊要求的，应当按要求的方式进行。

人民法院在受送达人住所地张贴公告的，应当采取拍照、录像等方式记录张贴过程。

（3）公告期为60日。法院发出公告后，应保管好应送达的诉讼文书，以备受送达人随时领取。公告期满，即视为送达。法院应在案卷中记明公告原因和公告经过，附卷备查。

（4）公告送达应当说明公告送达的原因；公告送达起诉状或上诉状副本的，应说明起诉或上诉要点、受送达人答辩期限及逾期不答辩的法律后果；公告送达传票的，应说明出庭地点、时间及逾期不出庭的法律后果；公告送达判决书、裁定书的，应说明裁判主要内容，当事人有权上诉的，还应说明上诉权利、上诉期限和上诉的法院。

（七）简易送达

简易送达是指经受送达人同意，人民法院可以采用传真、电子邮件等能够确认其收悉的方式送达诉讼文书。简易送达的适用应注意以下几个问题：

（1）简易送达以受送达人同意为前提，受送达人同意采用电子方式送达的，应当在送达地址确认书中予以确认。

（2）简易送达的范围不包括判决书、裁定书和调解书。

（3）简易送达的送达日期为传真、电子邮件等到达受送达人特定系统的日期。但受送达人证明到达其特定系统的日期与人民法院对应系统显示发送成功的日期不一致的，以受送达人证明到达其特定系统的日期为准。

三、送达回证与送达效力

（一）送达回证

送达回证，是指法院制作的用以证明完成送达行为并返回法院的凭证。除公告送达外，其他方式送达，必须有送达回证。法院应当如实记载送达回证并妥善保存，以便案件归档。

法院向当事人及其他诉讼参与人送达诉讼文书必须有送达回证，由受送达人在送达回证上记明收到日期并签名或者盖章。送达行为完成后，送达回证返回法院附卷备查。送达回证既是对法院送达行为的证明，又是法院依照法律程序和方式完成送达行为的凭证。受送达人在送达回证上的签收日期为送达日期。

（二）送达效力

送达效力，是指法院送达诉讼文书后所产生的法律后果。总体而言，送达效力主要表现在两个方面：

（1）程序效力。程序效力是指诉讼文书送达后，对诉讼程序产生的法律后果，具体表现为对当事人及其他诉讼参与人行使诉讼权利、履行诉讼义务的影响。

（2）实体效力。实体效力是指诉讼文书送达后，在实体上产生的法律后果，具体表现在对当事人民事权利和民事义务的影响。

第三节　保全制度

一、保全概述

保全制度在各国的民事诉讼中都有规定，但是各国的称谓又有所不同，有“临时性救济措施”“禁令”“假处分”“假扣押”等，而我国称为“保全”。无论称谓如何，其所包含的意义和内容都是一致的，主要包括两方面，即财产保全和行为保全。

（一）财产保全

财产保全，是指法院在诉讼开始前、诉讼过程中或者执行开始前，因具备法定事由或当事人申请，为了保障将来的生效判决得以顺利执行，保护利害关系人或者当事人的合法权益，对案件有关财产采取的强制措施。财产保全的目的是，保护利害关系人或者当事人的权益，保证将来的判决得以执行。

（二）行为保全

行为保全，是指法院在诉讼过程中或者诉讼开始前，因具备法定事由或当事人申请，为了防止一方当事人正在实施或即将实施的行为给利害关系人造成不可弥补的损害，保护利害关系人或者当事人的合法权益，责令一方当事人作出一定行为，或者禁止其作出一定行为。

我国专利法、商标法和著作权法等法律，为维护申请人的合法权益，知识产权人或者利害关系人可以在起诉前申请法院采取措施，责令被申请人停止实施有关侵犯专利权、商标权或者著作权的行为，就是“诉前停止侵权行为”，诉讼法上称之为“诉前行为保全”。《保护工业产权巴黎公约》第 9 条、第 10 条规定，权利人有权对“非法黏附商标或商号”行为、“假冒原产地和生产者标记”行为、“不正当竞争”行为采取适当的法律补救措施，以有效地制止这些非法行为，其中就包含利害关系人有申请停止诉讼前财产保全行为的权利。根据国际保护知识产权的立法和司法实践，《中华人民共和国专利法》第 66 条规定：专利权人或者利害关系人有证据证明他人正在实施或者即将实施侵犯专利权的行为，如不及时制止将会使其合法权益受到难以弥补的损害的，可以在起诉前向人民法院申请采取责令停止有关行为的措施。申请人提出申请时，应当提供担保；不提供担保的，驳回申请。人民法院应当自接受申请之时起 48 小时内作出裁定；有特殊情况需要延长的，可以延长 48 小时。裁定责令停止有关行为的，应当立即执行。当事人对裁定不服的，可以申请复议一次；复议期间不停止裁定的执行。申请人自人民法院采取责令停止有关行为的措施之日起 15 日内不起诉的，人民法院应当解除该措施。申请有错误的，申请人应当赔偿被申请人因停止有关行为所遭受的损失。这些规定确立了我国知识产权法的诉讼前行为保全制度。

（三）财产保全与行为保全的区别

财产保全与行为保全既然是一个制度的两个方面，那么两者之间必然有相同之处，本书将在后面的内容中进行介绍，在此我们主要分析其区别。两者的区别包括：

（1）申请的目的不同。财产保全是为了保障将来的生效判决得以顺利执行，顺利实现债权，从而制止债务人恶意转移、隐匿财产的行为；行为保全是为了防止一方当事人正在实施或即将实施的行为给利害关系人造成不可弥补的损害，从而责令一方当事人作出一定行为，或者禁止其作出一定行为。

（2）适用的案件类型不同。财产保全主要适用于给付之诉；而行为保全适用于所有的诉讼类型，包括给付之诉、确认之诉、形成之诉等。

（3）执行的对象不同。财产保全的措施都是针对财产的；行为保全的措施则是针对行为的。

（4）执行的措施不同。财产保全的措施有查封、扣押、冻结等；行为保全的措施有责令为一定行为或不为一定行为。

二、财产保全的种类

根据申请保全的时间不同，财产保全可分为诉讼前保全、诉讼中保全和执行前保全。

（一）诉讼前保全

诉讼前保全，是指在紧急情况下，法院不立即采取财产保全措施，利害关系人的合法权利会受到难以弥补的损害，因此法律赋予利害关系人在起诉前有权申请人民法院采取财产保全措施。

诉讼前保全属于应急性的保全措施，目的是保护利害关系人不致遭受无法弥补的损失。例如，双方当事人签订购销合同，需方按约定付给供方150万元的预付款，事后发现供方有欺诈行为，根本没有能力履行合同，而且所付货款有被转移的可能，如不及时采取强制保全措施加以控制，必将产生难以弥补的损失。由于从债权人起诉到法院受理需要一段时间，法律就有必要赋予利害关系人在情况紧急时请求法院及时保全可能被转移的财产的权利。

诉讼前保全是在当事人尚未起诉时，为了及时保护利害关系人的合法权益，根据申请所采取的强制措施。因此，法律对其规定比较严格，诉讼前保全应当符合以下条件：

第一，必须是情况紧急。如果等到法院受理案件以后再采取保全措施，将会使申请人的合法权益受到难以弥补的损害。

第二，必须由利害关系人向人民法院提出申请。利害关系人是认为自己的民事权益受到侵犯或与他人发生争议的人，诉前保全强调利害关系人的申请，法院不依职权主动采取。利害关系人应当向财产所在地的法院申请。

第三，必须向有管辖权的法院提出。根据《民事诉讼法》第101条的规定，利害关系人应当向保全财产所在地的人民法院、被申请人住所地的人民法院或者对案件有管辖权的人民法院申请采取保全措施。根据《民诉解释》的规定，当事人向采取诉前保全措施以外的其他有管辖权的人民法院起诉的，采取诉前保全措施的人民法院应当将保全手续移送受理案件的人民法院。诉前保全的裁定视为受移送人民法院作出的裁定。

第四，必须提供担保。诉讼前保全发生在诉讼开始之前，申请人是否提起诉讼，是否真正享有实体权利，都处于不确定的状态，为了防止诉前保全可能出现错误，法律要求申请人必须提供担保。否则，法院应当驳回申请。

根据《民事诉讼法》的规定，诉讼前保全和诉讼中保全都必须交纳保全费用，并依照

《诉讼费用交纳办法》执行。

诉讼前保全的申请人即利害关系人必须在人民法院采取保全措施后30日内提起诉讼，使与被保全标的有关的争议能够通过审判得到解决。如果利害关系人未在30日内向人民法院起诉或者申请仲裁的，人民法院应当解除财产保全措施。

（二）诉讼中保全

诉讼中保全是指法院在案件受理后、判决作出前，为了保护当事人的合法权益，做出的保全措施。

诉讼中保全的前提是因当事人一方的行为或者其他原因，可能会使将来的判决不能执行或者难以执行。所谓“当事人一方的行为”，是指当事人一方擅自将争议标的物出卖、转移、隐匿、毁损、挥霍或者抽逃资金等逃避履行义务的行为；所谓“其他原因”，是指当事人行为以外的客观自然因素，如物品变质腐烂。诉讼中保全的条件包括：

第一，诉讼中保全的时间是法院受理案件以后，作出判决以前。具体包括第一审程序、第二审程序和再审程序。

对当事人不服一审判决提出上诉的案件，在第二审法院接到案件之前，必须采取财产保全措施的，由第一审法院依当事人申请或依职权采取。第一审法院制作的财产保全裁定，应及时报送第二审法院。第二审人民法院裁定对第一审人民法院采取的保全措施予以续保或者采取新的保全措施的，可以自行实施，也可以委托第一审人民法院实施。

再审人民法院裁定对原保全措施予以续保或者采取新的保全措施的，可以自行实施，也可以委托原审人民法院或者执行法院实施。

第二，诉讼中保全既可以由当事人提出申请，也可以由法院依职权主动采取。诉讼中保全原则上以当事人申请为主，在特殊情况下，若人民法院知悉债务人正在实施或准备实施有损于当事人的活动，也可以依职权采取保全措施。

第三，可以提供担保。通常情况下，人民法院根据申请人提交的证据即可作出保全裁定，没有责令申请人提供担保的，申请人可以不提供担保。但是，特殊情况下，为了防止申请人的错误申请、恶意申请，平等地保护双方的利益，人民法院责令提供担保的，申请人必须提供担保，不提供担保的，驳回申请。人民法院依职权采取保全措施的，有关的利害关系人也可以不提供担保。

（三）执行前保全

执行前保全是指在法律文书生效后，进入执行程序前，债权人因对方当事人转移财产等紧急情况，不申请保全将可能导致生效法律文书不能执行或者难以执行的，而向有执行管辖权的人民法院申请保全债务人的财产。

执行前保全是《民诉解释》新增内容，主要是对于当事人由于诉讼能力的限制未在诉讼前及诉讼中申请财产保全，而在法律文书生效后，尚未申请强制执行前发现被执行人存在转移财产等紧急情况时，给债权人及时保护自身权益提供的一个救济机会。

执行前财产保全的条件：

第一，申请人和被申请人分别是生效法律文书确定的权利人和义务人。

第二，申请执行前财产保全的原因是作为执行依据的法律文书已生效但尚不能申请执行期间，可能因义务人一方的行为或其他原因，使判决不能执行或者难以执行。

第三，请求保全的财产是义务人的财产或者法律文书确定的义务人应交付的标的物。

第四，有明确的财产线索和有关证明材料。

第五，该法院对该法律文书的执行具有管辖权。

第六，按时交纳申请费并提供可靠担保。

适用上述规定申请财产保全应当注意：

(1) 申请此类保全，当事人必须向人民法院提交书面申请，因为人民法院一般不主动依职权采取诉讼保全措施；

(2) 当事人应提交生效的法律文书，且采取保全的案件必须具有财产给付的内容，即该判决或调解结果具有财产给付内容；

(3) 申请保全的范围应当是判决的内容；

(4) 申请保全的时间点必须发生在宣判之后或达成调解协议之后，尚未进入执行程序之前，因为进入执行程序后，人民法院发现被执行人存在恶意转移财产等行为，可以立即采取执行措施；

(5) 必须是基于一方当事人转移财产等行为或者其他原因等紧急情况，可能导致生效文书将来不能执行或难以执行；

(6) 当事人既可以向作出生效判决的第一审人民法院提出申请，也可以向与第一审人民法院同级的被执行的财产所在地人民法院提出申请；

(7) 人民法院受理并采取财产保全措施后，申请人必须在法律文书指定的履行期限届满后 5 日内申请强制执行，否则，人民法院有权依职权裁定解除保全措施。

(四) 诉讼前保全、诉讼中保全与执行前保全的区别

1. 申请的主体不同

诉讼前保全是在起诉前由利害关系人向人民法院提出的。诉讼中保全是当事人在诉讼进行中申请保全的。诉讼中保全应当由申请人提出申请，必要时人民法院可以依职权采取保全措施。诉讼前保全由利害关系人提出申请，法院不得依职权采取保全措施。执行前保全由债权人向有执行管辖权的法院提出，法院一般也不会主动依职权采取保全措施。

2. 申请保全的时间不同

诉讼中保全应当在案件受理后、判决生效前提出申请；诉讼前保全必须在起诉前向有管辖权的人民法院提出申请；执行前保全在法律文书生效后，进入执行程序前提出申请。

3. 对申请人是否提供担保的要求不同

诉讼中保全，人民法院责令提供担保的，申请人必须提供担保，不提供担保的，驳回申请。没有责令申请人提供担保的，申请人可以不提供担保。人民法院依职权采取保全措施的，有关的利害关系人也可以不提供担保。诉讼前保全，申请人必须提供担保，不提供担保的，驳回申请。执行前保全同样应当提供担保。

4. 解除的条件不同

诉讼中保全的解除条件是被申请人提供担保。诉前保全的解除条件是申请人在法定期间内不起诉。执行前保全的解除条件是申请人在法定期间内不申请强制执行。

三、财产保全的范围

财产保全限于请求的范围，或者与本案有关的财物。根据《民诉解释》的规定，人民法院对抵押物、质押物、留置物可以采取财产保全措施，但不影响抵押权人、质权人、留置权人的优先受偿权。

所谓限于请求的范围，是指保全的范围以申请人的请求为限。申请人的保全请求应限定在诉讼请求的范围之内。

所谓与本案有关的财物，是指被保全的财物是本案的争议标的物或者与争议标的物有牵连的其他财物。例如，请求返还木材价款之诉，被告已将木材加工为家具，家具就是与本案有关的财物。但对案外人的财产不得采取保全措施。

四、财产保全的措施

（一）查封

查封是指法院将需要保全的财物清点后，加贴封条，就地或者易地封存的一种措施。查封的本意是检查以后，贴上封条，禁止动用。法院对财产查封后，当事人、负责保管的有关单位和个人及法院都不得动用该项财产。

（二）扣押

扣押是指法院将需要保全的财物转移到一定场所予以扣留，使被申请人在一定期限内不得占有和动用的一种措施。在特殊情况下，扣押也可就地进行，例如，对船舶、飞机予以就地扣留。对不动产和特定的动产（如车辆、船舶等）可以采取扣押有关财产权证照，并通知有关产权登记部门不予办理该项财产的权利转移手续，也能达到财产保全的目的。

（三）冻结

冻结是指法院通知银行和非银行金融机构，对被申请人的存款或其他款项阻止流动、变动的一种措施。法院裁定冻结款项的，应当立即通知被冻结款项的权利人。冻结单位存款的期限不得超过 6 个月，逾期不办理继续冻结手续的，视为撤销冻结。

（四）其他方法

除上述措施外，还可以采取法律规定的其他方法。如扣留、提取被申请人收入，禁止被申请人为或不为一定行为。在审判实践中，法院对季节性商品，鲜活、易腐烂变质及其他不宜长期保存的物品，可以责令当事人及时处理，由法院保存价款；必要时，法院可予以变卖，保存价款。法院对债务人到期应得的收益，可以采取财产保全措施，限制其支取，通知有关单位协助执行。债务人的财产不能满足保全请求，但对第三人有到期债权的，法院可以依债权人的申请裁定该第三人不得对本案债务人清偿。该第三人要求偿付的，由法院提存财物或价款。

五、法院的义务

（一）法院的通知义务

《民事诉讼法》第 103 条第 1 款规定，人民法院保全财产后，应当立即通知被保全财产的人。由于保全措施有一定的秘密性，为了及时保护被保全人的合法权益，人民法院在采取保全措施后，应立即通知被保全人。若被保全人认为保全裁定有错误的，可以申请复议，认为执行措施不当的，可以提出执行异议。

（二）禁止重复扣押、冻结

执行法院依法对被执行人的财产查封、冻结后，任何单位包括其他法院都不得在相同的时间对同一标的物进行再次查封、冻结，否则后来的查封、冻结行为无效。

（三）妥善保管被查封、扣押、冻结的财产

人民法院在财产保全中采取查封、扣押、冻结财产措施时，应当妥善保管被查封、扣押、冻结的财产。不宜由人民法院保管的，人民法院可以指定被保全人负责保管；不宜由被保全人保管的，可以委托他人或者申请保全人保管。

查封、扣押、冻结担保物权人占有的担保财产，一般由担保物权人保管；由人民法院保管的，质权、留置权不因采取保全措施而消灭。

六、保全的程序

（一）保全的开始

诉讼中保全，一般根据当事人向受诉法院提出申请而开始。在诉讼争议的财产有毁损、灭失等危险，或者有证据表明被申请人可能采取隐匿、转移、出卖其财产的，法院也可依职权裁定采取财产保全措施。

诉讼前保全，只能以利害关系人向人民法院申请开始。申请财产保全应当提交申请书，写明请求保全的标的物或有关财产的种类、数量、价额、所在地及申请保全的理由。口头申请的，由法院记入笔录，并由申请人签名或盖章。

执行前保全，是以债权人向人民法院申请开始。申请人应当提交执行前财产保全申请书；作为执行依据的法律文书复印件（原件交法院核对）及生效证明；保全财产的线索及相关证明材料。

（二）责令申请人提供担保

利害关系人申请诉前保全的，应当提供担保。申请诉前财产保全的，应当提供相当于请求保全数额的担保；情况特殊的，人民法院可以酌情处理。申请诉前行为保全的，担保的数额由人民法院根据案件的具体情况决定。

在诉讼中，人民法院依申请或者依职权采取保全措施的，应当根据案件的具体情况，决定当事人是否应当提供担保以及担保的数额。

当事人向人民法院申请执行前财产保全，应当提供担保。担保可采用现金担保、实物担保、担保人连带保证三种方式。

在采取保全措施时，责令利害关系人或者当事人提供担保的，应当书面通知。

根据《民诉解释》的规定，对申请保全人或者他人提供的担保财产，人民法院应当依法办理查封、扣押、冻结等手续。

（三）保全的裁定

1．保全裁定

法院接受保全申请后，应当尽快作出裁定，对情况紧急的，必须在 48 小时内作出裁定。裁定采取保全措施的，应当立即开始执行。

保全的裁定，一般采用书面形式。特别是对于保全财产价额较大或者需要银行等有关单位、个人协助执行的，应当作出书面裁定。当事人对保全裁定不服的，可以申请复议一次，但复议期间不停止裁定的执行。财产保全裁定的法律效力一般应维持到生效的判决执

行时为止。

2. 保全标的物的变更

法院保全之后，如果财产保全的被保全人提供其他等值担保财产且有利于执行的，人民法院可以裁定变更保全标的物为被保全人提供的担保财产。

(四) 保全的结束

保全程序的结束有两种情况：正常结束和提前解除。

正常结束指保全裁定的效力维持到生效的判决执行，执行完毕，保全裁定效力自然终结，使财产保全程序在正常状态下结束。

提前解除指法院采取保全措施后，因情况发生变化，不需要继续进行，在保全裁定期限届满之前，作出裁定提前解除保全措施。根据民事诉讼法的有关规定，有下列情形之一的，提前解除保全措施：

(1) 被申请人提供担保的。

(2) 诉前保全的申请人在法定期间内不起诉的。诉前保全措施的有效性以申请人在法定期间内向法院起诉为条件，申请人在采取保全措施后 30 日内不起诉的，法院应裁定解除保全。

(3) 执行前保全的申请人在法定期间内不申请强制执行的。人民法院受理并采取财产保全措施后，申请人必须在法律文书指定的履行期限届满后 5 日内申请强制执行，否则，人民法院有权依职权裁定解除保全措施。

(4) 有解除保全其他情形的。如保全错误的；申请人撤回保全申请的；申请人的起诉或者诉讼请求被生效裁判驳回的；等等。

保全解除的决定：人民法院自行解除或者其上级人民法院决定解除。

保全裁定未经人民法院依法撤销或者解除，进入执行程序后，自动转为执行中的查封、扣押、冻结措施，期限连续计算，执行法院无须重新制作裁定书，但查封、扣押、冻结期限届满的除外。

(五) 保全的救济

当事人对保全的裁定不服的，可以自收到裁定书之日起 5 日内向作出裁定的人民法院申请复议。人民法院应当在收到复议申请后 10 日内审查。裁定正确的，驳回当事人的申请；裁定不当的，变更或者撤销原裁定。

保全结束时，因保全错误给被申请人造成损失的，申请人应予以赔偿。因法院依职权采取保全措施或者错误采取保全措施造成损失的，由法院依国家赔偿法予以赔偿。

第四节　先予执行

一、先予执行概述

先予执行，是指法院在作出判决前，为了解决权利人的生活或者生产经营急需，裁定义务人履行一定义务的诉讼制度。

(一) 先予执行的条件

先予执行是有条件的，这些条件是：

第一，当事人之间权利义务关系明确。先予执行实质上是在判决确定前实现未来判决中的部分实体权利，因此先予执行必须以当事人之间权利义务关系明确为前提。

第二，申请人的生活或者生产经营确实困难，迫切需要先予执行，否则就会影响其生活或生产经营的正常进行，且向人民法院提出申请的。申请人确有困难，主要指两种情况：一是申请人是依靠被告履行义务而维持正常生活的，在人民法院作出生效判决前，如不裁定先予执行，原告就无法维持正常的生活；二是原告的生产经营活动，须依靠被告提供一定条件或履行一定义务才能够进行，在人民法院判决前，如不裁定先予执行，将严重影响原告的生活或生产经营，甚至原告无法维持生活或者不能生产经营。最高人民法院司法解释〔2000〕40 号《关于审理刑事附带民事诉讼案件有关问题的批复》指出，在刑事诉讼中，对于附带民事诉讼当事人提出先予执行申请的，人民法院应当依照民事诉讼法的有关规定，裁定先予执行或者驳回申请。只有当事人生活或者生产十分困难或者急需，并主动向人民法院提出先予执行申请的，人民法院才能作出裁定，要求被告先予执行。人民法院不依职权作出先予执行的裁定。

第三，被申请人有履行能力。先予执行要求义务人履行一定民事义务，客观上以被申请人有履行能力为基础。如果被申请人没有给付能力，即使裁定先予执行，也没有实际意义。

（二）先予执行的范围

《民事诉讼法》第 106 条规定："人民法院对下列案件，根据当事人的申请，可以裁定先予执行：（一）追索赡养费、扶养费、抚育费、抚恤金、医疗费用的；（二）追索劳动报酬的；（三）因情况紧急需要先予执行的。"情况紧急主要指：（1）需要立即停止侵害、排除妨碍的；（2）需要立即制止某项行为的；（3）追索恢复生产、经营急需的保险理赔费的；（4）需要立即返还社会保险金、社会救助资金的；（5）不立即返还款项，将严重影响权利人生活和生产经营的。

二、先予执行的程序

（一）先予执行的开始

先予执行因当事人的申请而开始，如果当事人不提出申请，人民法院不得依职权主动采取先予执行措施。

（二）责令申请人提供担保

人民法院收到申请后，可以责令申请人提供担保，申请人不提供担保的，驳回申请。"可以责令"的含义是，提供担保不是必经程序，是否责令由人民法院视具体情况而定。

（三）先予执行的裁定

人民法院对当事人先予执行的申请，经审查符合法定条件的，应当及时作出裁定。

先予执行的裁定，一经作出立即发生法律效力。当事人不服的，可以申请复议一次，但复议期间不停止裁定的执行。

对于复议申请，人民法院应当及时审查。裁定正确的，通知驳回当事人的申请；裁定不当的，作出新的裁定，变更或撤销原裁定。先予执行裁定的效力一般应维持到判决执行时终止，判决发生确定效力后，先予执行裁定的效力自行终止。人民法院应将先予执行的内容在判决主文中载明。

先予执行裁定错误的，人民法院应裁定撤销原裁定，申请人应当将先予执行取得的财产返还给对方。拒不返还的，由人民法院强制执行。被申请人因此遭受财产损失的，申请人还应当赔偿损失。

三、先予执行后当事人申请撤诉的处理

人民法院采取先予执行措施后，申请先予执行的当事人申请撤诉的，人民法院应当及时通知对方当事人、第三人或者有关的案外人。在接到通知至准予撤诉的裁定送达前，对方当事人、第三人及有关的案外人对撤诉提出异议的，应当裁定驳回撤诉申请。

第五节　对妨害民事诉讼的强制措施

一、妨害民事诉讼行为

妨害民事诉讼行为，是指在民事诉讼中扰乱民事诉讼秩序的行为。

设立对妨害民事诉讼的强制措施，目的是保障民事诉讼活动的正常进行。从性质上讲，它是一种排除妨害的强制性手段，是一种教育手段，而不是惩罚手段，不同于刑事制裁、民事制裁和行政制裁。

（一）妨害民事诉讼行为的构成要件

妨害民事诉讼行为必须具备以下四个构成要件：

（1）妨害民事诉讼的行为已经实施。这是认定构成妨害民事诉讼行为的客观要件。

（2）妨害民事诉讼的行为已经造成了行为后果。所谓已经造成了行为后果，是指妨害行为已经妨害了民事诉讼活动的正常进行，在客观上造成了民事诉讼秩序的混乱。

（3）妨害民事诉讼的行为发生在民事诉讼过程中。该要件是指妨害行为应是发生在民事诉讼开始后到判决执行终结前的时间段内，包括审判程序和执行程序。

但根据最高人民法院的相关司法解释，在人民法院执行完毕后，被执行人或者其他人对已经执行的标的有妨害行为的，法院应当采取措施，排除妨害，并可以依据《民事诉讼法》的规定进行处理。因妨害行为给申请执行人或者其他人造成损失的，受害人可以另行起诉。

（4）行为人实施妨害行为出于主观故意。行为人实施妨害行为出于主观故意，是构成妨害民事诉讼行为的主观要件。

（二）妨害民事诉讼行为的种类

根据《民事诉讼法》的有关规定和最高人民法院的有关司法解释，结合民事诉讼活动的特点，妨害民事诉讼的行为大致上可以分为三大类：一是妨害民事审判活动的行为，即发生于审判活动中的妨害行为；二是妨害民事执行活动的行为，即发生于财产保全和执行活动中的妨害行为；三是妨害具有特定身份的人执行公务或者履行义务的行为，即发生于审判或执行活动中的妨害行为。

1. 妨害民事审判活动的行为

（1）必须到庭的被告，经人民法院两次传票传唤，无正当理由拒不到庭的。

（2）违反法庭规则的。如未经法庭允许录音、录像、摄影，以移动通信等方式现场传

播审判活动，哄闹、冲击法庭，侮辱、诽谤、威胁、殴打审判人员等行为。

（3）伪造、毁灭重要证据，妨碍人民法院审理案件的。

（4）以暴力、威胁、贿买方法阻止证人作证或者指使、贿买、胁迫他人作伪证的。用非法手段阻止证人作证，是指以暴力、威胁、贿买方法阻止证人出庭证明案件事实的行为。用非法手段让证人作伪证，是指用指使、贿买、胁迫等手段使证人提供虚假证据的行为。所谓指使他人作伪证，是指利用职权或者其他关系，教唆或者暗示本无作伪证企图的人提供虚假证据；所谓贿买他人作伪证，是指以给他人某种利益为条件，收买其提供虚假证据的行为；所谓胁迫他人作伪证，是指以威胁、恐吓、逼迫等手段，使他人不得已而提供虚假证据的行为。

（5）虚假诉讼、恶意调解行为。《民事诉讼法》第112条规定：当事人之间恶意串通，企图通过诉讼、调解等方式侵害他人合法权益的，人民法院应当驳回其请求，并根据情节轻重予以罚款、拘留；构成犯罪的，依法追究刑事责任。

（6）有义务协助调查的有关单位拒绝或者妨碍人民法院调查取证的。调查取证是人民法院审理民事案件，作出正确裁判的基础。人民法院在调查取证时，有关单位和个人不得拒绝或者予以妨碍。

2. 妨害民事执行活动的行为

（1）拒不履行人民法院已经发生法律效力的判决、裁定的。

（2）隐藏、转移、变卖、毁损已被查封、扣押的财产，或者已被清点并责令其保管的财产，转移已被冻结的财产的。对于已被查封、扣押、冻结及责令其保管的财产，行为人进行隐藏、转移、变卖、毁损的，势必妨碍人民法院的财产保全和执行活动，影响将来生效裁判的执行，因而属于妨害民事诉讼的行为。

（3）有义务协助执行的银行、信用合作社和其他有储蓄业务的单位接到人民法院协助执行通知书后，拒不协助查询、冻结或者划拨存款的。人民法院在执行过程中，如果需要银行、信用合作社和其他储蓄业务的单位协助查询、冻结或划拨存款时，这些单位应当予以协助办理。无故推脱、拒绝或者妨碍执行，将会使当事人的合法权益不能得到实现，所以是妨害民事诉讼的行为。

（4）有关单位接到人民法院协助执行通知书后，拒不协助扣留被执行人的收入、办理有关财产权证照转移手续、转交有关票证、证照或者其他财产的。“有关单位”，是指与执行标的物有关的单位。有关单位如果拒绝协助，比如房管部门拒绝协助办理产权过户手续，被执行人所在单位拒绝协助扣交被执行人的工资收入等不作为行为，都是妨害民事诉讼的行为。

（5）恶意串通逃避执行行为。被执行人与他人恶意串通，通过诉讼、仲裁、调解等方式逃避履行法律文书确定的义务，应当进行处罚。

（6）其他拒绝履行或者协助执行的。根据《执行规定》第100条的规定，被执行人或其他人有拒不履行生效法律文书或者妨害执行等行为的，人民法院可以依照《民事诉讼法》的规定处理。

3. 妨害具有特定身份的人执行公务或履行义务的行为

（1）对司法工作人员、诉讼参加人、证人、翻译人员、鉴定人、勘验人、协助执行的人，进行侮辱、诽谤、诬陷、殴打或者打击报复的。

（2）以暴力、威胁或者其他方法阻碍司法工作人员执行职务的。司法工作人员包括审判员、书记员、司法警察等。

二、对妨害民事诉讼行为的强制措施

（一）强制措施的概念

所谓对妨害民事诉讼行为的强制措施，简称强制措施，是指在民事诉讼中，对有妨害民事诉讼秩序行为的人所采取的旨在排除妨害行为的强制手段。从性质上讲，强制措施的目的就是排除妨害，使受损害的诉讼秩序恢复常态，使诉讼能够顺利进行。

（二）强制措施的种类及适用

1. 拘传的适用

我国《民事诉讼法》第 109 条规定：人民法院对必须到庭的被告，经两次传票传唤，无正当理由拒不到庭的，可以拘传。《执行规定》第 97 条规定：对必须到人民法院接受询问的被执行人或被执行人的法定代表人或负责人，经两次传票传唤，无正当理由拒不到场的，人民法院可以对其进行拘传。

由此可见，适用拘传必须符合三个条件：

（1）拘传的对象是必须到庭或到场的被告或被执行人或被执行人的法定代表人、负责人。所谓必须到庭的被告，一般是指追索赡养费、抚养费、抚育费、抚恤金、劳动报酬等案件中的被告，以及不到庭就无法查清案情的被告，如离婚案件的被告。另外，必须到庭才能查清案件基本事实的原告，经两次传票传唤，无正当理由拒不到庭的，也可以适用拘传。

（2）必须经过两次传票传唤。这里必须具备两个条件：一是已经按照法定的程序送达了传票；二是送达的次数必须是两次。

（3）无正当理由拒不到庭或到场。适用拘传措施，首先应由本案合议庭或独任审判员提出，并报经本院院长批准。然后填写拘传票，交司法警察执行。司法警察在执行拘传时，应当向被拘传人出示拘传票，在拘传前应令其立即随票到庭或到场，并说明拒不到庭或到场的法律后果。被拘传人经批评教育后，仍拒绝随票到庭或到场的，司法警察可强制其到庭或到场。

2. 训诫的适用

针对违反法庭规则情节轻微的人，由合议庭或独任审判员作出训诫决定，并由审判长或独任审判员以口头方式当庭宣布，指出其行为的违法性及给诉讼造成的危害后果，责令其认识和改正错误。

训诫的内容应记入笔录，由被训诫者签名。

3. 责令退出法庭的适用

在开庭过程中，对违反法庭规则的诉讼参与人或其他旁听人员，经批评教育后仍不悔改的，由合议庭或者独任审判员决定，并由审判长或独任审判员口头宣布其行为违反法庭规则的事实及情节，由司法警察强制其退出法庭。

4. 罚款的适用

适用罚款的强制措施，必须由合议庭或独任审判员作出决定，报请人民法院院长批准后才能执行。罚款应用决定书。决定书中应载明被罚款人的姓名或法人、其他组织的名称，罚款的原因和数额。依照民事诉讼法的规定，对个人的罚款金额，为人民币 1 万元以下；对单位的罚款金额，为人民币 5 万元以上 100 万元以下。

被罚款人对决定不服的，可以向上一级人民法院申请复议一次，复议应当自收到决定书之日起 3 日内提出。但是，复议期间不停止决定的执行。上级人民法院应在收到复议申请后 5 日内作出决定，并将复议结果通知下级人民法院和被罚款人。上级人民法院经过复议，如果认为采取的罚款措施不当的，应当制作决定书，撤销下级人民法院的罚款决定。情况紧急的，可以在口头通知后 3 日内发出决定书。

适用罚款措施时应注意，对同一妨害民事诉讼行为的罚款，不得连续适用。如果发生了新的妨害民事诉讼的行为，人民法院可以重新采取强制措施，包括处以罚款。

5. 拘留的适用

拘留属于最严厉的强制措施，适用拘留除了必须符合法定的条件外，还应当遵循严格的程序。

采取拘留措施，应由合议庭或独任审判员提出，并报人民法院院长批准。确因哄闹、冲击法庭，使用暴力、威胁等方法抗拒执行公务等紧急情况，必须立即采取拘留措施的，可在拘留后立即报告人民法院院长并补办批准手续。人民法院对被拘留人采取拘留措施后，应当在 24 小时内通知其家属；确实无法按时通知或者通知不到的，应当记录在案。人民法院院长认为拘留不当的，应当立即解除拘留。拘留必须使用决定书。决定书应载明被拘留人的姓名、被拘留的原因和拘留的时间等内容。对决定不服的，可以向上一级人民法院申请复议一次。复议期间不停止决定的执行。

适用拘留，应由司法警察将被拘留人送交当地公安机关看管。被拘留人不在本辖区的，作出拘留决定的人民法院应派员到被拘留人所在地的人民法院，请求该人民法院协助执行，受委托的人民法院应及时派员协助执行。被拘留人申请复议或者在拘留期间承认并改正错误，需要提前解除拘留的，受委托人民法院应向委托人民法院转达或者提出建议，由委托人民法院审查决定。拘留期限为 15 日以下。被拘留人在拘留期间认错改悔的，可以提前解除拘留。提前解除拘留，应报经本院院长批准，并作出提前解除拘留决定书，交负责看管的公安机关执行。同一妨害民事诉讼行为的拘留不得连续适用。但发生了新的妨害民事诉讼的行为，人民法院可以重新适用。对妨害民事诉讼行为的人采用罚款、拘留措施的，既可以单独适用，也可以合并适用。

根据《民事诉讼法》第 117 条的规定，采取对妨害民事诉讼的强制措施必须由人民法院决定。任何单位和个人采取非法拘禁他人或者非法私自扣押他人财产追索债务的，应当依法追究刑事责任，或者予以拘留、罚款。

第六节　诉讼费用

一、诉讼费用概述

（一）诉讼费用的含义

诉讼费用，是指当事人因进行诉讼而向法院交纳和支付的特定费用，主要包括案件受理费等费用。案件受理费，是指人民法院决定受理起诉时，按规定向当事人征收的费用。除法律另有规定外，原则上民事案件都要征收案件受理费。财产案件除交纳案件受理费外，还要交纳其他诉讼费用。目前，案件的收费根据是 2006 年 12 月 19 日颁布、自

2007年4月1日起实施的《诉讼费用交纳办法》。

一般认为，诉讼费用制度有以下意义：第一，可以减少国家的财政支出，并消除少数人进行诉讼而费用却由全社会负担的不合理现象。第二，有利于促使当事人严肃认真地行使诉权，防止滥诉、缠诉现象的发生。第三，有利于教育当事人自觉遵守法律，建立和完善防止纠纷发生的内部自我约束机制。第四，有利于维护国家的主权和经济利益。

（二）诉讼费用的种类

诉讼费用主要包括案件受理费、其他诉讼费用、执行费用和申请费。

1. 案件受理费

案件受理费，是人民法院决定受理案件后，按照有关规定应向当事人收取的费用。案件受理费的范围包括：

（1）第一审案件受理费。

（2）第二审案件受理费。

（3）再审案件中，依照《诉讼费用交纳办法》的规定需要交纳的案件受理费。

但是，下列案件不征收案件受理费：

（1）依照民事诉讼法规定的特别程序审理的案件。

（2）裁定不予受理、驳回起诉、驳回上诉的案件。

（3）对不予受理、驳回起诉和管辖权异议裁定不服，提起上诉的案件。

（4）行政赔偿案件。

（5）根据民事诉讼法和行政诉讼法规定的审判监督程序审理的案件，当事人不交纳案件受理费。但是，下列情形除外：1）当事人有新的证据，足以推翻原判决、裁定，向人民法院申请再审，人民法院经审查决定再审的案件；2）当事人对人民法院第一审判决或者裁定未提出上诉，第一审判决、裁定或者调解书发生法律效力后又申请再审，人民法院经审查决定再审的案件。

2. 其他诉讼费用

其他诉讼费用，主要是指人民法院在审理民事案件过程中实际支出的，应当由当事人支付的费用。其他诉讼费用主要包括以下几项：（1）勘验费、鉴定费、公告费、翻译费。诉讼过程中因鉴定、公告、勘验、翻译、评估、拍卖、变卖、仓储、保管、运输、船舶监管等发生的依法应当由当事人负担的费用，人民法院根据谁主张、谁负担的原则，决定由当事人直接支付给有关机构或者单位，人民法院不得代收代付。人民法院依照《民事诉讼法》第11条第3款的规定提供当地民族通用语言、文字翻译的，不收取费用。（2）复制本案有关材料或法律文书的费用。当事人复制案件卷宗材料和法律文书，应当按实际成本向人民法院交纳工本费。（3）采取财产保全措施所支出的费用。（4）先予执行中实际支出的费用。（5）证人、鉴定人、翻译人员、理算人员在人民法院指定日期出庭发生的交通费、住宿费、生活费和误工补贴，由人民法院按照国家规定标准向申请人代为收取。（6）人民法院认为应当由当事人负担的其他诉讼费用。

3. 执行费用

执行费用，是指执行人民法院的判决、裁定或者调解协议所支付的费用，以及当事人依法向人民法院申请执行仲裁机构的裁决、公证机关依法赋予强制执行效力的债权文书和行政机关的处理或处罚决定，所应交纳的申请执行费和实际支出的费用。

4. 申请费

下列案件由申请人交纳申请费：(1) 申请执行人民法院发生法律效力的判决、裁定、调解书，仲裁机构依法作出的裁决和调解书，公证机构依法赋予强制执行效力的债权文书；(2) 申请保全措施；(3) 申请支付令；(4) 申请公示催告；(5) 申请撤销仲裁裁决或者认定仲裁协议效力；(6) 申请破产；(7) 申请海事强制令、共同海损理算、设立海事赔偿责任限制基金、海事债权登记、船舶优先权催告；(8) 申请承认和执行外国法院判决、裁定和国外仲裁机构裁决。

二、诉讼费用的负担

(一) 诉讼费用的预交

1. 案件受理费的预交

案件受理费由原告、有独立请求权的第三人、上诉人预交。被告提起反诉，依照规定需要交纳案件受理费的，由被告预交。追索劳动报酬的案件可以不预交案件受理费。第一审案件的受理费由原告预交。原告自接到人民法院预交诉讼费用通知的次日起 7 日内预交。反诉案件由反诉人在提出反诉的同时预交案件受理费。当事人在预交案件受理费的交纳期限内未预交，又不提出缓交申请的，或虽提出缓交申请，但未经人民法院批准的，按自动撤诉处理。

上诉案件的受理费由上诉人预交，双方当事人都上诉的，由上诉的双方当事人分别预交。上诉人在接到人民法院预交诉讼费用通知后 7 日内仍未预交，又不提出缓交申请的，按自动撤回上诉处理。

当事人在诉讼中增加诉讼请求数额的，按照增加后的诉讼请求数额计算补交；当事人在法庭调查终结前提出减少诉讼请求数额的，按照减少后的诉讼请求数额计算退还。

证人、鉴定人、翻译人员、理算人员等发生的交通费、住宿费、生活费和误工补贴待实际发生后交纳。

2. 申请费的预交

申请费由申请人预交，在提出申请时交纳。但是，《诉讼费用交纳办法》规定有些申请费不用申请人预交，如执行申请费待执行后交纳，破产申请费待清算后交纳。

3. 诉讼费用预交的特殊情况

(1) 移送。移送的案件，原受理人民法院应当将已预交诉讼费用随案移交接受案件的人民法院。

(2) 在经济案件中，发现本案属于刑事案件而全案移送有关部门的，退还当事人已预交的诉讼费用；案件移送有关部门处理后，经济纠纷仍需按民事诉讼程序审理的，当事人已预交的诉讼费用不予退还。

(3) 诉讼中止的，不退还案件受理费；恢复诉讼后，当事人不再预交案件受理费。

(4) 诉讼终结的，当事人已预交的案件受理费不予退还。

(二) 诉讼费用负担的确定

1. 一审案件诉讼费用的负担

根据《诉讼费用交纳办法》的规定，一审案件的诉讼费用按下列原则负担：

（1）败诉人负担。

（2）按比例负担。双方都有责任的，由人民法院按当事人在案件中各自责任的大小，决定双方分担诉讼费用的比例。按比例负担实际上是败诉人负担原则的体现。

（3）人民法院决定负担。这一原则适用于离婚案件诉讼费用的负担。根据法律规定，离婚案件诉讼费用的负担，由人民法院根据当事人的具体情况决定。

（4）原告负担。撤诉的案件，案件受理费由原告负担，减半收取。

（5）协商负担。这一原则适用于调解结案的案件。经人民法院调解达成协议的案件，诉讼费用的负担由双方当事人协商解决。协商不成的，再由人民法院决定。

（6）自行负担。由于当事人不当行为所支出费用的，不论实施不当行为的当事人诉讼结束后是否败诉，都应当由该当事人负担。

（7）申请人负担。这一原则适用于四种情况：第一，当事人依法申请复制本案有关材料和法律文书的，其所需要的实际成本费应由申请人负担。第二，在海事海商案件中，申请船东责任限制的申请费由申请人负担。第三，在督促程序中，督促程序因债务人异议而终结的，申请费由申请人负担；债务人未提出异议的，申请费由债务人负担。第四，在公示催告程序中，申请费和公告费由申请人负担。

2. 二审案件诉讼费用的负担

第二审人民法院审理上诉案件，应当按第一审案件收取诉讼费用的范围和标准，要求当事人负担上诉案件的诉讼费用。根据第二审人民法院审理上诉案件的不同结果，上诉案件诉讼费用的负担有下列几种情况：

（1）当事人一方不服原判，提起上诉后，第二审人民法院判决驳回上诉，维持原判的，说明上诉人在第二审程序中败诉，因此，第二审的诉讼费用由上诉人负担。

（2）双方当事人均不服原判提起上诉的，第二审人民法院审理后，判决驳回上诉、维持原判的，诉讼费用由双方当事人分担。

（3）第二审人民法院对上诉案件审理之后，对第一审人民法院的判决作了改判的，除应确定当事人对第二审诉讼费用的负担外，还应当相应地变更第一审人民法院对诉讼费用负担的决定。

（4）第二审人民法院审理上诉案件，经过调解达成协议的，在调解书送达后，原审人民法院的判决即视为撤销，其中关于诉讼费用的负担部分当然也应视为撤销。因此，对第一审和第二审的全部诉讼费用，由双方当事人一并协商解决负担问题；协商不成的，由第二审人民法院一并作出决定。

（5）第二审人民法院发回原审人民法院重审的案件，上诉人预交的上诉案件受理费不予退还。重审后又上诉的，不再预交案件受理费。重审后，人民法院应根据重审结果，依照《诉讼费用交纳办法》的有关规定确定诉讼费用的负担，并在法律文书上注明。

三、诉讼费用的计算

（一）案件受理费的计算

1. 财产案件受理费的计算

根据我国《民事诉讼法》和《诉讼费用交纳办法》的规定，对财产案件，案件受理费是以诉讼标的金额的大小，按依率递减的原则加以收取的。

财产案件受理费的具体收费标准是：以超额递减率对诉讼标的额分段计算，然后将各段结果相加，其总数即为应收取案件受理费的数额。

财产案件根据诉讼请求的金额或者价额，按照下列比例分段累计交纳：

（1）不超过1万元的，每件交纳50元；

（2）超过1万元～10万元的部分，按照2.5%交纳；

（3）超过10万元～20万元的部分，按照2%交纳；

（4）超过20万元～50万元的部分，按照1.5%交纳；

（5）超过50万元～100万元的部分，按照1%交纳；

（6）超过100万元～200万元的部分，按照0.9%交纳；

（7）超过200万元～500万元的部分，按照0.8%交纳；

（8）超过500万元～1 000万元的部分，按照0.7%交纳；

（9）超过1 000万元～2 000万元的部分，按照0.6%交纳；

（10）超过2 000万元的部分，按照0.5%交纳。

2. 非财产案件受理费的计算

非财产案件受理费适用按件计征原则，涉及财产的部分依不同情况分别收取。非财产案件按照下列标准交纳受理费：

（1）离婚案件每件交纳50元至300元。涉及财产分割，财产总额不超过20万元的，不另行交纳；超过20万元的部分，按照0.5%交纳。

（2）侵害姓名权、名称权、肖像权、名誉权、荣誉权及其他人格权的案件，每件交纳100元至500元。涉及损害赔偿，赔偿金额不超过5万元的，不另行交纳；超过5万元至10万元的部分，按照1%交纳；超过10万元的部分，按照0.5%交纳。

（3）其他非财产案件每件交纳50元至100元。

3. 其他案件受理费的计算

（1）知识产权民事案件，没有争议金额或者价额的，每件交纳500元至1 000元；有争议金额或者价额的，按照财产案件的标准交纳。

（2）劳动争议案件每件交纳10元。

（3）行政案件按照下列标准交纳：

1）商标、专利、海事行政案件每件交纳100元。

2）其他行政案件每件交纳50元。

（4）当事人提出案件管辖权异议，异议不成立的，每件交纳50元至100元。

（5）以调解方式结案或者当事人申请撤诉的，减半交纳案件受理费。

（6）适用简易程序审理的案件减半交纳案件受理费。

（7）对财产案件提起上诉的，按照不服一审判决部分的上诉请求数额交纳案件受理费。

（8）被告提起反诉、有独立请求权的第三人提出与本案有关的诉讼请求，人民法院决定合并审理的，分别减半交纳案件受理费。

（9）依照《诉讼费用交纳办法》第19条规定需要交纳案件受理费的再审案件，按照不服原判决部分的再审请求数额交纳案件受理费。

（二）申请费的计算

（1）依法向人民法院申请执行人民法院发生法律效力的判决、裁定、调解书，仲裁机构依法作出的裁决和调解书，公证机关依法赋予强制执行效力的债权文书，申请承认和执行外国法院判决、裁定及国外仲裁机构裁决的，按照下列标准交纳：

1）没有执行金额或者价额的，每件交纳 50 元至 500 元。

2）执行金额或者价额不超过 1 万元的，每件交纳 50 元；超过 1 万元至 50 万元的部分，按照 1.5%交纳；超过 50 万元至 500 万元的部分，按照 1%交纳；超过 500 万元至 1 000 万元的部分，按照 0.5%交纳；超过 1 000 万元的部分，按照 0.1%交纳。

3）在人数不确定的代表人诉讼中，未参加登记的权利人向人民法院提起诉讼的，按照规定的标准交纳申请费，不再交纳案件受理费。

（2）申请保全措施的，根据实际保全的财产数额按照下列标准交纳：

财产数额不超过 1 000 元或者不涉及财产数额的，每件交纳 30 元；超过 1 000 元至 10 万元的部分，按照 1%交纳；超过 10 万元的部分，按照 0.5%交纳。但是，当事人申请保全措施交纳的费用最多不超过 5 000 元。

（3）依法申请支付令的，比照财产案件受理费标准的 1/3 交纳。

（4）依法申请公示催告的，每件交纳 100 元。

（5）申请撤销仲裁裁决或者认定仲裁协议效力的，每件交纳 400 元。

（6）破产案件依据破产财产总额计算，按照财产案件受理费标准减半交纳，但是，最高不超过 30 万元。

（7）海事案件的申请费按照下列标准交纳：

1）申请设立海事赔偿责任限制基金的，每件交纳 1 000 元至 1 万元。

2）申请海事强制令的，每件交纳 1 000 元至 5 000 元。

3）申请船舶优先权催告的，每件交纳 1 000 元至 5 000 元。

4）申请海事债权登记的，每件交纳 1 000 元。

5）申请共同海损理算的，每件交纳 1 000 元。

（三）其他诉讼费用的计算

其他诉讼费用是指作为人民法院在审理民事案件过程中实际支出的应当由当事人支付的费用，其计算方法主要是按照实际成本收取，有国家有关部门的相关规定的，要考虑国家规定。具体内容如下：

（1）勘验费、鉴定费、公告费、翻译费，依照国家有关部门规定的收费标准交纳。

（2）复制本案有关材料或法律文书，按实际成本收费。

（3）采取财产保全措施所支出的费用，按实际支出收取。

（4）先予执行中实际支出的费用，按实际支出收取。

（5）证人、鉴定人、翻译人员在人民法院规定日期出庭的交通费、食宿费、生活费和误工补贴，由人民法院根据国家有关规定和实际情况决定。

（6）人民法院认为应当由当事人负担的其他诉讼费用，由人民法院根据国家的有关规定和实际情况决定当事人应当交纳的金额。

四、司法救助制度

诉讼费用的征收可以防止滥用诉权，促进司法资源的合理配置。但是，对于那些无力支付诉讼费用的人来说，诉讼费用无疑成为接近司法、实现社会正义的障碍。因此，要保障诉权，促进司法正义的实现，还需要法院或者社会给予无力支付诉讼费用的人以必要的减免或者经济帮助。

司法救助，是指国家或者法院根据当事人的收入和经济状况，对无力支付诉讼费用者给予全额或者部分司法援助，或决定诉讼费用缓交、减交或者免交措施，以保障当事人行使诉权，免除其经济负担之忧的一种制度。当事人申请司法救助，应当在起诉或者上诉时提交书面申请，以及足以证明其确有经济困难的证明材料和其他相关证明材料。因生活困难或者追索基本生活费用申请免交、减交诉讼费用的，还应当提供本人及其家庭经济状况符合当地民政、劳动保障等部门规定的公民经济困难标准的证明。人民法院对当事人的司法救助申请不予批准的，应当向当事人书面说明理由。

我国司法救助由《诉讼费用交纳办法》第 44 条规定：当事人交纳诉讼费用确有困难的，可以依照本办法向人民法院申请缓交、减交或免交诉讼费用的司法救助。诉讼费用的免交只适用于自然人。

（一）司法救助的条件

当事人申请司法救助，符合下列情形之一的，人民法院应当准予免交诉讼费用：

（1）残疾人无固定生活来源的；

（2）追索赡养费、扶养费、抚育费、抚恤金的；

（3）最低生活保障对象、农村特困定期救济对象、农村“五保”供养对象或者领取失业保险金人员，无其他收入的；

（4）因见义勇为或者为保护社会公共利益致使自身合法权益受到损害，本人或者其近亲属请求赔偿或者补偿的；

（5）确实需要免交的其他情形。

（二）诉讼费用的减交

根据《诉讼费用交纳办法》第 46 条的规定，有下列情形之一的，人民法院应当准予减交诉讼费用：

（1）因自然灾害等不可抗力造成生活困难，正在接受社会救济，或者家庭生产经营难以为继的；

（2）属于国家规定的优抚、安置对象的；

（3）社会福利机构和救助管理站；

（4）确实需要减交的其他情形。

人民法院准予减交诉讼费用的，减交比例不得低于 30%。

（三）诉讼费用的缓交

当事人申请司法救助，符合下列情形之一的，人民法院应当准予缓交诉讼费用：

（1）追索社会保险金、经济补偿金的；

（2）海上事故、交通事故、医疗事故、工伤事故、产品质量事故或者其他人身伤害事故的受害人请求赔偿的；

（3）正在接受有关部门法律援助的；

（4）确实需要缓交的其他情形。

（四）法院的审查

当事人申请缓交或减交诉讼费用，经人民法院审查符合缓交、减交规定的，人民法院应当在决定立案之前作出准予缓交或免交的决定。

另外，人民法院对一方当事人提供司法救助，对方当事人败诉的，诉讼费用由对方当事人负担；对方当事人胜诉的，可以视申请司法救助的当事人的经济状况决定其减交、免交诉讼费用。人民法院准予当事人减交、免交诉讼费用的，应当在法律文书中载明。

【课后习题】

一、思考题

1. 期间是如何计算的？
2. 何谓送达？可以通过哪些方式送达？
3. 诉讼中保全和诉讼前保全的条件有什么不同？
4. 先予执行的适用范围和条件分别是什么？
5. 不同案件的案件受理费的征收标准是什么？

二、案例分析题

阅读下面的案例，并回答问题。

案例一

王某（男）诉刘某（女）离婚一案，2016 年 5 月 4 日经北京市海淀区人民法院审理，当庭作出离婚判决。海淀区人民法院于 2016 年 5 月 12 日将判决书送达王某，5 月 15 日将判决书送达刘某。刘某不服一审判决，于 2016 年 5 月 29 日向北京市中级人民法院提起上诉。北京市中级人民法院认为刘某的上诉已经超过上诉期限，因此裁定驳回刘某的上诉。

问题：

1. 此案的上诉期限何时届满？为什么？
2. 一审判决是否已经生效？为什么？
3. 北京市中级人民法院的处理是否正确？为什么？
4. 如王某在 2016 年 7 月 28 日再婚，则王某再婚是否有效？为什么？
5. 法院应如何处理？为什么？

案例二

甲区王某和孙某系邻居，平日关系融洽。2016 年王某自己动工修建新瓦房，孙某便主动帮忙。一日孙某不慎从脚手架上跌落，腿骨被摔断，因治疗及时未造成瘫痪，但需做一次大手术方能康复。医院让孙某交 7 000 元医药费，孙某因家境贫寒无力支付，王某虽有支付能力，但支付了 2 000 元后就拒绝支付。医药费没有着落，致使手术迟迟不能进行。孙某无奈只好向甲区人民法院起诉，并申请让王某先行支付 5 000 元医药费。王某私下对孙某讲："你申请先予执行，法院会让你提供担保。你没钱提供担保，法院不会支持你的请求的。"人民法院经审查认为孙某的请求不符合法定条件，裁定驳回先予执行申请，孙某因此未得到及时治疗。人民法院经过审理判决王某负担孙某医药费等共计 11 000 元。

问题：

1. 本案中，人民法院裁定驳回孙某先予执行的申请是否合法？

2. 孙某申请先予执行是否必须提供担保？

3. 若孙某对驳回申请不服，能否申请复议？

案例三

王某有两个儿子王甲和王乙及女儿王丙。王某死后，王甲和王乙因遗产继承发生纠纷。于是，王甲向法院起诉王乙。一审法院判决后，王乙不服，提起上诉。二审法院发现一审中遗漏了王丙，于是，发回原审法院重审。后一审法院作出判决，王丙不服，提起上诉。在上诉中，三方和解，王丙撤回上诉。

问题：

1. 该案一审时案件受理费应由谁预交？

2. 对于王乙的上诉案件的受理费应如何处理？

3. 对于王丙的上诉案件的受理费应如何处理？

案例四

甲与乙同在一个办公室工作。一天，因工作安排的问题，甲与乙争吵起来，继而相互打斗。甲将乙打伤，乙花去医疗费等共计 3 000 余元。乙向法院提起诉讼，要求甲赔偿医疗费、误工费及营养费 12 800 元。

问题：

1. 法院收费的理论依据是什么？

2. 法院应当按哪类案件收费？应当收取多少诉讼费用？

【本章实务应用难点分析】

1. 诉讼前保全实务问题分析

诉讼前保全应当注意如下问题：

（1）保全金额的确定。

保全金额的确定涉及提供财产保全担保的数额，以及对方可供保全的财产的数额、申请费用等问题，因而，对于申请财产保全，不管是诉讼中保全还是诉讼前保全，都要考虑到提供财产保全担保的数额及对方可供保全的财产的数额、申请费用及自身可获得支持的诉讼请求数额的协调。否则可能会增加当事人不必要的成本。

（2）注意将财产保全、证据保全、先予执行结合起来。

财产保全的目的在于保证将来的判决得以实现。因此，只要能够达到这个目的的诉讼保障制度都可以运用，如果主要财产本身就是证据的，可以通过证据保全的方式来实现财产保全的目的。在诉讼中，如果符合先予执行条件的，可以申请先予执行来实现。当然，基于申请诉讼前保全条件较为严格，其实当事人也可以先起诉，在立案后还没有向对方送达前，申请诉讼中保全。

（3）上诉期间内能否进行财产保全？

对于此问题，最高人民法院于 1988 年对青海省高级人民法院《关于在一审判决后的上诉期限内原审法院能否采取诉讼保全的请示》的批复中指出：第一审人民法院在审理民事案件时，对于可能因当事人的行为或其他原因，使判决不能执行或者难以执行的案件，一般应在宣告判决前及时依法采取诉讼保全措施；在宣告判决后或者判决书送达后的上诉期限内，发现当事人有转移、隐匿、出卖或毁损财产等情况，认为必须采取诉讼保全措施的，无论当事人是否提出上诉，均应由第一审人民法院依法采取诉讼保全措施。但对上诉的案件，第一审法院在上诉期限内所制作的诉讼保全措施的裁定书，应及时报送上诉审法院备案。

2. 先予执行申请和执行的时间问题

先予执行制度的目的是在法院作出判决前，为了解决权利人的生活或者生产经营急需，而裁定义务人先为履行。因此，从制度设计的初衷来看，案件进入诉讼就可以提出申请，法院也可以执行。但是根据最高人民法院《关于在经济审判工作中严格执行〈中华人民共和国民事诉讼法〉的若干规定》（法发〔1944〕29 号）第 16 条的规定：人民法院先予执行的裁定，应当由当事人提出书面申请，并经开庭审理后作出。根据该规定，先予执行必须开庭后才能够实施。因此，上诉期间及二审期间均可以根据先予执行的条件作出先予执行的裁定。

第十二章 法院调解实务

【本章要点】

- 法院调解与诉讼中和解
- 法院调解的原则

【案例导入】

王某与杨某解除收养关系纠纷一案，东江县人民法院在审理中主持调解，双方自愿达成调解协议：双方同意解除收养关系；西头两间房屋及院内两棵枣树归原告王某所有，其余三间房屋归杨某所有。调解书送达两个月后，王某反悔，要求法院再审。东江县人民法院裁定维持原调解协议。王某不服，向地区中级人民法院提出上诉，二审审理后，裁定驳回上诉，维持一审裁定。王某仍然不服，向省高级人民法院申请再审。省高级人民法院按审判监督程序审理后，作出判决：维持原调解协议中的解除收养关系部分，撤销房屋及其他财产处理部分，改判为：以房屋现状南北划一中线，各占一半房屋。

思考：

1. 调解应当具备什么条件?
2. 调解与其他解决方式有何区别?
3. 你认为调解有何好处?
4. 本案在程序上有哪些错误?

第一节 法院调解概述

一、法院调解的概念

法院调解，又称为诉讼中的调解，是指在民事诉讼中，人民法院审判人员对双方当事人进行说服劝导，促使其就民事争议自愿协商、达成协议、解决纠纷的活动。调解能够及时解决纠纷，保障当事人依法行使诉讼权利，节约司法资源。同时，调解也是人民法院适用法律，通过法律途径解决纠纷的一种方式。调解制度是我国法院长期的审判经验的总结，调解有结案效率高、社会效益好、经调解结案的当事人一般都能够自觉履行的优点，是我国除通过法院判决解决纠纷之外的另一有效途径。

法院调解是我国人民司法工作的优良传统和审理解决民事纠纷的成功经验，在国外被称为“东方经验”，在民事诉讼中具有十分重要的意义。具体有以下几点：

（1）有利于促使当事人互相谅解，彻底解决民事纠纷，增强团结，维护社会安定。法院调解是在双方当事人自愿的基础上，以平等协商的方式解决他们之间的纠纷。在调解过程中，人民法院审判人员对双方当事人进行耐心的思想教育，使其互谅互让，自愿达成调解协议。一旦调解成功，双方当事人一般能自觉地履行调解协议。所以用调解方式处理民事案件，有利于消除隔阂和对立情绪，增强团结，促进人际关系的和谐，彻底地解决民事争议，维护社会的安定。

（2）可以减少诉讼程序，节约诉讼成本，提高办案效率。法院调解具有简便快捷的特点，只要当事人达成调解协议，就能迅速解决纠纷，省略后面的诉讼程序。同时，调解协议送达双方当事人签收后，立即发生与生效判决同等的法律效力，不允许当事人再行起诉或者上诉，这样就可以减少诉讼程序，节约诉讼成本，提高办案效率。

（3）有利于普及法律知识，增强群众的法制观念。人民法院审判人员在主持调解的过程中，要针对案件事实和争议的焦点，向当事人进行法律宣传教育工作，引导他们分清是非和责任，尊重对方的民事权益，自觉履行法律规定的义务，从而可以使当事人和旁听群众受到生动的法制教育，增强法制观念。

二、法院调解的特征

（一）法院调解具有适用的广泛性

1. 应用审理程序的广泛性

人民法院对受理的第一审、第二审和再审民事案件，都可以在答辩期满后、裁判作出前进行调解。在征得当事人各方同意后，人民法院也可以在答辩期满前进行调解。

2. 适用案件的广泛性

人民法院对于有可能通过调解解决的民事案件都可以调解。但适用特别程序、督促程序、公示催告程序、破产还债程序的案件，婚姻关系（婚姻效力的确认案件）、身份关系确认案件，以及其他依案件性质不能进行调解的民事案件，人民法院不予调解。

（二）法院调解具有自愿性

自愿性是指法院进行调解工作和达成调解协议都必须以双方当事人完全自愿为前提，人民法院不能引诱或强迫当事人进行调解。

（三）法院调解体现了当事人行使处分权和法院行使审判权的有机结合

法院调解是人民法院行使司法审判权解决民事纠纷的工作，严格遵守诉讼法规定的程序。同时，对于当事人而言却是诉讼上的权利的处分。当然，在一方或双方妥协而达成的调解协议中，也可能涉及实体权利的处分。

三、法院调解与诉讼外调解、诉讼中和解的区别

（一）法院调解与诉讼外调解的区别

诉讼外调解主要包括仲裁机构的调解、行政机关的调解和人民调解委员会的调解等。

法院调解和诉讼外调解都是建立在当事人自愿基础上的解决民事纠纷的方式，但两者存在下述区别。

1. 性质不同

法院调解是在人民法院审判人员的主持下进行的，是人民法院行使司法审判权的一种体现，是审判组织对案件进行审理的有机组成部分，具有司法性质。诉讼外调解是行政机关的官员或者人民调解委员会的委员所进行的调解活动，不具有司法性质。

2. 法律依据和程序要求不同

法院调解以民事诉讼法为依据，诉讼外调解以仲裁法、行政法规、人民调解法规为依据。同时两者在程序上要求不完全一样，诉讼外调解比较灵活，不像法院调解那样规范、严格。

3. 效力不同

经过法院调解达成协议，并由当事人签收或者签名后，无论是制作调解书还是只记入调解笔录的，都与生效的判决具有同等的法律效力，而具有给付内容的调解书则具有执行力。同时，当事人签收调解书，或者在记入笔录的调解协议上签名或者盖章后，诉讼即告结束。诉讼外调解，除仲裁机构制作的调解书外，其他机构主持下达成的调解协议而形成的调解书没有强制执行力，只具有民事合同的性质或者一定的见证作用，一方当事人反悔或者不履行调解协议的，对方当事人可以向人民法院起诉。

需要指出的是，2010 年我国第十一届全国人大常委会第十六次会议通过了《人民调解法》的修改，在这次修改中，最大的亮点就是有关人民调解所达成的协议的效力问题。法律明确规定，经人民调解委员会调解达成的调解协议，具有法律约束力；还规定，经人民调解委员会调解达成协议后，双方当事人认为有必要的，可以自调解协议生效之日起 30 日内共同向人民法院申请司法确认。人民法院依法确认调解协议有效，一方当事人拒绝履行或未全部履行的，对方当事人可以向法院申请强制执行。人民法院依法确认调解协议无效的，当事人可以通过人民调解方式变更原调解协议，或达成新的调解协议，也可以向人民法院提起诉讼。

（二）法院调解与诉讼中和解的区别

诉讼中和解是指民事诉讼当事人在诉讼过程中，通过自行协商，就双方争议的问题达成协议，从而终结诉讼程序的制度。诉讼中和解与法院调解都发生在民事诉讼过程中，都以达成协议的方式解决纠纷，并在一定的情况下，诉讼中和解可以转化为法院调解。如当事人通过自行协商达成协议后，为保证和解协议得到顺利履行，共同请求法院以调解书的形式确认他们的和解协议，法院经审查后，认为协议内容不违反法律的，可以根据当事人的申请依法确认和解协议，制作调解书。但两者也存在以下的不同点。

1. 性质不同

法院调解是人民法院行使审判权、审理民事案件的一种方式，调解活动本身就是法院对案件的一种审理活动。而诉讼中和解是双方当事人在无第三方介入的情况下自行协商解决，从而“罢讼止争”的一种方式。

2. 参加的主体不同

参加法院调解的主体包括双方当事人和人民法院的审判人员，而且要由审判人员主持；而参加诉讼中和解的主体只有双方当事人，其核心是双方当事人在自愿的基础上达成纠纷解决的协议。

3. 效力不同

法院调解是人民法院审理民事案件的一种方式，所达成的调解协议具有与判决书同等的法律效力，有给付内容的调解书具有执行力。诉讼中和解却不能作为法院的结案方式，不能直接终结诉讼程序，通常都是以原告方申请撤诉，或者当事人申请依法确认和解协议，制作调解书的方式来结案。当然，诉讼中和解达成的协议只能依靠当事人自愿履行，不具有强制执行力。但是如果当事人申请法院确认，并制作了调解书，当事人双方又在调解书上签字，那么调解书即有强制执行的效力。

四、法院调解的原则

所谓法院调解的原则，是指在进行调解活动和达成调解协议的过程中，审判人员和当事人应当共同遵守的基本准则。根据民事诉讼法的规定，法院调解应当遵守以下两个原则。

（一）自愿原则

自愿原则，是指进行调解工作和达成调解协议都必须以双方当事人完全自愿为前提，不能强迫。

1. 在程序上的自愿

即用调解的方式解决民事纠纷，要双方当事人自愿。根据《民事诉讼法》第93条的规定，人民法院审理民事案件，根据当事人自愿的原则进行调解。《民诉解释》第145条也规定：人民法院审理民事案件，应当根据自愿和合法的原则进行调解。当事人一方或者双方坚持不愿调解的，人民法院应当及时判决。

2. 在实体上的自愿

即是否达成调解协议和达成什么样的调解协议必须体现当事人的真实意愿。《民事诉讼法》第96条规定：调解达成协议，必须双方自愿，不得强迫。调解协议的内容是当事人对自己权利自由处分的体现，是当事人之间民主协商的结果，必须充分反映当事人的意愿。审判人员可以根据法律政策对当事人进行引导，向当事人提出调解的建议，但是，不能将自己对案件的处理意见强加给当事人。

（二）合法原则

合法原则，是指人民法院主持的调解活动和双方当事人达成调解协议的内容，必须符合法律的规定。合法原则包括两方面的要求：一是调解活动必须符合程序法的规定，即调解活动必须依照法定程序进行；二是当事人双方达成的调解协议内容必须符合实体法的规定，不得违背国家政策、法律的规定，不能损害国家、集体和其他公共利益。

在理解合法原则时，应当注意以下两个问题：第一，要正确处理自愿与合法的关系。调解必须当事人自愿，但当事人自愿的，不等于都合法。第二，对调解协议合法性的要求与判决合法性的要求程度不同。法院调解不仅仅是法院运用审判权解决民事纠纷，同时，也是法院行使审判权和当事人行使处分权的结合。

第二节　法院调解程序

法院调解程序，是指审判人员进行调解活动和双方当事人达成调解协议的步骤和方式。由于法院调解的过程是人民法院对民事案件的审理过程，因此法院调解没有单独的程序，而是与整个审理程序结合在一起。民事诉讼法只对法院调解作了原则性的规定，2004年最高人民法院发布了《关于人民法院民事调解工作若干问题的规定》（以下简称《民事调解工作若干问题的规定》），专门对民事诉讼中的法院调解作出规定。

一、法院调解的适用范围和时间

（一）法院调解的适用范围

在第一审、第二审和再审程序中均可以适用调解。调解是民事诉讼的基本原则，贯穿于民事诉讼的始终。即使在检察院抗诉引起的再审程序中，人民法院仍然可以主持调解。根据《民事调解工作若干问题的规定》第2条的规定，下列案件不得适用调解：

（1）特别程序、督促程序、公示催告程序、破产还债程序的案件。在非诉程序中，没有对立的双方当事人，也就不适用调解。

（2）婚姻关系、身份关系确认案件及其他依案件性质不能进行调解的案件。需要指出的是，婚姻关系、身份关系属于确认法律关系的案件，即确认婚姻效力、确认收养关系效力的案件，而不是离婚案件。前者属于确认之诉，后者属于变更之诉。

（二）法院调解的时间

根据《民事调解工作若干问题的规定》第1条的规定，人民法院对受理的第一审、第二审和再审民事案件，可以在答辩期满后裁判作出前进行调解。在征得当事人各方同意后，人民法院可以在答辩期满前进行调解。因此法院进行调解的时间是答辩期满后裁判作出前，在当事人同意期满前调解的，也可以在期满前调解。

二、调解程序的基本内容和要求

（一）调解人员的组成

法院的调解人员一般为合议庭的组成人员或独任制的审判员。进行调解前，人民法院应当告知当事人主持调解人员和书记员的姓名，以及是否申请回避等有关诉讼权利和诉讼义务。对于需要回避的人员，当事人可以申请回避或调解人员自行回避。根据《民事调解工作若干问题的规定》第3条和《民事诉讼法》第95条的规定，人民法院可以邀请与当事人有特定关系或者与案件有一定联系的企业事业单位、社会团体和其他组织，或者具有专门知识、特定社会经验、与当事人有特定关系，并有利于促成调解的个人协助调解工作。经各方当事人同意，人民法院可以委托上述规定的单位或者个人对案件进行调解，达成调解协议后，人民法院应当依法予以确认。因此，受人民法院委托的调解人员也是调解人员的组成，同样适用民事诉讼法回避制度的规定。

（二）调解方案的提出

根据《民事调解工作若干问题的规定》第8条的规定，当事人可以自行提出调解方案，主持调解的人员也可以提出调解方案供当事人协商时参考。当然，方案的内容必须合法，调解人员提出调解方案时，不得强迫或威胁当事人接受该方案。

（三）调解的要求

（1）人民法院审理民事案件，调解过程不公开，但当事人同意公开的除外。调解协议内容不公开，但为保护国家利益、社会公共利益、他人合法权益，人民法院认为确有必要公开的除外。主持调解以及参与调解的人员，对调解过程以及调解过程中获悉的国家秘密、商业秘密、个人隐私和其他不宜公开的信息，应当保守秘密，但为保护国家利益、社会公共利益、他人合法权益的除外。

（2）调解时当事人各方应当同时在场，根据需要也可以对当事人分别做调解工作，即调解可以“背对背”进行。在双方当事人都在场时进行调解工作，有时往往容易导致双方当事人情绪化、互相攻击从而激化矛盾。此时采取“背对背”分开调解，往往容易达成协议，尤其是离婚案件。“背对背”的调解工作并没有违背审判公开制度，其改变的仅仅是调解工作的工作方式。

（3）如果调解协议内容超出诉讼请求，人民法院可以准许。虽然根据法院审理的原则，人民法院在诉讼中只能在当事人诉讼请求范围内作出判决，但是在调解的情况下，可以存在超出诉讼请求的情况。

（4）调解协议约定一方提供担保或者案外人同意为当事人提供担保的，人民法院应当准许。案外人提供担保的，人民法院制作调解书应当列明担保人，并将调解书送交担保人。担保人不签收调解书的，不影响调解书生效。当事人或者案外人提供的担保在符合担保法规定的条件时生效。

（四）调解书的制作

人民法院对于达成的调解协议，应当制作调解书，由审判人员、书记员署名，加盖人民法院印章。调解书送达并经当事人签字后，发生法律效力。在调解中，如果当事人以民事调解书与调解协议的原意不一致为由提出异议，人民法院审查后认为异议成立的，应当根据调解协议裁定补正民事调解书的相关内容。这里是以裁定加以补正，而不是再审，或者重新作出新的调解书。需要注意的是，在诉讼中当事人自行和解或者经调解达成协议后，请求人民法院按照和解协议或者调解协议的内容制作判决书的，人民法院不予支持。根据《民事诉讼法》的规定，下列情况可以不制作调解书：

（1）调解和好的离婚案件。

（2）调解维持收养关系的案件。

（3）能够即时履行的案件。

（4）其他不需要制作调解书的案件。

不制作调解书的案件，人民法院应当记入笔录。

三、调解的法律效力

调解书送达并经双方当事人签字后，发生法律效力。当事人需依调解书确定的内容履行义务。调解发生法律效力的时间具体如下：

（1）对于需要制作调解书的案件，调解书经双方当事人签收后，即具有法律效力。在签收前，当事人可以反悔，人民法院应当作出判决。另外，调解书不得留置送达、公告送达。关于调解书生效的时间需要注意两点：一是双方不在同一时间签收的，以最后一个签收的时间为准；二是调解书在签收之日起发生法律效力，而不是第二日。

（2）对于不需要制作调解书的案件，自调解笔录由双方当事人、审判人员、书记员签名或者盖章后，具有法律效力。当事人请求制作调解书的，人民法院应当制作调解书送交当事人。

（3）调解达成协议并经审判人员审核后，双方当事人同意该调解协议，并经双方签名或者捺印生效的，该调解协议自双方签名或者捺印之日起发生法律效力。当事人请求制作调解书的，人民法院审查确认后可以制作调解书送交当事人。当事人拒收调解书的，不影响调解协议的效力。

【课后习题】

一、思考题

1. 怎样理解法院调解的性质？法院调解与其他调解有何区别？
2. 试举例说明法院调解的合法原则。
3. 试比较法院调解与诉讼外调解、诉讼中和解的区别。
4. 列举在现实中不能适用法院调解的案件。
5. 根据《民事诉讼法》的规定，当事人达成调解协议后不需要制作调解书，只要将协议内容记入笔录的案件有哪些？
6. 谈谈调解协议生效的不同时间和生效后所产生的法律后果。
7. 法院调解书应当写明哪些内容？
8. 法院调解的案件是否具有强制执行力？

二、案例分析题

阅读下面的案例，并回答问题。

原告张华和被告李明是邻居，二人为房屋滴水一事发生口角，进而互殴。张华被李明打伤，花去医药费1万元。张华向法院起诉李明，要求李明赔偿其医疗费、护理费、误工费、交通费、精神损失费等共计2万元。李明认为双方都有责任，只愿意赔偿5 000元。法院开庭进行了审理，法庭辩论结束以后，审判员刘明征求双方的调解意见。张华不同意调解，请求法院判决赔偿损失，李明同意调解。刘明考虑到双方是邻居，为避免矛盾激化，决定主持双方进行调解。调解中，张华坚持要求李明赔偿2万元，而李明只同意赔偿5 000元。刘明说："我看被告赔偿1万元好了。"双方都不同意。于是，刘明将张华单独叫到法庭外，说："打架双方都有责任，我建议赔你1万元已是照顾你了，要判决不一定给你1万元。"张华虽不情愿，但嘴上不得不表示同意。然后，刘明又将李明叫到法庭外，说："你先挑起的争吵，又先动手打人家，责任都在你身上，让你赔1万元已是照顾你了，不要不知好歹。"李明只好同意。于是，在审判员刘明的主持下，双方达成了赔偿协议：被告李明赔偿原告张华1万元，诉讼费双方各负担一半，调解书生效后15日内执行。刘明告诉双方第二天到法院领取调解书，但当天要求双方在送达回证上签了名。第二天，张华到法院表示赔偿太少，不同意调解。审判员刘明把调解书递给张华："你已在送达回证上签了字，调解书已生效，不能反悔。"

问题：

1. 本案中法院调解的开始时间是否符合法律规定？
2. 对于民事案件，法院在何时可以开始调解？
3. 法院是否可以在开庭审理以前进行调解？如果可以，需要具备何种条件？

4. 本案中，当事人不愿调解，审判员是否可以依职权进行调解？

5. 调解中，审判员单独做一方的说服工作是否符合法律规定？为什么？

6. 调解中，审判员为促使双方达成调解结果，而以可能的判决结果做说服工作的做法是否符合法律规定？为什么？

7. 对于诉讼费用双方当事人是否可以达成调解协议？

8. 本案中，审判员制作的调解书是否生效？为什么？

9. 本案中，原告是否可以上诉？应该如何处理？

【本章实务应用难点分析】

1. 最高人民法院关于人民调解协议的司法确认程序

为了配合2010年《中华人民共和国人民调解法》的修改中有关人民调解协议的司法确认问题，2011年3月21日，最高人民法院审判委员会第1 515次会议通过了《关于人民调解协议司法确认程序的若干规定》(以下简称《若干规定》)。本规定共有13条，进一步明确和细化了司法确认案件的程序问题、司法确认的条件和范围，即经人民调解委员会调解达成协议后，双方当事人认为有必要的，可以自调解协议生效之日起30日内共同向人民法院申请司法确认。

首先，应当确定管辖。《若干规定》明确规定，司法确认案件由主持调解的人民调解委员会所在地基层人民法院或者它的派出法庭管辖。人民法院在立案前委派人民调解委员会调解，并达成调解协议，当事人申请司法确认的，由委派的人民法院管辖。

其次，为法院的受理。人民法院收到当事人司法确认申请，应当在3日内决定是否受理。人民法院决定受理的，应当编立“调确字”案号，并及时向当事人送达受理通知书。双方当事人同时到法院申请司法确认的，人民法院可以当即受理，并作出是否确认的决定。

再次，人民法院受理司法确认申请后，应当指定一名审判人员对调解协议进行审查。人民法院在必要时可以通知双方当事人同时到场，当面询问当事人。当事人应当向人民法院如实陈述申请确认的调解协议的有关情况，保证提交的证明材料真实、合法。人民法院在审查中，认为当事人的陈述或者提供的证明材料不充分、不完备或者有疑义的，可以要求当事人补充陈述或者补充证明材料。当事人无正当理由未按时补充或者拒不接受询问的，可以按撤回司法确认申请处理。

最后，人民法院经审查认为调解协议符合确认条件的，应当作出确认决定书；决定不予确认调解协议效力的，应当作出不予确认决定书。人民法院依法作出确认决定后，一方当事人拒绝履行或者未全部履行的，对方当事人可以向作出确认决定的人民法院申请强制执行。

另外，《若干规定》还对案外人权利的救济进行了规定。案外人认为经人民法院确认的调解协议侵害其合法权益的，可以自知道或者应当知道权益被侵害之日起一年内，向作出确认决定的人民法院申请撤销确认决定。

2. 关于调解协议的“生效”与“具有法律效力”的辨析

(1) 根据民事诉讼法的规定，当事人各方同意在调解协议上签名或者盖章后生效，经人民法院审查确认后，应当记入笔录或者将协议附卷，并由当事人、审判人员、书记员签名或者盖章后即具有法律效力。当事人请求制作调解书的，人民法院应当制作调解书送交当事人。当事人拒收调解书的，不影响调解协议的效力。一方不履行调解协议的，另一方可以持调解书向人民法院申请执行。

（2）所谓调解协议“生效”，相当于当事人之间民事合同的生效，因为调解协议在人民法院审查确认之前，相当于一个民事合同。所谓调解协议“具有法律效力”，是指具有强制执行力。

（3）据此，当事人似乎应该在调解协议上两次签名或盖章，调解协议才具有法律效力，但应特别注意的是，在司法实践中，法院为了及时地保护、巩固调解成果，往往只要求一次签名即足够。

第十三章　一审普通程序

【本章要点】

- 第一审普通程序的概念
- 起诉的条件
- 证据交换的内容和意义
- 诉讼中止和诉讼终结
- 撤诉和延期审理
- 起诉的条件及人民法院对当事人起诉的审查
- 证据交换制度的内容和意义
- 民事庭审中质证的内容和意义

【案例导入】

退休工人刘某去电影院看电影，散场时因出口拥挤被人挤倒摔伤，住院治疗共花医疗费800元。刘某向法院起诉，要求法院为他寻找被告赔偿损失，但刘某不知道是谁挤倒他的。

思考：

1. 当事人向人民法院起诉应具备哪些条件，提供哪些证据？
2. 法院是否受理刘某的起诉？

第一节　第一审普通程序的启动

一、第一审普通程序的概念

第一审普通程序是指人民法院在审理第一审民事争议案件时通常适用的审判程序，即人民法院审理第一审一般民事争议案件的正规审判程序。在第一审民事争议案件中，除了简单的民事案件外，其他案件都要依照普通程序进行审理。在民事审判程序中，与其他审判程序相比，普通程序的内容最系统、最完整，因此一审普通程序是整个民事审判中的基础程序，其他审判程序在某些方面要求参照一审普通程序的步骤和程序来进行。

二、诉讼的提起

（一）起诉

起诉是指公民、法人或者其他组织认为其民事权益受到侵害或者与他人发生民事争议时，请求人民法院通过审判方式予以司法保护的诉讼行为。

（二）起诉的条件和方式

1. 起诉的条件

当事人起诉是民事审判程序开始的前提，只有符合条件的起诉，才会启动民事审判程序，不符合条件的起诉，法院将裁定不予受理。

根据《民事诉讼法》第 119 条的规定，当事人起诉必须具备以下条件：

（1）有适格的原告。原告必须是有诉讼权利能力，与本案有直接利害关系的公民、法人和其他组织。所谓“利害关系”，是指请求人民法院保护的利益是属于提起诉讼的当事人自己的利益或者受其管理和支配的利益（如财产代管人、破产管理人等）。直接的利害关系实际上是一种民事权利义务关系，只有与被起诉的案件具有这种利益冲突，才有起诉的资格。

（2）有明确的被告。所谓明确的被告，是指原告在起诉时，必须在起诉状中载明是谁侵害了其民事权益或者与其发生了争议，诉讼所要解决的是相互对立的当事人之间的权利义务争议，因此，原告起诉时要指明发生争议的相对一方。如果被告不明确，诉讼无法进行。

（3）有具体的诉讼请求和事实、理由。有具体的诉讼请求，是指原告提起诉讼，要求人民法院通过审判予以保护的民事权益的具体内容，即包括请求数额的确定、请求的责任承担方式的确定。在诉讼请求中不能出现“大约”“左右”“承担相关责任”等模糊词语。当然，在起诉时，诉讼请求必须依据实体法上的请求权来主张，依照证据来确定请求数额和请求的责任承担方式。

（4）属于人民法院受理民事诉讼的范围和受诉人民法院管辖。根据《民事诉讼法》第 3 条的规定，人民法院受理民事诉讼的范围是公民之间、法人之间、其他组织之间及他们相互之间因财产关系和人身关系提起的民事诉讼。不属于这个范围的，不得提起民事诉讼。属于受诉法院管辖，是指原告必须根据民事诉讼法关于法院之间管辖民事案件的分工，向有管辖权的人民法院提起民事诉讼。管辖权是审判权的基础，法院对案件没有管辖权，则无从审判。

以上四个条件是原告起诉时必须同时具备的，缺一不可。这也是人民法院立案时主要的审查标准

2. 起诉的方式

根据《民事诉讼法》第 120 条的规定，起诉方式以书面起诉为原则，以口头起诉为例外。

《民事诉讼法》第 120 条第 1 款规定：起诉应当向人民法院递交起诉状，并按照被告人数提出副本。起诉状是原告向人民法院提起诉讼的意思表示的载体。根据《民事诉讼法》第 121 条的规定，起诉状应当记明下列事项：（1）原告的姓名、性别、年龄、民族、

职业、工作单位、住所、联系方式，法人或者其他组织的名称、住所和法定代表人或者主要负责人的姓名、职务、联系方式；（2）被告的姓名、性别、工作单位、住所等信息，法人或者其他组织的名称、住所等信息；（3）诉讼请求和所根据的事实与理由；（4）证据和证据来源，证人姓名和住所。此外，起诉状还应写明受诉法院的名称，起诉的时间，并由原告签名或盖章。起诉状应当符合上述要求，内容如有欠缺的，受诉人民法院应限期原告补正。

同时，《民事诉讼法》第120条第2款规定：书写起诉状确有困难的，可以口头起诉，由人民法院记入笔录，并告知对方当事人。当事人口述时，人民法院应当按照起诉状内容的要求予以提示，使之清楚、明确而有依据。

三、先行调解制度

《民事诉讼法》第122条规定，当事人起诉到人民法院的民事纠纷，适宜调解的，先行调解，但当事人拒绝调解的除外。由此确立了先行调解制度。先行调解制度是符合我国国情的一项制度，我国历来倡导"以和为贵"的文化氛围，希望能够真正消除矛盾。目前我国提倡"和谐社会"，调解的作用尤为突出，先行调解应运而生。先行调解制度弥补了我国原来调解过程中的一个空白阶段。我国早已建立了诉讼外调解机制，用于解决没有到法院起诉的民事纠纷，诉讼中调解机制用于解决在法院受理案件开庭至判决前民事纠纷的调解。这样就造成了一定的程式化，案件在从起诉到法院直至开庭审理的期间，当事人即使有调解的意愿，也只能等到法院开庭后才能进行，这样会造成诉讼资源的浪费。先行调解制度的建立就避免了这个问题的发生，既有助于民事纠纷的解决，又可以节省诉讼资源。

此项制度主要包括以下几方面的内容。

（一）适用的案件范围

该制度适用于当事人起诉到人民法院的民事纠纷。当事人向人民法院提起诉讼，递交起诉状或者口头起诉之后，人民法院尚未立案，根据案件的具体情况，人民法院认为适宜调解的，可以先行调解。当事人不同意调解或者在商定、指定期间内不能达成协议的，人民法院应当及时立案。

（二）适用的时间范围

该制度适用的时间范围是当事人起诉到人民法院，人民法院立案前或刚刚立案时。我国目前的调解制度已经覆盖民事纠纷解决的所有阶段，先行调解只是指其中的一个阶段，即从当事人起诉到人民法院，人民法院立案前或刚刚立案时，包括案件受理后尚未开庭前。

（三）适用的条件

主要有两个方面的要求：一是人民法院认为适宜调解。关于"适宜"的范围，法律并没有进行详细的规定，由人民法院根据案件的情况，具体问题具体分析，来判断案件是否适宜调解。二是当事人不拒绝。所有的调解程序的进行都需要遵循的一个基本原则就是当事人的自愿原则，先行调解制度也不例外。此处的"不拒绝"包括两种情况：（1）当事人明确表示同意；（2）当事人默示表示同意。在当事人明确拒绝的情况下，不能适用先行调解。

四、人民法院对起诉的审查和受理

（一）对起诉的审查

人民法院应当保障当事人依照法律规定享有的起诉权利。对符合《民事诉讼法》第119条的起诉，必须受理。

1. 审查起诉的内容和范围

（1）对起诉的形式要件的审查。主要审查起诉状是否具备《民事诉讼法》第121条规定的事项，如有遗漏或失误的，应当通知原告补正。

（2）审查起诉的实质要件，即《民事诉讼法》第119条规定的起诉必须具备的四个条件：要对当事人的资格进行审查，确定原告是否与案件有直接的利害关系；被告是否明确、具体；审查原告提出的诉讼请求是否明确、具体，是否有支持其诉讼请求的事实和理由；审查当事人提起的诉讼是否属于人民法院受理民事案件的范围和受诉人民法院管辖。如经审查发现起诉不符合上述四个条件的，应当裁定不予受理。不予受理的裁定书由负责审查立案的审判员、书记员署名；驳回起诉的裁定书由负责审理该案的审判员、书记员署名。

2. 审查起诉的期限

根据《民事诉讼法》第123条的规定，人民法院对起诉的审查期限为7日。人民法院收到起诉状或者口头起诉后，必须在7日内完成对起诉的审查，并根据审查的结果确定受理或不予受理。经审查，认为符合起诉条件的，应当在7日内立案，并通知当事人；认为不符合起诉条件的，应当在7日内书面裁定不予受理；原告对裁定不服的，可以提起上诉。

3. 审查起诉中不予受理的案件

根据《民事诉讼法》第124条及《民诉解释》的规定，人民法院审查起诉时，发现有下列情况之一的，不予受理，并根据不同情况作相应处理：

（1）依照行政诉讼法的规定，属于行政诉讼受案范围的，告知原告提起行政诉讼；

（2）依照法律规定，双方当事人达成书面仲裁协议申请仲裁、不得向人民法院起诉的，告知原告向仲裁机构申请仲裁；

（3）依照法律规定，应当由其他机关处理的争议，告知原告向有关机关申请解决；

（4）对不属于本院管辖的案件，告知原告向有管辖权的人民法院起诉；

（5）对判决、裁定、调解书已经发生法律效力的案件，当事人又起诉的，告知原告申请再审，但人民法院准许撤诉的裁定除外；

（6）依照法律规定，在一定期限内不得起诉的案件，在不得起诉的期限内起诉的，不予受理；例如，我国《婚姻法》规定，女方在怀孕期间、分娩后一年内或中止妊娠后六个月内，男方不得提出离婚。此规定体现了对妇女和儿童的特殊保护。但是，女方提出离婚的，或人民法院认为确有必要受理男方离婚请求的，不在此限。

此外，据相关法律规定，判决不准离婚和调解和好的离婚案件，判决、调解维持收养关系的案件，没有新情况、新理由，原告在六个月内又起诉的，不予受理。

4. 审查起诉中法院应当受理的案件

根据《民诉解释》的规定，审查起诉时对下列几种特殊案件，人民法院应予受理：

（1）当事人依法自愿达成书面仲裁协议，但存在下列情况的，人民法院应当受理：第

一，仲裁条款、仲裁协议无效、失效或者内容不明确无法执行，当事人一方向法院起诉的；第二，当事人在仲裁条款或协议中选择的仲裁机构不存在，或者选择裁决的事项超越仲裁机构权限，当事人一方起诉的；第三，当事人一方向人民法院起诉时未声明有仲裁协议，人民法院受理后，对方当事人又应诉答辩的，视为该人民法院有管辖权。

(2) 裁定不予受理、驳回起诉的案件，原告再次起诉的，如果符合起诉条件，人民法院应予受理。

(3) 判决不准离婚和调解和好的离婚案件、原告撤诉或者人民法院按撤诉处理的离婚案件、判决或调解维持收养关系的案件，在下列情况下，人民法院应当受理：第一，在6个月内，当事人感情有了新的变化，或出现了法律规定的事由，如离婚案件中一方当事人与他人同居或有赌博、吸毒等恶习屡教不改的，就应当认为是新情况、新理由，这时原告在6个月内又起诉的；第二，原告在6个月后又起诉的；第三，被告起诉的。

(4) 夫妻一方下落不明，另一方诉至人民法院，只要求离婚，不申请宣告下落不明人失踪或死亡的案件，人民法院应当受理，对下落不明人用公告送达诉讼文书。

(5) 赡养费、扶养费、抚育费案件，裁判发生法律效力后，因新情况、新理由，一方当事人再行起诉要求增加或减少费用的，人民法院应当作为新案受理。

(6) 当事人超过诉讼时效期间起诉的，人民法院应予受理。受理后对方当事人提出诉讼时效抗辩，人民法院经审理认为抗辩事由成立的，判决驳回原告的诉讼请求。

(7) 裁判发生法律效力后，发生新的事实，当事人再次提起诉讼的，人民法院应当依法受理。

(二) 立案受理

立案受理是指人民法院对原告的起诉进行审查后，认为符合法律规定的起诉条件，启动审判程序的行为。人民法院立案受理应当制作受理案件通知书，并向当事人送达。

人民法院受理原告起诉后，产生以下法律后果。

1. 受诉法院取得对该案的审判权

审判权包括审判上的职权和职责。一方面，人民法院有权对民事案件进行审理，就当事人之间发生的民事争议作出裁判。另一方面，人民法院在审理过程中，必须严格依照程序法和实体法的规定进行审判，不得违反法定程序，枉法裁判。受诉人民法院受理原告起诉后，排斥了其他人民法院对案件的管辖权。即使原来对该案有管辖权的法院，也由于受诉法院的受理而丧失审判权，法律另有规定的除外。当事人不得以同一诉讼标的，同一案件事实、理由向其他人民法院提起诉讼，其他人民法院也不得受理。

2. 确定了双方当事人的诉讼地位

起诉一经人民法院受理，双方当事人取得诉讼主体的地位，依法行使诉讼权利和承担相应的诉讼义务。其他诉讼参加人，如第三人、诉讼代理人也依法各自取得相应的诉讼地位，有权进行各种诉讼活动。

3. 诉讼时效中断

人民法院受理当事人起诉的，该案的诉讼时效重新起算。法院裁定不予受理的，从不予受理的裁定生效之日起，诉讼时效连续计算，但应当扣除从当事人起诉到法院不予受理的裁定生效这段时间。

第二节　审前准备程序

一、审前准备程序的概念和作用

审前准备程序，也称审理前的准备，是指人民法院受理案件后至开庭审理之前，为开庭审理所进行的一系列诉讼活动。审前准备程序是在普通程序中为保证开庭审理的顺利进行和案件的及时、公正审理而设立的必经程序，具有重要的作用。一方面，审前准备程序使当事人了解对方掌握的证据和对案件事实的看法，为参加庭审做好充分准备，充分发挥当事人在庭审中的作用；另一方面，人民法院通过审前准备程序，特别是讼争点整理和证据交换，对案件事实和争执的问题有了初步了解，能更好地发挥庭审的功能，提高诉讼效率，保障诉讼公正和诉讼效益价值的实现。

二、受理后的处理

我国《民事诉讼法》第 133 条规定，人民法院对受理的案件，分别情形，予以处理：

（1）当事人没有争议，符合督促程序规定条件的，可以转入督促程序。此规定实现了诉讼程序与督促程序的无缝对接。

（2）开庭前可以调解的，采取调解方式及时解决纠纷，即民事诉讼先行调解制度。

（3）根据案件情况，确定适用简易程序或者普通程序。

（4）需要开庭审理的，通过要求当事人交换证据等方式，明确争议焦点。

三、实务中审前准备程序涉及的内容

根据《民事诉讼法》和最高人民法院相关司法解释的规定，审前准备程序的内容包括下述几点。

（一）在法定期间内及时送达诉讼文书

人民法院受理案件后，应当分别向原、被告发送案件受理通知书和应诉通知书，并在立案之日起 5 日内将起诉状副本送达被告。原告口头起诉的，人民法院应当将原告口述笔录内容告知被告。被告只有在了解了原告起诉的内容后，才能有针对性地依法提出答辩。被告提出答辩的法定期间是收到起诉状之日起 15 日内。被告应当在答辩期间届满前提出书面答辩，阐明其对原告诉讼请求及所依据的事实和理由的意见。被告放弃答辩，不影响人民法院对案件的审理。但是，被告答辩有助于人民法院了解双方当事人争执的焦点和相关的证据材料。被告在法定期间内提出答辩状的，人民法院应当在收到答辩状之日起 5 日内将其副本送达原告。此外，根据《民诉证据的若干规定》的规定，人民法院应当在送达案件受理通知书和应诉通知书的同时，向当事人送达举证通知书。举证通知书应当载明举证责任的分配原则与要求，可以向人民法院申请调查取证的情形，人民法院根据案件情况指定的举证期限，以及逾期提供证据的法律后果。

另外，在开庭前应传唤当事人，通知其他诉讼参与人出庭参加诉讼。人民法院应当在开庭 3 日前将传票送达当事人，将出庭通知书送达其他诉讼参与人，传票和通知书应当写

明案由、开庭的时间和地点，以确保当事人和其他诉讼参与人为参加庭审做好准备。

（二）告知当事人的诉讼权利

根据《民事诉讼法》第126条的规定，人民法院对决定受理的案件，应当在受理案件通知书和应诉通知书中或者以口头方式告知双方当事人有关的诉讼权利义务，以便保证当事人正确地行使各种诉讼权利，履行诉讼义务。

（三）指定举证时限

根据《民诉证据的若干规定》第33条的规定，人民法院应当在送达案件受理通知书和应诉通知书的同时向当事人送达举证通知书。同时，人民法院可根据案件情况指定举证期限，其指定的期限不得少于30日，自当事人收到案件受理通知书和应诉通知书的次日起计算。举证时限也可以由当事人协商一致，并经人民法院认可。

（四）组织当事人交换证据

对于证据较多或复杂疑难的案件，仅通过指定举证时限不易达到整理争点、固定争点和证据的效果，人民法院可以组织当事人交换证据。

1. 证据交换的适用范围

证据交换的范围包括：（1）经当事人申请，人民法院认为有必要证据交换的案件；（2）证据较多或者复杂疑难的案件。对于案情简单，证据不多，通过指定举证时限能够固定争点和证据的案件，一般不必采取证据交换的方式。

2. 证据交换的时间

根据《民诉证据的若干规定》第38条的规定，交换证据的时间可以由当事人协商一致，并经人民法院认可，也可以由人民法院指定，但都必须在开庭审理之前完成。人民法院组织当事人交换证据的，交换证据之日举证期限届满。当事人申请延期举证经人民法院准许的，证据交换日相应顺延。

3. 证据交换的过程

证据交换应当在审判人员的主持下进行。这里的“审判人员”可以是合议庭的组成人员，也可以是书记员或合议庭之外的审判人员，如法官助理。在证据交换的过程中，审判人员对当事人无异议的事实、证据应当记录在卷；对有异议的证据，按照需要证明的事实分类记录在卷，并记载异议的理由。当事人收到对方交换的证据后，提出反驳并提出新证据的，人民法院应当通知当事人在指定的时间进行交换。为了防止当事人利用证据交换拖延诉讼，证据交换一般不超过两次。但重大、疑难和案情特别复杂的案件，人民法院认为确有必要再次进行证据交换的，可不受两次的次数限制。

通过证据交换，人民法院可以将符合要求的证据固定下来，并根据现有已固定的证据，确定双方当事人争议的主要问题，以便于法庭审理。

（五）审核诉讼材料，整理争点

合议庭组成后，合议庭的成员应当认真审核案件的诉讼材料，包括起诉状、答辩状和有关的证据材料。通过对诉讼材料的审核，了解双方当事人对案件的基本态度和主要分歧，对证据材料的真伪及其证明力作出初步的判断，初步整理双方当事人争执的焦点，确定是否需要由人民法院调查收集证据。

（六）调查收集必要的证据

诉讼证据主要由当事人来提供，但在特定的情况下，由人民法院调查收集证据，以便更好地解决纠纷，保护当事人的合法权益。根据《民事诉讼法》第 64 条和《民诉证据的若干规定》第 15 条的规定，人民法院调查收集证据包括两种情形：一是当事人及其诉讼代理人因客观原因不能自行收集的证据，可以向人民法院申请调查收集；二是人民法院认为审理案件需要的证据，人民法院应当依职权主动调查收集。《民诉证据的若干规定》第 15 条将"人民法院认为审理案件需要的证据"解释为以下两种情形：其一是涉及可能有损国家利益、社会公共利益或者他人合法权益的事实；其二是涉及依职权追加当事人、中止诉讼、终结诉讼、回避等与实体争议无关的程序事项。

（七）追加当事人

《民事诉讼法》第 132 条规定：必须共同进行诉讼的当事人没有参加诉讼的，人民法院应当通知其参加诉讼。必须共同进行诉讼的当事人是指必要共同诉讼的原告和被告。人民法院在审查诉讼材料后，发现必须到庭参加诉讼的当事人没有参加诉讼的，应当通知其参加诉讼，当事人也可以向人民法院申请追加。人民法院对当事人提出的申请，应当进行审查，申请无理的，裁定驳回；申请有理的，书面通知被追加的当事人参加诉讼。人民法院追加共同诉讼的当事人时，应通知其他当事人。需要追加的原告明确表示放弃实体权利的，可以不作为当事人；需要追加的原告既不愿意参加诉讼，又不放弃实体权利的，仍然追加为共同原告，其不参加诉讼不影响法院对案件的审理。如果追加的当事人是必要共同诉讼的被告，则其接到人民法院的通知后，必须参加诉讼，其不出庭参加诉讼不影响法院对案件的审理。对于必须到庭的被告，经人民法院合法传唤，无正当理由拒不到庭的，人民法院可以采取强制措施，强制其到庭。对于不是必须到庭参加诉讼的被告，可以适用缺席判决。对于无独立请求权的第三人，人民法院认为有必要追加或当事人提出申请时，也可以追加为当事人。

（八）告知合议庭的组成人员

合议庭组成人员确定后，应当在 3 日内告知当事人。告知当事人合议庭组成人员的目的是使当事人便于行使申请回避的权利。告知后，因事情变化，必须调整合议庭组成人员的，应当于调整后 3 日内告知当事人。在开庭前 3 日内决定调整合议庭组成人员的，原定的开庭日期应予顺延。

（九）庭审前的调解与和解

在双方当事人自愿的条件下，庭审前合议庭可以让双方当事人及其诉讼代理人自行协商解决。当事人和解，原告申请撤诉，或者双方当事人要求发给调解书的，经审查认为不违反法律规定，不损害第三人利益的，可以裁定准予撤诉，或者按照双方当事人达成的和解协议制作调解书，发给当事人。

另外，在庭审前合议庭审查案卷材料后，认为法律关系明确、事实清楚的，经征得当事人双方同意，可以在开庭审理前径行调解。调解达成协议的，制作调解书发给当事人。双方当事人对案件事实无争议，只是在责任承担上达不成协议的，开庭审理可以在双方当事人对事实予以确认的基础上，直接进行法庭辩论。

（十）开庭公告与通知

对公开审理的案件，人民法院应当在开庭 3 日前公告当事人的姓名、案由和开庭的时间、地点。公告可以在法院的公告栏张贴，巡回审理的可以在案发地或其他相关的地点张贴。开庭公告与通知的目的是加强新闻媒体和社会公众对人民法院审判活动的了解和监督，确保案件审理的公正和效益。

根据《民诉解释》的规定，法院可以在此时召开庭前会议，相关内容可以通过庭前会议解决，具体包括：(1) 明确原告的诉讼请求和被告的答辩意见；(2) 审查处理当事人增加、变更诉讼请求的申请和提出的反诉，以及第三人提出的与本案有关的诉讼请求；(3) 根据当事人的申请决定调查收集证据，委托鉴定，要求当事人提供证据，进行勘验，进行证据保全；(4) 组织交换证据；(5) 归纳争议焦点；(6) 进行调解。此项制度是在我国首次确立。目前在民事诉讼中，部分案件需要多次开庭才能查清事实，主要原因有三个方面：一是被告不提交书面答辩意见仅当庭口头答辩，原告据此要求延长举证期限导致无法开庭；二是由于当事人法律知识欠缺，举证不充分，关键事实难以查清；三是案件确实疑难、复杂，需要多次开庭。如何提高一次庭审成功率、提高案件审判效率，是困扰法官的普遍难题。在正式庭审前召开庭前会议，不失为解决多次开庭、拖延审理难题的一种好办法。

第三节　开庭审理

一、开庭审理的概念和意义

开庭审理，是指人民法院在当事人和其他诉讼参与人的参加下，按照法定的方式和程序，对案件进行审理并作出裁判的诉讼活动。根据法律的相关规定，法庭审理应当围绕当事人争议的事实、证据和法律适用等焦点问题进行。

二、开庭审理的任务和方式

根据民事诉讼法的规定，开庭审理的主要任务是：全面审查核实证据，查明案件事实，分清是非责任，正确适用法律，通过具有法律效力的法律文书确认当事人之间的实体权利义务关系，制裁民事违法行为，解决当事人之间的民事纠纷，保护当事人的合法权益。

人民法院审理第一审民事案件，都必须开庭审理。开庭审理有公开审理和不公开审理两种方式。开庭审理以公开审理为原则，不公开审理为例外。根据《民事诉讼法》第134条的规定，人民法院审理民事案件，除涉及国家秘密、个人隐私或者法律另有规定的以外，应当公开进行。离婚案件、涉及商业秘密的案件、当事人申请不公开审理的，可以不公开审理。

三、开庭审理的程序

人民法院适用普通程序审理民事案件，必须严格依照法定程序进行。根据民事诉讼法的规定，开庭审理分为以下几个阶段：(1) 宣布开庭；(2) 法庭调查；(3) 法庭辩论；(4) 案件评议和宣告判决。人民法院根据案件具体情况并征得当事人同意，可以将法庭调查和法庭辩论合并进行。

(一) 宣布开庭

宣布开庭为法庭开庭审理的开始，是法庭审理的第一阶段。在这一阶段主要由书记员主持开庭工作。具体步骤如下：

（1）书记员宣布当事人及其诉讼代理人入庭。

（2）查明当事人及其他诉讼参与人是否到庭，书记员宣布法庭纪律。正式开庭审理之前，书记员应当查明当事人和其他诉讼参与人是否到庭。当事人或其他诉讼参与人没有到庭的，应将情况及时报告审判长，并由合议庭确定是否需要延期开庭审理或者中止诉讼。决定延期开庭审理的，应当及时通知当事人和其他诉讼参与人；决定中止诉讼的，应当制作裁定书，发给当事人。原告经传票传唤，无正当理由拒不到庭的，可以按撤诉处理；被告经传票传唤，无正当理由拒不到庭的，可以缺席判决。同时宣布法庭纪律，告知全体诉讼参与人和旁听人员必须遵守。

（3）书记员宣布全体起立，请审判长、审判员、陪审员入庭。

（4）书记员向审判长报告当事人及其诉讼代理人的出庭情况。审判长核对当事人及其诉讼代理人的身份，并询问各方当事人对于对方出庭人员有无异议。开庭审理时，由审判长核对当事人，核对的顺序是原告、被告、第三人，核对的内容包括姓名、性别、年龄、民族、籍贯、工作单位、职业和住所。当事人是法人和其他组织的，核对其法定代表人和主要行政负责人的姓名、职务。对于诉讼代理人应当查明其代理资格和代理权限。当事人的身份经审判长核对无误，且当事人对对方出庭人员没有异议，审判长宣布各方当事人及其诉讼代理人符合法律规定，可以参加本案诉讼。被告经人民法院传票传唤，无正当理由拒不到庭的，审判长可以宣布缺席审理，并说明传票送达合法和缺席审理的依据。无独立请求权的第三人经人民法院传票传唤，无正当理由拒不到庭的，不影响案件的审理。

（5）审判长宣布案由及开始庭审，不公开审理的应当说明理由。

（6）审判长宣布合议庭组成人员、书记员名单。

（7）审判长告知当事人有关的诉讼权利义务，询问各方当事人是否申请回避。当事人提出申请回避的，合议庭应当宣布休庭。院长担任审判长时的回避，由审判委员会决定；审判人员的回避，由院长决定；其他人员的回避，由审判长决定。当事人申请回避的理由不能成立的，由审判长在重新开庭时宣布予以驳回，记入笔录；当事人申请回避的理由成立，决定回避的，由审判长宣布延期审理。当事人对驳回回避申请的决定不服，申请复议的，不影响案件的开庭。人民法院对复议申请，应当在3日内作出复议决定，并通知复议申请人，也可以在开庭时当庭作出复议决定，并告知复议申请人。

法庭在完成这些工作以后，由审判长宣布进入调查阶段。

（二）法庭调查

法庭调查的主要任务是，审判人员在法庭上全面调查案件事实，审查和核实各种证据，为正确认定案件事实和适用法律奠定基础。依照《民事诉讼法》和《民诉证据的若干规定》的规定，法庭调查主要包括两方面内容：一是当事人陈述；二是出示证据和质证。法庭调查阶段具体步骤包括：在审判长宣布进行法庭调查后，应当告知当事人法庭调查的重点是双方争议的事实。当事人对自己提出的主张，有责任提供证据，反驳对方主张的，也应提供证据或说明理由。

1. 当事人陈述

首先由原告口头陈述其诉讼请求及其所依据的事实、理由，然后由被告陈述案件事实及其所持的不同意见。被告可以针对原告起诉中的请求和理由，作出承认或者否定的答辩，对双方确认的事实，应当记入笔录，法院无须再作调查。被告提出反诉的，应陈述反诉的诉讼请求及其所依据的事实、理由。有诉讼第三人的，先由有独立请求权的第三人陈述诉讼请求及其所依据的事实、理由，再由无独立请求权的第三人针对原、被告的陈述提出承认或者否认的答辩意见。当事人有诉讼代理人的，可以由诉讼代理人陈述或答辩，也可以在当事人陈述或答辩完后，再由诉讼代理人补充。审判人员有权就案件事实进行询问，归纳本案争议焦点或者法庭调查重点，并征求当事人的意见。

2. 出示证据和质证

当事人陈述结束后，必须将案件的有关证据在法庭上展示，并由当事人进行质证。当事人在证据交换过程中认可并记录在卷的证据，经审判人员在庭审中说明后，可以作为认定案件事实的依据，不必在法庭上质证。

质证是我国民事诉讼证据制度的重要内容，也是民事诉讼开庭审理阶段的重要环节。它是指在法庭审理活动中，双方当事人在审判人员的组织下，围绕证据的真实性、关联性、合法性，针对证据证明力有无及证明力大小，进行质疑、说明与辩驳的活动。我国《民事诉讼法》第 68 条规定：证据应当在法庭上出示，并由当事人互相质证。《民诉证据的若干规定》第 47 条也规定，证据应当在法庭上出示，由当事人质证。未经质证的证据，不能作为认定案件事实的依据。案件有两个以上独立的诉讼请求的，当事人可以逐个出示证据进行质证。涉及国家秘密、商业秘密和个人隐私或者法律规定的其他应当保密的证据，不得在开庭时公开质证，但可以适当提示。根据《民诉证据的若干规定》第 51 条的规定，当事人质证的顺序是：原告出示证据，被告、第三人与原告进行质证；被告出示证据，原告、第三人与被告进行质证；第三人出示证据，原告、被告与第三人进行质证。案件有多个诉讼请求或多个独立存在的事实的，可按每个诉讼请求、每段事实争议的问题由当事人依次陈述、核对证据。

在此阶段，双方当事人对争议的事实所提供的书证、物证、视听资料和电子数据，应经对方辨认，互相质证。当证人出庭作证时，法庭应查明证人身份，告知证人作证的义务及作伪证应负的法律责任。证人作证后，应征询双方当事人对证人证言的意见。经法庭许可，当事人及其诉讼代理人可以向证人发问。证人确有困难不能出庭的，其所提交的书面证言应当当庭宣读。当事人自己调查取得的证人证言，由当事人宣读后提交法庭，对方当事人可以质询；人民法院调查取得的证人证言，由书记员宣读，双方当事人可以质询。另外，勘验人、鉴定人宣读勘验笔录、鉴定意见后，由双方当事人发表意见。经法庭许可，当事人及其诉讼代理人可以向勘验人、鉴定人发问。必要时，可以申请具有专门知识的人出庭。

3. 法庭调查结束

双方当事人争议的事实查清后，审判长应当询问双方当事人有无新的证据提出，以及原告的诉讼请求或被告的反诉请求有无变更。当事人重复陈述的，审判长应当及时提醒或制止。案件的事实清楚后，审判长宣布法庭调查结束。

对于当事人要求提供新的证据或者合议庭认为事实尚未查清，确需人民法院补充调查、收集证据或通知新的证人到庭，重新鉴定、勘验，因而需要延期审理的，可以宣布延期审理。需要当事人补充证据的，应告知其在限定期间内提供。

（三）法庭辩论

法庭辩论是当事人及其诉讼代理人在合议庭的主持下，根据法庭调查阶段查明的事实和证据，阐明自己的观点和意见，相互进行言词辩驳的诉讼行为。

根据《民事诉讼法》第141条的规定，法庭辩论按照下列顺序进行。

1. 原告及其诉讼代理人发言

在原告和诉讼代理人都出庭的情况下，一般先由原告发言，然后由诉讼代理人补充。发言主要是论证自己的观点和主张，驳斥被告在法庭调查中提出的事实和理由，而不是重复自己在法庭调查阶段所作的陈述内容。

2. 被告及其诉讼代理人答辩

被告及其诉讼代理人的答辩不是对自己在法庭调查阶段的陈述和答辩的简单重复，而是针对原告及其诉讼代理人的发言发表意见和辩解，以证明原告的诉讼请求是不合法的，不应得到法庭支持。

3. 第三人及其诉讼代理人发言或者答辩

有独立请求权的第三人认为原告和被告都侵犯了自己的合法权益，因而，其发言或答辩是对原告和被告所主张的事实、理由和请求进行辩驳，从而证明自己的合法权益应受到保护。无独立请求权的第三人，是参加到本诉讼中与之有法律关系的一方当事人中来，他与该方当事人的关系既是对立的又是统一的。在针对对方当事人的时候，他们之间是统一的，无独立请求权的第三人辅助该方当事人对对方当事人主张的事实和请求进行回答和辩驳。但当涉及参加诉讼的权利享有或责任承担时，他们之间的关系是对立的，此时，无独立请求权的第三人可能针对与其有法律关系的当事人提出的事实、理由，请求进行回答和辩驳。

4. 互相辩论

审判人员应当引导当事人围绕争议焦点进行辩论。当事人及其诉讼代理人的发言与本案无关或者重复未被法庭认定的事实，审判人员应当予以制止。

（四）案件评议和宣告判决

这是开庭审理的最后阶段，是合议庭根据已经查明的事实和证据，依照法律分清是非、明确责任、作出判决并宣告判决结果，从而解决当事人之间民事争议的阶段。

1. 合议庭评议

法庭辩论结束后，调解不成的，合议庭应当休庭，进入评议室进行评议。评议时合议庭应根据法庭调查和法庭辩论的情况，确定案件的性质，认定案件的事实，分清是非责任，正确地适用法律，对案件作出最后的处理。合议庭评议案件，由审判长主持，不公开进行。合议庭有不同意见时，实行少数服从多数的原则，但少数意见要如实记入笔录。评议笔录由书记员制作，经合议庭成员和书记员签名或盖章，归档备查，不得对外公开。评议结束后，应制作判决书，并由合议庭成员签名。

2. 宣告判决

宣告判决的内容包括：认定的事实、适用的法律、判决的结果和理由、诉讼费用的负担、当事人的上诉权利、上诉期限和上诉法院。

宣告判决有两种方式：一种是当庭宣判。即在合议庭评议后，由审判长宣布继续开庭并宣读裁判。宣判后，10日内向有关人员发送判决书。当庭宣判的案件，除当事人当庭要求邮寄发送裁判文书的以外，人民法院应当告知当事人或者诉讼代理人领取裁判文书的时间和地点以及逾期不领取的法律后果。上述情况，应当记入笔录。另一种是定期宣判。即不能当庭宣判的，另定日期宣判。定期宣判后，应立即发给裁判文书。

无论是公开审理还是不公开审理的案件，宣告判决一律公开。宣告离婚判决时，应告知当事人在判决未生效前，不得另行结婚。

四、法庭笔录和笔录的制作

法庭笔录是书记员对开庭审理活动的记录。制作法庭笔录，应当按照开庭审理各个阶段的顺序客观、真实、全面地记载庭审的全部过程，由合议庭成员和书记员签名。法庭笔录由书记员宣读，也可以告知当事人和其他诉讼参与人当庭或者在 5 日内阅读。法庭笔录经宣读或阅读，当事人和其他诉讼参与人认为记录无误的，应当在笔录上签名或盖章；拒绝签名、盖章的，记明情况附卷；认为对自己的陈述记录有遗漏或者差错，申请补正的，允许在笔录后面或者另页补正。

五、法庭的审理期限

我国《民事诉讼法》第 149 条对普通程序的审理期限作了如下规定：人民法院适用普通程序审理的案件，应当在立案之日起 6 个月内审结。有特殊情况需要延长的，由本院院长批准，可以延长 6 个月；还需要延长的，报请上级人民法院批准。2000 年 9 月起施行的最高人民法院《关于严格执行案件审理期限制度的若干规定》规定：适用普通程序审理的第一审民事案件，期限为 6 个月；有特殊情况需要延长的，应当在审理期限届满 10 日前向本院院长提出申请，经本院院长批准，可以延长 6 个月；还需延长的，应当在审理期限届满 10 日前报请上一级人民法院批准，可以再延长 3 个月。即最长可能为 15 个月。

民事案件的审理期限从立案次日起计算，下列期间不计入审理期限：第一，民事案件公告、鉴定的期间；第二，审理当事人提出的管辖权异议和处理法院之间的管辖争议的期间；第三，诉讼中止的期间。

人民法院判决书宣判、裁定书宣告或者调解书送达最后一名当事人的日期为结案时间。留置送达的，以裁判文书留在受送达人的住所日为结案时间；公告送达的，以公告刊登之日为结案时间；邮寄送达的，以交邮日期为结案时间；通过有关单位转交送达的，以送达回证上当事人签收的日期为结案时间。如需委托宣判、送达的，委托宣判、送达的人民法院应当在审理期限届满前将判决书、裁定书、调解书送达受托人民法院。受托人民法院应当在收到委托书后 7 日内送达。

第四节 法庭审理中特殊问题的处理

一、法庭对当事人撤诉的处理

撤诉是指在人民法院受理案件后到判决宣告前，原告撤回其起诉的行为。撤诉权是与起诉权相对应的一种诉讼权利，撤诉是当事人自由处分自己诉讼权利的一种体现。

从不同的角度，可以对撤诉进行不同的分类：依据当事人撤诉行为的积极和消极形态分类，可以分为当事人撤诉和人民法院视为撤诉；依据诉的性质上分类，可以分为撤回本诉、撤回反诉和撤回参加之诉；依据撤诉行为发生的审级分类，可以分为撤回起诉和撤回上诉。

我国民事诉讼法规定的撤诉包括两种情形：申请撤诉和按撤诉处理。

（一）申请撤诉

申请撤诉是指在一审判决宣告前，原告向人民法院申请撤回其起诉的一种诉讼行为。《民事诉讼法》第145条第1款规定：宣判前，原告申请撤诉的，是否准许，由人民法院裁定。据此规定，原告申请撤诉必须符合以下条件：

（1）撤诉的主体只能是原告。起诉和撤诉的主体具有同一性，申请撤诉和起诉只能是同一方当事人，通常是原告。有独立请求权的第三人由于向人民法院提出了独立的诉讼请求，其诉讼地位相当于原告，可以撤回自己的起诉，但其撤诉不影响原、被告之间的诉讼照常进行。在反诉的情况下，反诉的原告即本诉的被告可以撤回反诉。

（2）要有申请撤诉的具体行为，即必须向人民法院明确提出撤诉的请求。通常是要递交撤诉申请书，在申请书中有撤诉的明确意思表示。

（3）申请撤诉必须是原告的自愿行为。任何单位和个人包括审判人员不得强迫原告申请撤诉。

（4）申请撤诉的目的必须正当、合法。原告对自己诉讼权利的处分要符合法律的规定，不得损害国家集体和他人的合法权益，否则，会受到国家的干预。

（5）原告的撤诉申请必须在受诉人民法院宣判前提出。

原告提出撤诉申请后，受诉人民法院应当及时进行审查。经审查，认为原告的撤诉申请符合条件的，裁定准予撤回起诉；反之，裁定不准撤回起诉。

（二）按撤诉处理

按撤诉处理是指人民法院依照法律的明确规定，对于原告的某些行为裁定按照申请撤诉处理。

《民事诉讼法》第143条规定，原告经传票传唤，无正当理由拒不到庭的，或者未经法庭许可中途退庭的，可以按撤诉处理。根据此规定和《民诉解释》的规定，有下列情形之一的，按撤诉处理：

（1）原告经传票传唤，无正当理由拒不到庭的。

（2）在法庭审理过程中，原告未经法庭许可中途退庭的。

（3）原告为无诉讼行为能力人的，其法定代理人经传票传唤，无正当理由拒不到庭，又不委托诉讼代理人到庭的。

（4）原告未按规定预交案件受理费，经法院通知后仍不预交的，又没有申请免交或者缓交理由的。

有独立请求权的第三人有上述情形的，也按撤诉处理。人民法院裁定撤诉后，诉讼即告终结，当事人可以在诉讼时效内再行起诉。

二、缺席判决

缺席判决是相对于对席判决而言的。它是指人民法院在一方当事人无故拒不到庭或者

未经法庭许可中途退庭的情况下，依法审理后所作出的判决。法律规定缺席判决制度，对于人民法院及时有效地行使审判权，维护司法权威，保护当事人的合法权益具有重要的意义。

当事人出庭陈述既是其权利，也是其义务。根据《民事诉讼法》和《民诉解释》的规定，有下列情形之一的，可以缺席判决：

（1）被告经人民法院合法传票传唤，无正当事由拒不到庭，或者未经法庭许可中途退庭的。

（2）被告反诉，原告经法院传票传唤，无正当事由拒不到庭，或者未经法庭许可中途退庭的。

（3）无民事行为能力的被告的法定代理人经传票传唤，无正当理由拒不到庭，又不委托诉讼代理人的。但必要时可以拘传其到庭。

（4）人民法院裁定不准许原告撤诉的，原告经法院传票传唤，无正当理由拒不到庭的。

（5）无独立请求权的第三人经法院传票传唤，无正当理由拒不到庭，或者未经法庭许可中途退庭的。

三、延期审理

延期审理是指人民法院确定了案件的审理期日后或者在开庭审理过程中，由于出现了法律规定的特殊情况使开庭审理无法如期或继续进行，而将开庭审理期日推延的制度。

根据《民事诉讼法》第 146 条的规定，有下列情形之一的，可以延期审理：

（1）必须到庭的当事人和其他诉讼参与人有正当理由没有到庭的。必须到庭的当事人是指不到庭就无法查清案情的当事人，主要包括：第一，能正确表达意志且无特殊情况的离婚案件当事人；第二，负有赡养、抚育、扶养义务和不到庭就无法查清案情的被告。必须到庭的其他诉讼参与人是指不到庭就无法查清案情或无法开庭审理的诉讼参与人，如不可缺少的翻译人员、对案件事实的认定起重要作用的证人等。这里要具备两个条件：其一是没有出庭的当事人和其他诉讼参与人是根据法律的规定必须到庭的，而不是普通的情况；其二是不出庭有正当理由。如果不是必须到庭的当事人和其他诉讼参与人，或者虽然是必须到庭的当事人和其他诉讼参与人，但无正当理由没有到庭的，可根据情况适用撤诉、缺席判决或正常地依法判决，而无须延期审理。

（2）当事人临时提出回避申请的。根据《民事诉讼法》第 45 条的规定，当事人提出回避申请，应当说明理由，在案件开始审理时提出；回避事由在案件开始审理后知道的，也可以在法庭辩论终结前提出。在法庭审理过程中，当事人临时提出回避申请的，被申请回避的人员在人民法院作出是否回避的决定前，除案件需要采取紧急措施的以外应当暂停参与本案的工作。这时，只能延期审理，等待人民法院对回避申请作出决定。

（3）需要通知新的证人到庭，调取新的证据，重新鉴定、勘验，或者需要补充调查的。

（4）其他应当延期的情形。这是一个弹性条款，由人民法院根据实际情况自行掌握。如责令当事人及其诉讼代理人退出法庭等。

延期审理只能发生在开庭审理阶段，延期审理前已进行的诉讼行为，对延期后的审理仍然有效，但延期的时间不计算在审理期限内。

四、诉讼中止和诉讼终结

（一）诉讼中止

1．诉讼中止的概念

诉讼中止是指在诉讼过程中，因出现法定事由而使本案诉讼活动难以继续进行，法院依法裁定暂时停止本案诉讼程序。

诉讼中止与延期审理不同，主要区别表现在：诉讼中止是诉讼活动的暂时停止，恢复的时间无法确定，且中止诉讼程序的时间一般较长；延期审理只是推迟审理的时间，其他诉讼活动并不停止，下次开庭的时间一般能够确定，且推延开庭审理的时间较短。

2．诉讼中止的原因

《民事诉讼法》第150条对中止诉讼的原因作了规定，即有下列情形之一的，人民法院裁定中止诉讼：

（1）一方当事人死亡，需要等待继承人表明是否参加诉讼的。作为一方当事人的自然人死亡，其民事诉讼主体资格自然消灭，但是有关财产的争议没有得到解决，需要等待是否有愿意承担诉讼权利义务的继承人参加诉讼。继承人表示愿意参加诉讼的，则诉讼程序将恢复进行；如果继承人放弃继承，不愿意承担诉讼权利义务的，诉讼不宜继续进行。

（2）一方当事人丧失诉讼行为能力，尚未确定法定代理人的。一方当事人丧失了诉讼行为能力，则不能亲自参加诉讼活动，必须由其法定代理人代为诉讼。在法定代理人确定之前，诉讼程序暂时停止。

（3）作为一方当事人的法人或者其他组织终止，尚未确定权利义务承受人的。法人或其他组织因合并、解散、被宣告破产等原因终止的，其权利义务应当由承受其实体权利义务的法人或者其他组织或者管理人等承担，在尚未确定承受人的情况下，中止诉讼。

（4）一方当事人因不可抗拒的事由，不能参加诉讼的。不可抗拒的事由是指不能预见、不能避免并不能克服的客观情况，如自然灾害、战争等。一方当事人因此而不能如期参加诉讼活动的，应当中止诉讼。

（5）本案必须以另一案的审理结果为依据，而另一案尚未审结的。本案与其他民事案件、行政案件或刑事案件有牵连，这些案件的处理对本案有重大影响，如果这些案件尚未审结时，就难以对本案作出正确的处理，只能中止诉讼。

（6）其他应当中止诉讼的情形。这是一个弹性条款，由人民法院根据审判实践中的复杂情况灵活掌握。人民法院认为诉讼应当中止的，则裁定中止诉讼。

3．诉讼中止裁定的效力

出现诉讼中止的法定事由后，人民法院应当作出中止诉讼的裁定。裁定一经宣布，立即生效，当事人不得上诉，也不得申请复议。裁定中止诉讼后，法院、当事人和其他诉讼参与人应当停止与本案有关的诉讼活动，但财产保全和证据保全除外。中止诉讼的原因消除后，由当事人申请或人民法院依职权恢复诉讼程序。恢复诉讼程序时，不必撤销原裁定，从人民法院通知或准许当事人双方继续进行诉讼时起，中止诉讼的裁定即失去效力。在中止诉讼前进行的诉讼行为继续有效。

（二）诉讼终结

1．诉讼终结的概念

诉讼终结是指在诉讼过程中，由于法定的原因使诉讼无法继续进行或进行下去没有意义，从而结束诉讼程序的一种法律制度。广义的诉讼终结，还包括因法院作出确定判决、当事人撤诉、达成调解协议等事由导致的诉讼终结。

诉讼终结和诉讼中止，虽然都是停止诉讼活动，但两者有根本的区别，表现在：诉讼终结是永远停止，不再恢复诉讼程序；而诉讼中止是暂时停止，待障碍消除后可恢复诉讼程序。

2. 诉讼终结的原因

根据民事诉讼法及相关司法解释，有下列情形之一的，人民法院裁定终结诉讼：

(1) 原告死亡，没有继承人，或者继承人放弃诉讼权利的。民事诉讼实行不告不理的原则，民事诉讼因原告的起诉而开始。如果在诉讼进行中，原告死亡而且没有继承人或继承人放弃诉讼权利，这时诉讼因没有主张权利的人而终结。

(2) 被告死亡，没有遗产，也没有应当承担义务的人的。在诉讼中，如果被告死亡，没有遗产，也没有应当承担义务的人，原告的诉讼请求不可能通过诉讼得到满足，继续进行诉讼已没有实际意义，应当终结诉讼。

(3) 离婚案件一方当事人死亡的。婚姻关系因任何一方当事人的死亡而自行消灭，因此，请求解除婚姻关系的诉讼没有必要继续进行，适用诉讼终结。

(4) 追索赡养费、扶养费、抚育费以及解除收养关系案件的一方当事人死亡的。追索赡养费、扶养费、抚育费案件都是与人身关系有密切联系的财产权益案件，其权利义务关系主体均是特定的，权利的享有和义务的履行都不可替代。因此，一方当事人死亡，诉讼没有进行下去的必要，应当终结诉讼。解除收养关系的案件的一方当事人死亡，其与另一方当事人之间的身份关系自行消灭，无须继续诉讼。

3. 诉讼终结裁定的效力

诉讼终结的原因出现时，人民法院应当作出终结诉讼的裁定。诉讼终结的裁定一经送达当事人，即发生法律效力，当事人既不得上诉，也不得申请复议。诉讼终结的法律后果：一是人民法院不再对案件进行审理；二是当事人不能基于同一事实、同一理由就同一诉讼标的再行起诉。

【课后习题】

一、思考题

1. 在何种情况下法院不受理当事人的起诉？

2. 简述庭审前当事人交换证据的意义。

3. 庭审中在何种情况下，法院可以适用延期审理？

4. 比较诉讼中止与延期审理有什么不同。

5. 在何种情况下法院可以视为当事人申请撤诉？如果当事人申请撤诉应当符合什么条件？撤诉对当事人的权利有什么样的影响？

二、案例分析题

阅读下面的案例，按照案例的内容组织一审程序的模拟法庭。

某建筑公司的一台吊车在施工作业时，不慎将附近一所民宅的山墙撞塌，致使该民宅内部分家具及电器受损，此外，该民宅内一位老人陈母受到惊吓，在匆匆逃离现场时摔了一跤，致使大腿骨折。事故发生后，因双方当事人对赔偿金额存在较大分歧，该民宅业主陈某遂起诉至人民法院，要求被告某建筑公司赔偿其经济损失。

陈某起诉时，向法院递交如下证据材料：

(1) 当地电视台记者现场采访的录音、录像带；

(2) 陈某拍摄的现场物品受损的照片；

(3) 事故发生前3个月，陈某为装修房屋所签订的合同书及支付工程款的付款凭证；

(4) 已损坏的松下牌微波炉实物和东芝牌手提电脑实物；

(5) 陈母腿部骨折诊断书及医疗费用清单（复印件）；

(6) 居民委员会提供的证人证言；

(7) 部分围观群众提供的证言；

(8) 赔偿费用一览表及计算方法；

(9) 陈某请当地的一名公安人员和两名保安人员对现场制作并签章的“勘验笔录”。

被告在提交答辩状的同时也提交了相关证据材料，其中包括：

(1) 被告现场拍摄的若干幅照片；

(2) 松下牌微波炉和东芝牌手提电脑位置图及上述两物周围无山墙倒塌坠落物的照片（用以证明两物损坏非山墙倒塌所致）；

(3) 被告在事故发生当日修复山墙的实景照片。

【本章实务应用难点分析】

1. 起诉前的准备工作

诉讼是当事人保护自己合法权益的最后途径，一个准备充分的诉讼可以保护自己的合法权利，中国传统社会有“惧讼”心理，诉讼在很大程度上恶化了诉讼当事人双方之间的关系。由于起诉时要考虑到诉讼所要的经济成本（如诉讼费、差旅费用、时间成本等），所以当事人要慎重地对待诉讼。对于诉讼的正确态度应该是：不轻易诉讼，不惧怕诉讼，一旦诉讼就要充分准备，而所有的准备一般在起诉前就要完成。具体准备如下：

(1) 法律准备。法律准备包括两方面的内容：一方面是实体法律关系的分析和判断，这是进行诉讼准备时最基础的工作，因为不同的法律关系适用的法律以及具体的司法原则（如举证责任、责任承担的形式等）会不同，所以首先要确定法律关系的性质，如以违约为由起诉和以侵权为由起诉涉及的请求权的基础不同，相应的举证责任和责任承担也就不同，甚至可以说诉讼的策略也就不同。另一方面是相关法律知识的收集和准备，有些诉讼需要涉及很多具体的、详细的法律规定，如房地产方面的纠纷就会涉及土地、规划、城市建设、房产等方面很多的法律法规以及一些行政性规定，如果不将有关的法律知识收集完整，就会影响对案件的整体分析判断，就可能在诉讼过程中形成被动局面。在实践中，还要注意收集最高人民法院和高级人民法院的一些司法解释和审判指导意见。

(2) 证据准备。我国民事诉讼采用的是“谁主张、谁举证”的一般原则，特殊情况法律明确规定由被告承担举证责任。当事人对自己提出的诉讼请求所依据的事实或者反驳对方诉讼请求所依据的事实，有责任提供证据加以证明。没有证据或者证据不足以证明当事人的事实主张的，由负有举证责任的当事人承担不利后果。这就意味着没有证据就要败诉，所以证据的准备至关重要。对于不同类型的案件来说，需要准备的证据各不相同，难

以一以概之，但是对于当事人来说，应当在初步判断其法律关系后，围绕请求权成立的要件组织其证据。如在一般侵权类型诉讼中，应当提供以下证据：

1）主体资格证据，如受害人的亲属关系的资料，具有继承资格的证明等。这些证据一方面在诉讼上能证明自己是适格的当事人，另一方面能证明自己是损害赔偿的请求主体。这些证据在诉讼上是很重要的，也是提起诉讼时必须准备的。

2）损害的证据，包括人身损害、财产损害。民事法律关系是恢复性的，没有损害即无赔偿，要求对方赔偿必须证明自己受到损害。哪怕是精神上受到了伤害，也应当将受到损害的程度等证据提供给法庭。当然，对于依一般经验法则可以得出受到此种损害的，可以免除举证，但是对于损害程度依然要由当事人提供证据加以证明。

3）行为证明。当事人必须证明被告的行为的存在，且该行为具有过错或具有一定的过错。当然，行为具有过错可以在一定程度上以"权利保护"方式来证明，即原告享有一项法律上的权利或利益，被告的行为侵害了该项利益，所以原告具有过错，但并非所有的侵权案件都可以采用"权利保护"的方式来分析。人除了法律上的权利外，还有各种各样的利益，甚至可能他的权利或利益是民间习惯所赋予的。当当事人提出一项并非"权利"侵害的请求时，还必须用证据证明获得或应受保护的利益的正当性和合理性。

4）因果关系证明。在任何案件中因果关系的证明都是最难的，特别是在一些需要所谓的科学证据的情况下。因此，如果我们不能依照经验取得得以证明行为与损害之间具有因果关系，那么，为取得这些证据可以借助一些手段，如公证、鉴定。在采用这些辅助手段取得因果关系证据时，依然要注意依照我国证据制度的法律规定，尽可能地保证其客观性、关联性、合法性，具体的可以参照本书证据部分的论述。

5）免责事由与抗辩证据。虽然免责与抗辩证据一般由被告来提供，但是针对具体案件存在对方免除责任的情形的证据，原告在写诉讼主张时应当考虑。当然，如果对对方当事人可能提出免责与抗辩的不服，诉讼前也应当做好准备，需要提供的也应当提供证据，因为过了举证期限就会导致证据提交不能的后果。

（3）对方财产状况的调查。当事人诉讼的目的不是追求一纸胜诉的判决，而是损害赔偿的实现，如追回工程欠款、人身损害获得赔偿等。为了保证将来判决能够得到执行或实现，对对方进行"支付能力"的前期财产调查也是必需的。这一点对于企业尤其重要，财产调查的范围包括对方的银行资金账户、动产及不动产情况、对外投资情况、对外享有的债权及其他权利（如商标权、专利权）等。当然，财产或支付能力的调查还有助于实现诉讼的策略，如是否进行诉讼前保全或诉讼中保全。

（4）诉讼方案准备。在完成以上的工作以后，下面的工作就是要研究确定一个具体的诉讼方案。这个诉讼方案应该至少包括以下几个方面的内容：

1）证据的分析判断。证据收集好之后，需要从以下几个角度对证据进行具体的分析：证据是否有效；证据是否充分；证据是否周密；证据是否存在缺陷；证据之间是否存在自相矛盾的地方。通过以上几个方面的审视，可以发现证据上存在的问题，并及时予以补充。

2）被告人的确定。被告的确定也是一个需要注意的环节，对于某些案件来说，原告方常常有选择被告的机会，如产品侵权，具有连带责任保证的合同，原告可以选择被告，但是对被告的选择可能影响诉讼的策略、举证，最终影响案件的处理结果。

3）诉讼请求的确定。诉讼请求的选择是建立在法律关系的基础上的，不同的法律关系决定了不同的诉讼请求，所以诉讼请求要根据法律规定来具体确定。在确定诉讼请求时，一定要注意合法合理，一个过分高额的诉讼请求不但要多花费诉讼费用，而且最终得不到法院的支持，同时会给审判法官留下不懂法律的印象，不利于案件的处理。

4）管辖法院的确定。对于被告在异地的情况，在本地法院审理案件显然更有利于案件的处理，所以要力争在本地法院起诉，这就牵涉到管辖法院问题，这个问题比较复杂，需要根据具体的案情研究确定。

5）诉讼技术性的选择。有些案件并非得到最终的法庭审理，如有的企业小，正好需要现金来维持正常的经营，它明知依法应当支付，但是不予支付，这时如果根据案情可以选择诉讼前保全或证据保全，那么企业会根据自己的利益判断来和解或履行，以保证自己利益的最大化。

6）对方可能提出的抗辩和对策。当事人要站在对方的立场上来看待问题，站在对方的立场上研究对方可能提出的抗辩，这样可以比较客观、全面地看待问题，更加有利于纠纷的解决。

2. 起诉审查应当注意的问题

法院对于起诉的审查是形式审查，非实质的审查。因此对于起诉审查，法院不能超越审判权对起诉的审查在立案时就进行实质的审查。法院立案庭主要的审查是根据《民事诉讼法》第 119 条的规定对四个方面的内容进行形式审查，如果不符合可以要求当事人补正。我国民事诉讼法学学者对第 119 条的规定存在不同的见解：一种观点认为该规定提高了起诉的门槛，将部分案件拦在法院审理之外，是不合理的；另一种观点认为该规定有利于限制当事人滥用诉权。在民事诉讼法未做全面修订之前，第 119 条的规定是法院起诉审查的主要依据，当事人应当按照第 119 条的规定准备诉讼材料。当然在起诉时是不需要完整的证据的。因为依照民事诉讼进程，法院决定立案后，会为当事人双方指定证据交换期间或举证责任期间。因此，在提交起诉状时只需提供初步证据就可以。

第十四章　简易程序

【本章要点】

- 简易程序的概念
- 简易程序的适用范围
- 简易程序的审理程序
- 简易程序转化

【案例导入】

案例一　某中学生张某将其母亲送给他的生日礼物一支钢笔遗失在教室里，被同学王某捡到。张某多次向王某索要，王某都拒不归还。在无奈的情况下，张某将王某告到人民法院，请求人民法院依法判令王某归还钢笔。

案例二　原告李某于2016年9月1日向某基层法院起诉要求被告张某夫妇返还欠款1万元，并在起诉时向法院提交了起诉状以及证明原、被告之间存在债权债务关系的借据一份。

思考：

从经济的角度分析这两起案件中当事人、法院、社会等方面的效益。

第一节　简易程序概述

一、简易程序的概念和意义

简易程序，是指基层人民法院及其派出法庭审理事实清楚、权利义务关系明确、争议不大的简单民事案件所适用的独立的一审诉讼程序。它是我国一审审判程序的分支，是独立的诉讼程序，适用特殊的审理规则。简易程序不是普通程序的简化，在我国民事审判程序体系中，简易程序与普通程序并列，独立存在，在审级上属于第一审程序，是我国民事诉讼程序的一个重要组成部分。它的存在有其特殊的意义：

首先，简易程序能够降低当事人诉讼成本和优化国家司法资源的配置。随着社会的发展，产生了大量简单的或称“小额”的民事案件，如果按部就班地适用烦琐的普通程序，必将造成国家司法资源的浪费。因此，根据案件的标的额或者案件繁简度对案件进行分流是必要的。对于当事人而言，简易诉讼程序在使其纠纷得到快速解决的同时，也为其节省了诉讼成本。由于适用简易程序可以有效地节省人力、物力、财力，达到诉讼经济的目的，因此世界上大多数国家设置了类似的程序，如日本设置了专门的小额诉讼法庭，处理小额诉讼案件。

其次，简易程序有利于实现司法的大众化。裁判请求权是宪法赋予公民的一项基本权利，为实现这一权利，客观上要求法院的司法程序能够更好地为民众所利用。如果诉讼成本过高，付出的代价过于昂贵，当事人可能为避免讼累而放弃通过审判实现正义的努力。这样的结果无疑会阻碍司法的大众化。简易程序为民众接近司法提供了制度保障。

最后，简易程序符合司法专业化的要求。现代社会的高度复杂化对纠纷解决的专业化提出了新的挑战，它要求对民事案件作进一步的划分，按照各类案件的特点和需要，设置专门的诉讼程序加以处理，才能使民事诉讼机制良性运行。

二、简易程序的适用范围

根据《民事诉讼法》第 157 条的规定，基层人民法院和它派出的法庭审理事实清楚、权利义务关系明确、争议不大的简单民事案件，适用简易程序。据此，简易程序的适用范围，包括以下三个方面的内容。

（一）适用简易程序的人民法院

适用简易程序的人民法院，仅限于基层人民法院和它的派出法庭。① 中级以上人民法院审理第一审民事案件，只能适用普通程序。因为，根据我国法律对于级别管辖的划分，到中级以上人民法院的案件标的额一般较大、案情较为复杂，不再是简单的案件。

（二）适用简易程序的案件

适用简易程序的案件，仅限于事实清楚、权利义务关系明确、争议不大的简单民事案件，这是适用简易程序案件的标准。

所谓“事实清楚”，是指当事人双方对争议的事实陈述基本一致，并能提供可靠的证据，无须人民法院调查收集证据即可判明事实、分清是非；“权利义务关系明确”，是指谁是义务的承担者，谁是权利的享有者，关系明确；“争议不大”，是指当事人对案件的是非、责任以及诉讼标的争执无原则分歧。上述三项标准是相互联系、不可分割的，这三项标准必须同时具备，才能构成简单的民事案件，适用简易程序来进行审理。

根据《民诉解释》的相关规定，下列案件不能适用简易程序：

（1）起诉时被告下落不明的；

（2）发回重审的；

（3）当事人一方人数众多的；

（4）适用审判监督程序的；

（5）涉及国家利益、社会公共利益的；

① 基层人民法院的派出法庭，是指基层人民法院根据地区、人口和案件情况，在区、乡、镇常设的人民法庭，以及为审理具体案件而临时派出的审判组织。人民法庭是基层人民法院的组成部分，其审判活动及所作出的判决、裁定与基层人民法院的审判活动及其作出的判决、裁定具有同等效力。

（6）第三人起诉请求改变或者撤销生效判决、裁定、调解书的；

（7）其他不宜适用简易程序的案件。

第二节　简易程序的运行

简易程序的根本特征在于诉讼资源的合理配置和诉讼成本的节约。《民事诉讼法》对简易程序的规定与普通程序相比较更为简化，以提高诉讼效率，节约司法资源和诉讼成本。

一、起诉与法庭受理

（一）起诉

简易程序的起诉方式简便。原告本人不能书写起诉状，委托他人代写起诉状确有困难的，可以口头起诉。原告口头起诉的，人民法院应当将当事人的姓名、性别、工作单位、住所、联系方式等基本信息，诉讼请求，事实及理由等准确记入笔录，由原告核对无误后签名或者捺印。对当事人提交的证据材料，应当出具收据。

（二）受理案件的程序

简易程序受理案件的程序简便。适用简易程序审理的案件，当事人双方可以同时到基层法院或者派出法庭请求解决纠纷。基层法院和它的派出法庭可以当即审理，也可以另定日期审理。

（三）传唤当事人和证人的方式

简易程序传唤当事人和证人的方式简便。人民法院适用简易程序审理简单的民事案件，可以采用捎口信、打电话、发短信、发传真、电子邮件等简便方式随时传唤双方当事人、证人。对于具体的传唤方式，人民法院可以根据案件的具体情况灵活使用。但是，根据相关法律的规定，以简便方式送达的开庭通知，未经当事人确认或者没有其他证据证明当事人已经收到的，人民法院不得缺席判决。

二、审理前的准备

人民法院适用简易程序审理的民事案件，可以简便方式进行审理前的准备。在法庭准备阶段一般无须组织证据交换。当事人申请人民法院收集证据的，不受举证期限届满 7 日内提出的限制。举证期限与答辩期限按如下规定确定：

适用简易程序案件的举证期限由人民法院确定，也可以由当事人协商一致并经人民法院准许，但不得超过 15 日。被告要求书面答辩的，人民法院可在征得其同意的基础上，合理确定答辩期间。

人民法院应当将举证期限和开庭日期告知双方当事人，并向当事人说明逾期举证以及拒不到庭的法律后果，由双方当事人在笔录和开庭传票的送达回证上签名或者捺印。

当事人双方均表示不需要举证期限、答辩期间的，人民法院可以立即开庭审理或者确定开庭日期。

三、先行调解

除了根据案件的性质和当事人的实际情况，不能调解或者显然没有调解必要的案件以外，根据最高人民法院《关于适用简易程序审理民事案件的若干规定》第 14 条的规定，凡是属于该规定内的简单民事案件，人民法院在开庭审理时应当先行调解。这些案件包括：

（1）婚姻家庭纠纷和继承纠纷；

（2）劳务合同纠纷；

（3）交通事故和工伤事故引起的权利义务关系较为明确的损害赔偿纠纷；

（4）宅基地和相邻关系纠纷；

（5）合伙协议纠纷；

（6）诉讼标的额较小的纠纷。

四、开庭审理

开庭审理时，简易程序较一审普通程序简便。在审判组织上，简易程序实行独任制，即由审判员一人独任审理。在开庭审理时，不严格区分法庭调查和法庭辩论两大步骤，也不受法庭调查、法庭辩论先后次序的限制，法官可以根据案件审理的需要灵活掌握，可以合并进行，也可以穿插进行。法庭调查和法庭辩论原则上应当一次开庭完成。根据《民诉解释》的规定，当事人双方可就开庭方式向人民法院提出申请，由人民法院决定是否准许。经当事人双方同意，可以采用视听传输技术等方式开庭。

法庭中对于没有委托律师代理诉讼的当事人，审判人员应当对回避、自认、举证责任等相关内容向其作必要的解释或者说明，并在庭审过程中适当提示当事人正确行使诉讼权利、履行诉讼义务，指导当事人进行正常的诉讼活动。同时，在开庭审理中，书记员应当将适用简易程序审理民事案件的全部活动记入笔录。对于下列事项，应当详细记载：

（1）审判人员关于当事人诉讼权利义务的告知、争议焦点的概括、证据的认定和裁判的宣告等重大事项；

（2）当事人申请回避、自认、撤诉、和解等重大事项；

（3）当事人当庭陈述的与其诉讼权利直接相关的其他事项。

简易程序是对普通程序的简化，简易程序中未规定的部分，适用普通程序的规定。

五、审理期限

人民法院适用简易程序审理案件，应当在立案之日起 3 个月内审结。根据最高人民法院的规定，审理期限到期后，双方当事人同意继续适用简易程序的，由本院院长批准，可以延长审理期限。延长后的审理期限累计不得超过 6 个月。

六、宣判与判决

适用简易程序审理的民事案件，除人民法院认为不宜当庭宣判的以外，应当当庭宣判。适用简易程序审理的民事案件，人民法院在判决过程中有下列情形之一的，人民法院

在制作裁判文书时，对认定事实或者判决理由部分可以适当简化：

（1）当事人达成调解协议并需要制作民事调解书的；

（2）一方当事人明确表示承认对方全部或者部分诉讼请求的；

（3）涉及商业秘密、个人隐私的案件，当事人一方要求简化裁判文书中的相关内容，人民法院认为理由正当的；

（4）当事人双方同意简化的。

另外，人民法庭制作的判决书、裁定书、调解书，必须加盖基层人民法院印章，不得用人民法庭的印章代替基层人民法院的印章。

第三节　法庭在实务中适用简易程序的几个特殊问题

一、简易程序中的送达

最高人民法院在 2003 年发布的《关于适用简易程序审理民事案件的若干规定》中，对诉讼文书和裁判文书的送达作了详细的规定。

（一）诉讼文书的送达

对于诉讼文书的送达，简易程序并不简化，而且有其特殊之处，甚至可能导致程序的转化或被人民法院按撤诉处理。

1. 被告地址不明确的处理

根据最高人民法院《关于适用简易程序审理民事案件的若干规定》第 8 条的规定，人民法院按照原告提供的被告的送达地址或者其他联系方式无法通知被告应诉的，应当按以下情况分别处理：

（1）原告提供了被告准确的送达地址，但人民法院无法向被告直接送达或者留置送达应诉通知书的，应当将案件转入普通程序审理；

（2）原告不能提供被告准确的送达地址，人民法院经查证后仍不能确定被告送达地址的，可以以被告不明确为由裁定驳回原告起诉。

另外，根据其第 9 条的规定，被告到庭后拒绝提供自己的送达地址和联系方式的，人民法院应当告知其拒不提供送达地址的后果；经人民法院告知后被告仍然拒不提供的，按下列方式处理：

（1）被告是自然人的，以其户籍登记中的住所地或者经常居住地为送达地址；

（2）被告是法人或者其他组织的，应当以其工商登记或者其他依法登记、备案中的住所地为送达地址。

2. 拒绝签收诉讼文书时的处理

受送达的自然人以及他的同住成年家属拒绝签收诉讼文书的，或者法人、其他组织负责收件的人拒绝签收诉讼文书的，送达人应当依据《民事诉讼法》第 86 条的规定，邀请有关基层组织或者其所在单位的代表到场见证，被邀请的人不愿到场见证的，送达人应当在送达回证上记明拒收事由、时间和地点以及被邀请人不愿到场见证的情形，将诉讼文书留在受送达人的住所或者从业场所，即视为送达。但是受送达人的同住成年家属或者法人、其他组织负责收件的人是同一案件中另一方当事人的，不适用上述规定。

（二）裁判文书的送达

1. 当庭宣判案件裁判文书的领取

当庭宣判的案件，除当事人当庭要求邮寄送达的以外，人民法院应当告知当事人或者诉讼代理人领取裁判文书的期间和地点以及逾期不领取的法律后果。上述情况，应当记入笔录。人民法院已经告知当事人领取裁判文书的期间和地点的，当事人在指定期间内领取裁判文书之日即为送达之日；当事人在指定期间内未领取的，指定领取裁判文书期间届满之日即为送达之日，当事人的上诉期从人民法院指定领取裁判文书期间届满之日的次日起开始计算。

2. 裁判文书的邮寄送达

当事人因交通不便或者其他原因要求邮寄送达裁判文书的，人民法院可以按照当事人自己提供的送达地址邮寄送达。人民法院根据当事人自己提供的送达地址邮寄送达的，邮件回执上注明收到或者退回之日即为送达之日，当事人的上诉期从邮件回执上注明收到或者退回之日的次日起开始计算

3. 按撤诉处理或者缺席判决的案件裁判文书的送达

原告经传票传唤，无正当理由拒不到庭或者未经法庭许可中途退庭的，可以按撤诉处理；被告经传票传唤，无正当理由拒不到庭或者未经法庭许可中途退庭的，人民法院可以根据原告的诉讼请求及双方已经提交给法庭的证据材料缺席判决。按撤诉处理或者缺席判决的，人民法院可以按照当事人自己提供的送达地址，将裁判文书送达给未到庭的当事人。

4. 定期宣判的案件裁判文书送达日期的确定

定期宣判的案件，定期宣判之日即为送达之日，当事人的上诉期自定期宣判的次日起开始计算。当事人在确定的宣判日无正当理由未到庭的，不影响该裁判上诉期间的计算。当事人确有正当理由不能到庭，并在确定的宣判日前已经告知人民法院的，人民法院可以按照当事人自己提供的送达地址，将裁判文书送达给未到庭的当事人。

二、简易程序中调解协议的效力

（一）调解协议和调解书的效力

当事人双方经调解达成协议并经审判人员审核后，在该调解协议上签名或者捺印的，该调解协议自双方签名或者捺印之日起发生法律效力。当事人要求摘录或者复制该调解协议的，应予准许。调解协议符合前款规定的，人民法院应当另行制作调解书。调解协议书经双方签收后发生法律效力，一方拒不履行的，另一方可以持调解书申请强制执行。

（二）调解书的生效时间

人民法院可以当庭告知当事人到人民法院领取调解书的具体日期，也可以在当事人达成调解协议的次日起，10 日内将调解书发送给当事人。

（三）调解书的补正

当事人以调解书与调解协议的原意不一致为由提出异议，人民法院审查后认为异议成立的，应当根据调解协议裁定补正调解书的相关内容。

三、简易程序与普通程序的转换

（一）当事人对简易程序的选择适用

基层人民法院适用第一审普通程序审理的民事案件，当事人各方自愿选择适用简易程序，经人民法院审查同意的，可以适用简易程序进行审理，除法律规定不能适用简易程序的案件除外。人民法院不得违反当事人自愿原则，将普通程序转为简易程序。人民法院不能将简易程序与普通程序混用，不能任意扩大简易程序的适用范围。约定适用简易程序的，应当在开庭前提出。口头提出的，记入笔录，由双方当事人签名或者捺印确认。已经适用普通程序审理的案件，在开庭后不得转为简易程序审理。

（二）适用简易程序的异议与简易程序转为普通程序

已经按照简易程序审理的案件，当事人就适用简易程序提出异议，人民法院经审查，异议成立的，裁定转为普通程序；异议不成立的，口头告知当事人，并记入笔录。

当事人就适用简易程序提出异议，人民法院认为异议成立的，或者人民法院在审理过程中发现案情复杂，不宜适用简易程序的，应当在审限届满前及时作出决定将案件转为普通程序，由合议庭进行审理，并及时书面通知当事人。

（三）由简易程序转为普通程序审理民事案件的审理

简易程序转为普通程序前，双方当事人已确认的事实，可以不再进行举证、质证。

由简易程序转为普通程序审理的民事案件的审理期限，自人民法院立案的次日起开始计算，即6个月的审理期限，但应当从中扣除法院此前适用简易程序审理案件已经过的期间。

第四节　小额诉讼程序

一、小额诉讼的概念和意义

小额诉讼，是指基层人民法院适用比普通简易程序更加简易化的诉讼程序，审理数额甚小的案件的过程。

设立小额诉讼程序的重要意义包括以下几点：

第一，可以实现司法的大众化，减少当事人的讼累，简便、迅速、经济地解决纠纷。

小额诉讼鼓励当事人诉讼，降低诉讼成本，赋予法官更大的自由裁量权，根据案件事实直接提出和解方案。实行一审终审，缩短诉讼周期。一切都是为了简便、迅速、经济地解决纠纷。

第二，可以合理配置司法资源，节约司法成本。

通过诉讼程序制度的多元化，将案件繁简分流，减轻普通程序的压力，在特定体制中作出既适应实践需要又符合法律规定的技术性调整或发展，使适用普通程序的案件确保公正审理，使小额程序、简易程序得以提高诉讼效率。这样既能避免“诉讼膨胀”现象的出现，又能强调程序公正，遏制司法腐败，提高诉讼效益，在公正与效益中找到最佳结合点。

第三，可以实现繁简分流，提高办案效率。

小额诉讼程序的设立，使得案件一进入法院就能顺利地繁简分流，从而使大量简单的、小标的额的案件能迅速、成批地得到较好处理，提高了法院的办案效率，对连年快速增长的案件的处理有了一个缓冲的过程。它的简捷、快速、方便是诉讼效率的最好体现。对于微弱势力和微小利益，效率能维护这些权利人的切身利益。而小额诉讼程序的启动，正好给了微弱权利人的权利一个很好的实现载体。

二、适用小额诉讼程序的条件

（一）小额诉讼程序适用的法院

我国的小额诉讼程序与简易程序一样，只能在基层人民法院和它的派出法庭适用。在有些国外的民事诉讼法律制度中，很多都专门设立小额诉讼法庭，我国目前还没有这种配置，只是规定适用于基层人民法院和它的派出法庭。

（二）小额诉讼程序适用的案件

根据《民事诉讼法》的规定，小额诉讼适用的案件为简单的民事案件，标的额为各省、自治区、直辖市上年度就业人员年平均工资的30%以下。这里主要强调两层意思：一是“简单”民事案件，即事实清楚、权利义务关系明确、争议不大的简单民事案件；二是“标的额”。由于我国各个地区经济发展水平和社会发展水平存在很大的差异，规定具体的数额并不是一种科学的、公平的选择，规定一定的计算方法，根据各地区的具体情况具体计算是更好的一种选择，避免了“一刀切”所造成的不公平。

根据《民诉解释》的规定，下列金钱给付的案件，适用小额诉讼程序审理：

（1）买卖合同、借款合同、租赁合同纠纷；

（2）身份关系清楚，仅在给付的数额、时间、方式上存在争议的赡养费、抚育费、扶养费纠纷；

（3）责任明确，仅在给付的数额、时间、方式上存在争议的交通事故损害赔偿和其他人身损害赔偿纠纷；

（4）供用水、电、气、热力合同纠纷；

（5）银行卡纠纷；

（6）劳动关系清楚，仅在劳动报酬、工伤医疗费、经济补偿金或者赔偿金给付数额、时间、方式上存在争议的劳动合同纠纷；

（7）劳务关系清楚，仅在劳务报酬给付数额、时间、方式上存在争议的劳务合同纠纷；

（8）物业、电信等服务合同纠纷；

（9）其他金钱给付纠纷。

根据《民诉解释》第275条的规定，下列案件不适用小额诉讼程序审理：

（1）人身关系、财产确权纠纷；

（2）涉外民事纠纷；

（3）知识产权纠纷；

（4）需要评估、鉴定或者对诉前评估、鉴定结果有异议的纠纷；

（5）其他不宜适用一审终审的纠纷。

（三）驳回起诉的规定

根据民事诉讼法相关规定，人民法院受理小额诉讼案件后，发现起诉不符合民事诉讼法规定的起诉条件的，裁定驳回起诉。裁定一经作出即生效。

三、小额诉讼程序的运行

（一）小额诉讼程序的特点

为了突出小额诉讼程序方便、快捷的特点，小额诉讼程序在设计上与普通的简易程序相比有其独特之处：

（1）小额诉讼程序为一审终审。为了迅速解决纠纷，而且考虑到小额诉讼的案件简单、标的额小，所以没有必要实行两审终审，否则，与普通的简易程序没有区别，失去了存在的意义。

（2）小额诉讼程序处处体现“简易”理念。民事诉讼法中对于简易程序中简易内容的规定，都适用于小额诉讼程序。

（二）举证期限与答辩期限

小额诉讼案件的举证期限由人民法院确定，也可以由当事人协商一致并经人民法院准许，但一般不超过7日。

被告要求书面答辩的，人民法院可以在征得其同意的基础上合理确定答辩期间，但最长不得超过15日。

当事人到庭后表示不需要举证期限和答辩期间的，人民法院可立即开庭审理。

（三）管辖权异议

当事人对小额诉讼案件提出管辖异议的，人民法院应当作出裁定。裁定一经作出即生效。

（四）与简易程序、普通程序的转换

因当事人申请增加或者变更诉讼请求、提出反诉、追加当事人等，致使案件不符合小额诉讼案件条件的，应当适用简易程序的其他规定审理。前述案件，应当适用普通程序审理的，裁定转为普通程序。

适用简易程序的其他规定或者普通程序审理前，双方当事人已确认的事实，可以不再进行举证、质证。

（五）适用小额诉讼程序的异议

当事人对按照小额诉讼案件审理有异议的，应当在开庭前提出。人民法院经审查，异议成立的，适用简易程序的其他规定审理；异议不成立的，告知当事人，并记入笔录。

（六）裁判

小额诉讼案件的裁判文书可以简化，主要记载当事人基本信息、诉讼请求、裁判主文等内容。

四、对小额诉讼的救济

虽然法律规定小额诉讼程序实行一审终审，但并不是说小额诉讼就没有其他的救济手段，这会有悖于民事诉讼法的基本理念。因此，我国《民事诉讼法》规定，小额诉讼实行一审终审，当事人不服一审判决、裁定的，可以依照《民事诉讼法》第200条的规定申请再审。

【课后习题】

一、思考题

1. 什么是简易程序？简易程序的特点有哪些？

2. 在哪些案件中，法院应将简易程序转化为普通程序？

3. 在哪些案件中，法院不得适用简易程序进行审理？

4. 结合民事诉讼的实践谈谈目前我国简易程序存在的问题。

二、案例分析题

阅读下面的案例，并回答问题。

乙公司擅自将从甲公司处租赁的门市转租给了丙。甲公司以乙公司擅自转租为由，将乙公司起诉到长山区人民法院，要求解除与乙公司的门市租赁合同。长山区人民法院受理后，指派王法官适用简易程序审理该案件。王法官将双方传唤到庭后，由于书记员突然生病无法记录，又临时找不到其他书记员，于是王法官在征得当事人双方同意后，决定继续开庭，边审边记。在审理中，王法官觉得案件有调解的希望，于是中止审理，对案件进行调解。经过王法官的努力，当事人双方达成和解意见，并当庭签署了和解协议。由于调解书不能立即制作出来，为了防止当事人反悔，王法官让双方当事人在调解书送达回证上签了字，并告知双方当事人2日后到法院领取调解书。

问题：

1. 本案法院能否适用简易程序进行审理？为什么？

2. 法院为了节约诉讼成本，能否人为地简化诉讼程序以适用简易程序审理案件？为什么？

3. 在本案的审理中法院还有哪些违法之处？

【本章实务应用难点分析】

1. 当事人的民事程序选择权

当事人的民事程序选择权，是指当事人在法律规定的范围内选择纠纷解决方式的权利，以及在诉讼过程中选择有关程序或与程序有关事项的权利。基于民事权利和诉讼权利的可处分性，当事人有权决定采取何种方式来解决民事纠纷。因此，在强调解决纠纷的程序设置与案件类型相适应的同时，根据处分原则，还应赋予当事人一定的程序选择权，承认当事人在一定范围内合意选择解决纠纷的程序的权利。根据最高人民法院《关于适用简易程序审理民事案件的若干规定》第2条的规定，基层人民法院适用第一审普通程序审理的民事案件，当事人各方自愿选择适用简易程序，经人民法院审查同意的，可以适用简易程序进行审理。人民法院不得违反当事人自愿原则，将普通程序转为简易程序。因此在普通程序与简易程序的选择适用方面，应当充分尊重双方当事人的意愿，由当事人基于保护其实体利益和程序利益的需要，自愿选择适用简易程序或普通程序来解决双方的争议。

依我国现行法律规定，由于引入了当事人适用简易程序的选择权，从而使得简易程序向普通程序的转化由原来的单向变为了现在的双向。依1992年最高人民法院《关于适用民事诉讼法若干问题的意见》第171条的规定：已经按照普通程序审理的案件，在审理过程中无论是否发生了情况变化，都不得改用简易程序审理。即在适用《关于适用民事诉讼法若干问题的意见》规定的情况下，简易程序向普通程序转化是单向的，一旦转化则不可逆转；而2003年最高人民法院《关于适用简易程序审理民事案件的若干规定》第2条第1款则规定：基层人民法院适用第一审普通程序审理的民事案件，当事人各方自愿选择适用简易程序，经人民法院审查同意的，可以适用简易程序进行审理。即在当事人各方自愿

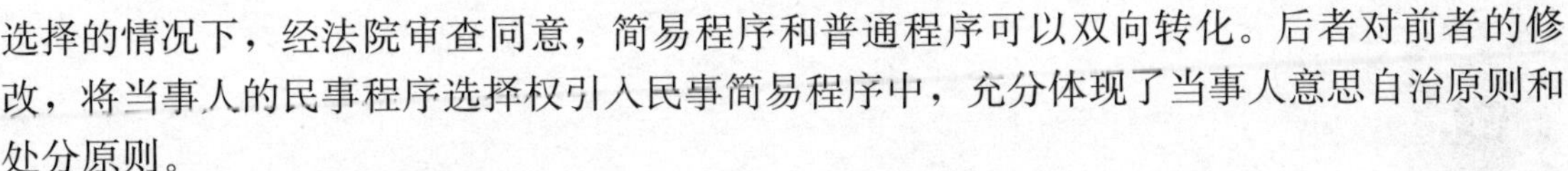

选择的情况下，经法院审查同意，简易程序和普通程序可以双向转化。后者对前者的修改，将当事人的民事程序选择权引入民事简易程序中，充分体现了当事人意思自治原则和处分原则。

2. 送达制度的法律实务

结合我国的司法实践，建立更为合理的送达制度无疑是《关于适用简易程序审理民事案件的若干规定》的一大亮点。首先，为提高送达的效率，减低恶意诉讼和逃避债务的当事人的违法预期，《关于适用简易程序审理民事案件的若干规定》增加规定送达地址的书面确认制度，将诚实信用原则与民事简易程序结合起来，增强了对当事人进行诉讼的道德要求。它一方面规定当事人应当在起诉或者答辩时向人民法院提供自己准确的送达地址、收件人、电话号码等其他联系方式，并签名或者捺手印确认。因当事人自己提供的送达地址不准确、送达地址变更未及时告知人民法院，或者当事人拒不提供自己的送达地址而导致诉讼文书未能被当事人实际接收的，应当由提供自己送达地址的当事人承担不利的法律后果。另一方面，它在第 5 条第 2 款中对当事人的送达地址的范围作了更加合理的界定。其次，为严格原告的起诉条件，防止原告滥用诉讼权利和司法资源的无端耗费，《关于适用简易程序审理民事案件的若干规定》增加了原告对被告的送达地址的证明义务，符合“谁主张谁举证”的证明责任的一般原则，同时也考虑到“送达不能”与“被告送达地址不明确”的区别，规定了不同的处理方式。最后，为了贯彻民事诉讼平等原则，维护人民法院对民事诉讼活动组织指挥权的权威性和严肃性，《关于适用简易程序审理民事案件的若干规定》规定了被告拒不提供送达地址的不利后果。

3. 裁判文书的送达方式和简化裁判文书实务

民事裁判文书的送达较困难，已经成为司法实践中制约民事诉讼效率提高的重要因素之一。《关于适用简易程序审理民事案件的若干规定》第 28 条将邮寄送达和当事人领取裁判文书确定为当庭宣判后裁判文书的两种送达方式，为尽快实现对当事人合法民事权益的保护提供了时间保证，同时也有利于强化当事人的责任意识。《关于适用简易程序审理民事案件的若干规定》第 32 条指出，适用简易程序审理的民事案件，有下列情形之一的，人民法院在制作裁判文书时对认定事实或者判决理由部分可以适当简化：当事人达成调解协议并需要制作民事调解书的；一方当事人在诉讼过程中明确表示承认对方全部诉讼请求或者部分诉讼请求的；当事人对案件事实没有争议或者争议不大的；涉及个人隐私或者商业秘密的案件，当事人一方要求简化裁判文书中的相关内容，人民法院认为理由正当的；当事人双方一致同意简化裁判文书的。

第十五章　特殊事由诉讼

【本章要点】

- 公益诉讼的概念
- 案外人执行异议之诉
- 申请执行人异议之诉

【案例导入】

某品牌手机生产商在手机出厂前预装众多程序，大幅侵占手机的内存。某省消费者协会以侵害消费者知情权为由提起公益诉讼，人民法院受理了该案。

思考：

1. 本案中某省消费者协会进行诉讼的依据是什么？
2. 本案中的诉讼属于何种诉讼？

第一节　公益诉讼

公益诉讼是指特定的机关、组织，依据法律法规的授权，对违反法律、侵犯相关人员利益的行为，向法院提起诉讼，由法院依法追究其民事法律责任的活动。《民事诉讼法》第 55 条规定："对污染环境、侵害众多消费者合法权益等损害社会公共利益的行为，法律规定的机关和有关组织可以向人民法院提起诉讼。"这是我国民事诉讼法首次写入公益诉讼的内容。

公益诉讼建立的必要性：（1）个人权利行使的惰性。（2）个人诉讼的成本过高。（3）个人在诉讼中与被告在实力上不对等。（4）公益诉讼可以提高被告的违法成本，使其不敢违法，起到震慑作用。

一、公益诉讼受理的条件

根据《民诉解释》的规定，提起公益诉讼，符合下列条件的，人民法院应当受理：

（1）有明确的被告；

(2) 有具体的诉讼请求；

(3) 有社会公共利益受到损害的初步证据；

(4) 属于人民法院受理民事诉讼的范围和受诉人民法院管辖。

需要注意的是，在我国民事诉讼法的规定中，关于原告资格目前只限于机关和相关组织，并没有赋予个人进行公益诉讼的权利。这里的“机关”包括人民检察院、职能部门等，“相关组织”包括消费者协会、产业协会等社会组织。

二、受理的效果

人民法院受理公益诉讼案件后，应当在10日内书面告知相关行政主管部门。

人民法院受理公益诉讼案件后，依法可以提起诉讼的其他机关和有关组织，可以在开庭前向人民法院申请参加诉讼。人民法院准许参加诉讼的，列为共同原告。

人民法院受理公益诉讼案件，不影响同一侵权行为的受害人根据《民事诉讼法》第119条规定提起诉讼。

三、公益诉讼的调解与和解

对公益诉讼案件，当事人可以和解，人民法院可以调解。

当事人达成和解或者调解协议后，人民法院应当将和解或者调解协议进行公告。公告期间不得少于30日。

公告期满后，人民法院经审查，和解或者调解协议不违反社会公共利益的，应当出具调解书；和解或者调解协议违反社会公共利益的，不予出具调解书，继续对案件进行审理并依法作出裁判。

四、公益诉讼中特殊问题的处理

(一) 公益诉讼的撤诉问题

公益诉讼案件的原告在法庭辩论终结后申请撤诉的，人民法院不予准许。公益诉讼中对于撤诉、和解，人民法院负有实质审查的义务，撤诉及和解必须不违反社会公共利益。公益诉讼本身即负有保护社会公共利益的目的，如果原告起诉后，特定利益没有得到满足，法院是不应当允许撤诉的。如果是错误提起公益诉讼，那么法院可以允许撤诉。

(二) 公益诉讼裁决后的权利保护

公益诉讼裁决后，可能对一类主体提供权利保护，但是如果有人提出加入权利主张，法院必须受理，并作出裁定是否在该诉讼裁决权利保护范围。民事诉讼法并没有提出权利主张的时间，因此推定应当适用诉讼时效的规定。

(三) 公益诉讼的执行

公益诉讼的执行可能与执行竞合、破产财产分配等进行交叉。

五、裁判的效力

公益诉讼案件的裁判发生法律效力后，其他依法具有原告资格的机关和有关组织就同一侵权行为另行提起公益诉讼的，人民法院裁定不予受理，但法律、司法解释另有规定的除外。

第二节　第三人撤销之诉

第三人撤销之诉是指未参加诉讼的第三人，有证据证明发生法律效力的判决、裁定、调解书的部分或者全部内容错误，损害其民事权益的，向作出该判决、裁定、调解书的人民法院提起诉讼，请求改变或者撤销原判决、裁定、调解书。①

一、第三人撤销之诉的条件

提起第三人撤销之诉的条件包括：

（1）因不能归责于第三人本人的事由未参加诉讼；

（2）有证据证明发生法律效力的判决、裁定、调解书的部分或者全部内容错误，损害其民事权益；

（3）自可以知道或者应当知道其民事权益受到损害之日起 6 个月内；

（4）向作出该判决、裁定、调解书的人民法院起诉。

对下列情形提起第三人撤销之诉的，人民法院不予受理：

（1）适用特别程序、督促程序、公示催告程序、破产程序等非讼程序处理的案件；

（2）婚姻无效、撤销或者解除婚姻关系等判决、裁定、调解书中涉及身份关系的内容；

（3）《民事诉讼法》第 54 条规定的未参加登记的权利人对代表人诉讼案件的生效裁判；

（4）《民事诉讼法》第 55 条规定的损害社会公共利益行为的受害人对公益诉讼案件的生效裁判。

二、第三人撤销之诉的程序

（一）立案受理

人民法院应当在收到起诉状和证据材料之日起 5 日内送交对方当事人，对方当事人可以自收到起诉状之日起 10 日内提出书面意见。

人民法院应当对第三人提交的起诉状、证据材料以及对方当事人的书面意见进行审查。必要时，可以询问双方当事人。

经审查，符合起诉条件的，人民法院应当在收到起诉状之日起 30 日内立案。不符合起诉条件的，应当在收到起诉状之日起 30 日内裁定不予受理。

（二）审理

（1）人民法院对第三人撤销之诉案件，应当组成合议庭开庭审理。

（2）第三人提起撤销之诉，人民法院应当将该第三人列为原告，生效判决、裁定、调解书的当事人列为被告，生效判决、裁定、调解书中没有承担责任的无独立请求权的第三人列为第三人。

① 全国人大常委会法制工作委员会．中华人民共和国民事诉讼法解读．北京：中国法制出版社，2012.

（3）受理第三人撤销之诉案件后，原告提供相应担保，请求中止执行的，人民法院可以准许。

（三）审理后的处理

对第三人撤销或者部分撤销发生法律效力的判决、裁定、调解书内容的请求，人民法院经审理，按下列情形分别处理：

（1）请求成立且确认其民事权利的主张全部或部分成立的，改变原判决、裁定、调解书内容的错误部分；

（2）请求成立，但确认其全部或部分民事权利的主张不成立，或者未提出确认其民事权利请求的，撤销原判决、裁定、调解书内容的错误部分；

（3）请求不成立的，驳回诉讼请求。

对上述规定裁判不服的，当事人可以上诉。

原判决、裁定、调解书的内容未改变或者未撤销的部分继续有效。

三、第三人撤销之诉与其他诉讼程序的关系

（一）第三人撤销之诉与再审程序

第三人撤销之诉案件审理期间，人民法院对生效判决、裁定、调解书裁定再审的，受理第三人撤销之诉的人民法院应当裁定将第三人的诉讼请求并入再审程序。但有证据证明原审当事人之间恶意串通损害第三人合法权益的，人民法院应当先行审理第三人撤销之诉案件，裁定中止再审诉讼。

第三人诉讼请求并入再审程序审理的，按照下列情形分别处理：

（1）按照第一审程序审理的，人民法院应当对第三人的诉讼请求一并审理，所作的判决可以上诉；

（2）按照第二审程序审理的，人民法院可以调解，调解达不成协议的，应当裁定撤销原判决、裁定、调解书，发回一审法院重审，重审时应当列明第三人。

（二）第三人撤销之诉与执行异议

在执行阶段，第三人发现原审裁判损害自身的利益，可以进行选择：一是可以向法院提起第三人撤销之诉；二是可以选择适用《民事诉讼法》第 227 条的规定提起执行异议。

第三节　执行异议之诉

一、执行异议之诉的概念

执行异议之诉是指在执行程序中，案外人或当事人对执行裁定不服，而向法院提起诉讼，要求解决或纠正当事人之间权利义务的一种特殊事由的诉讼。

根据《民诉解释》第 304 条的规定，案外人、当事人对执行异议裁定不服，自裁定送达之日起 15 日内向人民法院提起执行异议之诉的，由执行法院管辖。

因此，根据法律的规定，执行异议之诉又包括案外人执行异议之诉、申请人执行异议之诉和分配方案异议之诉。分配方案异议之诉将在第二十一章第五节中进行阐述，在此就不再赘述。

二、案外人执行异议之诉

案外人执行异议之诉，是指在执行过程中，由于案外人提出执行异议被法院驳回的情形下，该案外人向法院起诉要求维护自身合法权益的诉讼。

（一）案外人执行异议之诉提起的条件

根据《民诉解释》的规定，提起执行异议之诉，除符合《民事诉讼法》第 119 条的规定外，还应当具备下列条件：

（1）案外人的执行异议申请已经被人民法院裁定驳回；

（2）有明确的排除对执行标的执行的诉讼请求，且诉讼请求与原判决、裁定无关；

（3）自执行异议裁定送达之日起 15 日内提起。

（二）立案受理

人民法院应当在收到起诉状之日起 15 日内决定是否立案。

（三）审理

（1）案外人提起执行异议之诉的，以申请执行人为被告。被执行人反对案外人异议的，被执行人为共同被告；被执行人不反对案外人异议的，可以列被执行人为第三人。

（2）适用普通程序。执行异议之诉只是一类特殊事由的诉讼，在诉讼程序的适用上仍然是普通的诉讼程序。

（3）案外人提起执行异议之诉的，案外人应当就其对执行标的享有足以排除强制执行的民事权益承担举证证明责任。

（4）案外人执行异议之诉审理期间，人民法院不得对执行标的进行处分。申请执行人请求人民法院继续执行并提供相应担保的，人民法院可以准许。

（5）被执行人与案外人恶意串通，通过执行异议、执行异议之诉妨害执行的，人民法院应当依照《民事诉讼法》第 113 条关于妨碍民事诉讼的保障制度的规定处理。人民法院应当根据情节轻重予以罚款、拘留；构成犯罪的，依法追究刑事责任。申请执行人因此受到损害的，可以提起诉讼要求被执行人、案外人赔偿。

（四）判决

对案外人提起的执行异议之诉，人民法院经审理，按照下列情形分别处理：

（1）案外人就执行标的享有足以排除强制执行的民事权益的，判决不得执行该执行标的；

（2）案外人就执行标的不享有足以排除强制执行的民事权益的，判决驳回诉讼请求。

案外人同时提出确认其权利的诉讼请求的，人民法院可以在判决中一并作出裁判。对案外人执行异议之诉，人民法院判决不得对执行标的执行的，执行异议裁定失效。

三、申请人执行异议之诉

申请人执行异议之诉，又称为许可执行之诉，是指在执行过程中由于案外人提出执行异议，导致执行标的执行中止的情形下，申请执行人向法院起诉要求维护自身合法权益的诉讼。①

① 江伟．民事诉讼法学（第三版）．北京：北京大学出版社，2016．

（一）申请人执行异议之诉提起的条件

申请执行人提起执行异议之诉，除符合《民事诉讼法》第119条的规定外，还应当具备下列条件：

（1）依案外人执行异议申请，人民法院裁定中止执行；

（2）有明确的对执行标的继续执行的诉讼请求，且诉讼请求与原判决、裁定无关；

（3）自执行异议裁定送达之日起15日内提起。

人民法院对执行标的裁定中止执行后，申请执行人在法律规定的期间内未提起执行异议之诉的，人民法院应当自起诉期限届满之日起7日内解除对该执行标的采取的执行措施。

（二）立案受理

人民法院应当在收到起诉状之日起15日内决定是否立案。

（三）审理

（1）申请执行人提起执行异议之诉的，以案外人为被告。被执行人反对申请执行人主张的，以案外人和被执行人为共同被告；被执行人不反对申请执行人主张的，可以列被执行人为第三人。

（2）适用普通程序。

（3）申请执行人提起执行异议之诉的，案外人应当就其对执行标的享有足以排除强制执行的民事权益承担举证证明责任。

（四）判决

对申请执行人提起的执行异议之诉，人民法院经审理，按照下列情形分别处理：

（1）案外人就执行标的不享有足以排除强制执行的民事权益的，判决准许执行该执行标的；

（2）案外人就执行标的享有足以排除强制执行的民事权益的，判决驳回诉讼请求。

对申请执行人执行异议之诉，人民法院判决准许对该执行标的执行的，执行异议裁定失效，执行法院可以根据申请执行人的申请或者依职权恢复执行。

应当注意的是，申请执行人对中止执行裁定未提起执行异议之诉，被执行人提起执行异议之诉的，人民法院告知其另行起诉。

【课后习题】

一、思考题

1. 公益诉讼的受理条件有哪些？

2. 第三人撤销之诉审理后人民法院应当如何处理？

3. 执行异议之诉有几种类型？

二、案例分析题

阅读下面的案例，并回答问题。

对于甲和乙之间的借款纠纷，法院判决乙应归还甲借款。进入执行程序后，由于乙无现金，法院扣押了乙住处的一架钢琴准备拍卖。乙提出钢琴是其父亲的遗物，申请用一台价值与钢琴相当的相机替换钢琴。法院认为相机不足以抵偿乙的债务，未予同意。乙认为扣押行为错误，提出异议。法院经过审查，驳回该异议。

问题：

1. 乙可否向法院提起异议之诉？

2. 乙还有哪些救济手段？

3. 如果乙提出的异议，法院认为理由成立，则甲能否向法院提起执行异议之诉？为什么？

【本章实务应用难点分析】

1. 公益诉讼“公益性”的体现

笔者认为：我们首先应当明确的问题是，公益诉讼仍然是对“私权的保护”，所谓的公益是体现在由相关机关、组织行使公益职能来保护相对多数人的个人利益。公益诉讼解决的是个人权利保护的惰性及权利保护地位不平等的问题。如A企业通过非法电视广告出售不良化妆品，每一个消费者的经济损失只有10元，因此每个消费者都没有提出诉讼权利保护，导致该类企业通过违法行为而获利，这是不允许的。公益诉讼在于其权利主张主体的不确定性，此点不同于代表诉讼，代表诉讼是权利主体可以确定的。

2. 公益诉讼与惩罚性赔偿

我国侵权法在产品责任中规定了惩罚性赔偿，公益诉讼中也可以主张惩罚性赔偿，惩罚性赔偿的结果应当归属权利主体，民事诉讼保护的本质是私权，不同于行政处罚与刑事处罚，因此对于公益诉讼的惩罚性赔偿结果应当归属权利主体。

3. 关于公益诉讼的费用支出

根据《人民法院审理人民检察院提起公益诉讼案件试点工作实施办法》的规定，人民检察院提起的公益诉讼是免费的。《最高人民法院关于审理消费民事公益诉讼案件适用法律若干问题的解释》及《最高人民法院关于审理环境民事公益诉讼案件适用法律若干问题的解释》没有提及诉讼费的问题，应当依照民事诉讼法交纳。

第十六章　民事判决、裁定和决定

【本章要点】

- 民事判决的作用
- 民事判决的种类及效力
- 民事裁定的适用范围
- 民事决定的适用范围
- 既判力

【案例导入】

田南村村民赵七长期占用田北村村民王五的承包的土地。王五的经多次讨要无果，将赵七诉至法院。一审法院经审理后，判决被告赵七于判决生效后10日内退出其非法占用的王五的承包的土地。一审判决生效后，一审法院发现以下几个问题：(1) 遗漏了王五的提出的请求赵七赔偿损失的诉讼请求；(2) 把原告“王五的”的名字写成了“王五”；(3) 遗漏了诉讼费的承担。

思考：

1. 对于上述三个问题，人民法院应当如何处理？

2. 判决生效后，王五的经咨询律师发现，在诉讼中没有主张损失赔偿。那么，王五的能否再次起诉请求赵七赔偿损失？为什么？

第一节　民事判决

一、民事判决概述

(一) 民事判决的概念及功能

民事判决，是指法院经过对民事案件的审理，根据查明的事实、有关的法律适用，就案件的实体问题作出的权威性判定。

民事判决具有以下几个方面的功能。

1. 民事判决对法院审理案件和当事人进行诉讼的总结功能

民事案件的审理是在法院主持下，在当事人及其他诉讼参与人的参加下进行的，判决既是法院认定事实适用法律的结果，也是当事人进行诉讼活动的结果。判决标志着民事案件审理程序的结束。判决与审理活动紧密相连，审理是判决的前提，判决是审理的结果。

2. 民事判决承载法院审判权的功能

民事审判权是法院对民事案件进行审理并作出裁判的权力，民事判决是法院行使民事审判权的重要标志和结果之一。

3. 民事判决确定案件实体问题的功能

法院判决的对象是案件的实体问题，即当事人之间的民事权利义务争议或者具有法律意义的事实。法院通过判决的形式，确认当事人之间的民事权利义务关系或者确定具有法律意义的事实，保护当事人合法民事权益，给当事人之间的权利、义务或事实依法作出权威性判定。因此，判决就是确定案件实体问题的法定形式。

4. 民事判决的结果功能

民事判决是一种具有权威性和稳定性的判定。民事判决的权威性是作出该判定的权力主体、法律依据和正当过程等综合因素作用的必然结果。而民事判决的稳定性则直接源于诉讼这种解决纠纷的终极性机制，以及非经法定程序不得随意改变的程序设计。民事判决的权威性和稳定性互为表里、相互支持并相互得以强化。

5. 民事判决承载法律文化和教育的功能

民事判决是法官在查清事实的基础上适用法律的行为，体现了国家以法律对特定行为的评价。同时，适用法律的过程体现了特定法律的内涵，也是法官智慧的成果。因此，法院判决本身就是法学研究和学习法律的现实教材，对公民而言也是法律教育的极好方式。

（二）民事判决的种类

根据不同的标准，可以将民事判决分为不同的种类。

1. 根据审判程序和审级的不同，可分为一审判决、二审判决和再审判决

一审判决，是指第一审法院适用第一审普通程序、简易程序对案件审理后作出的判决。第一审法院对案件重审的，适用第一审普通程序，作出的判决属于一审判决。对于一审判决，当事人不服的，在法定期限内，可以提出上诉。

二审判决，是指第二审法院依照第二审程序对上诉案件审理后作出的判决。二审判决是终审判决，判决书在宣判或送达后即发生法律效力，不得对此提出上诉。最高人民法院所作的一审判决是终审判决。

再审判决，是指法院根据再审程序对案件再次审理后作出的判决。按照第一审程序再审后作出的判决，当事人不服的，在法定期限内，可以提出上诉；按照第二审程序再审后作出的再审判决，为终审判决，当事人不能提起上诉。

2. 根据案件的性质和内容不同，可分为给付判决、确认判决和变更判决

给付判决是指判令一方当事人向另一方当事人履行一定民事义务的判决。例如，责令债务人返还欠款；责令败诉方拆除违章建筑。给付判决要求败诉方当事人在一定时间履行一定民事义务，如果义务人拒不履行给付义务，权利人可以申请法院强制执行。

确认判决是指确认当事人之间存在或者不存在某种民事法律关系的判决。例如，确认合同部分内容无效；确认亲子关系存在；确认收养关系不存在。

变更判决是指改变或者消灭当事人之间现存的某种民事法律关系的判决。例如，离婚判决；分割共有财产判决。

3. 根据判决是否发生法律效力，可分为生效判决和未生效判决

生效判决是指已经发生法律效力的判决。包括依第一审程序作出的超过上诉期没有上诉的判决，依法不准上诉的判决（最高人民法院作出的一审判决、依特别程序作出的判决和依第二审程序作出的终审判决）。

未生效判决是指尚未发生法律效力的判决。即按照第一审程序作出的、法律规定可以上诉并在上诉期间内的判决。

4. 根据解决争议的范围不同，可分为全部判决和部分判决

全部判决是指法院对整个案件进行审理后作出的判决。按照"一案一判"的要求，法院应当对案件中当事人之间所有的争议问题进行审理，一并作出判决，因此大多数案件的判决是全部判决。

部分判决是指法院经过对案件的审理就已经清楚部分的事实作出的判决。在审判实践中，对某些比较复杂的案件，部分事实已经查清，部分事实尚未查清时，为了及时保护当事人的合法权益，法院可以就已经查清事实的部分先行判决。

5. 根据双方当事人是否在庭，可分为对席判决和缺席判决

对席判决，是指法院在双方当事人都参加开庭的情况下，对案件进行审理后作出的判决。实践中大多数情况下的判决是对席判决。

缺席判决，是指法院在一方当事人无正当理由未到庭或者未经许可中途退庭的情况下，对案件经过审理后作出的判决。

二、民事判决的效力

法院制作的民事判决的效力，是指生效判决对法院、当事人和社会的拘束力。对民事案件的判决，必须采用书面形式，即制作判决书。根据《民事诉讼法》第 152 条的规定，判决书应当写明：案由、诉讼请求、争议的事实和理由；判决认定的事实和理由、适用的法律和理由；判决结果和诉讼费用的负担；上诉期间和上诉的法院。

（一）民事判决的拘束力

1. 民事判决对法院的拘束力

民事判决的拘束力是指法院必须遵守自己的权威性判定，法院不得任意将已经宣告或送达的判决自行撤销或变更。即使一审宣判后，原审法院发现判决有错误，如果当事人上诉的，也只能由原审法院将发现的错误报送第二审法院，由第二审法院通过二审程序处理；如果当事人不上诉的，则按照再审程序处理。第一审法院不得自行修正已经作出的判决中的错误。对其他人民法院而言，也必须遵守其他法院已经作出的判决。对于其他法院已经作出的判决，当事人重复起诉的应当不予受理。

但是，外国法院的判决在没有按照法定的程序经过我国职权部门承认的，对我国法院没有拘束力。

2. 民事判决对当事人的拘束力

民事判决对当事人的拘束力，是指当事人不得就已生效判决确定的内容再行主张，不得就确定的法律关系另行起诉。民事判决具有实质上的确定力，约束当事人服从该判决的

内容，不得重复提出同一争执。判决引起的法律关系发生、变更或者消灭的法律效力，当事人应当服从。

（二）民事判决的执行力

民事判决的执行力，是指判决具有给付内容的，义务人拒不履行义务时，法院可以根据权利人的申请或依职权强制执行的效力。其他单位、团体、个人有协助执行义务的，应予以协助。

第二节 民事裁定

一、民事裁定的概念

民事裁定，是指法院在案件审理和执行过程中，就案件的程序问题或个别实体问题作出的权威性判定。民事案件在审理和执行过程中，会出现一定的程序问题需要解决，这时法院使用裁定的方式处理，以保障诉讼活动的顺利进行。裁定是法院指挥、组织诉讼活动的有效方式，是法院行使审判权的重要表现形式。

根据《民事诉讼法》第 154 条的规定，裁定的范围和种类如下：(1) 不予受理；(2) 对管辖权有异议的；(3) 驳回起诉；(4) 保全和先予执行；(5) 准许或者不准许撤诉；(6) 中止或者终结诉讼；(7) 补正判决书中的笔误；(8) 中止或者终结执行；(9) 撤销或者不予执行仲裁裁决；(10) 不予执行公证机关赋予强制执行效力的债权文书；(11) 其他需要裁定解决的事项。

对于上述第一项至第三项裁定，当事人不服的，可以上诉；对于其他裁定不服的，可以申请人民法院进行复议，但不能上诉。

二、民事裁定的效力

民事裁定的效力是指民事裁定生效后的法律拘束力。对于准许上诉的裁定，包括不予受理、管辖权异议和驳回起诉的裁定，超过 10 日上诉期限而未上诉的，即产生确定的效力；对于不准许上诉的裁定，一经宣布或者送达，即产生确定的效力，保全和先予执行的裁定可以申请复议一次，但复议期间不停止执行。

生效裁定的法律拘束力，主要表现在三个方面：

第一，民事裁定对法院的拘束力。作出裁定的法院应当受自己的裁定的约束，不得随意撤销或改变裁定。其他人民法院也受此判决拘束，不得重复审判。因此实务中对于法院已经受理或作出判决的，其他人民法院不得重复受理和判决，如果受理时没有发现已经受理的，庭审发现的应当移送给先立案的有管辖权的法院。

第二，民事裁定的形式确定力。裁定的形式确定力，约束当事人不得通过上诉的方式请求撤销或改变已经发生法律效力的裁定。

第三，民事裁定的程序影响力。裁定的程序影响力，是指裁定对程序产生作用的效力。程序影响力是民事裁定积极作用于程序问题的确定力，具体表现为阻止程序的开始、结束程序、暂时中止程序、程序继续进行等，更有甚者表现在保全、先予执行裁定上，暂时涉及当事人的实体权利义务。如果说民事裁定的拘束力、形式确定力主要表现为消极效果，那么程序影响力则表现为积极效果。

三、裁判文书公开

裁判文书公开，对提高审判质量、释法服判具有重要作用。2012 年《民事诉讼法》增加规定：公众可以查阅发生法律效力的判决书、裁定书，但涉及国家秘密、商业秘密和个人隐私的内容除外。在此条规定中，有几个需要注意的问题：一是公开的范围是已发生法律效力的判决书、裁定书。人民法院已作出，但尚未发生法律效力的裁判，不在公开之列。二是公开的对象是公众，不仅限于本案的当事人。三是涉密的内容不公开。此处的不公开只是针对公众，当事人及其代理人查阅并不受限制。四是公开的方式多种多样。人民法院依据司法实践，采取多种公开的方式。如 2009 年最高人民法院的《关于司法公开的六项规定》提出可以编印、刊登。2010 年的《关于确定司法公开示范法院的决定》《司法公开示范法院标准》以及《关于人民法院在互联网公布裁判文书的规定》都有关于裁判文书在互联网公布的内容，并进行了详细的规制。

根据《民诉解释》的规定，公民、法人或者其他组织申请查阅发生法律效力的判决书、裁定书的，应当向作出该生效裁判的人民法院提出。申请应当以书面形式提出，并提供具体的案号或者当事人姓名、名称。

对于查阅判决书、裁定书的申请，人民法院根据下列情形分别处理：

(1) 判决书、裁定书已经通过信息网络向社会公开的，应当引导申请人自行查阅；

(2) 判决书、裁定书未通过信息网络向社会公开，且申请符合要求的，应当及时提供便捷的查阅服务；

(3) 判决书、裁定书尚未发生法律效力，或者已失去法律效力的，不提供查阅并告知申请人；

(4) 发生法律效力的判决书、裁定书不是本院作出的，应当告知申请人向作出生效裁判的人民法院申请查阅；

(5) 申请查阅的内容涉及国家秘密、商业秘密、个人隐私的，不予准许并告知申请人。

第三节　民事决定

一、民事决定的适用范围

民事决定，是指法院在民事诉讼中，就案件的特殊事项作出的权威性判定。所谓特殊事项，是指那些除实体问题和程序问题以外的有关事项以及某些有紧迫性的程序问题。民事决定的适用范围相对比较窄，只能适用于民事诉讼法明确规定的特殊事项。民事决定一经作出，立即发生法律效力，一律不准上诉。

根据《民事诉讼法》的规定，民事决定适用于下列事项：是否回避、对妨害民事诉讼的行为采取强制措施的事项、顺延诉讼期间、诉讼费用的缓交减交与免交、是否再审、暂缓执行及其期间等问题。

二、民事决定的内容

民事决定解决的是非实体问题，加之具有紧迫性，法律规定一律不准上诉，一经作出即发生法律效力。对于回避决定，当事人不服的，可以向作出决定的法院申请复议一次；对于罚款、拘留的决定，当事人不服的，可以向上一级法院申请复议一次。复议期间不停止原决定的执行。

第四节　既判力

一、既判力的概念和作用

既判力，是指判决确定后，在实体内容上对于当事人和法院具有的约束效力，即当事人受到判决的约束，不得就已判决的内容再行提出争议，法院也受到判决的约束，不得就同一事项作出矛盾的判断。判决的既判力既是司法的权威性体现，也是司法权威性的要求。

通常理解判决一经确定即不再容许改变的既判效力，可能在一定范围内与“实事求是”“有错必纠”的常识发生冲突。应当说追求事实真相、坚持法的正义性是诉讼的追求目标，而终局性、权威性、稳定性则是判决所应当具备的内在品质。如果一个国家的法院的判决不具有终局性，那么就很难让当事人来遵守。如果大多数的当事人不遵守法院的判决，那么对于胜诉的当事人只不过是纸上的权利，也就丧失了判决的权威性、司法的权威性及诉讼的目的性。判决是基于纠纷事实作出的判断，更是依赖于双方当事人程序活动得出的结论。通过既判力而体现出来的终局性或不容轻易改变的判定性质，在产生维持法的稳定性这一制度性效力的同时，还构成了追究当事人自我责任的最主要方法。既判力“不允许改正错误”的特性，蕴含着“不允许犯错误”的前提要求，它并不关注判决确定后还是否存在某种绝对的客观真实，这就是既判力的程序功能。

既判力的社会功能在于通过判决的终局性，确定一种规范的秩序，并使其相对地固定下来，进而引导社会秩序的依法形成。首先，以判决形式固定的权利义务状态作为后续交易行为的起点，增强交易行为的安全性，交易者无须担心判决会轻易被改变，而使交易行为失去基础或者中断。其次，有既判力的判决具有稳定的可预测性，使从事交易的人们尽可能按判决所示的规范采取行动，有利于秩序的形成。最后，司法中判定的终局性意味着一旦判决成立确定，即不再轻易给反复的谈判或讨价还价留下余地，形成了司法作为另一种建构秩序的样式。

二、既判力的范围

根据我国多数学者的观点，既判力的作用范围应从时间、客观、主体三个方面予以确定。

（一）时间范围

判决是以言词辩论终结时的事实资料为基础作出的，言词辩论终结时，权利义务的存在与否最终确定，该时点即是既判力的基准时点。

（二）客观范围

既判力的客观范围是指判决主文中的判断事项，即判决结论具有既判效力。因为判决结论是对当事人之间争议的民事权利义务是否存在作出的判断和结论，争议的内容经确定后即产生既判力。判决结论是基于判决理由作出的，从案情的判断出发，依法写明必要的事实认定和法律适用，进而引出结论的过程部分，就是判决理由部分，按照通说观点，认为判决理由没有既判力。我国民事判决书载明的“判决认定的事实、理由和适用的法律依据”即判决理由，“判决结论和诉讼费用的负担”即判决结论。

（三）主体范围

既判力的主体范围是指判决对于哪些人具有既判效力。既判力原则上只及于诉讼请求的对立双方，即原告方和被告方，判决是对当事人之间的纠纷在辩论基础上作出的，为此，受既判力拘束的主体限于法院和当事人以及和当事人地位相同的人，如辩论终结后当事人实体权利义务的承继人、占有标的物的人等，也受既判力拘束。

【课后习题】

一、思考题

1. 试述对哪些案件适用民事判决及其效力如何。
2. 简述民事裁定的适用范围。
3. 如何理解既判力理论?

二、案例分析题

阅读下面案例，并回答问题。

天南公司向海北公司投资 1 000 万元，海北公司出资 1 000 万元，共同进行某土地的开发。在开发中，由于资金不足，需要继续追加投资，天南公司提出异议，并要求海北公司退还其投入的 1 000 万元，双方发生争议。天南公司以不是投资而是借款将海北公司告上法庭，区法院经审理认定双方为借贷关系，作出被告海北公司返还借款 1 000 万元、双方约定利息 100 万元没收的一审判决，判决书于 2016 年 4 月 16 日送达被告。被告不服，于 5 月 3 日提出上诉。区法院接到上诉状后，认为上诉已超过期限，但原判决确有错误。经院长提交审判委员会讨论决定，裁定撤销原判决，将案件重新进行审理。区法院对案件再次审理时，在法院主持下双方当事人达成了调解协议：原投资合同继续有效，资金不足部分由海北公司单方追加。

问题：

1. 某区法院的一审判决是否发生法律效力？为什么？
2. 某区法院裁定撤销原判决错在何处？正确的做法是什么？
3. 如果在一审中，海北公司提出管辖权异议，法院应如何处理？如果法院认为异议不成立，应如何处理？
4. 如果在一审中，海北公司提出回避申请，法院应如何处理？如果法院认为回避理由不成立，应如何处理？
5. 在一审宣判时，如果天南公司法定代表人认为判决不公，指使他人冲击法庭，法院应如何处理？

【本章实务应用难点分析】

1. 民事部分判决实务与操作

原告向人民法院提起诉讼，可以有一个或者几个诉讼请求。在一般情况下，只要作为一个诉，事实调查清楚后，就应当对原告提出的全部请求作出裁判。但是，在某些情况下，人民法院对原告提出的事实，在一定时间内难以全部查清，不能一次对所有的诉讼请求作出判决。为了防止诉讼过分迟延，侵害当事人的合法权益，人民法院可以就已经查清的部分事实，先行判决。如某男与某女离婚，双方对婚姻关系存续期间的一处房产、一辆汽车、两台空调和两个电视是否为夫妻共同财产产生争议，某女认为上述财产均为夫妻共同财产，要求依法分割，而某男认为上述财产属于其婚前个人财产，某女无权获得。人民法院经过审理查明，双方争议房产为某男婚前财产，应归某男所有，而其他争议财产性质一时难以查明。此时，人民法院可以对房产先行判决，其他财产继续审理。当事人对人民法院就案件某一部分作出的先行判决不服的，可以就该部分判决提起上诉。

2. 民事判决与民事裁定的区别

民事判决，是指法院经过对民事案件的审理，根据查明的事实和适用有关法律，就案件的实体问题作出的权威性判定。而民事裁定，是指法院在案件审理和执行过程中，就案件的程序问题或个别实体问题作出的权威性判定。民事判决是针对实体问题作出的判定，民事裁定主要是针对程序问题作出的判定，其区别主要有：(1) 适用的事项不同。裁定解决的是诉讼过程中的程序性问题；判决解决的是当事人双方争执的权利义务问题，即实体法律关系。(2) 作出的依据不同。裁定依据的法律是民事诉讼法，可以在诉讼过程中的任何阶段作出；但是判决根据的法律是实体法，例如民法、婚姻法、继承法、经济法等，判决只能在案件审理的最后阶段作出。(3) 裁定可以采用书面形式或者口头形式，但是判决必须采用书面形式。裁定中只有不予受理、对管辖权有异议的和驳回起诉的裁定，可以上诉；其他的裁定一经作出，即发生法律效力；但是判决全部都可以上诉。(4) 裁定上诉的期限是裁定作出后 10 日内；判决上诉的期限是判决作出后 15 日内。

3. 民事判决与民事决定的区别

民事判决，是指法院经过对民事案件的审理，根据查明的事实和适用有关法律，就案件的实体问题作出的权威性判定。民事决定，是指法院在民事诉讼中，就案件的特殊事项作出的权威性判定。其区别主要有：(1) 决定用于某些特定事项；而判决用于处理案件的实体问题。(2) 判决在案件审理的最后阶段作出；而决定在案件审理的过程中的任何阶段都可以作出。(3) 判决必须采用书面形式；决定可以采用书面形式，也可以采用口头形式。

4. 民事决定和民事裁定的区别

基于以上对民事裁定和民事决定概念的理解，二者的区别主要有：(1) 决定用于处理某些特定事项；裁定用于处理程序性的问题。(2) 决定的主要作用在于排除诉讼中的障碍；裁定的主要作用在于指挥诉讼活动，推进诉讼的进程。

第十七章　第二审程序

【本章要点】

◆ 第二审程序与第一审程序的关系
◆ 上诉的条件
◆ 诉的撤回
◆ 上诉的审理
◆ 上诉案件的裁判

【案例导入】

王甲诉其子王一赡养费纠纷案，经某区人民法院一审判决后，王甲当场表示不服，要提起上诉. 同时，王甲表示自己不会写字，请求法院允许自己免交上诉状。一审法院从方便当事人的角度考虑，在庭审笔录中对王甲要上诉的意愿进行了记载，并让王甲捺了手印，视为其已经提起上诉。

思考：

1. 王甲如果在法定期间要上诉，应当满足什么条件?
2. 结合诉权理论思考公民上诉权的问题。

第一节　第二审程序概述

一、第二审程序的概念和意义

第二审程序，又称终审程序、上诉审程序，是指当事人不服地方各级人民法院尚未生效的一审判决或裁定而提起上诉，上一级人民法院对案件进行审理和裁判所适用的程序。我国民事诉讼法规定实行两审终审制，所以第二审程序又称为终审程序；由于第二审程序是基于当事人的上诉行为而启动的，因此又可称为上诉审程序。

每一案件都是在客观条件的限制下进行的，当当事人不服法院的审理时，可通过第二审法院对民事案件进行二次审理，使当事人获得一次权利救济的机会，唯有此才能彰显法律的正义，达到定纷止争的诉讼目的。因此，对于当事人而言，可以通过上诉引起第二审程序，请求第二审法院对第一审裁判的正确性、合法性进行审查，并进一步声明自己的主张，依法补充或提出新事实、新证据，从而维护自己的合法权益，避免因裁判错误或论证不充分而损害自己的合法权益。对于人民法院而言，二审程序是上一级人民法院监督和指导下一级人民法院工作的手段，有助于纠正错误的裁判和从整体上提高人民法院审判工作的质量。可以说，第二审程序是确保司法正当性、维护法制统一性、救济公民权利的重要程序。

二、第二审程序与第一审程序的关系

（一）第二审程序与第一审程序的联系

1. 第二审程序与第一审程序解决的实体法律关系是相同的

由于第二审程序与第一审程序解决的实体法律关系是相同的，因此，二审判决由两部分组成：一是对一审法院判决的态度，即一审法院的判决认定的事实是否恰当、适用法律是否正确、一审判决是否违反法定程序；二是法院对当事人之间的实体法律关系的确认。

2. 第二审程序与第一审程序存在时间上的前后相继关系

虽然第二审程序不是审理民事案件的必经程序，但是，只要案件进入第二审程序，就必然经过了第一审程序的审理。没有一审程序不能启动二审程序，第一审程序是第二审程序的前提，第二审程序是第一审程序的延续，并且是当事人正常的权利救济程序的终结。

3. 第一审程序是第二审程序的基础，第二审程序是第一审程序的终结

根据我国《民事诉讼法》第 168 条的规定，第二审人民法院应当对上诉请求的有关事实和适用法律进行审查。即第二审程序的审理范围应当是当事人在第一审程序中已经提出并不服第一审人民法院裁判而提起上诉的事实与法律适用，对于当事人没有提起上诉的事实与法律适用，在第二审程序中原则上不予审查。根据《民诉解释》第 323 条的规定，第二审人民法院应当围绕当事人的上诉请求进行审理。当事人没有提出请求的，不予审理，但一审判决违反法律禁止性规定，或者损害国家利益、社会公共利益、他人合法权益的除外。也就是说，第二审人民法院原则上应当以第一审人民法院认定的事实与适用的法律为准，但发现第一审人民法院的判决违反法律禁止性规定，或者损害国家利益、社会公共利益、他人合法权益时，第二审人民法院也应当予以纠正。此外，根据《民事诉讼法》第 175 条的规定，第二审人民法院的判决、裁定是终审的判决、裁定。也就是说，经第二审人民法院审理并依法作出裁判的案件，当事人不得再就同一争议提起诉讼，在这个意义上，第二审程序是第一审程序的终结。

（二）第二审程序与第一审程序的区别

1. 发生的原因与启动程序的主体不同

第二审程序是因当事人不服第一审人民法院已经作出但尚未发生效力的裁判而发生的，其启动与审理的原因是当事人行使上诉权、第二审人民法院行使审判监督权；第一审程序是当事人因民事权利受到侵害或者因民事权利义务关系发生争议向人民法院提起诉讼而发生的，其启动与审理的原因是当事人行使诉权、人民法院行使审判权。同时，请求启动第二审程序的主体，既可能是第一审程序中的原告，也可能是第一审程序中的被告、有独立请求权的第三人、判决承担实体义务的无独立请求权的第三人；请求启动第一审程序的主体只可能是纠纷当事人中的一方。

2. 适用的法院与审级及审理的效力不同

第二审程序是由一审的上级人民法院进行的，因此第二审程序只可能是中级以上人民法院。审理第二审民事案件时所适用的程序，同时是终审程序。第一审程序则是各级人民法院在审理第一审民事案件时适用的程序，是初审程序。二审法院的判决一经作出就生效，而一审法院的判决只有在法定上诉期间内当事人未上诉才能生效。

3. 审理的对象与内部结构不同

第二审程序的审理对象原则上限定在当事人上诉请求的范围之内，即原则上只审理与当事人上诉请求有关的事实与适用法律。第一审程序的审理对象为当事人之间发生争议的民事实体法律关系及其所依据的事实和所适用的法律。同时，第一审程序有普通程序与简易程序之分，而第二审程序只有单一的审理程序。

4. 目的与任务不同

第二审程序的目的与任务，是监督下一级人民法院的审判工作，纠正第一审裁判的错误，确保法律的统一实施，最终解决当事人之间的民事纠纷；第一审程序的目的与任务，是查明案件事实，正确适用法律，确认当事人之间的民事权利义务关系，解决当事人之间的民事纠纷。

5. 审理的方式与审结期限不同

适用第二审程序审理的民事案件，以开庭审理为原则，以径行裁判为例外；适用第一审程序审理的民事案件，必须开庭审理，不能书面审理或者径行裁判。在审限方面，人民法院依第二审程序审理对判决的上诉案件，应当在第二审立案之日起 3 个月内审结，有特殊情况需要延长的，由本院院长批准；第二审人民法院审理对裁定的上诉案件，应当在第二审立案之日起 30 日内作出终审裁定，不得延长。人民法院依普通程序审理第一审民事案件的，应当在立案之日起 6 个月内审结，有特殊情况需要延长的，由本院院长批准，可以延长 6 个月，还需要延长的，报请上级人民法院批准；人民法院依简易程序审理第一审民事案件的，应当在 3 个月内审结，不得延长。

第二节　法庭二审的程序

一、上诉

（一）上诉的概念

上诉是指当事人不服第一审人民法院作出的尚未生效的裁判，在法定期间内，请求上一级人民法院对上诉请求的有关事实和法律适用进行审理，并撤销或者变更第一审裁判的诉讼行为。上诉权是当事人诉权的组成部分，是不可剥夺的权利，只要当事人不服一审法院判决就有权利提出上诉，当然，当事人的上诉行为必须按照法律规定的条件行使。

（二）上诉与起诉的区别

1. 原因不同

上诉的原因是当事人不服第一审人民法院作出的裁判或裁定，即当事人认为第一审裁判或裁定有错误，请求上一级人民法院对之进行审查，并依法予以撤销或者变更。而起诉的原因是当事人之间发生了民事权益争议，为了解决纠纷、确定权利归属或者认为自己的权利受到侵害而依法提起诉讼，请求人民法院根据法律对其进行审理和裁判。

2. 目的不同

上诉的目的是请求第二审人民法院撤销或者变更第一审人民法院的裁判，从而保护自己的民事权益。而起诉的目的是请求人民法院受理案件，并通过人民法院行使司法审判权解决当事人之间的民事权益纠纷，保护其民事实体权益。

3. 时间不同

上诉的提起受上诉期间的限制，当事人超过上诉期间提出上诉请求的，不能引起第二审程序的发生。起诉的提起一般不受时间的限制，通常情况下，当事人在任何时间内都可以起诉，诉讼时效是否超过，并不影响当事人起诉。

4. 形式不同

上诉必须采取书面形式，不能以口头形式提出。当事人仅在口头上提出上诉的，不能引起第二审程序的发生。而起诉既可以以书面形式提出，也可以以口头形式提出。

5. 受理的法院不同

上诉只能向第一审人民法院的上一级人民法院提出，因此，受理上诉的人民法院只能是中级以上人民法院，当事人无权选择。而起诉的管辖法院既可能是基层人民法院，也可能是中级以上人民法院或其他人民法院。

（三）当事人提起上诉的条件

1. 上诉的实质要件

上诉的实质要件，即哪些裁判可以上诉。根据我国《民事诉讼法》的规定，可以上诉的判决包括：地方各级人民法院适用普通程序和简易程序审理后作出的第一审判决，第二审法院发回重审后的判决，以及按照第一审程序对案件再审作出的判决。可以上诉的裁定主要包括：不予受理的裁定、驳回起诉的裁定、对管辖权异议的裁定三种。但是，下列程序作出的裁判不得上诉：（1）最高人民法院所作的一审判决、裁定，为终审判决、裁定，当事人不得上诉；（2）适用特别程序、督促程序、公示催告程序和企业法人破产还债程序审理的案件，实行一审终审；（3）根据我国《婚姻法》的规定，确认婚姻效力的案件也实行一审终审，但是离婚案件实行的是二审终审。

2. 上诉的形式要件

（1）上诉人和被上诉人适格。凡是在第一审程序中具有实体权利或被一审判决承担实体义务的第三人均可成为上诉人。包括原告、被告、共同诉讼人、诉讼代表人、有独立请求权的第三人和法院判决承担实体义务的无独立请求权的第三人。

在第二审程序中，作为当事人的法人或者其他组织分立的，人民法院可以直接将分立后的法人或者其他组织列为共同诉讼人；合并的，将合并后的法人或者其他组织列为当事人。

法人吸收合并的，以吸收后的法人作为诉讼承担人；新设合并的，新的法人为诉讼承担人，在二审中承担一审原、被告的诉讼权利和义务。在二审中法人分立的，不管其双方分立协议如何约定，均列为共同的被告或原告。

（2）必须在上诉期间提出。根据我国《民事诉讼法》的有关规定，当事人不服地方人民法院第一审判决的，有权在判决书送达之日起 15 日内向上一级人民法院提起上诉。当事人不服地方人民法院第一审裁定的，有权在裁定书送达之日起 10 日内向上一级人民法院提起上诉。根据法律的规定，可以上诉的判决书、裁定书不能同时送达双方当事人的，上诉期从各自收到判决书、裁定书之日计算。

(3) 必须提交书面上诉状。当事人不服一审法院作出的裁判，提起上诉的，必须提交上诉状。根据《民事诉讼法》第 165 条的规定，上诉应当递交上诉状。上诉状的内容应当包括：当事人的姓名、法人的名称及其法定代表人的姓名或者其他组织的名称及其主要负责人的姓名；原审人民法院名称、案件的编号和案由；上诉的请求和理由。

（四）如何列二审当事人

1. 共同上诉

根据《民诉解释》第 317 条的规定，双方当事人和第三人都提起上诉的，均列为上诉人。在这种情况下，没有被上诉人。

2. 必要共同诉讼中部分共同诉讼人上诉

根据《民诉解释》第 319 条的规定，必要共同诉讼人中的一人或者部分人提出上诉的，按下列情况分别处理：

(1) 上诉仅对与对方当事人之间权利义务分担有意见，不涉及其他共同诉讼人利益的，对方当事人为被上诉人，未上诉的同一方当事人依原审诉讼地位列明；

(2) 上诉仅对共同诉讼人之间权利义务分担有意见，不涉及对方当事人利益的，未上诉的同一方当事人为被上诉人，对方当事人依原审诉讼地位列明；

(3) 上诉对双方当事人之间以及共同诉讼人之间权利义务承担有意见的，未提出上诉的其他当事人均为被上诉人。

3. 普通共同诉讼中部分共同诉讼当事人上诉

普通共同诉讼中，部分共同诉讼当事人的行为对其他人不发生法律效力，部分共同诉讼当事人上诉的，对方当事人为被上诉人，未提起上诉的其他共同诉讼人不作为二审中的当事人。

4. 诉讼代表人

诉讼代表人不服一审法院的裁判，不仅可能因提起上诉而成为上诉人的诉讼代表人，也可能因对方当事人上诉而成为被上诉人的代表人。

5. 有独立请求权的第三人

有独立请求权的第三人可以以本诉讼的双方或者一方当事人为被上诉人提起上诉，成为上诉人，也可以成为本诉讼的双方或者一方当事人的被上诉人。

6. 无独立请求权的第三人

无独立请求权的第三人是否可以成为上诉人和被上诉人，要根据具体情况确定。在法院判令无独立请求权的第三人承担实体义务的情况下，无独立请求权的第三人有权提起上诉而成为上诉人，也可以因参加之诉中对方当事人提起上诉而成为被上诉人。

（五）提起上诉的程序

当事人不服一审法院的裁判，提起上诉的，原则上应向原审法院提交上诉状，同时也允许当事人直接向二审法院提起上诉。当事人直接向二审法院提出上诉的，二审法院应在 5 日内将上诉状移交原审法院。

二、人民法院进行二审的审理程序

（一）人民法院对上诉的审查和处理

第二审人民法院依照法定程序，对当事人提起的上诉进行审查，对符合上诉条件的案件决定立案审理。

1. 对上诉的审查

审查的具体内容：

（1）上诉人的上诉是否符合上诉条件，即上诉人与被上诉人是否具备主体资格，是否针对依法可以上诉的裁判提出，是否在法定期间内提起上诉。

（2）形式上的审查，即是否提交上诉状。

2. 对上诉的处理

（1）法院受理上诉。第二审人民法院经审查，认为上诉符合法定条件的，应当决定立案审理，诉讼进入二审程序的审理阶段。

（2）法院裁定不予受理。第二审人民法院认为上诉不符合法定条件的，应当裁定不予受理，已经受理的，应当裁定驳回上诉。法院裁定不予受理的，一审判决立即生效。

（二）上诉的撤回

上诉的撤回，是指上诉人提起上诉后，在第二审人民法院宣告判决前，请求撤回上诉请求的诉讼行为。从实质上看，撤回上诉是上诉人对其实体权利和程序权利的处分，这一点不同于撤回起诉行为，当事人撤回起诉后处分的仅仅是诉讼权利，并不会消灭实体权利。上诉的撤回体现的是当事人对自己权利的处分权，且以当事人的自愿为前提。我国《民事诉讼法》第173条规定，第二审人民法院判决宣告前，上诉人申请撤回上诉的，是否准许，由第二审人民法院裁定。对于上诉的撤回，法院应当依据当事人是否是根据自己的意志作出的，是否损害国家或集体利益进行审查。法院对于当事人自愿撤回上诉的行为未损及国家利益的，可以准许撤回上诉。当事人撤回上诉的行为使第一审人民法院的裁判立即发生法律效力。上诉人撤回上诉，应当向第二审人民法院提出申请，该申请既可以用书面的方式，也可以用口头的方式，口头申请撤回上诉的，应当记入笔录。

《民诉解释》第320条规定了另外一种特殊情况，虽递交上诉状，但未在指定的期限内交纳上诉费的，按自动撤回上诉处理。

（三）上诉案件的审理过程

为了避免没有必要的重复，民事诉讼法在规范第二审程序时，在立法技术上采取了准用的方法，即《民事诉讼法》第174条规定的“第二审人民法院审理上诉案件，除依照本章规定外，适用第一审普通程序”。因此，从基本过程来看，上诉案件的审理过程与第一审案件的审理过程大致相同，一般要经过审理前的准备和开庭审理等诉讼阶段，其中开庭审理又包括开庭准备、法庭调查、法庭辩论、合议庭评议与宣判等过程。

1. 上诉案件的审理范围

根据《民事诉讼法》第168条的规定，第二审人民法院应当对上诉请求的有关事实和适用法律进行审查。二审人民法院的审理范围原则上限于当事人上诉请求的范围，包括与上诉请求有关的事实和法律问题。但是，二审法院如果发现在当事人上诉请求以外，原判决还有错误的，也可以依职权予以纠正。根据最高人民法院《关于民事经济审判方式改革问题的若干规定》第36条的规定，被上诉人在答辩中要求变更或补充一审判决内容的，第二审人民法院可以不予审查。根据《民诉解释》第 323 条的规定，第二审人民法院应当围绕当事人的上诉请求进行审理。当事人没有提出请求的，不予审理，但一审判决违反法律禁止性规定，或者损害国家利益、社会公共利益、他人合法权益的除外。

2. 上诉案件的审理方式

二审法院审理上诉案件，原则上应开庭审理，经过阅卷和调查，询问当事人，对没有提出新的事实、证据或者理由，合议庭认为不需要开庭审理的，可以不开庭审理，不开庭审理的程序必须经过阅卷和调查，询问当事人，认为不需要开庭审理的，可以不开庭，直接作出判决或者裁定。

根据《民诉解释》第 333 条的规定，第二审人民法院对下列上诉案件，依照《民事诉讼法》第 169 条规定可以不开庭审理：

（1）不服不予受理、管辖权异议和驳回起诉裁定的；

（2）当事人提出的上诉请求明显不能成立的；

（3）原判决、裁定认定事实清楚，但适用法律错误的；

（4）原判决严重违反法定程序，需要发回重审的。

3. 上诉案件的审理地点

根据《民事诉讼法》的有关规定，二审法院审理上诉案件，可以在本院进行，也可以到案件发生地或原审法院所在地进行。这是便利当事人进行诉讼、便利法院办案原则在二审程序中的体现。

（四）上诉案件的裁判

上诉案件的裁判从形式来看分为判决和裁定两种，从内容来看分为驳回上诉维持原裁判、撤销原裁判依法改判、撤销原裁判发回重审等多种形态。根据民事诉讼法及有关司法解释的规定，上诉案件的裁判，依案件是对判决不服的上诉还是对裁定不服的上诉而有所不同。

根据《民事诉讼法》第 170 条的规定，对当事人不服第一审人民法院判决提起上诉的案件，第二审裁判分为以下几种。

1. 判决驳回上诉，维持原判

经过审理，第二审人民法院认为原判决认定事实清楚、适用法律正确的，应当判决驳回上诉，维持原判决。这是第二审人民法院否定上诉请求，肯定原审判决正确、合法的判决。首先，在民事诉讼中，否定上诉请求、肯定原审判决应当适用判决的形式。其次，只有原审判决认定事实清楚、适用法律正确的，才能以判决的形式予以维持。但是根据《民诉解释》第 334 条的规定，原判决、裁定认定事实或者适用法律虽有瑕疵，但裁判结果正确的，第二审人民法院可以在判决、裁定中纠正瑕疵后，仍可依照《民事诉讼法》第 170 条第 1 款第 1 项规定予以维持。最后，驳回上诉与维持原判两项内容同时存在并保持统一，二者不能矛盾。

2. 依法改判、撤销或者变更

经过审理，第二审人民法院认为原判决不当的，应当依法作出变更原判决的判决。其中，第二审人民法院认为原判决全部不当的，判决撤销原判决，全部改判；认为原判决部分不当的，撤销不当的部分，部分改判，对原判决正确的部分予以维持。依法改判分为两种情形：一是应当依法改判。经过审理，第二审人民法院认为原判决事实清楚、证据充分，但适用法律错误的，应当作出改正原判决的判决。此时，改正原判决仅限于改正适用法律部分，对于原判决中有关认定事实的部分不予变更。二是可以依法改判。经过审理，第二审人民法院认为原判决认定事实错误，或者原判决认定事实不清、证据不足的，可以在查清事实后依法改判。此时，改判除了对原判决认定事实部分的变更外，还可能包括对法律适用部分的变更。

3. 裁定撤销原判，发回重审

经过审理，第二审人民法院认为原判决存在较为严重的错误，但由第二审人民法院直接改判不利于保护当事人的审级利益，影响两审终审制度的贯彻执行的，可以裁定撤销原判决，发回原审人民法院重审。对于发回重审的案件：第一，发回原审人民法院重审应当使用裁定，而不是判决。第二，应当发回重审和可以发回重审两种裁定的适用情形各不相同。第三，裁定发回原审人民法院重审的同时，应当先裁定撤销原审判决。第四，发回重审的案件，原审人民法院应当另行组成合议庭按照第一审普通程序进行审理，不能适用简易程序，原审合议庭成员或者独任审判员也不能参加新的合议庭。第五，原审人民法院对发回重审的案件所作的裁判，仍属于第一审裁判，当事人对重审裁判不服的，有权提起上诉。第六，二审裁定撤销一审判决发回重审的案件，当事人申请变更、增加诉讼请求或者提出反诉，第三人提出与本案有关的诉讼请求的，可以合并审理。根据《民事诉讼法》的规定，发回重审分为应当发回重审和可以发回重审两种。

（1）应当发回重审。

根据《民事诉讼法》第 170 条第 1 款第 4 项的规定，原判决遗漏当事人或者违法缺席判决等严重违反法定程序的，裁定撤销原判决，发回原审人民法院重审。这就是应当发回重审。根据《民诉解释》第 325 条的规定，下列情形，可以认定为严重违反法定程序：第一，审判组织的组成不合法的；第二，应当回避的审判人员未回避的；第三，无诉讼行为能力人未经法定代理人代为诉讼的；第四，违法剥夺当事人辩论权利的。此外，根据《民诉解释》第 326 条、第 327 条、第 329 条的规定，具有下列情形之一的，第二审人民法院可以根据当事人自愿的原则进行调解，调解不成的，应当发回原审人民法院重审：第一，对当事人在一审中已经提出的诉讼请求，原审人民法院未作审理、判决的；第二，必须参加诉讼的当事人或者有独立请求权的第三人，在一审中未参加诉讼的；第三，一审判决不准离婚的案件，上诉后，第二审人民法院认为应当判决离婚的。

（2）可以发回重审。

根据《民事诉讼法》第 170 条第 1 款第 3 项的规定，经过审理，第二审人民法院认为原判决认定事实错误，或者原判决认定事实不清、证据不足的，可以裁定撤销原判决，发回原审人民法院重审。

根据《民事诉讼法》第 170 条第 2 款的规定，原审人民法院对发回重审的案件作出判决后，当事人提起上诉的，第二审人民法院不得再次发回重审。

4. 裁定撤销原判决并移送

根据《民诉解释》第 331 条的规定，人民法院依照第二审程序审理案件，认为第一审人民法院受理案件违反专属管辖规定的，应当裁定撤销原裁判并移送有管辖权的人民法院。

5. 对一审裁定不服的上诉案件的裁判

根据《民事诉讼法》第 172 条的规定，第二审人民法院对不服第一审人民法院裁定的

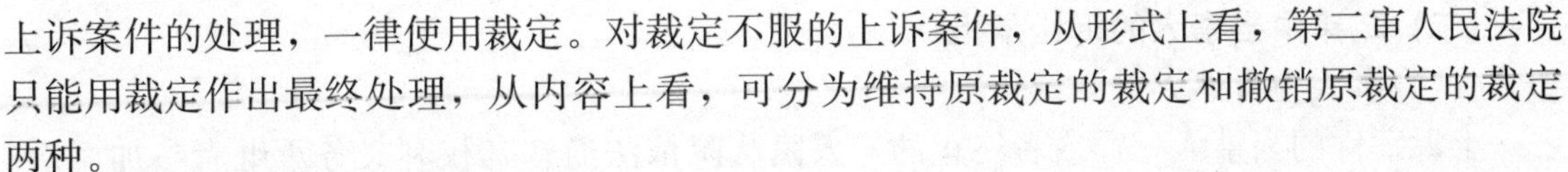

上诉案件的处理，一律使用裁定。对裁定不服的上诉案件，从形式上看，第二审人民法院只能用裁定作出最终处理，从内容上看，可分为维持原裁定的裁定和撤销原裁定的裁定两种。

（1）维持原裁定的裁定。

经过审理，第二审人民法院认为原审裁定依据的事实清楚，适用法律正确，上诉人的上诉不能成立的，应当以裁定驳回上诉，维持原裁定。

（2）撤销原裁定的裁定。

经过审理，第二审人民法院认为原审裁定依据的事实错误或者不清，适用法律错误的，应当裁定撤销原裁定，并依不同情形分别作出处理：第一，认为第一审人民法院不予受理的裁定有错误的，应当在撤销原裁定的同时，指令第一审人民法院立案受理。第二，认为第一审人民法院驳回起诉的裁定有错误的，应当在撤销原裁定的同时，指令原审人民法院进行审理。第三，认为第一审人民法院驳回管辖权异议的裁定错误的，应当在裁定撤销原裁定的同时，指令原审人民法院中止诉讼，将案件移送至有管辖权的人民法院。第四，认为第一审人民法院驳回破产申请的裁定错误的，应当在裁定撤销原裁定的同时，指令原审人民法院受理破产申请并依法进行审理。

第二审人民法院作出的裁判，是终审的裁判，经送达当事人立即发生法律效力。当事人对该裁判仍然不服的，可以通过法定程序申请再审或者向有关机关进行申诉，维护自己的合法权益。但是，在申请再审和申诉期间，不影响裁判的执行；在依再审程序作出撤销或者部分撤销原终审裁判的再审裁判之前，不影响该裁判的效力；经再审部分撤销原裁判的，不影响未被撤销部分的效力。

（五）上诉案件的审结期限

根据《民事诉讼法》第 176 条的规定，人民法院审理对判决的上诉案件，应当在第二审立案之日起 3 个月内审结。有特殊情况需要延长的，由本院院长批准。人民法院审理对裁定的上诉案件，应当在第二审立案之日起 30 日内作出终审裁定。可见，上诉案件的审结期限因上诉对象不同而不同：对判决上诉的，审结期限较长，且在审限内不能审结的，还可由本院院长批准延长；对裁定上诉的，审结期限较短，且不得延长。

第三节　二审实务中几个问题的特殊处理

一、二审中需要处理的几种特殊情况

根据《民诉解释》第 330 条、第 336 条、第 339 条的规定，第二审人民法院在审理上诉案件的过程中，如遇特殊情况，应当根据下列规则依法处理。

（一）对不应当由人民法院受理案件的处理

人民法院依照第二审程序已经受理的案件，认为依法不应由人民法院受理的，可以由第二审人民法院直接裁定撤销原判，驳回起诉。也就是说，第二审人民法院认为本案不属于人民法院民事诉讼案件的主管范围，或者具有依法不应当受理的其他事由的，可以直接裁定撤销原判，驳回起诉，而不需要再发回重审。这样处理有利于节省诉讼资源，符合诉讼经济的原则。

（二）二审中当事人的诉讼承担

1. 当事人为自然人

上诉案件的当事人死亡或者终止的，人民法院依法通知其权利义务承继者参加诉讼。需要终结诉讼的，适用《民事诉讼法》第151条规定。

2. 当事人为法人或者其他组织

在第二审程序中，作为当事人的法人或者其他组织分立的，人民法院可以直接将分立后的法人或者其他组织列为共同诉讼人；当事人合并的，将合并后的法人或者其他组织列为当事人，不必将案件发还原审人民法院重审。在第二审程序中，作为当事人的法人或者其他组织分立或合并，应当由分立或者合并后的法人或者其他组织承受原当事人的权利义务，第二审人民法院没有必要将案件发回重审，可以直接裁判分立或者合并后的法人或者其他组织承受原当事人的权利义务。这样处理同样有利于提高诉讼效率，节省司法资源，避免当事人讼累。

（三）二审程序中原审原告申请撤回起诉的处理

根据《民诉解释》第338条的规定，在第二审程序中，原审原告申请撤回起诉，经其他当事人同意，且不损害国家利益、社会公共利益、他人合法权益的，人民法院可以准许。准许撤诉的，应当一并裁定撤销一审裁判。

原审原告在第二审程序中撤回起诉后重复起诉的，人民法院不予受理。

（四）对二审程序中当事人和解的处理

对于当事人在二审中达成和解协议的，二审人民法院应当尊重当事人的意愿，可以采用下列方式处理：

（1）当事人达成和解协议后，请求人民法院根据和解协议的内容制作调解书的，第二审人民法院经审查，认为当事人的和解协议不违反法律禁止性规定，不损害国家、集体、社会利益和他人合法权益的，应当制作调解书。

（2）当事人达成和解协议后申请撤诉的，经审查符合撤诉条件的，第二审人民法院应当准许，以体现对当事人处分权的尊重。

二、实践中关于上诉案件“新的证据”的认定

我国第二审程序既是事实审也是法律审。作为事实审，第二审程序必然涉及证据问题，但是在举证、质证、认证方面与第一审程序有很大的不同。这些不同主要体现在二审人民法院对“新的证据”的认定和举证期限两个方面。

（一）上诉案件中“新的证据”的认定

依我国民事诉讼法的规定，允许当事人在第二审程序中提出“新的证据”。但是，不是任何新提出的证据都是“新的证据”。根据《民诉证据的若干规定》第41条的规定，新的证据包括：第一，一审庭审结束后新发现的证据；第二，当事人在一审举证期限届满前申请人民法院调查取证未获准许，第二审人民法院经审查认为应当准许并依当事人申请调取的证据。除此之外，举证期限也影响新证据的认定。根据《民诉证据的若干规定》第43条的规定，当事人举证期限届满后提供的证据不是“新的证据”的，人民法院不予采纳。当事人经人民法院准许延期举证，但因客观原因未能在准许的期限内提供，且不审理该证据可能导致裁判明显不公的，其提供的证据可视为新的证据。在实行举证时限制度以

后，当事人在第二审程序中提出的证据是否属于“新的证据”，将直接影响案件的裁判结果。

（二）上诉案件中“新的证据”的举证期限

二审“新的证据”举证期限的规则，与第一审程序是基本一致的，其特殊之处在于：

第一，上诉案件的举证期限是提出“新的证据”的举证期限。当事人在第一审程序中已经提出的证据，不需要再次举证，也就不存在举证期限的问题。

第二，上诉案件举证期限仅对“新的证据”具有约束力。对于在一审程序中已经提出的证据，无论第一审人民法院是否已经认定，当事人都可以再次进行争执，不存在超过举证期限的问题。

第三，上诉案件举证期限的确定方式较为简单。《民诉证据的若干规定》第 42 条第 2 款规定，当事人在二审程序中提供“新的证据”的，应当在二审开庭前或者开庭审理时提出；二审不需要开庭审理的，应当在人民法院指定的期限内提出。在第二审程序中，一方当事人提出“新的证据”的，人民法院应当通知对方当事人在合理期限内提出意见或者举证。

《民诉证据的若干规定》第 46 条规定，由于当事人的原因未能在指定期限内举证，致使案件在二审或者再审期间因提出“新的证据”被人民法院发回重审或者改判的，原审裁判不属于错误裁判案件。一方当事人请求提出“新的证据”的另一方当事人负担由此增加的差旅、误工、证人出庭作证、诉讼等合理费用以及由此扩大的直接损失的，人民法院应予支持。

三、上诉案件的调解实务

调解原则是我国民事诉讼法的一项基本原则，它贯穿民事诉讼程序的始终，其中包括第二审程序。《民事诉讼法》第 172 条规定，第二审人民法院审理上诉案件，可以进行调解。

（一）上诉案件调解的范围

为了尊重当事人对自己的实体权利和程序权利的处分权，上诉案件的调解应当遵循自愿、合法的原则。也就是说，在第二审程序中，是否进行调解，是仅就上诉请求的事项进行调解，还是就原审全部诉请事项进行调解，是否作出让步以及作出怎样的让步，都应当由当事人自主决定。上诉案件调解的范围不受上诉请求范围的限制，也不受第一审诉讼请求范围的限制，第二审人民法院可以对当事人在第一审程序中的全部诉讼请求以及在第二审程序中提出的新请求一并进行调解。上诉案件的调解也不受第一审裁判是否正确的影响。案件进入第二审程序之后，第一审裁判是未生效的裁判，因此，即使第一审裁判存在错误，当事人在第二审程序中能够达成调解的，第二审人民法院也可以进行调解。根据《民诉解释》第 326 条、第 327 条、第 329 条的规定，在下列三种情况下，第二审人民法院可以根据自愿的原则进行调解，调解不成的，发回重审：

（1）对当事人在第一审程序中已经提出的诉讼请求，原审人民法院未作审理、判决的；

（2）必须参加诉讼的当事人或者有独立请求权的第三人，在一审中未参加诉讼的；

（3）一审判决不准离婚的案件，上诉后，第二审人民法院认为应当判决离婚的。

（二）上诉案件的调解书

《民事诉讼法》第 172 条规定，第二审人民法院审理上诉案件，可以进行调解，调解达成协议的，应当制作调解书，由审判人员、书记员署名，加盖人民法院印章。调解书送达后，原审人民法院的判决即视为撤销。可见，关于上诉案件的调解书，有两点值得注意：

第一，与第一审案件的调解不同的是，在第二审程序中，经调解达成协议的，人民法院应当毫无例外地制作调解书。这是因为，上诉案件经调解达成协议的，第一审判决不能发生法律效力。此时，调解书是说明第一审判决没有生效的重要形式。

第二，上诉案件的调解书送达各方当事人后，原审人民法院的判决即视为撤销，因此，第二审人民法院没有必要另行裁定撤销原判决，也没有必要在调解书中明确撤销原判决。

【课后习题】

一、思考题

1. 第二审程序与一审程序主要区别有哪些？

2. 试述提起上诉的条件、程序和法律后果。

3. 在审判实践中，对一些特殊情况应当如何正确确定上诉人和被上诉人？如何正确计算上诉期间？

4. 谈谈撤回上诉的条件、方式、法律后果和撤回上诉与撤回起诉的区别。

5. 二审法院对案件调解不成发回重审或告知当事人另行起诉的情形主要有哪些？

二、案例分析题

阅读下面的案例，并回答问题。

案例一

周甲之父周乙死后，留有遗产房屋三间。周甲准备将父亲遗留的房屋卖掉时，其堂弟周丙不同意，认为周甲不能以个人名义处理此项遗产，理由是周甲在外地工作时，自己曾对伯父尽过赡养义务，也应有此房的继承权。周甲不予理睬，周丙只好向法院起诉。一审法院经过审理认为：周丙确实对死者周乙尽过赡养义务，但周甲是周乙的儿子，是法定继承人，所以房产归周甲所有。周丙不服一审判决，提起上诉。二审法院认为：一审法院在认定案件的事实方面是清楚的，但对周丙是否享有继承权在适用法律上是错误的。于是裁定撤销原判决，发回原审人民法院重审。

问题：

1. 二审法院的做法是否符合法律规定？

2. 一审法院应如何处理？

案例二

某离婚案件的当事人甲与乙系一对年轻夫妻，二人因一时斗气，甲提出离婚。某市区人民法院一审判决准予双方离婚后，乙不服判决，提起上诉。在市中级人民法院审理过程中，甲、乙双方经亲友劝解，表示愿意和好。于是，甲与乙二人来到市中级人民法院，找到承办人说明情况，申请撤回起诉和上诉。

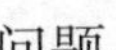

问题：

1. 为了满足本案当事人和好的要求，市中级人民法院可否同意他们的撤诉申请？简述理由。

2. 如果二审法院同意其撤回上诉的申请，则一审判决是否还有效？为什么？

3. 对于本案二审法院应如何处理？

【本章实务应用难点分析】

1. 上诉的提起

是否提起上诉是由当事人决定的，在上诉程序中依然遵循民事诉讼“不告不理”这一项基本原则。法院不依职权发动二审程序，一般情况下，人民检察院也不发动抗诉从而引起二审程序。要不要上诉，从而要不要引发二审程序，完全是由当事人自己决定的。上诉在什么范围内进行，是针对一审裁判的一部分还是全部，是针对事实部分、法律适用还是全部，也完全取决于当事人的意愿，法院对此无权进行干预。但是，当事人在引发二审程序之时，必须以书面形式提起，这与一审不同，上诉必须以书面上诉状的形式提起，口头上诉无效。

2. 上诉的受理

依我国民事诉讼法的规定，当事人提起上诉原则上应当通过一审人民法院提起，但是也不禁止当事人直接把上诉状交给二审人民法院。但是，从上诉的效率而言，当事人应当通过一审人民法院提起上诉。由于二审案卷的整理是由一审法院负责的，因此，即使当事人将上诉状直接交给二审法院，二审法院也不会直接受理，而是将上诉状移交一审法院，待一审法院把上诉状、答辩状、上诉费等收齐后，连同全部案卷和证据一并报送，才会受理。故从节约上诉时间的角度考虑，当事人应通过一审法院提起上诉。

3. 上诉审查的范围

对于二审法院审查的范围，原则上受制于当事人提出的上诉请求，二审法院一般只对当事人上诉请求涉及的有关事实和法律适用进行审查，而不得随意超出上诉请求的范围任意行使；二审法院上诉审判权的行使也应围绕当事人的上诉请求进行，不能对当事人没有请求事项作出裁判。但是，对涉及公益的、国家利益的以及案外人利益的一审错误裁判，即便没有任何当事人指出这些错误的存在，二审法院在审理中发现的，也可以依职权主动予以纠正。这一点与一审不同，在一审中即使案件涉及公益等，如果没有检察机关、案外第三人提出诉讼或参与诉讼来予以代表，一审法院是不能自诉自审的。

4. 上诉请求的增加

当事人提出上诉请求后，能否再追加其他的上诉请求？对此问题的回答是否定的，即上诉请求经过上诉期间，被法定程序确认后，就不能再增加。其原因在于：上诉期间届满，当事人的上诉权就消灭了，一审裁判中未被上诉请求涵盖的部分，就随即生效，如果允许当事人随意增加上诉请求，就会给诉讼程序带来不安定因素，因此，上诉期限过后，上诉请求是不能增加的。这一点与在第二审程序中，原审原告增加独立的诉讼请求或原审被告提出反诉是不同的，增加诉讼请求或反诉是一个新的诉，没有经过法院审理，因此，从节约诉讼资源的角度考虑，第二审人民法院可以根据当事人自愿的原则进行调解处理。

第十八章　审判监督程序

【本章要点】

- 审判监督程序的特点
- 当事人申请再审的条件
- 发回重审的条件
- 审判监督程序的提起

【案例导入】

甲、乙两公司因经济合同发生纠纷诉诸人民法院，区人民法院作出了一审判决，当事人没有上诉。判决生效后，甲公司因乙公司不履行生效判决而申请人民法院强制执行。执行期间，乙公司提出新的事实根据，向区人民法院申请再审。区人民法院接到申请后立即停止了正在进行的执行程序，执行员报院长审阅。院长审查后认为乙公司申请再审的理由充分，遂指令原审判人员进行再审。审判人员裁定撤销原判决，进行了再审，重新作出了判决。

思考：

1. 审判监督程序与二审终审有没有矛盾？
2. 审判监督程序提起的前提是什么？
3. 如何理解审判监督程序与法院判决的既判力？二者有没有矛盾？

第一节　审判监督程序概述

一、审判监督程序的概念

审判监督程序，又称为再审程序，是指根据法律规定，具有审判监督权的主体对于已经发生法律效力的判决、裁定、调解书，发现确有错误，依照法律程序提请人民法院依法再次进行审理的程序。

裁判有既判力，裁判一旦生效就必须受既判力的约束，当事人和人民法院及社会的其他组织都必须受原有的判决的约束，不得再对此裁判确认的实体法律关系进行争议，也不得随意撤销或者变更该裁判。也就是说，裁判已经发生法律效力的案件不应当再次进入诉讼程序。但从另一个角度来说，法要具有权威性和稳定性，同时法也是正义的体现。如果法院的判决离开了法律的公正性和正义性，而片面追求判决的权威性和稳定性，也是不可取的。裁判的稳定性和权威性必须建立在其正义的基础上，在通过第一审程序和第二审程序解决纠纷的过程中，由于各种原因，裁判错误的存在是无法避免的。法官的裁判是一种主观对客观的认知的过程。一方面，当事人之间权利义务关系产生、变更、消灭以及纠纷发生的事实发生在诉讼程序之前，法官不可能亲历该事实发生的全过程，与纠纷有关的各种证明材料可能没有全面保存与收集，即使全面保存与收集了，也不可能使案件回复至纠纷发生时的初始状态而重现于法庭，加之为了求得有利于自己的裁判，当事人总是有意无意地扭曲事实或者掩盖事实真相，影响甚至干扰法官的思维与判断，因此，从客观上来看，法官难以完全避免发生裁判错误。另一方面，法官是人而不是神，法官对事实的判断、对法律的适用总是受其认识能力和法律修养水平的限制，甚至可能受到其偏私或者以权谋私心理的影响，因此，从主观上来看，法官也难以避免发生裁判错误。当判决出现错误时，为纠正错误而使已经发生法律效力的案件再次进入诉讼程序，这是法的正义和公正性的要求。再审制度正是基于此而设立的，其体现了判决的权威性和稳定性与追求公正性和正义性的价值统一。再审程序使遭受错误裁判的当事人获得了正当性裁判的机会。

二、审判监督程序与重审和第二审的区别

再审程序不是法院审理的基本程序，而属于补救程序。因此，再审程序不同于二审程序和重审。再审以案件的裁判已经发生法律效力为前提，并有严格的范围和条件限制。具体区别如下。

（一）再审与重审的区别

重审，是指上诉案件被第二审人民法院发回原审人民法院重新进行审理，即当事人不服第一审裁判提起上诉后，第二审人民法院经过审理认为原审裁判确实有错误，且不宜直接改判，于是裁定撤销原裁判，发回原审人民法院，由原审人民法院对案件重新进行审理。重审是对裁判尚未生效的案件，利用原审程序纠正裁判错误的机制，而再审是对裁判已经生效的案件，利用新的程序纠正裁判错误的机制。

（二）再审与第二审的区别

第二审是当事人根据审级制度的规定，对原审人民法院尚未生效的裁判声明不服，而由上一级人民法院对案件进行审理。再审则是审级制度结构之外，对裁判已经生效的案件的审理。再审程序，是指为了纠正生效裁判中的错误，而对案件再次进行审理并作出裁判的诉讼程序。民事案件的审理，无论程序多么完善，制度多么严密，法官多么高明，裁判错误还是难以避免的。因此，无论是大陆法系国家还是英美法系国家，都在两审或者三审终审制度之外，设立了专门用于纠正生效裁判错误的再审程序。在我国，再审程序的启动则分为当事人申请、人民法院依职权决定、人民检察院抗诉三种方式。

三、审判监督程序的特征

审判监督程序为补救程序，在我国民事诉讼法中具有独特的地位和作用，其程序具有

其他法律程序所不具有的特征。

（一）程序性质的救济性

再审程序不是一级独立的审判程序，它是一种以纠错为目的的事后补救和监督程序，不是民事诉讼的必经程序。

（二）启动主体的特定性

我国《民事诉讼法》规定，只有享有审判监督权的人民法院、享有检察监督权的人民检察院和享有申请再审权的当事人，才可以引起再审程序的发生。

（三）审理对象的有限性

再审程序审理的对象，限于已经发生法律效力、确有错误的判决、裁定和调解协议。同时，根据法律规定，已经发生法律效力的解除婚姻关系的案件不得再审。

第二节　审判监督程序的启动

根据我国民事诉讼法有关规定，能够提起再审的主体有两个：一是人民检察院。根据我国宪法规定，人民检察院是我国的法律监督机关。因此，人民检察院有权对人民法院的判决是否正确进行监督。人民检察院行使监督权的方式为提起抗诉，人民检察院的抗诉是指人民检察院对人民法院已经发生法律效力的民事判决、裁定，发现确有错误，依照法定程序要求人民法院对案件进行再次审理的诉讼行为。二是人民法院。这里又可分为上级人民法院的监督、最高人民法院的监督和原审人民法院的自我监督。根据《人民法院组织法》的规定，上下级人民法院是监督与被监督的关系。因此，上级人民法院对于下级人民法院已经发生错误的判决具有监督权。同时，根据《人民法院组织法》的规定，最高人民法院对地方任何级别的人民法院具有监督权。因此，最高人民法院对于地方任何级别的人民法院审理的案件均有监督权，对于发生错误的判决都有权指令再审或提审，而不受审级的限制。当然，人民法院对于自己审理的已经发生法律效力的裁判具有自我纠错的权利。

一、人民法院提起审判监督程序

人民法院提起再审，必须同时符合以下两个条件：第一，判决或者裁定已经发生法律效力。第二，已生效的判决、裁定确有错误。

再审程序必须由法定人员和组织依法提起。人民法院的下列人员和组织可以提起再审：

（1）各级人民法院院长和审判委员会。

当人民法院发现原本院审理的已发生法律效力的案件有错误，或其下级人民法院审理的已发生法律效力的案件有错误时，可以向院长提起再审申请，由院长向本级人民法院的审判委员会提出再审，由审判委员会讨论决定是否再审。审判委员会认为案件的审理确实有错误的，作出再审决定。因此，再审的决定权在审判委员会。

（2）最高人民法院和上级人民法院。

最高人民法院和上级人民法院对于下级人民法院的已经生效的判决或裁定发现其有错

误的，可以提审或指令下级人民法院再审。

提审，是指上一级或上级人民法院经审查认为再审事由成立，决定由本院对案件再次进行的审理。

指令再审，是指上级人民法院指令原审人民法院对案件再次进行的审理。

二、当事人申请提起审判监督程序

当事人申请再审，是指当事人对已经发生法律效力的判决、裁定和调解协议认为确有错误，向人民法院依法提出再审的请求，或向人民检察院提出抗诉的请求。当事人申请再审不能必然引起审判监督程序。当事人对已经发生法律效力的判决、裁定和调解协议认为确有错误而要求再审的有两种途径：一是可以向作出已经发生法律效力的判决或裁定的人民法院提出再审申请；二是向人民检察院提出抗诉或检察建议的请求。关于当事人申请再审，有学者将其定义为“诉讼行为”，本书认为此说法值得商榷。当事人申请再审的行为不是当事人诉权的体现，当事人在申请再审时必须受既判力的约束，当事人申请再审的行为的依据在于宪法规定的公民的申诉权。其行为体现为向人民法院提出再审的请求，或向人民检察院提出抗诉的请求，申请再审的行为并不会直接导致某种诉讼法上的效果。

（一）当事人向人民法院申请再审

1. 申请再审的条件

（1）人民法院判决、裁定、调解书已经生效。

（2）申请人是当事人或者法定代理人，也可以是案外人。

（3）必须向有管辖权的人民法院提出，即上一级法院。当事人一方人数众多或者当事人双方为公民的案件，也可以向原审人民法院申请再审。

（4）必须具备法定的再审理由。我国《民事诉讼法》第 200 条对此进行了详细的规定。

（5）申请再审不得超出原审诉讼请求。超出原审诉讼请求为新的诉讼请求，当事人可以另行起诉，而不能申请再审。

（6）申请再审必须在法定期限内提出，即在法律文书生效后 6 个月内提出。6 个月为除斥期间、不变期间。其中：有新的证据，足以推翻原判决、裁定的，原判决、裁定认定事实的主要证据是伪造的，原判决、裁定的法律文书被撤销或者变更，及发现审判人员在审理该案件时有贪污受贿、徇私舞弊、枉法裁判行为的，自知道或者应当知道之日起 6 个月内提出。

2. 再审申请的受理

人民法院应当自收到再审申请书之日起 5 日内，向再审申请人发送受理通知书，并向被申请人及原审其他当事人发送应诉通知书、再审申请书副本等材料。对方当事人应当自收到再审申请书副本之日起 15 日内提交书面意见；不提交书面意见的，不影响人民法院审查。

根据《民诉解释》第 383 条的规定，当事人申请再审，有下列情形之一的，人民法院不予受理：

（1）再审申请被驳回后再次提出申请的；

（2）对再审判决、裁定提出申请的；

（3）在人民检察院对当事人的申请作出不予提出再审检察建议或者抗诉决定后又提出申请的。

上述第一项、第二项规定情形，人民法院应当告知当事人可以向人民检察院申请再审检察建议或者抗诉，但因人民检察院提出再审检察建议或者抗诉而再审作出的判决、裁定除外。

3. 再审申请的审查

人民法院受理申请再审案件后，应当依照《民事诉讼法》第 200 条、第 201 条、第 204 条等规定，对当事人主张的再审事由进行审查。

（1）审查的期限。

对于当事人申请再审，人民法院应当自收到再审申请书之日起 3 个月内审查，符合法律规定的条件的，裁定再审；不符合法律规定的，裁定驳回申请。有特殊情况需要延长的，由本院院长批准。

审查再审申请期间，被申请人及原审其他当事人依法提出再审申请的，人民法院应当将其列为再审申请人，对其再审事由一并审查，审查期限重新计算。经审查，其中一方再审申请人主张的再审事由成立的，应当裁定再审。各方再审申请人主张的再审事由均不成立的，一并裁定驳回再审申请。

（2）申请裁定再审。

因当事人申请裁定再审的案件由中级人民法院以上的人民法院审理，但当事人依照《民事诉讼法》第 199 条的规定，选择向基层人民法院申请再审的除外。最高人民法院、高级人民法院裁定再审的案件，由本院再审或者交其他人民法院再审，也可以交原审人民法院再审。

（3）再审申请审查的终结。

根据《民诉解释》第 402 条的规定，再审申请审查期间，有下列情形之一的，裁定终结审查：1）再审申请人死亡或者终止，无权利义务承继者或者权利义务承继者声明放弃再审申请的；2）在给付之诉中，负有给付义务的被申请人死亡或者终止，无可供执行的财产，也没有应当承担义务的人的；3）当事人达成和解协议且已履行完毕的，但当事人在和解协议中声明不放弃申请再审权利的除外；4）他人未经授权以当事人名义申请再审的；5）原审或者上一级人民法院已经裁定再审的；6）再审申请被驳回后再次提出申请的。

4. 再审申请的撤回

审查再审申请期间，再审申请人撤回再审申请的，是否准许，由人民法院裁定。再审申请人经传票传唤，无正当理由拒不接受询问的，可以按撤回再审申请处理。人民法院准许撤回再审申请或者按撤回再审申请处理后，再审申请人再次申请再审的，不予受理，但有《民事诉讼法》第 200 条第 1 项、第 3 项、第 12 项、第 13 项规定情形，自知道或者应当知道之日起 6 个月内提出的除外。

（二）当事人向人民检察院申请抗诉或检察建议

审判监督程序的提起既包括人民法院申请再审，又包括人民检察院抗诉或检察建议引起再审。为了防止当事人就同一事由，既向人民法院申请再审，又向人民检察院申请抗诉，造成资源浪费。我国《民事诉讼法》规定，当事人对于已经发生法律效力的判决、裁定、调解书，应当首先依法向人民法院申请再审，在以下三种情况下才可以转而向人民检察院申请抗诉或检察建议：(1) 人民法院驳回再审申请的；(2) 人民法院逾期未对再审申请作出裁定的；(3) 再审判决、裁定有明显错误的。

人民检察院对当事人的申请应当在3个月内进行审查，作出提出或者不予提出检察建议或者抗诉的决定。当事人不得再次向人民检察院申请检察建议或者抗诉。

根据《民诉解释》的规定，人民检察院依照当事人的申请而提起抗诉或检察建议的，人民法院应当依照法律的规定审查，符合条件的予以受理，不符合规定的，人民法院可以建议人民检察院予以补正或者撤回；不予补正或者撤回的，应当函告人民检察院不予受理。

人民法院审理因人民检察院抗诉或者检察建议裁定再审的案件，不受此前已经作出的驳回当事人再审申请裁定的影响。

三、人民检察院提出抗诉和检察建议

检察机关对民事诉讼实行法律监督，是保证依法行使审判权，正确实施法律的重要手段。最初，《民事诉讼法》只规定了民事抗诉一种方式，为了更好地发挥民事检察的作用，2012年《民事诉讼法》增加了一种新的方式即检察建议。

(一) 民事抗诉

民事抗诉，简称抗诉，是指人民检察院对人民法院已经生效的民事裁判认为确有错误，依法提请人民法院对案件重新审理的诉讼行为。有权提起抗诉的人民检察院只能是最高人民检察院和原审人民法院的上级人民检察院。地方各级人民检察院对同级人民法院作出的生效裁判，即使发现确有错误，只能请求上级人民检察院按照审判监督程序提出抗诉。

人民检察院向人民法院提出抗诉必须符合下列条件：

(1) 已经发生法律效力的判决、裁定、调解书。如果人民法院的判决、裁定尚未发生法律效力，应当通过当事人或人民法院的诉讼行为予以纠正，人民检察院不得提出抗诉。

(2) 抗诉必须具备法定的原因。根据《民事诉讼法》第208条的规定，已经发生法律效力的判决、裁定，发现有《民事诉讼法》第200条规定情形之一的，或者发现调解书损害国家利益、社会公共利益的，应当提出抗诉。

(3) 应当提交抗诉书。

人民检察院提出抗诉的案件，接受抗诉的人民法院应当自收到抗诉书之日起30日内作出再审的裁定；有《民事诉讼法》第200条第1项至第5项规定情形之一的，可以交下一级人民法院再审，但经该下一级人民法院再审的除外。

(二) 检察建议

检察建议，是指人民检察院针对人民法院在审判过程中所存在的各种问题，而向同级人民法院发出的监督意见。检察建议不同于抗诉，主要体现在：

(1) 适用的范围不同。检察建议比抗诉的适用范围更广，检察建议的适用范围除了审判监督程序外，还包括人民法院其他的审判程序。

(2) 提起的对象不同。检察建议是人民检察院向同级人民法院提出的。抗诉则不能同级抗。

（3）效果不同。检察建议不能立刻引发再审，而抗诉必然引发再审。

人民法院收到再审检察建议后，应当组成合议庭，在3个月内进行审查，发现原判决、裁定、调解书确有错误，需要再审的，依照《民事诉讼法》第198条规定裁定再审，并通知当事人；经审查，决定不予再审的，应当书面回复人民检察院。

（三）调查核实权

人民检察院因履行法律监督职责提出检察建议或者抗诉的需要，可以向当事人或者案外人调查核实有关情况。需要明确的是，人民检察院调查核实的目的仅限于发现是否存在提起抗诉或检察建议的法定事由，与人民法院的调查取证权不同。

四、再审事由

我国《民事诉讼法》第200条明确列举了一些情形，虽然法律并没有明确地规定所有的再审都必须限定在本条列举的范围之内，但对于在司法实践中判断“确有错误”具有相当的意义。

当事人的申请符合下列情形之一的，人民法院应当再审：

（1）有新的证据，足以推翻原判决、裁定的。根据《民诉解释》第388条的规定，再审申请人证明其提交的新的证据符合下列情形之一的，可以认定逾期提供证据的理由成立：1）在原审庭审结束前已经存在，因客观原因于庭审结束后才发现的；2）在原审庭审结束前已经发现，但因客观原因无法取得或者在规定的期限内不能提供的；3）在原审庭审结束后形成，无法据此另行提起诉讼的。再审申请人提交的证据在原审中已经提供，原审人民法院未组织质证且未作为裁判根据的，视为逾期提供证据的理由成立，但原审人民法院依照《民事诉讼法》第65条规定不予采纳的除外。

（2）原判决、裁定认定的基本事实缺乏证据证明的。

（3）原判决、裁定认定事实的主要证据是伪造的。

（4）原判决、裁定认定事实的主要证据未经质证的。根据相关司法解释的规定，当事人对原判决、裁定认定事实的主要证据在原审中拒绝发表质证意见或者质证中未对证据发表质证意见的，不属于未经质证的情形。

（5）对审理案件需要的主要证据，当事人因客观原因不能自行收集，书面申请人民法院调查收集，人民法院未调查收集的。

（6）原判决、裁定适用法律确有错误的。有下列情形之一，导致判决、裁定结果错误的，应当认定为原判决、裁定适用法律确有错误：1）适用的法律与案件性质明显不符的；2）确定民事责任明显违背当事人约定或者法律规定的；3）适用已经失效或者尚未施行的法律的；4）违反法律溯及力规定的；5）违反法律适用规则的；6）明显违背立法原意的。

（7）审判组织的组成不合法或者依法应当回避的审判人员没有回避的。

（8）无诉讼行为能力人未经法定代理人代为诉讼或者应当参加诉讼的当事人，因不能归责于本人或者其诉讼代理人的事由，未参加诉讼的。

（9）违反法律规定，剥夺当事人辩论权利的。原审开庭过程中有下列情形之一的，应当认定为剥夺当事人辩论权利：1）不允许当事人发表辩论意见的；2）应当开庭审理而未开庭审理的；3）违反法律规定送达起诉状副本或者上诉状副本，致使当事人无法行使辩论权利的；4）违法剥夺当事人辩论权利的其他情形。

(10) 未经传票传唤，缺席判决的。

(11) 原判决、裁定遗漏或者超出诉讼请求的。此处的诉讼请求，包括一审诉讼请求、二审上诉请求，但当事人未对一审判决、裁定遗漏或者超出诉讼请求提起上诉的除外。

(12) 据以作出原判决、裁定的法律文书被撤销或者变更的。此处的法律文书包括：发生法律效力的判决书、裁定书、调解书；发生法律效力的仲裁裁决书；具有强制执行效力的公证债权文书。

(13) 审判人员审理该案件时有贪污受贿、徇私舞弊、枉法裁判行为的。该贪污受贿、徇私舞弊、枉法裁判行为，是指已经由生效刑事法律文书或者纪律处分决定所确认的行为。

第三节　再审案件的审理程序

一、审理的程序

在再审案件的审理中，首先应当由人民法院裁定中止原判决或者调解书的执行，然后由再审法院另行组成合议庭，分别按照第一审程序或者第二审程序对案件进行审理。

(一) 裁定中止原判决或者调解书的执行

我国《民事诉讼法》第206条规定，按照审判监督程序决定再审的案件，裁定中止原判决、裁定、调解书的执行，但追索赡养费、扶养费、抚育费、抚恤金、医疗费用、劳动报酬等案件，可以不中止执行。人民法院对已经发生法律效力的判决、裁定、调解书依法决定再审，需要中止执行的，应当在再审裁定中同时写明中止原判决、裁定、调解书的执行；情况紧急的，可以将中止执行裁定口头通知负责执行的人民法院，并在通知后10日内发出裁定书。

人民法院决定对案件进行再审之后，裁定中止原判决的执行，主要是为了防止继续执行有错误的判决，给国家、集体、社会公共利益或他人的合法权益造成更大的损害，或者执行原判决对当事人造成难以弥补的损失。

(二) 另行组成合议庭

我国《民事诉讼法》第207条第2款规定：人民法院审理再审案件，应当另行组成合议庭。再审程序的任务是发现和纠正生效判决、裁定或者调解书的错误，为了防止审判人员先入为主，避免偏见及其他原因可能对再审造成的不良影响，确保案件的公正处理，更换审理法官，即另行组成合议庭对再审案件进行审理是非常必要的。原审人民法院对案件进行再审的，原来参加过本案审理的人员，一律不得参加再审合议庭。

(三) 依原审程序进行审理

根据《民事诉讼法》第207条的规定，对于判决、裁定、调解书已经发生法律效力的民事案件，人民法院决定或者检察院抗诉提起再审的，发生法律效力的判决、裁定是由第一审人民法院作出的，按照第一审程序审理；发生法律效力的判决、裁定是由第二审人民法院作出的，按照第二审程序审理；上级人民法院按照审判监督程序提审的，按照第二审程序审理。因此，审理再审案件适用的程序分为适用第一审程序和适用第二审程序两种情况。

1. 适用第一审程序

原审程序是第一审程序的，应当按照第一审程序对案件进行再审，所作的裁判仍然是第一审裁判，当事人不服的，可以上诉。另外，依第一审程序审理再审案件时，只能适用普通程序，不得适用简易程序。

2. 适用第二审程序

原审程序是第二审程序的，应当按照第二审程序对案件进行再审，所作的裁判是终审裁判，当事人不得提起上诉。对于提审和最高人民法院指令上级人民法院再审的案件，无论案件原来是否经过第二审程序的审理，都适用第二审程序进行审理。所作的裁判是终审的裁判，当事人不得提起上诉。这样有利于发挥上级人民法院审判监督的职权作用，提高诉讼效率，并维护两审终审的基本审判制度。

3. 开庭的要求

人民法院开庭审理再审案件，应当按照下列情形分别进行：

（1）因当事人申请再审的，先由再审申请人陈述再审请求及理由，后由被申请人答辩、其他原审当事人发表意见。

（2）因抗诉再审的，人民法院应当在开庭 3 日前通知人民检察院、当事人和其他诉讼参与人。同级人民检察院或者提出抗诉的人民检察院应当派员出庭。开庭时，先由抗诉机关宣读抗诉书，再由申请抗诉的当事人陈述，后由被申请人答辩、其他原审当事人发表意见。

（3）人民法院依职权再审，有申诉人的，先由申诉人陈述再审请求及理由，后由被申诉人答辩、其他原审当事人发表意见。

（4）人民法院依职权再审，没有申诉人的，先由原审原告或者原审上诉人陈述，后由原审其他当事人发表意见。

（四）再审案件的调解

人民法院对再审案件进行审理，可以依法进行调解，达成调解协议的，调解书送达双方当事人后，原判决、裁定即视为撤销。当事人履行调解书确认的权利义务。

作为民事诉讼法的一项基本原则，法院调解贯穿民事诉讼程序始终。再审程序是民事诉讼程序的构成部分，因此，在再审程序中，人民法院同样可以根据自愿、合法的原则进行调解。我国《民事诉讼法》贯彻调解原则，鼓励调解，从法律的规定中就可以发现这种鼓励，如《民诉解释》第 412 条规定，部分当事人到庭并达成调解协议，其他当事人未作出书面表示的，人民法院应当在判决中对该事实作出表述；调解协议内容不违反法律规定，且不损害其他当事人合法权益的，可以在判决主文中予以确认。

无论是适用第一审程序还是适用第二审程序对民事案件进行再审，经调解达成协议的，人民法院都应当制作调解书，并送达双方当事人。经送达双方当事人，调解书发生法律效力，原判决、裁定、调解书即视为撤销。达成调解协议的再审案件，之所以必须制作调解书，是因为它涉及原审判决、裁定、调解书的效力问题，再审调解书恰恰能够成为否定原判决、裁定、调解书效力的证据，在以调解结案的再审程序中具有十分重要的作用，这与第一审程序中的调解存在较大的差异。

（五）再审案件的裁判

再审为特别救济程序，人民法院通过对再审案件的审理，对当事人之间权利义务关系作出新裁断，并对原判决、裁定或者调解书在认定事实、适用法律、审理程序等方面是否正确与适当作出评价。

在再审案件中其裁判不同于一审、二审的裁判，其裁判的类型有如下四种。

1. 维持原判

经过再审，原判决认定事实清楚、适用法律正确的，裁定撤销原中止执行的裁定，维持原判，恢复执行。原判决、裁定认定事实、适用法律虽有瑕疵，但裁判结果正确的，应当在再审判决、裁定中纠正瑕疵后予以维持。

2. 依法改判

按照第一审程序再审的案件，如果原判决适用法律错误或者认定事实不清、证据不足的，应撤销原判，依法改判。

根据《民诉解释》的规定，当事人提交新的证据致使再审改判，因再审申请人或者申请检察监督当事人的过错未能在原审程序中及时举证，被申请人等当事人请求补偿其增加的交通、住宿、就餐、误工等必要费用的，人民法院应予支持。

3. 发回重审

对于提审或者按照第二审程序再审的案件，在审理中发现原一审、二审判决有违反法定程序的情况，如审理本案的审判人员、书记人员应当回避而未回避的；未经依法开庭审理作出判决的；适用普通程序审理的案件当事人未经传票传唤而缺席判决的和其他违反法定情形，可能影响案件正确裁判的，裁定撤销原一审、二审判决，发回原审人民法院重审。再者，人民法院在再审时，发现原一审、二审判决遗漏了应当参加诉讼的当事人的，可以根据当事人自愿的原则予以调解，调解不成的，裁定撤销原一审、二审判决，发回原审人民法院重审。

4. 驳回起诉

人民法院在再审中发现，审理的案件不符合民事诉讼法规定的受理条件的，应裁定撤销原一审、二审判决，驳回起诉。

对再审案件作出裁判后，上级法院可以自行宣判，也可以委托原审法院代为宣判。宣告判决一律公开进行。

（六）对调解书再审的裁判

人民法院对调解书裁定再审后，按照下列情形分别处理：

（1）当事人提出的调解违反自愿原则的事由不成立，且调解书的内容不违反法律强制性规定的，裁定驳回再审申请。

（2）人民检察院抗诉或者再审检察建议所主张的损害国家利益、社会公共利益的理由不成立的，裁定终结再审程序。此种情形，人民法院裁定中止执行的调解书需要继续执行的，自动恢复执行。

二、再审过程中应当注意的问题

（一）案件的审理期限

再审案件的审限自决定再审的次日起计算，分别适用第一审普通程序和第二审程序的规定。依第一审程序进行再审的，其审限适用第一审普通程序的规定；依第二审程序进行再审的，其审限适用第二审程序的规定。再审法院宣告判决，既可以自行宣判，也可以委托原审人民法院或者当事人所在地的人民法院代行宣判。但是，无论在何地宣判，一律公开进行。

（二）案件的审理次数

一个案件多次进行再审，生效裁判一再受到挑战，将会严重影响人民法院生效裁判的稳定性，损害审判的权威。所以，为了规范这一现象，最高人民法院自 2002 年 8 月 15 日起施行的《关于人民法院对民事案件发回重审和指令再审有关问题的规定》，对此作了明确规定：

（1）各级人民法院依照《民事诉讼法》第 198 条第 1 款的规定对同一案件进行再审的，只能再审一次，并提交审判委员会讨论决定。

（2）上级人民法院根据《民事诉讼法》第 198 条第 2 款的规定指令下级人民法院再审的，只能指令再审一次；上级人民法院认为下级人民法院作出的发生法律效力的再审判决、裁定需要再次进行再审的，上级人民法院应当依法提审。但上级人民法院因下级人民法院违反法定程序而指令再审的，不受该限制。

（3）同一人民法院根据《民事诉讼法》第 199 条的规定，对同一案件只能依照审判监督程序审理一次，但不包括人民法院对当事人的再审申请审查后用通知书驳回的情形。

（三）案件审理的范围

人民法院审理再审案件应当围绕再审请求进行。当事人的再审请求超出原审诉讼请求的，不予审理；符合另案诉讼条件的，告知当事人可以另行起诉。

被申请人及原审其他当事人在庭审辩论结束前提出的再审请求，符合民事诉讼法规定的再审要求的，人民法院应当一并审理。

人民法院经再审，发现已经发生法律效力的判决、裁定损害国家利益、社会公共利益、他人合法权益的，应当一并审理。

（四）再审中撤回起诉

原告在再审审理程序中申请撤回起诉，经其他当事人同意，且不损害国家利益、社会公共利益、他人合法权益的，人民法院可以准许。裁定准许撤诉的，应当一并撤销原判决。一审原告在再审审理程序中撤回起诉后重复起诉的，人民法院不予受理。

（五）再审程序的终结

再审审理期间，有下列情形之一的，可以裁定终结再审程序：

（1）再审申请人在再审期间撤回再审请求，人民法院准许的；

（2）再审申请人经传票传唤，无正当理由拒不到庭的，或者未经法庭许可中途退庭，按撤回再审请求处理的；

（3）人民检察院撤回抗诉的；

（4）有《民诉解释》第 402 条关于人民法院再审申请审查终结的法定情形的。

因人民检察院提出抗诉裁定再审的案件，申请抗诉的当事人有上述规定的情形，且不损害国家利益、社会公共利益或者他人合法权益的，人民法院应当裁定终结再审程序。

再审程序终结后，人民法院裁定中止执行的原生效判决自动恢复执行。

三、小额诉讼案件的再审

2012 年《民事诉讼法》修改后，新增加了小额诉讼程序，法律规定该程序采取的是一审终审。但是，一审终审并不意味着诉讼裁判确有错误时不能纠正，因此，法律明确规定了小额诉讼程序的再审程序，以实现纠错的目的。

根据《民诉解释》第426条的规定，对小额诉讼案件的判决、裁定，当事人以《民事诉讼法》第200条规定的事由向原审人民法院申请再审的，人民法院应当受理。申请再审事由成立的，应当裁定再审，组成合议庭进行审理。作出的再审判决、裁定，当事人不得上诉。

当事人以不应按小额诉讼案件审理为由向原审人民法院申请再审的，人民法院应当受理。理由成立的，应当裁定再审，组成合议庭审理。作出的再审判决、裁定，当事人可以上诉。

【课后习题】

一、思考题

1. 民事抗诉有什么作用？如何抗诉？
2. 在当事人具备何种条件下，可以向法院申请再审？
3. 人民检察院提起抗诉和当事人申请再审有什么区别？

二、案例分析题

阅读下面的案例，并回答问题。

马某（女）诉吴某（男）离婚案件，二审法院宣判后马某不服，她认为二审判决共同财产钢琴归吴某所有，而吴某不会弹钢琴，因此申请再审。此外，马某还想起来有一个1万元的存折是夫妻共有财产，在一、二审时双方当事人均未提及此事，现存折在吴某手中，她希望法院再审时一并处理。

问题：

本案应如何处理？

【本章实务应用难点分析】

1. 当事人申请再审需提交的材料

当事人或案外人申请再审的，应当提交再审申请书、自然人身份证明复印件、法人或其他组织营业执照复印件、法定代表人或主要负责人身份证明书。委托他人代为申请的，应提交授权委托书和代理人身份证明、生效裁判文书原件或者经核对无误的复印件、在原审诉讼过程中提交的主要证据复印件、支持申请再审事由和再审诉讼请求的证据材料等材料，并按照被申请人及原审其他当事人人数提交再审申请书副本。

其中，再审申请书应载明下列事项：(1) 申请再审人、被申请人及原审其他当事人的基本情况。当事人是自然人的，应列明姓名、性别、年龄、民族、职业、工作单位、住所及有效联系电话、邮寄地址；当事人是法人或者其他组织的，应列明名称、住所和法定代表人或者主要负责人的姓名、职务及有效联系电话、邮寄地址。(2) 原审法院名称，原判决、裁定、调解文书案号。(3) 具体的再审请求。(4) 申请再审的法定事由及具体事实、理由。(5) 受理再审申请的法院名称。(6) 申请再审人的签名或者盖章。

2. 人民法院对当事人申请再审的审查范围

对当事人的再审审查，由于其是由当事人提起的程序，因此对其审查范围的设定应从尊重当事人处分权的角度考虑，审查范围一般应限于再审事由。人民法院审查再审案件，应当围绕申请再审事由是否成立进行，申请再审人未主张的事由不予审查。此时再审案件审查工作的中心任务是确定生效裁判是否存在当事人主张的法定再审事由，并据此作出再审或者驳回申请的裁定。如果在审查过程中发现生效裁判确有错误的，而再审请求没有涉及，人民法院则可以依据《民事诉讼法》第 198 条的规定，依职权启动再审。

3. 人民法院对当事人再审申请的审查方式

人民法院对当事人提出的再审申请，针对不同情况，可以采用四种审查方式：一是审查当事人提交的再审申请书、书面意见等材料。此种方式为单纯的书面审查方式，人民法院可以依据原审裁判和当事人提供的主要证据等书面材料，不经调卷及询问，径行裁定驳回或裁定再审。二是审阅原审卷宗。此种方式应是在书面审查基础上采用的方式，对于单纯审查当事人提供的书面材料不能确定的再审事由，应当调取原审卷宗进行审查。三是询问当事人。对于询问当事人并没有严格的限制，人民法院既可以询问单方，也可以询问双方，形式较为灵活，人民法院可以根据实际需要自行确定。四是组织听证。人民法院对可以组织听证的事由界定为：有新的证据，足以推翻原判决、裁定的；原判决、裁定认定的基本事实缺乏证据证明的；原判决、裁定认定事实的主要证据是伪造的；原判决、裁定适用法律确有错误的。

在此还需要注意的是，对于书面审查材料、审阅原审卷宗、询问、组织听证这四种方式均为可选择性方式，并没有递进的关系，人民法院可以根据案件具体情况，选择一种或者几种结合运用。

第十九章 非诉程序

【本章要点】

- 非诉程序与诉讼程序的区别
- 非诉程序不同于普通程序和简易程序的特点
- 选民资格案件的审理程序
- 支付令的使用及效力

【案例导入】

王某是台湾人，因来大陆投资与于某相识，两人 1996 年在上海结婚。结婚一年半后，王某因公司业务需要回到台湾，于某 1998 年生一男孩。从 1998 年后，于某便托人到处寻找王某，均无任何音信。2004 年于某觉得自己一个人抚养孩子太累，想再结婚。

思考：

1. 于某欲离婚该怎么办？
2. 上述案例属不属于纠纷？纠纷有何特征？
3. 此案中不同的法律途径是否会产生不同的法律后果，对当事人会有什么样的影响？

第一节 非诉程序概述

一、非诉程序的特征

非诉程序是人民法院解决某些特别的非民事权益争议所设定的审理程序。所谓非民事权益争议，主要指基于民事法律关系所产生的为非讼争的事件。在非民事权益争议中，当事人一般请求对于一定的事实状态予以确认。如宣告失踪中，申请人只要求人民法院对失踪的事实状态予以确认。

非诉程序与普通程序和简易程序相比，具有自身的诸多特点。

（一）目的不同

非诉程序它所解决的不是民事纠纷，而是站在国家的高度从法律上确认某种法律事实或权利状态。这些需要确认的法律事实和权利状态不可能归纳成诉的模式，所以，非诉程序中的“确认”与普通程序和简易程序中的“确认”有着质的不同。普通程序和简易程序中的“确认”之诉，是确认其归属或其法律效力；而非诉程序是对一定的事实状态的确认，如人失踪的事实、票据灭失的事实等。

（二）主体不同

依非诉程序审理的事件由于不存在纠纷，自然也不存在对立的双方，发动非诉程序的人通常是单方面的，即由申请人或起诉人或有关利害关系人来发动。发动程序的主体不是控告其他人，而是请求受理法院动用国家职权对现存法律事实和权利加以权威认定，以便于申请人、起诉人或有关利害关系人今后顺利地进行民事活动。

（三）审判组织不同

非讼事件一般具有事实清楚、情节简单、证据容易收集、是非容易判断等特点，依非诉程序审理的非讼事件原则上不采取合议制。除非审理选民资格案件和重大疑难的非讼事件才组成合议庭，在大多数情形下系由审判员独任审理。

（四）审判制度不同

非诉程序中只有一方申请人，一方申请人在程序中也很难行使处分权的权能，因此在非诉程序中不可能有调解制度。此外，审级制度也有区别。普通程序和简易程序实行的是二审终审制，非诉程序则实行一审终审制。

（五）结案的方式和效力不同

依非诉程序审理非讼事件后一律是判决结案，利害关系人对该判决一律不能上诉，判决一经作出即是终审判决，一经宣告即产生法律上的效力。

（六）费用收取不同

经非诉程序审理的案件，一律不收诉讼费。

（七）审理的期限不同

依非诉程序审理的案件期限较短。依民事诉讼法规定，审理选民资格案件必须在选举日前审结，审理其他非讼事件应当从立案之日起 1 个月内或公告期满后 1 个月内审结。

二、我国非诉程序适用的范围

（一）适用的法院

民事诉讼法规定只有基层人民法院才有权适用非诉程序，中级人民法院、高级人民法院和最高人民法院由于其职能所致，它们不具备审理非讼案件的职责。

（二）适用的案件

从审理的案件来说，根据民事诉讼法的规定，目前只包括特别程序、督促程序以及公示催告程序。选民资格案件就本质上说不是民事事件而是政治事件，但我国尚未设立宪法法院，故选民资格案件的审理程序归属于民事诉讼中的非诉程序之中。

第二节　非诉程序（一）：特别程序

一、选民资格案件

（一）选民资格案件的概念

所谓选民资格案件，是指公民本人或其他有关公民，对选举委员会就选民资格的申诉处理决定不服，依照法律规定向选区所在地的基层法院起诉，要求予以司法解决的案件。

（二）选民资格案件的审理程序

1. 起诉

选民资格案件审理程序的提起有赖于公民的起诉。起诉人是对选举委员会就选民资格作出决定不服的公民，但起诉人不一定是与案件有直接利害关系的人，他可能是也可能不是选民名单中所涉及的人。

选民资格案件起诉应当具备两个条件：

（1）已经经选举委员会处理过。这是提起选民资格案件的法定前置程序。

（2）在选举 5 日前提起。这是提起选民资格案件的时间条件。

2. 管辖

选民资格案件在级别管辖上属于基层法院管辖，在地域管辖上不适用地域管辖的一般规定，即只能向选区所在地的基层人民法院起诉。

3. 审理

人民法院案件受理后应当组建合议庭，合议庭由审判员 3 人或 3 人以上单数组成。合议庭在审理案件时，起诉人、选举委员会代表及有关公民均应出庭。“有关公民”指案件中涉及的公民，如认为列入选民名单的某甲不到 18 岁，则某甲即为“有关公民”。审理的基本顺序是：先听取起诉人、选举委员会代表及有关公民的陈述；其次传证人作证；出示有关证据材料；再进行辩论；最后合议庭进行合议。合议庭制作的判决应及时送达起诉人和选举委员会，并将判决结果通知“有关公民”。该判决为终审判决，起诉人不得上诉。合议庭的整个活动必须在该选区正式选举日前结束。因为只有在正式选举前判决，才会使选民资格案件对本次选举有实际意义。超过这个期限，对该公民的政治权利的行使是有影响的。

（三）对人民法院判决的异议

当事人、利害关系人认为人民法院的判决有错误的，可以向作出该判决的人民法院提出异议。人民法院经审查，异议成立或者部分成立的，作出新的判决撤销或者改变原判决；异议不成立的，裁定驳回。

二、宣告公民失踪案件

（一）宣告公民失踪案件的概念

宣告公民失踪案件，是指公民离开其住所且下落不明、杳无音讯达到一定时间时，经有关利害关系人申请，人民法院依法判决该公民为失踪人的案件。

人是以一定的“场所”为中心的，在既定的“场所”中与其他主体发生各种各样的法律关系。如果一个公民下落不明，并听凭其长期存在，必然会使相关民事法律关系处于不稳定态势，而这种不稳定态势对社会生活和经济生活是相当不利的，对有关利害关系人来说也是有害的。为此，法律设立了宣告公民失踪的制度。

（二）宣告公民失踪案件的审理程序

根据民事诉讼法的规定，宣告公民失踪案件的审理程序有下列环节。

1. 申请

申请人民法院宣告公民失踪，必须具备以下条件：

（1）必须是合格的利害关系人向人民法院提出的申请。所谓合格的利害关系人，是指与下落不明的公民有人身关系或者民事权利义务关系的人，包括下落不明人的配偶、父母、子女、兄弟姐妹、祖父母、外祖父母、孙子女、外孙子女以及其他与之有民事权利义务关系的人。宣告失踪，必须有人提出申请，而且提出申请的人必须是利害关系人。无人申请，人民法院不得依职权宣告公民失踪。需要注意的是，申请人可以是多个利害关系人，法律规定可以列为共同申请人。

（2）申请人必须提交申请书。申请书应当载明失踪的事实、时间和申请人的请求，并附失踪的证据。在实务中，公安机关或者其他有关机关关于该公民下落不明的书面证明，是申请宣告失踪的有力证据之一，但不是宣告失踪的前提条件。

2. 管辖

宣告公民失踪事件，由该公民原住所地的基层人民法院管辖。此种规定有助于受理法院查明事实、发布公告、审理案件。根据最高人民法院的相关规定，宣告失踪的案件，由被宣告失踪人住所地的基层人民法院管辖。住所地与居住地不一致的，由最后居住地的基层人民法院管辖。利害关系人只有向有管辖权的人民法院提出申请，才能启动宣告失踪程序；只有有管辖权的人民法院才能宣告公民失踪。

3. 公告

人民法院受理有关利害关系人要求宣告某公民失踪事件的申请后，必须正式向社会发出寻找失踪人的公告。公告期为 3 个月。发布公告是受理法院的必经程序。

4. 审理

法院审理宣告失踪案件实务中重点审查以下几点：一是该公民是否确实下落不明。法律上讲的下落不明专指公民离开自己的住所地或居所地后，不知下落，且该人未与任何人联系，杳无音讯。二是下落不明是否有持续 2 年的事实。

5. 判决

法院经审理查明该公民的确下落不明，且法院发出的寻找失踪人的公告已满 3 个月时，法院应制作判决宣告该公民为失踪人。

6. 申请的撤回

人民法院受理宣告失踪案件后，作出判决前，申请人撤回申请的，人民法院应当裁定终结案件，但其他符合法律规定的利害关系人加入程序要求继续审理的除外。

（三）宣告失踪的法律后果

下落不明人被人民法院判决宣告失踪后，该下落不明人即成为失踪人。法院的宣告产生的后果是失踪人的财产应当由其财产代管人代管。财产代管人可以由法院来指定，代管人的职责是管理和保护失踪人的财产。宣告失踪后，代管人可以以失踪人的财产清偿失踪人所欠税款、债务和应付的其他费用。其中，“其他费用”包括赡养费、扶养费、抚育费和因代管财产所需的管理费等必要的费用。失踪人的财产代管人拒绝支付失踪人所欠的税款、债务和其他费用，债权人可以以代管人为被告向人民法院提起民事诉讼。

财产代管人有权要求失踪人的债务人清偿到期债务。失踪人的债务人拒绝偿还其对失踪人的债务的，财产代管人可以作为原告向人民法院提起诉讼，要求偿还债务；失踪人的财产受到侵害时，财产代管人可以作为原告向人民法院提起诉讼，请求停止侵害，造成损失的还可以请求赔偿损失。除了法律规定外，财产代管人不得处分失踪人的财产，不得将失踪人的财产据为己有。

（四）失踪人重新出现的补救

失踪人在判决后重新出现或确知其下落的，经失踪人本人或有关利害关系人申请，受理法院应制作新判决，撤销原判决。原判决撤销后，“失踪人”的财产应恢复原状，判决书中指定的财产代管人的职责自然终止。失踪人如系在法院公告期间突然出现或查明下落的，受理法院应判决驳回有关利害关系人的申请。

（五）对人民法院宣告失踪判决的异议

当事人、利害关系人认为人民法院的判决有错误的，可以向作出该判决的人民法院提出异议。人民法院经审查，异议成立或者部分成立的，作出新的判决撤销或者改变原判决；异议不成立的，裁定驳回。

三、宣告公民死亡案件

（一）宣告公民死亡的概念

宣告公民死亡是指公民离开其最后居住地或者因意外事故下落不明已满法定期限，或者因意外事故下落不明经有关机关证明该公民不可能生存，人民法院根据利害关系人的申请，依法判决宣告该公民死亡的法律制度。人民法院审理宣告公民死亡为法律上的推定死亡。

（二）宣告公民死亡的条件

宣告公民死亡事关重大，必须符合一定的法律条件，履行一定的法律手续。死亡宣告的法律条件是：

（1）公民下落不明达到一定期限。一定的期限分为普通期限和特殊期限。所谓普通期限是指公民下落不明满4年；所谓特殊期限是指公民因意外事故下落不明满2年。战争期间下落不明的本应适用特殊期限，但为了特别维护军人的利益，其下落不明的期限适用普通期限，从战争结束之日起计算。

（2）要有利害关系人的申请。

（三）宣告公民死亡案件的审理程序

1. 利害关系人申请

司法的被动性决定了宣告死亡程序的启动方式。该程序的启动须有人提出申请。按照民事诉讼法的规定，有权提出宣告公民死亡程序的人是该公民的利害关系人。利害关系人的顺序是：配偶；父母、子女；兄弟姐妹、祖父母、外祖父母、孙子女、外孙子女；其他与之有民事权利义务关系的人。利害关系人提出申请时，原则上应当遵循上述顺序，多个顺序的利害关系人有的提出宣告死亡有的反对的，法院应依最前顺序的利害关系人的意思作出宣告或驳回申请。如父母提出宣告死亡而配偶不同意，那么法院不得作出宣告死亡，即使被申请人符合宣告死亡的条件。

利害关系人向法院申请时要出具申请书，即要求书面申请，如果存在多个申请人的，法律规定可以列为共同申请人。

2. 管辖

宣告公民死亡案件的管辖法院为该公民住所地的基层人民法院。将此类案件归基层人民法院管辖，有利于调查事实、查明案情、发布公告和制作判决。

3. 公告

案件受理后，人民法院须发出寻找下落不明人的公告。公告内容为：该公民姓名、性别、年龄、民族、籍贯、住址等。公告期为一年。如该公民是在意外事故中下落不明的，且有关机关能证明其不可能生存的，公告期为3个月。

4. 判决

公告期届满，被宣告死亡的公民仍然下落不明，可推定该公民已经死亡，人民法院应作出判决，宣告其死亡的事实。判决一经宣告即产生法律效力。判决中确定的死亡日期即为该人法律上拟制死亡的日期。

5. 申请的撤回

人民法院受理宣告公民死亡案件后，作出判决前，申请人撤回申请的，人民法院应当裁定终结案件，但其他符合法律规定的利害关系人加入程序要求继续审理的除外。

（四）宣告死亡的法律后果

宣告公民死亡判决宣告后，就意味着被宣告死亡人已经结束了以他原有的住所地为活动中心而发生的各种民事法律关系，意味着该公民的民事权利能力的终止，与其有关的人身关系也随之终结。具体体现在如下两方面：一是在财产关系上，继承因宣告死亡而开始；二是在身份关系上，夫妻关系消灭，原配偶可以另行结婚；其他身份关系不变。

（五）被宣告死亡人重新出现的补救

一般而言，公民被宣告死亡后，生还的可能性极小。但“可能性极小”不等于绝对不可能。事实证明，下落不明的人被宣告死亡后，偶尔也有生还的情况发生。一旦被宣告死亡的人重新出现，法律应承认现实。法院应依法撤销原判决。其撤销程序和手续是：被宣告死亡人本人或原利害关系人（可不依顺序）向原审人民法院提出申请，人民法院根据申请作出新判决，撤销原判决，承认该公民生还的客观事实。

新判决作出后，该公民仍享有其应当享有的民事权利。只有其因宣告死亡后，财产可能已经处理，与之相关的人身关系可能已经变更，补救的办法应视具体案情而定。若财产业已被继承或由某组织接受，则生还人有权请求返还。原物尚存的退还原物，原物不存在的应给予等量补偿。若涉及人身关系的变更，如原配偶已另行组建新家庭，倘强行拆散新家维系旧家，显然与法理冲突，故不宜主张。如果配偶得知原配偶生还，自愿解除新形成的婚姻关系，欲恢复同生还者的婚姻关系，应到婚姻登记机关重新登记，而不能自行恢复。

宣告死亡期间，一方已经将子女送与他人抚养的，宣告死亡人出现后，以未经其同意要求法院结束收养关系的，法院不予支持。除非收养人同意解除收养关系的。

（六）对人民法院宣告死亡判决的异议

当事人、利害关系人认为人民法院的判决有错误的，可以向作出该判决的人民法院提出异议。人民法院经审查，异议成立或者部分成立的，作出新的判决撤销或者改变原判决；异议不成立的，裁定驳回。

四、认定公民无民事行为能力或者限制行为能力案件

（一）认定公民无民事行为能力或者限制民事行为能力案件的概念

认定公民无民事行为能力或者限制民事行为能力案件，是指人民法院根据利害关系人的申请，对不能辨认或者不能完全辨认自己行为的精神病人、痴呆病人，按照法定程序，认定并宣告该公民为无民事行为能力人或者限制民事行为能力人的案件。人民法院审理认定公民无民事行为能力或者限制民事行为能力案件的程序，称为认定公民无民事行为能力或者限制民事行为能力程序。

（二）认定公民无民事行为能力或者限制民事行为能力案件的审理程序

人民法院审理认定公民无民事行为能力或者限制民事行为能力案件，首先要考虑利害关系人的意愿，核心是对有关公民的精神健康状况进行审查和判断，最终作出该公民是否为无民事行为能力人或者限制民事行为能力人的认定与宣告。因此，此类案件的审理程序一般要经过申请、管辖、审理、判决几个主要阶段。

1. 申请

人民法院审理认定公民无民事行为能力或者限制民事行为能力案件，只有利害关系人提出申请的，人民法院才能启动认定公民无民事行为能力或者限制民事行为能力程序。未经利害关系人申请，人民法院不能依职权作出认定。

（1）须由有关利害关系人申请。有关利害关系人主要指被认定对象的配偶、父母、子女、兄弟姐妹、祖父母、外祖父母、孙子女、外孙子女及与其关系密切的其他亲属朋友。被认定对象无近亲属的可由其所在单位或所在地的村民委员会、居民委员会同意的人担任申请人。

（2）申请人申请时应递交申请书。

2. 管辖

认定公民无民事行为能力或者限制民事行为能力案件的管辖法院，是被认定对象的住所地的基层人民法院。

3. 指定代理人

申请认定公民无民事行为能力或者限制民事行为能力的案件，被申请人没有近亲属的，人民法院可以指定其他亲属为代理人。被申请人没有亲属的，人民法院可以指定经被申请人所在单位或者住所地的居民委员会、村民委员会同意，且愿意担任代理人的关系密切的朋友为代理人。

没有以上的代理人的，由被申请人所在单位或者住所地的居民委员会、村民委员会或者民政部门担任代理人。代理人可以是一人，也可以是同一顺序中的两人。

4. 审理

人民法院收到利害关系人的申请书后，应严格审查。审查合格即应受理。受理后，要对证据进行认真核实，必要时可组织有关专家对被申请人进行医学鉴定。医学鉴定意见应在法庭上宣读。经人民法院审理认定被申请人为有民事行为能力人的，应以判决驳回申请人的申请。经人民法院审理认定被申请人无民事行为能力的，应以判决确认。在判决中要为无民事行为能力人指定监护人。

5. 判决

人民法院经过审理，如果认为申请人的申请符合法律规定，申请成立的，应当作出判

决，认定该公民无民事行为能力或者限制民事行为能力，并为其指定监护人；如果认为申请人的申请没有根据或者根据不足，应当作出判决，驳回申请人的申请。

认定公民是否为无民事行为能力人或者限制民事行为能力人，关键在于对该公民是否能够辨认自己的行为作出判断。根据相关规定，精神病人（包括痴呆症人）如果没有判断能力和自我保护能力，不知其行为后果的，可以认定为不能辨认自己行为的人；对于比较复杂的事物或者比较重大的行为缺乏判断能力和自我保护能力，并且不能预见其行为后果的，可以认定为不能完全辨认自己行为的人。

公民被认定为无民事行为能力人或者限制民事行为能力人，应当由配偶、父母、成年子女或者其他近亲属担任监护人。没有近亲属的，经其所在单位或者住所地居民委员会、村民委员会同意，可以由愿意承担监护责任的关系密切的其他亲属、朋友担任监护人。没有上述监护人的，由精神病人的所在单位或者住所地的居民委员会、村民委员会或者民政部门担任监护人。对担任监护人有争议的，由精神病人的所在单位或者住所地的居民委员会、村民委员会在近亲属中指定。被指定的监护人不服指定，应当在接到指定通知的次日起 30 日内向人民法院起诉。经审理，认为指定并无不当的，裁定驳回起诉；指定不当的，判决撤销指定，同时另行指定监护人。判决书应当送达起诉人、原指定单位及判决指定的监护人。

公民无民事行为能力或者限制民事行为能力的时间从判决生效之日开始，判决生效以前公民所为的行为，其效力不受判决的影响。

（三）认定公民无民事行为能力或者限制民事行为能力判决的撤销

公民被认定为无民事行为能力人或者限制民事行为能力人以后，经过治疗病情痊愈，精神恢复正常，能够正确辨认自己的行为，清醒地处理自己的事务的，表明造成其为无民事行为能力人或者限制民事行为能力人的原因已经消除。此时，继续将其作为无民事行为能力人或者限制民事行为能力人看待，显然与事实不符且不恰当。因此，我国法律规定，被认定为无民事行为能力人或者限制民事行为能力人的公民恢复正常的理智、能够正确辨认自己的行为后，该公民本人或者其监护人，可以向人民法院提出撤销原判决的申请。人民法院根据该公民本人或者其监护人的申请，经查证属实，证实造成该公民无民事行为能力或者限制民事行为能力的原因已经消除的，应当作出新判决，撤销原判决，从法律上恢复该公民的民事行为能力，同时撤销对他的监护。判决一经宣告，立即发生法律效力。同样，原被认定为无民事行为能力的公民，经治疗已经部分恢复，可以部分辨认自己行为的，该公民的利害关系人可以申请认定其为限制民事行为能力人。人民法院经过审理，认为其申请有理由的，应当作出新判决，撤销原判决，认定该公民为限制民事行为能力人。

（四）对人民法院认定公民无民事行为能力或者限制民事行为能力判决的异议

当事人、利害关系人认为人民法院的判决有错误的，可以向作出该判决的人民法院提出异议。人民法院经审查，异议成立或者部分成立的，作出新的判决撤销或者改变原判决；异议不成立的，裁定驳回。

五、认定财产无主案件

（一）认定财产无主案件的概念

认定财产无主案件，是指人民法院根据申请人的申请，按照法定程序判定某项财产为无主财产，并将其判归国家或集体所有的案件。

以下几种类型的财产在实务中常见为无主财产：第一，没有所有人或者所有人不明的财产；第二，所有人不明的埋藏物和隐藏物；第三，拾得的遗失物、漂流物、失散的饲养动物，经公安机关或者有关单位公告招领满 1 年无人认领的财产；第四，无人继承的财产。

（二）认定财产无主案件的审理程序

1. 申请

（1）认定财产无主案件须有人申请。凡是知道该案情况的有关公民、法人和其他组织均可向人民法院提出申请。

（2）申请必须采取书面形式。

2. 管辖

根据民事诉讼法的规定，认定财产无主案件的管辖法院为无主财产所在地基层人民法院。

3. 公告

公告期间为一年。在公告期间，因财产实际处于无人管理状态，人民法院可按照财产的情况，指定专人看管或委托有关单位保管。

4. 判决

在法院公告期间届满仍无人认领者，法院应制作判决认定该财产为无主财产，并将该无主财产收归国家所有或集体所有。

财产被判定为无主财产后，如果财产所有人或合法继承人或受遗赠人出现，并申请主张权利时，经人民法院审查核实，应重新判决，明确所有人或继承人（受遗赠人）的所有权，同时撤销原判。倘若原财产已被消耗，则由国家或集体按质论价，折价返还财产所有人。

（三）对人民法院认定该财产为无主财产判决的异议

当事人、利害关系人认为人民法院的判决有错误的，可以向作出该判决的人民法院提出异议。人民法院经审查，异议成立或者部分成立的，作出新的判决撤销或者改变原判决；异议不成立的，裁定驳回。

六、确认调解协议案件

（一）确认调解协议案件的概念

确认调解协议案件，是指当事人对经人民调解委员会等调解组织调解达成的协议，依法申请人民法院予以确认，并赋予该调解协议具有强制执行力的案件。①

在总结人民调解工作经验的基础上，全国人大常委会于 2010 年制定并通过了《人民调解法》。该法第 33 条第 1 款规定，经人民调解委员会调解达成调解协议后，双方当事人认为有必要的，可以自调解协议生效之日起 30 日内，共同向人民法院申请司法确认，人民法院应当及时对调解协议进行审查，依法确认调解协议的效力。该条款规定当事人可以请求人民法院对其达成的调解协议进行司法确认，以赋予调解协议强制执行的效力。因

① 全国人大常委会法制工作委员会民法室．中华人民共和国民事诉讼法解读．北京：中国法制出版社，2012.

此，为了与《人民调解法》更好地衔接，2012年《民事诉讼法》修改时，增加了确认调解协议的程序。

（二）确认调解协议案件的审理程序

1. 申请

（1）必须是双方当事人共同申请。调解协议生效后，如果认为有必要申请司法确认，双方当事人应当共同提出申请。一方当事人提出申请，另一方当事人表示同意的，可以视为共同提出申请。

（2）自调解协议生效之日起30日内提出。《民事诉讼法》第194条对此进行了明确的规定。

（3）当事人申请司法确认调解协议，可以采用书面形式或者口头形式。当事人口头申请的，人民法院应当记入笔录，并由当事人签名、捺印或者盖章。

（4）当事人申请司法确认调解协议，应当向人民法院提交调解协议、调解组织主持调解的证明，以及与调解协议相关的财产权利证明等材料，并提供双方当事人的身份、住所、联系方式等基本信息。当事人未提交上述材料的，人民法院应当要求当事人限期补交。

2. 管辖

当事人申请确认调解协议的，由主持调解的人民调解委员会所在地基层人民法院或人民法庭管辖。两个以上调解组织参与调解的，各调解组织所在地基层人民法院均有管辖权。

双方当事人可以共同向其中一个调解组织所在地基层人民法院提出申请；双方当事人共同向两个以上调解组织所在地基层人民法院提出申请的，由最先立案的人民法院管辖。

3. 受理

人民法院收到当事人司法确认申请，应当在3日内决定是否受理。人民法院决定受理的，应当编立“调确字”案号，并及时向当事人送达受理通知书。双方当事人同时到法院申请司法确认的，人民法院可以当即受理，并作出是否确认的决定。

当事人申请司法确认调解协议，有下列情形之一的，人民法院裁定不予受理：

（1）不属于人民法院受理范围的；

（2）不属于收到申请的人民法院管辖的；

（3）申请确认婚姻关系、亲子关系、收养关系等身份关系无效、有效或者解除的；

（4）涉及适用其他特别程序、公示催告程序、破产程序审理的；

（5）调解协议内容涉及物权、知识产权确权的。

人民法院受理申请后，发现有上述不予受理情形的，应当裁定驳回当事人的申请。

4. 审理

人民法院受理司法确认申请后，应当指定一名审判人员对调解协议进行审查。人民法院在必要时可以通知双方当事人同时到场，当面询问当事人。当事人应当向人民法院如实陈述申请确认的调解协议的有关情况，保证提交的证明材料真实、合法。人民法院在审查中，认为当事人的陈述或者提供的证明材料不充分、不完备或者有疑义的，可以要求当事人补充陈述或者补充证明材料。当事人无正当理由未按时补充或者拒不接受询问的，可以

按撤回司法确认申请处理。

人民法院应当自受理司法确认申请之日起 15 日内作出是否确认的决定。因特殊情况需要延长的，经本院院长批准，可以延长 10 日。

5. 裁定

人民法院经审查认为调解协议符合法律规定的，裁定调解协议有效；不符合法律规定的，裁定驳回申请。

经审查，调解协议有下列情形之一的，人民法院应当裁定驳回申请：(1) 违反法律强制性规定的；(2) 损害国家利益、社会公共利益、他人合法权益的；(3) 违背公序良俗的；(4) 违反自愿原则的；(5) 内容不明确的；(6) 其他不能进行司法确认的情形。

(三) 司法确认的效力

人民法院依法裁定调解协议有效的，一方当事人拒绝履行或者未全部履行的，对方当事人可以向人民法院申请执行。

(四) 对确认调解协议裁定的异议

当事人有异议的，应当自收到裁定之日起 15 日内提出；利害关系人有异议的，自知道或者应当知道其民事权益受到侵害之日起 6 个月内提出。人民法院经审查，异议成立或者部分成立的，作出新的裁定撤销或者改变原裁定；异议不成立的，裁定驳回。

七、实现担保物权案件

(一) 实现担保物权案件的概念

担保物权的实现，是指债务人不能履行债务时，担保物权人经法定程序，通过将担保标的物拍卖、变卖等方式，从而使其债权得到优先受偿的过程。《中华人民共和国担保法》中规定的担保物权主要有三种，包括抵押权、质押权和留置权。

(二) 实现担保物权案件的审理程序

1. 申请

申请实现担保物权的主体为担保物权人以及其他有权请求实现担保物权的人。担保物权人包括抵押权人、质押权人和留置权人。其他有权请求实现担保物权的人，包括抵押人、出质人、财产被留置的债务人或者所有权人等。

2. 管辖

实现担保物权案件的管辖法院为担保财产所在地或者担保物权登记地基层人民法院。

实现票据、仓单、提单等有权利凭证的权利质权案件，可以由权利凭证持有人住所地人民法院管辖；无权利凭证的权利质权案件，由出质登记地人民法院管辖。

同一债权的担保物有多个且所在地不同，申请人分别向有管辖权的人民法院申请实现担保物权的，人民法院应当依法受理。

若实现担保物权案件属于海事法院等专门人民法院管辖的，由专门人民法院管辖。

3. 受理

被担保的债权既有物的担保又有人的担保，当事人对实现担保物权的顺序有约定，实现担保物权的申请违反该约定的，人民法院裁定不予受理；没有约定或者约定不明的，人民法院应当受理。

人民法院受理申请后，应当在 5 日内向被申请人送达申请书副本、异议权利告知书等文书。

被申请人有异议的，应当在收到人民法院通知后的5日内向人民法院提出，同时说明理由并提供相应的证据材料。

4. 保全

人民法院受理申请后，申请人对担保财产提出保全申请的，可以按照民事诉讼法关于诉讼保全的规定办理。

5. 审查

（1）独任审查与合议审查：实现担保物权案件可以由审判员一人独任审查。担保财产标的额超过基层人民法院管辖范围的，应当组成合议庭进行审查。

（2）审查手段：人民法院审查实现担保物权案件，可以询问申请人、被申请人、利害关系人，必要时可以依职权调查相关事实。

（3）审查内容：人民法院应当就主合同的效力、期限、履行情况，担保物权是否有效设立、担保财产的范围、被担保的债权范围、被担保的债权是否已届清偿期等担保物权实现的条件，以及是否损害他人合法权益等内容进行审查。

被申请人或者利害关系人提出异议的，人民法院应当一并审查。

6. 裁定

人民法院审查后，按下列情形分别处理：

（1）当事人对实现担保物权无实质性争议且实现担保物权条件成就的，裁定准许拍卖、变卖担保财产。

（2）当事人对实现担保物权有部分实质性争议的，可以就无争议部分裁定准许拍卖、变卖担保财产。

（3）当事人对实现担保物权有实质性争议的，裁定驳回申请，并告知申请人向人民法院提起诉讼。

（三）对准许实现担保物权裁定的异议

当事人有异议的，应当自收到裁定之日起15日内提出；利害关系人有异议的，自知道或者应当知道其民事权益受到侵害之日起6个月内提出。人民法院经审查，异议成立或者部分成立的，作出新的裁定撤销或者改变原裁定；异议不成立的，裁定驳回。

第三节　非诉程序（二）：督促程序

一、督促程序的概念

督促程序，是指根据债权人的申请，人民法院对给付金钱或有价证券的请求，经书面审查并以支付令的形式，催促债务人在限定的期限内履行义务所适用的程序。

二、适用督促程序的条件

适用督促程序应当符合以下条件：

（1）债权人请求债务人给付金钱、有价证券；

（2）债权人与债务人没有其他债务纠纷的；

（3）支付令能够送达债务人的。

三、支付令

（一）支付令的申请

债权人申请支付令必须符合下列条件：

（1）请求给付金钱或者汇票、本票、支票、股票、债券、国库券、可转让的存款单等有价证券；

（2）请求给付的金钱或者有价证券已到期且数额确定，并写明了请求所根据的事实、证据；

（3）债权人没有对待给付义务；

（4）债务人在我国境内且未下落不明；

（5）支付令能够送达债务人；

（6）收到申请书的人民法院有管辖权；

（7）债权人未向人民法院申请诉前保全。

不符合上述规定的，人民法院应当在收到支付令申请书后 5 日内通知债权人不予受理。

基层人民法院受理申请支付令案件，不受债权金额的限制。

人民法院收到债权人的支付令申请书后，认为申请书不符合要求的，可以通知债权人限期补正。人民法院应当自收到补正材料之日起 5 日内通知债权人是否受理。

（二）管辖

两个以上人民法院都有管辖权的，债权人可以向其中一个基层人民法院申请支付令。

债权人向两个以上有管辖权的基层人民法院申请支付令的，由最先立案的人民法院管辖。

（三）人民法院的审查

人民法院受理申请后，经审查债权人提供的事实、证据，对债权债务关系明确、合法的，应当在受理之日起 15 日内向债务人发出支付令；申请不成立的，裁定予以驳回。

人民法院适用督促程序审查案件，不开庭审理、不询问当事人，也不进行辩论，以书面形式进行。

人民法院重点审查债权人向法院提供的事实及证据的真实性、合法性，并根据事实和证据来判明债权人与债务人之间的债权债务关系是否明确，是否存在争议或者其他纠纷；债权债务是否受法律保护等。

根据《民诉解释》第 430 条的规定，人民法院受理申请后，由审判员一人进行审查。经审查，有下列情形之一的，裁定驳回申请：

（1）申请人不具备当事人资格的；

（2）给付金钱或者有价证券的证明文件没有约定逾期给付利息或者违约金、赔偿金，债权人坚持要求给付利息或者违约金、赔偿金的；

（3）要求给付的金钱或者有价证券属于违法所得的；

（4）要求给付的金钱或者有价证券尚未到期或者数额不确定的。

人民法院受理支付令申请后，发现不符合受理条件的，应当在受理之日起 15 日内裁定驳回申请。

（四）支付令的发出

人民法院经审查，认为债权人支付令的申请符合法律规定的条件的，应当向债务人发出支付令。支付令的内容如下：

（1）债权人、债务人姓名或名称等基本情况；

（2）债务人应当给付的金钱、有价证券的种类、数量；

（3）清偿债务或者提出异议的期限；

（4）债务人在法定期间不提出异议的法律后果。

支付令应当以直接方式送达债务人本人，不适用公告送达形式。直接送达时，本人拒绝签收的，人民法院可以采取留置送达。但是支付令申请的前提是支付令能够到达对方当事人，因此支付令不能采用公告送达，其他送达方式如委托送达、邮寄送达等只要能够到达对方当事人，本书认为也是可以采取的。

（五）支付令的效力

支付令一经送达债务人即发生效力。具体而言支付令具有以下效力。

1. 限期履行给付义务的效力或限期提出异议的效力

债务人在收到支付令后，有两种选择：一是在15日内履行支付令所确定的义务，清偿债务；二是在15日内向人民法院提出不服支付令的异议。根据《民诉解释》第433条第2款的规定，债务人超过法定期间提出异议的，视为未提出异议。

2. 强制执行的效力

债务人在法定期间内既不清偿债务，又不提出异议的，债权人有权向人民法院申请强制执行。根据《民诉解释》第433条第1款的规定，债务人在收到支付令后，未在法定期间提出书面异议，而向其他人民法院起诉的，不影响支付令的效力。

需要注意的一种特殊情形：对设有担保的债务的主债务人发出的支付令，对担保人没有拘束力。债权人就担保关系单独提起诉讼的，支付令自人民法院受理案件之日起失效。

四、债务人对支付令的异议

支付令的异议，是指债务人针对支付令所确定的给付义务，在法定期间向人民法院表示不服的主张。

（一）支付令异议的提出

债务人在收到支付令以后，若要提出支付令异议，必须符合以下三个条件：

（1）必须在法定期间内提出异议。若认为支付令存在错误，应当在收到支付令之日起15日内提出异议。

（2）支付令异议必须是针对支付令所确定债务人的给付义务本身提出不同的主张。支付令异议的内容，必须是表明债务人对支付令所确定的给付义务不服的主张。如果债务人对支付令所确定的义务本身没有异议，只是提出缺乏清偿能力的，不属于支付令异议，不影响支付令的效力。

（3）支付令异议必须以书面形式提出。口头提出的无效，其不构成异议，不影响支付令发生法律效力。

（二）对支付令异议的审查

人民法院在收到债务人的支付令异议之后，应当对支付令异议进行审查。审查是依照《民诉解释》第 437 条的规定进行形式审查。至于债务人的支付令异议是否有事实根据，是否有证据加以支持，是否有理由，人民法院不予审查。这主要是由督促程序的性质和特点所决定的。如果对支付令异议也要求债务人提出事实和证据，也要审查是否有理由，这将与审判程序相混同，无异于抹杀了设立督促程序的制度价值。

（三）支付令异议的效力

根据民事诉讼法的规定，债务人提出的支付令异议一旦成立，将会产生以下法律效力。

1. 终结督促程序

债务人提出的支付令异议成立，即表明债权人和债务人就其之间的债权债务关系存在分歧，而人民法院不能适用督促程序解决当事人之间的纠纷，所以，债务人提出支付令异议以后，人民法院应当裁定终结督促程序。对于这一裁定，当事人不得提出上诉和申请复议。

2. 支付令失效

债务人提出的支付令异议成立后，将直接导致支付令丧失效力，从而达到维护债务人的合法权益。

支付令部分失效的情形：

(1) 债权人基于同一债权债务关系，在同一支付令申请中向债务人提出多项支付请求，债务人仅就其中一项或者几项请求提出异议的，不影响其他各项请求的效力。

(2) 债权人基于同一债权债务关系，就可分之债向多个债务人提出支付请求，多个债务人中的一人或者几人提出异议的，不影响其他请求的效力。

3. 支付令失效的，转入诉讼程序

我国《民事诉讼法》第 217 条第 2 款规定，支付令失效的，转入诉讼程序，但申请支付令的一方当事人不同意提起诉讼的除外。其含义是，申请支付令的一方当事人不需要另行起诉，可以直接转入普通诉讼程序。这既实现了督促程序与诉讼程序的对接，也节省了当事人立案的麻烦。

（四）支付令异议的撤回

根据我国法律的规定，人民法院作出终结督促程序或者驳回异议裁定前，债务人请求撤回异议的，应当裁定准许。债务人对撤回异议反悔的，人民法院不予支持。

五、生效支付令的撤销

从督促程序的规定来看，程序的适用不具有严格性。在追求程序效率性价值的同时，难免不产生负面的影响，即可能带来法院基于债权人一方提供的诉讼资料而发出的支付令存在错误。在支付令产生强制效力以前，债务可以在法定期间以支付令异议的形式阻止其效力的延续。但债务人因超过法定期间丧失异议权，而支付令又确实存在错误，在这种情况下又该如何处理呢？根据最高人民法院相关司法解释，对于发生错误的支付令按以下情况处理：人民法院院长对本院已经发生法律效力的支付令，发现确有错误的，认为需要撤销的，应当提交审判委员会讨论通过后，裁定撤销原支付令，驳回债权人的申请。

六、督促程序的终结

根据《民诉解释》第 432 条的规定，有下列情形之一的，人民法院应当裁定终结督促程序，已发出支付令的，支付令自行失效：

（1）人民法院受理支付令申请后，债权人就同一债权债务关系又提起诉讼的；

（2）人民法院发出支付令之日起 30 日内无法送达债务人的；

（3）债务人收到支付令前，债权人撤回申请的。

第四节　非诉程序（三）：公示催告程序

一、公示催告程序的概念

公示催告程序，是指人民法院根据失票人的申请，以公示的方式，催促不明的利害关系人在指定的期限内向法院申报权利，如果逾期无人申报权利或者虽有申报但被驳回，依法作出票据无效之除权判决的程序。

二、公示催告程序的适用

公示催告程序的适用，包括可以适用公示催告程序审理案件的法院，以及可以适用公示催告程序审理的案件范围。

（一）适用的法院

与其他非诉讼程序一样，公示催告程序仅适用于基层人民法院。申请公示催告的，应当向票据支付地人民法院提出申请。所谓票据支付地，就是票据载明的付款地，如承兑或付款银行的所在地、收款人开户银行所在地等，票据未载明付款地的，以票据付款人的住所地或主要营业地为票据支付地。由票据支付地的基层人民法院管辖，能够确保受理案件的法院与付款人保持最近的空间距离，便于当事人提出申请，也便于受理案件的人民法院及时通知付款人停止支付，防止票据被冒领而发生损失。

（二）适用案件的范围

我国《民事诉讼法》第 218 条对公示催告程序的适用范围作出了规定。我国公示催告程序的适用范围包括票据和其他事项两个方面：

（1）可以背书转让的票据；

（2）依法可以申请公示催告的其他事项，主要有股票和提单。

（三）公示催告的申请

根据《民事诉讼法》第 218 条第 2 款的规定，申请公示催告应当采取书面方式，即申请人应当向人民法院递交申请书。申请书应当载明下列内容：申请人的基本情况，票据的种类、票面金额、发票人、持票人、背书人等票据主要内容，申请的事实和理由，接受申请的法院。

三、公示催告案件的审判

（一）公示催告程序的启动

我国法律规定能提起公示催告的主体为票据持有人，根据《民诉解释》第 444 条的规

定，票据持有人是指票据的最后持有人，即在票据流转过程中最后占有票据的人，也就是票据记载的最后被背书人。同时，票据持有人因失票而向人民法院申请公示催告，应当符合以下条件：

（1）申请公示催告的对象必须是可以背书转让的票据或法律规定的其他事项。

（2）申请人必须是依法享有失票记载权利的最后合法持票人。

（3）利害关系人处于不明状态。

（4）申请公示催告的原因，必须是可以背书转让的票据被盗、遗失或者灭失。

（5）申请人必须向人民法院提出书面申请。

（二）公示催告申请的受理

公示催告申请的受理，是指人民法院对失票人的申请依法进行审查，认为符合法律规定的条件，并决定予以审理的行为。人民法院在收到公示催告申请后，应当立即进行审查，并在7日内决定是否受理。经审查认为符合受理条件的，通知予以受理；认为不符合受理条件的，7日内裁定驳回申请。对人民法院驳回申请的裁定，申请人不得上诉，也不得申请复议。

根据《民诉解释》的规定，因票据丧失，申请公示催告的，人民法院应结合票据存根、丧失票据的复印件、出票人关于签发票据的证明、申请人合法取得票据的证明、银行挂失止付通知书、报案证明等证据，决定是否受理。

（三）公示催告案件的审理

1．发出止付通知

止付通知，是指人民法院受理失票人的公示催告申请后，向支付人发出的停止对失票支付的法律文书。由于票据具有流通性、无因性的特点，为避免失票人的权利受到损害，人民法院受理公示催告案件后，应当立即向支付机构发出止付通知。止付通知实际上是对失票人财产利益的一项保全措施，具有保全的性质。

2．发布申报权利公告

发布公告，是人民法院审理公示催告案件的必经程序。公告，是指人民法院受理公示催告申请后，公开宣示申请人及失票内容，并催促不明的利害关系人在指定期限内申报权利的告示。人民法院发布公告的目的，一是通过公告的形式催促不明利害关系人向法院申报权利，以维护其合法权益；二是向社会提示公告上所公示的票据已进入法院的公示催告程序，以保证交易安全。

公示催告的期间，由人民法院根据案件的实际情况决定，但不得少于60日，且公示催告期间届满日不得早于票据付款日后十五日。人民法院发布的公告应当张贴于人民法院公告栏内，并在有关报纸或其他宣传媒介上刊登；人民法院所在地有证券交易所的，还应张贴于该交易所。

3．申报权利

申报权利，是指利害关系人在公示催告期间或者在法院作出除权判决之前，向人民法院主张票据权利的行为。

利害关系人申报权利，人民法院应当通知其向法院出示票据，并通知公示催告申请人在指定的期间查看该票据。公示催告申请人申请公示催告的票据与利害关系人出示的票据不一致的，应当裁定驳回利害关系人的申报。

人民法院收到利害关系人的申报后，若经查看一致的，应当裁定终结公示催告程序，并通知申请人和支付人。申请人或者申报人可以向人民法院起诉。

（四）除权判决

1. 除权判决的申请

公示催告与除权判决是相互衔接但又相互独立的两个阶段，从公示催告阶段不能自动过渡到除权判决阶段。因此，公示催告期间届满后，申请人必须在法定期间内，重新提出申请，人民法院才能作出除权判决。申请人未在法定期间内申请除权判决的，人民法院应当终结公示催告程序，并通知申请人和支付人。此后申请人无权再申请除权判决，人民法院也不会依职权主动作出除权判决。

申请除权判决，应当符合以下条件：

（1）申请人必须在法定期间内提出申请，即必须在申报权利期间届满的次日起 1 个月内提出申请。

（2）在公示催告期间无人申报权利，或者申报被依法驳回。在公示催告期间，有人申报权利且申报成立的，人民法院应当裁定终结公示催告程序，也就不能申请作出除权判决。

（3）申请人必须向原受理公示催告申请的人民法院提出。除权判决与公示催告的管辖法院是完全一致的，因此，申请人必须向原受理案件的人民法院提出申请。对于符合上述条件的申请，人民法院应当受理，并组成合议庭进行审理。

根据《民诉解释》第 452 条的规定，在申报权利的期间没有人申报，或者申报被驳回的，申请人应当自公示催告期间届满之日起 1 个月内申请作出判决。逾期不申请判决的，终结公示催告程序。

2. 除权判决的条件

除权判决，是指人民法院根据公示催告申请人的申请所作出宣告失票无效的判决。由于票据与票据权利是不可分离的，票据的合法持有人在丧失票据的情况下，将无法行使票据上的权利。除权判决的作用，就是使票据与票据权利实现分离，从而使失票人在不持有票据的情况下，也能行使票据上的权利，即申请人依据法院的除权判决，可以请求付款人履行支付的义务。人民法院作出除权判决，应当符合以下三个条件：

（1）公示催告期满无人申报权利或者申报被人民法院裁定驳回。

（2）必须由公示催告申请人提出申请。

（3）公示催告申请人必须在公示催告期满后一个月内提出申请。

3. 除权判决的效力

人民法院根据申请人的申请作出的除权判决产生的法律后果，就是除权判决的效力。根据民事诉讼法的规定，除权判决自判决公告之日起具有以下法律效力：

（1）票据无效。除权判决的最直接法律效果就是使票据丧失法律效力，在法院作出除权判决以后，任何人再持有该票据将没有意义，也不能作为支付的凭证。

（2）失票人恢复权利。除权判决作出后，丧失票据的权利人（即公示催告申请人）虽不持有票据，但其恢复了票据权利。因此，即使失票人不占有该票据，也可凭除权判决向票据付款人请求支付，票据付款人不得拒绝支付。也就是说，除权判决作出后，票据付款人与不持有票据的失票人之间产生了债权债务关系，除权判决是失票人恢复票据权利的最终程序。但是，应当注意的是，除权判决并不直接确认申请人享有票据权利，而是通过宣告票据无效的方式间接承认申请人享有票据权利。因此，在内容上，除权判决只是宣告票据无效，而不能确认申请人享有票据权利。这也正是公示催告程序中的裁判称为“除权判决”而不是“确认判决”的原因。

(3) 公示催告程序终结。人民法院作出并公告除权判决后，公示催告程序终结。此后，利害关系人主张票据权利的，只能向人民法院起诉，而不能以申报权利的方式主张权利，也不能请求通过审判监督或再审的方式寻求救济。

四、对利害关系人权利的救济

由于除权判决只是根据在公示催告期间无人申报权利这一事实，对票据权利人作出的一种推定，即推定票据的权利人就是公示催告的申请人。这种推定可能与事实并不相符，该票据的真正持有人可能并不是公示催告的申请人，其真正持有人可能由于某种客观的原因未能在公示催告期间内申报权利。为了对利害关系人的权利进行救济，民事诉讼法规定，没有申报权利的利害关系人不服人民法院宣告票据无效的除权判决，在法定期间内，可以向作出除权判决的人民法院另行起诉。

根据《民事诉讼法》第223条的规定，利害关系人另行起诉必须同时具备下列条件：

第一，利害关系人在判决前没有向人民法院申报权利。如果利害关系人在除权判决前已经向人民法院申报权利，只是其申报被依法驳回的，该利害关系人就不得另行起诉。

第二，利害关系人没有申报权利有正当理由。利害关系人没有在法定期间内申报权利，必须具有正当的理由，并由利害关系人为此承担举证责任。利害关系人故意或者因过失未能在公示催告期间申报权利的，不得另行起诉。

第三，利害关系人必须在知道或者应该知道判决公告之日起一年内另行起诉。超过该期间的，不得另行起诉。

第四，利害关系人必须向作出除权判决的人民法院提起诉讼。

第五，利害关系人只能以公示催告申请人为被告另行起诉。利害关系人另行起诉，其实质是请求人民法院行使审判权，就其与公示催告申请人之间因票据产生的纠纷进行裁判，因此，利害关系人另行起诉的对方只能是公示催告申请人。

人民法院受理利害关系人的另行起诉后，经审理认为利害关系人的起诉理由成立的，应当判决撤销除权判决，并确认票据的权利人；认为利害关系人的另行起诉理由不成立的，应当判决驳回起诉。

【课后习题】

一、思考题

1. 简述非诉程序与普通程序和简易程序的区别。
2. 在非诉程序中，法院应适用合议庭审理的案件有哪几种？
3. 宣告失踪和宣告死亡在法律后果上有哪些不同？
4. 支付令有何法律效力？
5. 在公示催告程序中，除权判决有哪些法律效力？

二、案例分析题

阅读下面的案例，并回答问题。

案例一

崔某因工作问题与其所在部门负责人发生冲突，于是崔某向所在公司提出了辞职申请，公司准予辞职。其父认为崔某患有精神病，主张其行为无效，向公司提出异议。为确定崔某是否真正患有精神病，公司的上级主管部门向某医院申请医疗鉴定。医院根据单位的委托，作出了鉴定结论，认为崔某为精神分裂偏执型患者。随后，崔某所在公司向所在地中级人民法院提出认定崔某为限制民事行为能力人的申请。法官说应当由崔某的家属提出申请，而且公司提供的鉴定结论不得使用，必须由人民法院指定的鉴定机构重新鉴定。案件受理后，人民法院经审查，作出裁定，认定崔某为限制民事行为能力人。

问题：

1. 这位法官的说法是否正确？
2. 此案例在程序上有何错误？

案例二

甲公司与乙公司签订了一份购销合同，乙公司代销甲公司的产品，并约定向甲公司支付价款。随后，按合同约定，乙公司提走了甲公司一批价值10万元的货物，但却未按时向甲公司付款。甲公司屡次催款未果，无奈之下，向人民法院申请支付令。

问题：

1. 甲公司是否可以申请支付令？说明理由。
2. 如果人民法院向乙公司发出支付令，其具有何种效力？
3. 乙公司可否对支付令提起上诉或提出异议？
4. 如果乙公司对支付令提出异议，人民法院应如何处理？

案例三

5月10日，A市银利公司业务经理王某乘车时不慎将包丢失，内有一张本公司的可以背书转让的汇票，票面金额为10万元，付款人为B市工商银行。王某遂到公司所在地基层人民法院报案。人民法院审查后，当即决定受理。5月12日，人民法院通知B市工商银行停止支付。5月15日，人民法院发出公告，催促利害关系人申报权利，公告期3个月。8月20日，个体户张某向该人民法院申报权利，称其于6月10日经刘某背书转让得到了该汇票，并且出示了该汇票。人民法院称申报期已过，驳回了张某的申报。人民法院由1名审判员独任审理了该案，并于9月3日判决宣告该汇票无效。银利公司经理王某凭判决向B市工商银行要求付款，B市银行工商银行称银利公司没有汇票，无权请求付款，拒绝支付。

问题：

1. 本案有哪些程序上的错误？
2. 张某应如何主张自己的权利？

【本章实务应用难点分析】

1. 选民资格案件

人民法院审理选民资格案件适用合议制，在人民法院受理程序上，由选举委员会处理前置程序，即当事人对于公布的选民名单有不同意见的，可以向选举委员会申诉，选举委员会对申诉意见，应于3日内作出处理决定；申诉人如果对处理决定不服，可以于选举日的前5日向人民法院起诉，人民法院应在选举日前作出判决，人民法院的判决为最后决定。人民法院受理选民资格案件后，认为选民名单没有错误、选举委员会对于申诉的处理是正确的，应当维持选举委员会的处理决定，驳回诉讼请求；人民法院认为选民名单、选举委员会的处理决定确有错误的，应当直接以判决的方式纠正错误，不能以判决的方式责令选举委员会重新处理。选民资格案件实行一审终审，判决一经送达立即发生法律效力，该判决为最终判决，起诉人不得上诉。

选民资格案件只适用于选举中的选举资格问题，对于选举中的选举有效性问题、候选人的资格问题，我国法律并没有授予人民法院进行审理，此类案件应当根据《中华人民共和国选举法》来解决。当然，比如对于候选人的资格问题，如果其本身不符合法定选民资格，通过诉讼确认其没有选民资格，进而否认其作为候选人资格是可以的，但是法院裁判只限于其作为选民的资格的确认与否认。

2. 宣告失踪人的财产代管人

宣告失踪的主要目的只是为失踪人指定财产代管人，从而终止不确定的财产关系。因而，关于财产代管人的选定及权限是该程序的重要内容。作为财产代管人，失踪人的近亲属、亲友及利害关系人均可担当，没有先后顺序之分；失踪人的配偶、父母、成年子女或者关系密切的其他亲属、朋友都可以提出申请，多个申请人存在冲突时，法院应当受理并在符合条件的情况下宣告其为失踪人，并指定财产代管人。因为宣告失踪和宣告死亡制度设计的目的不同，宣告失踪是为了解决失踪人的财产问题，是为失踪人的利益考虑，解决其财产无人保护的问题，因而并不要求申请人的顺序。对于财产代管人，应以善良管理人之注意保存、维护财产，未经法院许可，不得改变财产性质的使用、处分。财产代管人因自己的过错而导致失踪人财产受损时，应承担赔偿责任。

3. 宣告死亡后其本人实施行为的法律效力

公民被宣告死亡，其法律后果与自然死亡基本相同，但是宣告死亡与自然死亡毕竟不同，被宣告死亡的人仅仅是从法律上推定为死亡，并不一定是真正的死亡，因此，在宣告公民死亡后，如果该公民在异地依然生存，并不影响其在那里的民事活动。被宣告死亡和自然死亡的时间不一致的，被宣告死亡所引起的法律后果仍然有效，但自然死亡前实施的民事法律行为与被宣告死亡引起的法律后果相抵触的，则以其实施的民事法律行为为准。如某人被宣告死亡，其子依继承法取得其财产，如果该被宣告死亡人在自然死亡前立有效遗嘱将其财产赠与他人，则他人取得某人遗产继承权，可以要求其子返还取得的某人财产。

4. 支付令的驳回及终结

人民法院受理债权人的支付令申请后，经审理，有下列情况之一的，应当裁定驳回申请：(1) 当事人不适格；(2) 给付金钱或者汇票、本票、支票以及股票、债券、国库券、可转让的存款单等有价证券的证明文件没有约定逾期给付利息或者违约金、赔偿金，债权人坚持要求给付利息或者违约金、赔偿金；(3) 债权人要求给付的金钱或者汇票、本票、支票以及股票、债券、国库券、可转让的存款单等有价证券属于违法所得；(4) 债权人申请支付令之前，已向人民法院申请诉前保全，或者申请支付令同时又要求诉前保全。人民法院受理支付令申请后，债权人就同一债权关系又提起诉讼，或者人民法院发出支付令之日起 30 日内无法送达债务人的，应当裁定终结督促程序。

第二十章　民事执行的基本理论

【本章要点】

- 执行的原则
- 执行管辖
- 执行根据
- 执行穷尽原则
- 民事执行的标的

【案例导入】

天一广告公司与太阳公司和月亮公司广告制作费纠纷案，经仲裁委员会审理并作出仲裁裁决，责令太阳公司和月亮公司向天一广告公司支付广告制作费300万元，并相互承担连带责任。天一广告公司申请法院强制执行。在执行中，法院发现太阳公司已停业半年，无财产可供执行，但其持有华丰机械厂价值70万元的记名股票。太阳公司称股票为火星公司质押给该公司的，并出具了质押合同和登记证明，法院即将该公司的法人代表李木拘留。法院另查到月亮公司也没有财产，但发现其与民生公司有广告制作的合同，其标的额为100万元。天一广告公司申请法院将月亮公司的合同由其履行，并按行业利润冲抵200万元的债务。

思考：

1. 执行应当遵守哪些规则？上述情况下能否拘留太阳公司的法人代表李木？
2. 执行的标的有哪些？太阳公司持有的股票是否为公司的财产，能不能执行？
3. 法院能不能接受天一广告公司对月亮公司的申请，将合同改由天一广告公司履行？为什么？如果不能，法院该如何做？

第一节　民事执行概述

一、民事执行的概念

民事执行，也称民事强制执行或者强制执行，是指人民法院依债权人的申请，运用国

家公权力，依法采取民事强制措施，迫使债务人履行义务，以实现债权人的民事权利的诉讼活动。民事执行是由专门的国家机关为保证民事诉讼的判决得以实现，维护社会私法秩序的司法制度。民事执行也是当事人私权利能得以最终实现的司法保障。

具体而言，民事执行包括以下几层含义：

（1）民事执行由国家专门机关进行。

（2）民事执行以存在执行根据为前提。

（3）民事执行须经债权人申请。

（4）民事执行是国家使用公权力的强制行为，强制性是民事执行的根本特性。

（5）民事执行是实现已确定的私权的程序。

在民事执行中，有权根据生效法律文书向人民法院申请执行的人，称为申请执行人；对方当事人，称为被执行人。由于申请人在实体权利义务关系中是债权人，而被申请人则是实体权利义务关系中的债务人，因此，执行当事人双方也分别被称为债权人和债务人。

二、民事执行的基本原则

执行的原则是指指导执行制度和执行活动的原则，它既是立法工作中的指导原则，又是司法活动的指导原则。民事执行的基本原则包括执行合法原则、执行人权原则、执行及时原则以及全面保护当事人合法权益原则四项。此外，执行实践中还总结出了一个重要原则，即执行穷尽原则，也应当作为民事执行的基本原则。

（一）执行合法原则

执行合法原则，是指执行活动必须以生效的法律文书为依据，并且依照法定程序和方式进行。执行合法原则要求法院的执行活动既要符合实体法的规定，又要符合程序法的规定。

（二）执行人权原则

执行人权原则，是指执行程序中应当照顾债务人的基本权利。如在执行过程中，应当为债务人留够生活所必需的财产。同时，执行的对象是财产而不能强制执行债务人的人身。

（三）全面保护当事人合法权益原则

全面保护当事人合法权益原则，是指民事执行不仅要全部实现债权人的权利，也应当照顾债务人的实际需要，同时也应注意案外人的合法权益。

（四）执行及时原则

执行及时原则体现了民事执行程序的基本价值要求。民事执行是一种与司法行为有密切联系的司法强制行为，追求效率是民事执行的最高追求。因此，民事执行程序要尽量缩短办案周期，在执行实践中要尽可能迅速满足债权人的利益。

（五）执行穷尽原则

所谓“执行穷尽”，是指人民法院根据债权人的请求，为了实现生效法律文书所确定的权利，穷尽各种执行方法、措施和途径，对被执行人的财产进行了必要的调查、审计，依法采取了查封、扣押、冻结、拍卖、变卖等执行行为，在履行了上述程序后，仍不能满足债权人权利的，法院才能裁定终结执行程序。

三、民事执行法律关系

（一）民事执行法律关系的概念

民事执行法律关系是指由民事执行法律规范所调整的，执行机构、执行当事人以及其他参与人之间在民事执行活动中所发生的权利义务关系。

（二）民事执行法律关系的要素

1. 执行法律关系的主体

执行法律关系是以人民法院的执行机关为主导的，执行当事人和其他参与人参加的，在执行法律活动中形成的多面法律关系。

（1）执行机构。

执行机构为执行法律关系的主导，执行机构是指依法负责执行法律文书的职能机构。《民事诉讼法》第228条规定，人民法院根据需要可以设立执行机构。因此，在法院中的执行机构是执行法律关系中的主体。执行制度直接体现国家的强制性，只有代表国家公权力的法定的机构才能成为执行的主体。在司法实践中，各级法院都设立了执行庭，甚至有的法院还成立了执行局。

（2）执行当事人。

执行当事人，是指执行程序中享有民事权利和承担义务的公民或组织。在申请执行的情况下，享有民事权利的公民或组织称为申请执行人，而承担义务的公民或组织称为被申请执行人。

（3）执行参与人。

执行参与人是指除人民法院和执行当事人以外的参与到执行法律关系中的组织和公民，包括协助执行人、执行见证人、被申请执行人的家属以及代理人和翻译人员等。

（4）执行承担或变更。

在执行实践中，常常发生特定的事由，需要由新的执行当事人更换原来的当事人的情形，这称为执行承担或变更。执行承担或变更是指，在执行的过程中，因为某种特殊的原因，而由新的执行当事人参加到执行程序中来，承担原当事人的权利和义务的制度。

执行承担的情形主要有：1）作为执行当事人的公民死亡的，由其继承人作为执行当事人继续进行。如果义务人的继承人放弃继承权的，不发生义务人的变更，可直接执行义务人的遗产。2）作为执行当事人的法人或其他组织合并、分立的，其权利义务由变更后的法人或其他组织承受；被撤销、解散或宣告破产的，根据有关法律的规定，由其权利义务承受人参加执行。3）作为执行当事人的法人或其他组织名称变更的，由名称变更后的法人或其他组织为执行当事人。4）以其他组织名义参加诉讼的法人的分支机构，在执行中不能履行法律文书所确定的义务的，可执行该法人的财产。5）被执行人为无法人资格的私营独资企业，无能力履行生效法律文书确定的义务的，人民法院可以裁定执行该独资企业业主的其他财产。6）被执行人为个人合伙组织或合伙型联营企业，无能力履行生效法律文书确定的义务的，人民法院可以裁定追加该合伙组织的合伙人或参加该联营企业的法人为被执行人。7）被执行人无财产清偿债务，如果其开办单位对其开办时投入的注册资金不实或抽逃注册资金，可以裁定变更或追加其开办单位为被执行人，在注册资金不实或抽逃注册资金的范围内，对申请执行人承担责任。8）被执行人被撤销、注销或歇业后，上级主管部门或开办单位无偿接受被执行人的财产，致使被执行人无遗留财产清偿债务或遗留财产不足以清偿的，可以裁定由上级主管部门或开办单位在所接受的财产范围内承担责任。

2. 执行法律关系的客体

执行法律关系的客体是具有法律效力的法律文书所确定的债权债务。执行是保障对债权债务的实现，那么为实现债权人的债权，可以强制执行债务人的财产或行为。强制执行的标的应当是财物或者行为。具体而言，可以成为执行客体的如下所述：

（1）财产。

在执行中可以作为执行标的的财产有：第一，有体物。被执行人的财物，应当是其享有所有权或者有权处分的物。对物的执行通常指有金钱价值的一切物与权利，一般分为有体物与无体物。有体物依其可否移动又可以分为动产和不动产。第二，无形财产权。无形财产权是指被执行人所享有的包括存款、债权、工资收入、用益物权、知识产权、股权及其他权利在内的财产权。作为执行标的的无形财产权，必须是债务人独立的财产权利，具有财产价值和可转让性。

被执行人的财产原则上均可以强制执行。但实体法和程序法基于保障社会安全或者债务人的生存、维护社会公益或者第三人利益、促进社会文化发展等考虑，对于被执行人的特定财产，执行法院不得采取执行措施，此即为豁免执行的财产。

首先，关于有体物的执行豁免范围。下列有体物不得成为执行标的：1）维护被执行人的生存而不得执行的财产；2）禁止流通物；3）基于社会公益而不得强制执行的财产；4）维护公序良俗而不得执行的财产；5）基于财产性质不得强制执行或者限制强制执行的财产；6）外交豁免及领事豁免执行的财产。

其次，关于无形财产权的执行豁免范围。法律或者司法解释规定对某些财产权利不得执行，或者只有具备一定条件才能执行的情形主要有：1）信用证开证保证金；2）证券经营机构清算账户资金；3）证券、期货交易保证金；4）银行承兑汇票保证金；5）旅行社质量保证金；6）粮棉油收购专项资金；7）商业银行根据国家政策向特定企业发放的具有特定用途的贷款；8）社会保险基金和社会基本保障资金；9）国防科研试制费；10）金融机构存款准备金；11）军费（但军队工厂、农场、马场、军人服务部、省军区以上单位实现企业经营的招待所和企业的上级财务主管部门等单位开设的军队“特种企业存款”除外)；12）征用土地补偿费、安置补助费（《中华人民共和国土地管理法》第47条、《中华人民共和国土地管理法实施条例》第26条）；13）单位和职工缴纳的住房公积金（《住房公积金管理条例》第2条、第3条）；14）由地方财政部门管理、主要用于社会公益的各项附加收入即财政预算外资金；15)《民法总则》规定的专属于债务人所有的权利，如健康权、姓名权、肖像权、名誉权，以及宪法中规定的退休金等都不得成为执行标的。

（2）可以替代的行为。

我国《民事诉讼法》第252条规定，对判决、裁定和其他法律文书指定的行为，被执行人未按执行通知履行的，人民法院可以强制执行或者委托有关单位或者其他人完成，费用由被执行人承担。

（3）人身和人的自由、法人的主体资格不能成为执行的对象。

人的身体本身和人的自由为我国宪法赋予的公民基本权利，是不可剥夺的人权。法人的主体资格也不能成为执行的对象。

3. 执行法律关系的内容

执行法律关系的内容是民事执行行为，执行行为是执行机关基于债权人的申请，运用国家的强制力强制债务人履行债务，以实现债权人权利的行为。民事执行必须遵循诉讼法规定的程序，它同审判行为是有区别的，有其自身的特殊性和相对独立性。民事执行本质上是一种司法强制行为，不同于民事审判所具有的司法判断权的本质。

四、民事执行活动的法律监督

我国《民事诉讼法》第 235 条明确规定，人民检察院有权对民事执行活动实行法律监督。这是宪法赋予人民检察院的神圣职权。加强检察机关对民事执行活动的法律监督，有利于及时发现和纠正民事执行活动中的违法行为，防止、减少民事执行活动中的职务犯罪，有利于“执行难”“执行乱”等问题的解决。

第二节　执行根据和执行管辖

一、执行根据

（一）执行根据具备的条件

执行根据是执行机关据以执行的法律文书，是由有关机构依法出具的、载明债权人享有一定债权，债权人可以据以请求执行的法律文书。

成为执行的根据必须具备一定的条件：第一，作为执行根据的法律文书必须是生效的法律文书；第二，义务人必须在法律文书规定的期限内没有履行义务或者拒不履行义务；第三，生效的法律文书必须权利义务主体明确、给付内容明确。

（二）执行根据的类别

根据《民事诉讼法》的相关规定，执行的根据可以分为两类，具体如下。

1. 人民法院制作的法律文书

（1）人民法院制作的发生法律效力的民事判决书和调解书。

（2）人民法院制作的民事裁定书。

（3）人民法院制作的承认并协助执行外国法院的判决、外国仲裁机构的仲裁裁决的裁定书和执行令。

（4）人民法院作出的要求债务人履行债务的生效支付令。

（5）人民法院制作的具有财产内容的、已经发生法律效力的刑事附带民事判决书和裁定书。

2. 其他机构制作的并应当由人民法院执行的法律文书

（1）依法设立的仲裁机构的仲裁裁决书和调解书。

（2）公证机关制作的依法赋予强制执行效力的债权文书。

（3）行政机关、人民调解组织、商事调解组织、行业调解组织或者其他具有调解职能的组织调解达成的具有民事合同性质的协议。

（三）不予执行的法定情形

根据《民事诉讼法》第 237 条第 2 款的规定，被申请人提出证据证明仲裁裁决有下列

情形之一的，经人民法院组成合议庭审查核实，裁定不予执行：

（1）当事人在合同中没有订有仲裁条款或者事后没有达成书面仲裁协议的；

（2）裁决的事项不属于仲裁协议的范围或者仲裁机构无权仲裁的；

（3）仲裁庭的组成或者仲裁的程序违反法定程序的；

（4）裁决所根据的证据是伪造的；

（5）对方当事人向仲裁机构隐瞒了足以影响公正裁决的证据的；

（6）仲裁员在仲裁该案时有贪污受贿，徇私舞弊，枉法裁决行为的。

人民法院认定执行该裁决违背社会公共利益的，裁定不予执行。裁定书应当送达双方当事人和仲裁机构。

仲裁机构裁决的事项，部分有以上情形的，人民法院应当裁定对该部分不予执行。若应当不予执行部分与其他部分不可分的，人民法院应当裁定不予执行仲裁裁决。

仲裁裁决被人民法院裁定不予执行的，当事人可以根据双方达成的书面仲裁协议重新申请仲裁，也可以向人民法院起诉。

除此之外，我国《民事诉讼法》第 238 条第 2 款规定，公证债权文书确有错误的，人民法院裁定不予执行。根据《民诉解释》第 480 条的规定，有下列情形之一的，可以认定为公证债权文书确有错误：

（1）公证债权文书属于不得赋予强制执行效力的债权文书的；

（2）被执行人一方未亲自或者未委托代理人到场公证等严重违反法律规定的公证程序的；

（3）公证债权文书的内容与事实不符或者违反法律强制性规定的；

（4）公证债权文书未载明被执行人不履行义务或者不完全履行义务时同意接受强制执行的。

人民法院认定执行该公证债权文书违背社会公共利益的，裁定不予执行。

公证债权文书被裁定不予执行后，当事人、公证事项的利害关系人可以就债权争议提起诉讼。

当事人请求不予执行仲裁裁决或者公证债权文书的，应当在执行终结前向执行法院提出。

二、执行管辖

执行管辖是指将一定的执行案件、执行事务和执行中的命令及裁判事务决定由哪一个法院执行的权限划分，包括级别管辖和地域管辖。《民事诉讼法》第 224 条规定，发生法律效力的民事判决、裁定，以及刑事判决、裁定中的财产部分，由第一审人民法院或者与第一审人民法院同级的被执行的财产所在地人民法院执行。法律规定由人民法院执行的其他法律文书，由被执行人住所地或者被执行的财产所在地人民法院执行。此规定将“谁一审谁管辖”作为执行管辖的总体原则。

（一）级别管辖

根据《民事诉讼法》并结合诉讼案件管辖的规定，各级别人民法院执行管辖分工如下：

（1）由基层法院管辖的执行案件有：第一，基层法院作为一审作出的生效法律文书；第二，国内仲裁中的保全执行和证据保全执行由被申请人住所地或者被申请保全的财产所在地和申请保全的证据所在地的基层人民法院执行；第三，同级人民法院一审案件被执行的财产在其辖区内的案件。

（2）由中级法院管辖的执行案件有：第一，中级法院作为一审作出的生效法律文书；第二，中国仲裁机构作出的涉外仲裁裁决；第三，经我国法院承认其效力的外国法院判决、国外仲裁裁决；第四，经人民法院认可的我国台湾、香港、澳门地区仲裁裁决、法院判决；第五，专利管理机关依法作出的处理决定和处罚决定，由被执行人住所地或者财产所在地的省、自治区、直辖市有权受理专利纠纷案件的中级人民法院执行；第六，国务院各部门、各省、自治区、直辖市人民政府和海关依照法律、法规作出的处理决定和处罚决定，由被执行人住所地或者财产所在地的中级人民法院执行。

（3）高级人民法院为一审作出的生效法律文书的执行，由高级人民法院管辖。

（二）地域管辖

所谓执行程序中的地域管辖，是指执行案件应当由执行标的物所在地或者被执行人应当履行的行为地法院管辖；如果应当执行的标的物所在地或者被执行人应当履行的行为地不明确的，则由被执行人住所地法院管辖。根据《民事诉讼法》第224条的规定，人民法院作出的发生法律效力的民事判决书、裁定书、调解书，以及具有财产内容的刑事判决书、裁定书，原则上由第一审人民法院执行。法律规定由人民法院执行的其他法律文书，如仲裁裁决书、仲裁过程中的保全裁定、公证机关依法赋予强制执行效力的公证债权文书由被执行人住所地或者被执行财产所在地的人民法院执行。

（三）关于特殊案件的执行管辖

《执行规定》第10条至第17条规定了下列案件管辖权的归属，具体情况如下所述：

（1）仲裁机构作出的国内仲裁裁决、公证机关依法赋予强制执行效力的公证债权文书，由被执行人住所地或被执行的财产所在地人民法院执行。关于这类案件的级别管辖，一般参照各地法院受理诉讼案件的级别管辖的规定来确定，一般以涉及的执行财产的数额来确定。

（2）在国内仲裁过程中，当事人申请财产保全，经仲裁机构提交人民法院的，由被申请人住所地或被申请保全的财产所在地的基层人民法院裁定并执行；申请证据保全的，由证据所在地的基层人民法院裁定并执行。

（3）在涉外仲裁过程中，当事人申请财产保全，经仲裁机构提交人民法院的，由被申请人住所在地或被申请保全的财产所地的中级人民法院裁定并执行；申请证据保全的，由证据所在地的中级人民法院裁定并执行。

（4）专利管理机关依法作出的处理决定和处罚决定，由被执行人住所地或财产所在地的省、自治区、直辖市有权受理专利纠纷案件的中级人民法院执行。

（5）国务院各部门、各省、自治区、直辖市人民政府和海关依照法律、法规作出的处理决定和处罚决定，由被执行人住所地或财产所在地的中级人民法院执行。

（6）两个以上人民法院都有管辖权的，当事人可以向其中一个人民法院申请执行；当事人向两个以上人民法院申请执行的，由最先立案的人民法院管辖。

（7）人民法院之间因执行管辖权发生争议的，由双方协商解决；协商不成的，报请双方共同的上级人民法院指定管辖。

（8）发生法律效力的实现担保物权裁定、确认调解协议裁定、支付令，由作出裁定、支付令的人民法院或者与其同级的被执行财产所在地的人民法院执行。认定财产无主的判决，由作出判决的人民法院将无主财产收归国家或者集体所有。

(四) 共同管辖、管辖争议以及移送管辖

1. 共同管辖及管辖争议

根据《执行规定》第15条的规定，共同管辖是指两个以上人民法院都对执行案件有管辖权。

对于两个人民法院都有管辖权的，当事人可以向其中一个人民法院申请执行；当事人向两个以上人民法院申请执行的，由最先立案的人民法院管辖。这里是由最先立案的人民法院管辖，与诉讼共同管辖的规则是不同的。后立案的人民法院应当在查明其他人民法院已经立案的情况下，驳回当事人的申请，而不发生案件的移送问题。如人民法院之间对管辖权有争议，应当根据有关规定进行协商；协商不成的，报请双方共同的上级人民法院指定管辖。

2. 移送管辖

移送管辖是指基层人民法院和中级人民法院管辖的执行案件，因特殊情况需要由上级人民法院执行的，报请上级人民法院执行的制度。是否发生移送由上级人民法院决定。

三、委托执行

委托执行是指受理案件的执行法院对于债务人或者被执行的财产在外地的案件，委托当地人民法院代为执行的一种活动。债务人或者被执行的财产在外地的，负责执行的法院可以自己直接到当地执行，也可以委托当地人民法院代为执行。委托执行是人民法院相互间的司法互助制度。执行程序依权利人申请或者依法院职权开始以后，如果被执行人或者被执行的财产在外地而本院不便执行时，可以委托有关人民法院代为执行。委托执行时，要由委托法院向受托法院发出委托执行函件。受托法院应在收到委托执行函件的15日内开始执行，执行完毕，应及时把执行结果函告委托法院。在30日内还未执行完毕，也应当将执行情况函告委托人民法院。受委托人民法院自收到委托函件之日起15日内不执行的，委托人民法院可以请求受委托人民法院的上级人民法院指令受委托人民法院执行。

四、协助执行

协助执行是指受理执行案件的人民法院通知有关单位、个人，或者请求有关人民法院协助执行生效法律文书所确定的内容的一种法律制度。人民法院在执行过程中，有关单位或个人应当协助执行。对此，《民事诉讼法》第114条规定：有义务协助调查、执行的单位有下列行为之一的，人民法院除责令其履行协助义务外，并可以予以罚款：(1) 有关单位拒绝或者妨碍人民法院调查取证的；(2) 银行、信用合作社和其他有储蓄业务的单位接到人民法院协助执行通知书后，拒不协助查询、冻结或者划拨存款的；(3) 有关单位接到人民法院协助执行通知书后，拒不协助扣留被执行人的收入、办理有关财产权证照转移手续、转交有关票证、证照或者其他财产的；(4) 其他拒绝协助执行的。以上是对拒不协助执行行为程序上的制裁措施。此外，《执行规定》还规定违反法院协助执行通知，协助被执行人转移财产或者擅自向被执行人支付或者清偿应当承担的民事责任。

【课后习题】

一、思考题

1. 举例说明执行穷尽原则的法律适用。
2. 不得作为执行标的的财产主要有哪些？
3. 中级法院管辖的执行案件主要有哪些？
4. 作为执行依据的法律文书应具有哪些特征？

二、案例分析题

阅读下面的案例，并回答问题。

甲公司与乙公司合同纠纷一案，A区法院经过审理判决乙公司支付甲公司货款90万元。乙公司不服上诉，市中级法院判决驳回上诉，维持原判。乙公司拒绝履行义务，甲公司发现乙公司在丙区有一批价值90万元左右的钢材可供执行。

问题：

1. 甲公司可否向财产所在地丙区法院申请强制执行？
2. 甲公司可以向哪些法院申请强制执行？
3. 如果该批钢材是乙公司生产必需的原材料，法院可否执行？为什么？
4. 如果经调查发现乙公司还有一笔50万元的银行存款，乙公司正准备用该笔存款缴纳职工社会保障金，法院可否执行该笔存款？为什么？

【本章实务应用难点分析】

1. 申请执行应当向人民法院提交的文件

（1）执行申请书。执行申请书应写明申请执行的理由、事项、执行标的（如果有利息的，应计算出到申请日的具体利息数额），以及申请人所了解的被执行人的财产状况，并加盖印章或签名（有的法院要求按手印）。涉外案件当事人申请执行的应当提交附有中文译本的执行申请书。申请人写执行申请书确有困难的，可以口头提出申请。人民法院接待人员对口头申请应当制作笔录，由申请人签字或盖章。

（2）生效法律文书原件。

（3）申请人的身份证明。公民个人申请的，应当提交居民身份证复印件；法人申请的，应当提交法人营业执照副本和法定代表人身份证明；其他组织申请的，应当提交营业执照副本和主要负责人身份证明。

（4）继承人或权利承受人申请执行的，应提交继承或承受权利的证明文件。

（5）申请执行仲裁机构的仲裁裁决，应当向人民法院提交有仲裁条款的合同书或仲裁协议书。申请执行国外仲裁机构的仲裁裁决的，应当提交经我国驻外使、领馆认证或我国公证机关公证的仲裁裁决书中文本。

（6）申请人不能亲自到法院申请执行，需委托代理人代为其申请执行的，应出具授权委托书。委托代理人代为放弃、变更民事权利，或代为进行执行和解，或代为收取执行款项的，应当有委托人的特别授权。如申请人为外国当事人，该授权委托书须经所在国公证机关公证和我国驻该国使、领馆认证，才具有效力。如申请人为香港当事人，该授权委托书须经我国司法部指定的律师公证，并经中国法律服务香港有限公司转递；如申请人为澳门当事人，该授权委托书须经澳门公证机关公证，才具有效力；如申请人为台湾当事人的，该授权委托书须经台湾公证机关证明，才可承认其效力。

(7) 法律文书的生效证明。属本院判决、调解、裁定的，应由经办法官或书记员签字证明已经生效。属行政处罚决定书、行政处理决定书、仲裁裁决等，应提交证明送达日期的材料。

(8) 提供被执行人可供执行的财产清单。

2. 行政机关、人民调解组织、商事调解组织、行业调解组织或者其他具有调解职能的组织，调解达成的具有民事合同性质的协议申请人民法院认可与执行程序的操作问题

(1) 关于适用范围的问题。根据最高人民法院《关于建立健全诉讼与非诉讼相衔接的矛盾纠纷解决机制的若干意见》(以下简称《意见》) 的规定，行政机关、人民调解组织、商事调解组织、行业调解组织或者其他具有调解职能的组织，调解达成的具有民事合同性质的协议，可以申请人民法院认可并获得执行的效力。需要注意的是，该文件规定了适用范围为民事合同性质的协议，但是对于民事合同性质的协议范围到底指向哪些，该文并没有明确，可能带来适用上的困难。如经第三方调解的离婚财产协议是否可以依照该意见请求人民法院确认和执行。根据最高人民法院《关于审理涉及人民调解协议的民事案件的若干规定》(法释〔2002〕29 号) 第 1 条的规定，经人民调解委员会调解达成的、有民事权利义务内容，并由双方当事人签字或者盖章的调解协议，具有民事合同性质。当事人应当按照约定履行自己的义务，不得擅自变更或者解除调解协议。因此，根据最高人民法院的这两个文件，对“具有民事合同性质的协议”，应当以调解协议中所涉及权利义务确认其是否具有民事合同的性质，而非以原来的纠纷是否属于民事合同的性质来解释。这样一来，根据《意见》将调解主体扩大为任何纠纷的调解组织，那么几乎任何涉及有权利义务内容的组织调解都可以申请法院认可而获得执行的效力。本书认为，当事人的调解协议应当限制在意思自治的范围，如果在意思自治的范围法律有强制性规定的，或涉及公共利益、公序良俗也应排除在具有效力的民事合同性质的范围之外，因而本书倾向于以双方争议的性质来认定是否属于可否获得法律认可的调解协议，对《意见》中申请认可的范围的合理性在学术上持保留态度。

(2) 关于调解的主体问题。从《意见》来看，能获得法院认可和执行的民事合同性质的协议，要求是经调解“组织”调解达成的协议，不包括私人和解协议和调解人为自然人进行调解的民事合同性质的协议。

该意见的做法值得肯定的是解决纠纷的协议和当事人之间协议的区别。如果自行达成的协议也能申请司法确认的话，就会混淆解决纠纷的协议与民事行为的协议，剥夺当事人的诉权。纠纷是特定主体基于利益冲突而产生的双边或多边对抗行为，包括纠纷主体、纠纷形成动机、纠纷行动三个方面的内容。其中纠纷行动即双方当事人已经清楚相互意识到对方的行为，而实施一定的相对行为，非诉纠纷解决需在第三方的主持下进行。民事行为，则是当事人为实现一定目的而达成的民事协议，它只有在双方协议发生纠纷后，司法确认才宜介入，否则法院就变成审查合同的组织，而不是解决纠纷的部门，当事人的诉权也会在签订合同时就被剥夺了。需要说明的是，已经在诉讼中的双方当事人，因双方已发生纠纷，其自行达成的和解协议，根据最高人民法院《关于审理涉及人民调解协议的民事案件的若干规定》中的相关规定，可以申请法院以调解书的形式给予确认，但此确认非彼确认。

(3) 关于申请人民法院认可的时效。申请人民法院认可的时效不能等同于执行申请的

时效，因《意见》已将调解协议等同民事合同性质，且管辖权也允许如合同纠纷一样约定管辖，所以诉讼时效也应按民事合同 2 年诉讼时效计算，时效从调解组织、调解员签字盖章之日起算。需要说明的是，有履行期限的民事调解协议申请司法确认，应在履行期限前申请确认，过了履行期限则应当提起履行民事调解协议约定义务之诉。无履行期限的民事调解协议过了 2 年诉讼时效，只能作为以后因此法律关系产生纠纷的证据使用。

第二十一章　执行实务

【本章要点】

- 执行程序开始的方式
- 执行中止的情形及程序
- 执行终结的情形与程序
- 执行和解的效力和执行回转的条件
- 移送执行的情形
- 执行回转及对执行错误的赔偿
- 执行和解协议的效力

【案例导入】

甲诉乙侵权赔偿一案，乙败诉。判决生效后，乙未如期履行判决。甲依法向法院申请执行。法院受理案件后，查明乙因病在家，已经3个月没有收入，家中也没有可供执行的财产。甲表示不撤回执行申请，可以等一段时间。

思考：

法院应如何处理甲的执行申请?

第一节　执行程序的启动

执行的启动有两种方式，即申请执行和移送执行。其中，申请执行是主要方式，这是处分原则的必然要求，即是否由人民法院强制执行以实现其合法权益，原则上属于权利人的处分范围，应由权利人决定。而移送执行则是次要方式，是对申请执行的必要补充。因此，这两种方式在执行程序的启动上是不同的，申请执行由当事人的申请而开始，而移送执行法院审判庭依职权转移执行机构，从而启动执行程序。

一、申请执行

申请执行是指生效法律文书中享有权利的当事人，因义务人逾期拒不履行义务，为实现其合法权益，而请求人民法院依法强制执行的行为。申请执行是当事人的一项重要诉讼权利。

当事人向人民法院申请执行应当符合以下条件：

（1）申请或移送执行的法律文书已经生效。

（2）申请执行人是生效法律文书确定的权利人或其继承人、权利承受人。

（3）申请执行人在法定期限内提出申请；申请执行的期限为两年。该期间适用有关诉讼时效中止、中断的规定。

（4）申请执行的法律文书有给付内容，且执行标的和被执行人明确。

（5）义务人在生效法律文书确定的期限内未履行义务。

（6）属于受申请执行的人民法院管辖。

二、移送执行

所谓移送执行，是指法律文书生效后，债务人拒不履行义务，审判机关直接将案件移交执行机关，从而开始执行程序的制度。移送执行又称交付执行。下列为直接进行移送执行的情况：

（1）人民法院制作的具有给付赡养费、扶养费、抚育费、抚恤金、医疗费、劳动报酬内容的民事及刑事附带民事判决书、调解书。

（2）人民法院制作的具有财产内容的刑事判决书、裁定书。

（3）人民法院制作的具有财产内容的民事裁定书。

（4）民事判决、裁定、调解书中关于诉讼费用的部分。

（5）人民法院制作的财产保全和先予执行的裁定书。

三、执行受理和执行通知

人民法院对符合条件的申请，应当在7日内予以立案；不符合的，应当在7日内裁定不予受理。

根据《执行规定》第24条的规定，民事执行机关决定受理执行案件后，应当在3日内向债务人发出执行通知书。为了提高执行工作效率，更好地维护申请执行人的合法权益，防止被执行人转移、隐匿财产，逃避执行义务，《民事诉讼法》赋予了执行员在发出执行通知时，一旦发现可执行的财产，可以立即采取强制措施的权力。执行通知中除应责令被执行人履行法律文书确定的义务外，还应通知其承担《民事诉讼法》第253条规定的迟延履行利息或者迟延履行金。

四、执行调查

（一）执行调查的目的和内容

执行调查的目的是了解被执行人的财产状况，根据我国《民事诉讼法》第241条及《执行规定》第27条至第31条的规定，执行调查主要包括以下内容：

（1）申请执行人应当向人民法院提供其所了解的被执行人的财产状况或线索。被执行人必须如实向人民法院报告其财产状况。

（2）人民法院在执行中有权向被执行人、有关机关、社会团体、企业事业单位或公民个人，调查了解被执行人的财产状况，对调查所需的材料可以进行复制、抄录或拍照，但应当依法保密。

（3）为查明被执行人的财产状况和履行义务的能力，可以传唤被执行人或被执行人的法定代表人或负责人到人民法院接受询问。

（4）被执行人拒绝按人民法院的要求提供其有关财产状况的证据材料的，人民法院可以按照《民事诉讼法》第 227 条的规定进行搜查。

（二）执行调查保障措施

（1）对必须接受调查询问的被执行人、被执行人的法定代表人或负责人或实际控制人，经依法传唤无正当理由拒不到场的，人民法院可以拘传其到场。人民法院应当及时对被拘传人进行调查询问，调查询问的时间不得超过 8 小时；情况复杂，依法可能采取拘留措施的，调查询问的时间不得超过 24 小时。人民法院在本辖区以外采取拘传措施时，可以将被拘传人拘传到当地人民法院，当地人民法院应予协助。

（2）人民法院依法搜查时，对被执行人可能存放隐匿的财物及有关证据材料的处所、箱柜等，经责令被执行人开启而拒不配合的，可以强制开启。

五、执行期限

根据《民事诉讼法》第 226 条的规定，人民法院自收到申请执行书之日起 6 个月内执行，如果人民法院未在 6 个月内执行，则申请执行人可以向上一级人民法院申请执行。上一级人民法院经审查，可以责令原人民法院在一定期限内执行，也可以决定由本院执行或者指令其他人民法院执行。另根据最高人民法院《关于人民法院办理执行案件若干期限的规定》的规定，下列期间不计入办案期限：

（1）公告送达执行法律文书的期间。

（2）暂缓执行的期间。

（3）中止执行的期间。

（4）就法律适用的问题向上级人民法院请示的期间。

（5）与其他法院发生执行争议，报请共同的上级人民法院协调处理的期间。

第二节　法院的执行措施

一、对财产给付的执行措施

根据《民事诉讼法》的规定，对财产给付的执行措施有：扣押、冻结、划拨、变价被执行人的财产，扣留、提取被执行人的收入，查封、扣押、拍卖、变卖被执行人的财产，强制交付法律文书指定的财物或者票证，强制被执行人迁出房屋或者退出土地。

（一）扣押、冻结、划拨、变价被执行人的财产

扣押是指人民法院对有关的财产凭证予以扣留，避免被执行人占有、处分的强制措施，是一种临时性的强制措施。冻结是指人民法院向存有被执行人款项的金融机构发出协助执行通知书，不准被执行人在一定的期限内提取和转移其财产的执行措施。冻结、划拨被执行人的财产是经常采用的执行措施，主要针对的是被执行人的财产，适用于以金钱财产为内容的法律文书。

人民法院在冻结被执行人的财产时，应注意以下问题：

（1）不得冻结被执行人银行账户内国家指明其用途的专项资金。被执行人为金融机构的，对其交存在人民银行的存款准备金和备付金不得冻结和扣划，但对其在本机构、其他金融机构的存款，及其在人民银行的其他金融资产可以冻结、划拨，并可对被执行人的其他财产采取执行措施，但不得查封其营业场所。

（2）冻结财产的期限最长不得超过 6 个月。

（3）人民法院依法冻结被执行人的财产以后，其他任何单位包括人民法院均不能重复冻结。

划拨是指人民法院通过有关金融机构将被执行人账户上的存款，直接划入权利人的账户的执行措施。变价是指对被执行人的财产采取拍卖、变卖或者法律规定的其他方式，将其价值予以兑现的强制执行措施。

人民法院扣押、冻结、划拨、变价财产必须遵循下列要求：第一，强制执行的数额不得超出被执行人应当履行义务的范围；第二，应当作出裁定；第三，应当向有关单位发出协助执行通知书。

金融机构擅自解冻被人民法院冻结的款项，致冻结款项被转移的，人民法院有权责令其限期追回已转移的款项。在限期内未能追回的，应当裁定该金融机构在转移的款项范围内，以自己的财产向申请执行人承担责任。对于故意实施其行为的责任人可以以妨害民事诉讼的行为予以处理。

（二）扣留、提取被执行人的收入

扣留、提取是指适用于被执行人未按执行通知履行法律文书确定的义务，人民法院扣留、提取被执行人应当履行义务部分的收入的强制措施。人民法院在适用扣留、提取被执行人的收入这一执行措施时应注意下列问题：

（1）被执行人的收入，是指被执行人依法所得和依法应得的收入，包括工资、奖金、智力成果的使用报酬等。

（2）扣留、提取被执行人的收入时，应当作出裁定，并向有关单位发出协助执行的通知书。有关单位必须协助执行，拒不协助执行的，可以按妨害民事诉讼的行为予以处理。此外，在有关单位擅自向被执行人及其他人员支付被执行人的收入的，人民法院可以责令该单位限期追回；逾期未追回的，应当裁定其在支付的数额内向申请执行人承担责任。

（3）扣留、提取被执行人的收入，必须以被执行人应当履行的义务范围为限。

（4）扣留、提取被执行人的收入时，应当保留被执行人及其所扶养的家属的生活必需费用。被执行人及其所扶养的家属的必需的生活费用，一般应以当地的人们维持最基本的生活所需要的费用为参照标准，只有这样才能真正体现保护权利人的利益与兼顾被执行人的合法权益相结合的原则。

（三）查封、扣押、拍卖、变卖被执行人的财产

查封、扣押、拍卖、变卖被执行人的财产是针对被执行人的非金钱财产实施的执行措施。

查封，是指人民法院把被执行人的财产贴上封条，禁止被执行人和其他人转移或处理。查封一般是针对不易或不能移动的物品如机器、设备、厂房等采用的，既包括不动产，也包括动产。在地点上多为就地进行，为确保财产安全，在必要时也可易地封存。

扣押，是指人民法院把被执行人的财产移至另外的场所加以扣留，不准被执行人占有、使用和处分。与查封不同，扣押以容易移动的物品为对象，因而仅适用于动产，并经常适用于价值较高的物品，包括船舶、航空器和其他特殊物品如黄金、文物、珠宝等；同时，扣押要易地进行；再有，被扣押的财产只能由人民法院自行保管或委托其他单位或个人保管，被执行人不能占有和使用。当然，对扣押的财产，保管人也不得使用。至于所需的保管费用，由被执行人负担。

人民法院查封、扣押财产时，被执行人是公民的，应当通知被执行人或者他的成年家属到场。同时，被执行人所在的单位或基层组织应当派员参加。对被查封、扣押的财产，执行员应当逐一清点，并造具清单，由在场的人签名或盖章，并交被执行人一份，同时人民法院应自留一份附卷备查。

人民法院查封、扣押财产时，应当注意如下问题：

（1）查封、扣押财产的价值应当与被执行人履行债务的价值相当。

（2）对动产的查封，应当采取加贴封条的方式。不便加贴封条的，应当张贴公告。对有产权证照的动产或不动产的查封，应当向有关管理机关发出协助执行通知书，要求其不得办理查封财产的转移过户手续，同时可以责令被执行人将有关财产权证照交人民法院保管。既未向有关管理机关发出协助执行通知书，也未采取加贴封条或张贴公告的办法查封的，不得对抗其他人民法院的查封。

（3）被查封的财产，可以指令由被执行人负责保管。如继续使用被查封的财产对其价值无重大影响，可以允许被执行人继续使用。因被执行人保管或使用的过错造成的损失，由被执行人承担。被扣押的财产，人民法院可以自行保管，也可以委托其他单位或个人保管。对扣押的财产，保管人不得使用。

（4）人民法院对被执行人所有的其他人享有抵押权、质押权或留置权的财产，可以采取查封、扣押措施。财产拍卖、变卖后所得价款，应当在抵押权人、质押权人或留置债权人优先受偿后，其余额部分用于清偿申请执行人的债权。

拍卖是指人民法院将被执行人的财产，以公开的方式卖给出价最高的买受人，并将所得的价款给予权利人。法院查封、扣押的财产一般以拍卖的方式实施。人民法院对查封、扣押的被执行人财产进行变价时，应当委托拍卖机构进行拍卖。财产无法委托拍卖、不适于拍卖或当事人双方同意不进行拍卖的，人民法院可以交由有关单位变卖或自行组织变卖。国家禁止自由买卖的物品，交有关单位按照国家规定的价格收购。

变卖是指人民法院将被执行人的财产强制出卖，并将所得的价款直接给付权利人的执行措施。变卖一般针对不宜采取拍卖方式或当事人双方同意不进行拍卖的财产，如查封的财产是鲜活商品等。

（四）强制交付法律文书指定的财物或票证

强制交付法律文书指定的财物或票证，涉及的是被执行人的有关财产和某些有关单位制发的、具有民事权利内容的凭证。

法律文书指定交付的财物或者票证，由执行员传唤双方当事人当面交付，或者由执行员转交，并由被交付人签收。有关单位持有该项财物或者票证的，应当根据人民法院的协助执行通知书转交，并由被交付人签收。有关公民持有该项财物或者票证的，人民法院通知其交出。拒不交出的，强制执行。有关单位或个人因过失导致所持有的财物或票证毁损灭失的，人民法院可以责令其赔偿。

（五）强制被执行人迁出房屋或退出土地

强制迁出房屋或退出土地，是指人民法院强行搬出被执行人在所占房屋内或土地上的财物，并将腾出的房屋或土地交付权利人的执行措施，主要适用于法律文书确定的内容为不动产的情形。强制迁出房屋或者强制退出土地，由院长签发公告，责令被执行人在指定期间履行。被执行人逾期不履行的，由执行员强制执行。强制执行时，被执行人是公民的，应当通知被执行人或者他的成年家属到场；被执行人是法人或者其他组织的，应当通知其法定代表人或者主要负责人到场。拒不到场的，不影响执行。被执行人是公民的，其工作单位或者房屋、土地所在地的基层组织应当派人参加。执行员应当将强制执行情况记入笔录，由在场人签名或者盖章。强制迁出房屋被搬出的财物，由人民法院派人运至指定处所，交给被执行人。被执行人是公民的，也可以交给他的成年家属。因拒绝接收而造成的损失，由被执行人承担。

在执行中，需要办理有关财产权证照转移手续的，人民法院可以向有关单位发出协助执行通知书，有关单位必须办理。

（六）针对特殊标的的执行措施

1. 对被执行人的知识产权中的财产权的执行

被执行人不履行生效的法律文书确定的义务，人民法院有权裁定禁止被执行人转让专利权、注册商标专用权、著作权（财产权部分）等知识产权。上述权利有登记主管部门的，应当同时向有关部门发出协助执行通知书，要求其不得办理财产权转移手续，必要时可以责令被执行人将产权或使用权证照交人民法院保存。

2. 对被执行人的财产收益的执行

对被执行人从有关企业中应得的已到期的股息或红利等收益，人民法院有权裁定禁止被执行人提取和禁止有关企业向被执行人支付，并要求有关企业直接向申请执行人支付。对被执行人预期应得的股息或红利等收益，人民法院可以采取冻结措施，禁止到期后被执行人提取和有关企业向被执行人支付。到期后人民法院可从有关企业中提取，并出具提取收据。

3. 对被执行人的投资权益的执行

对被执行人在有限责任公司中被冻结的投资权益或股权，人民法院可以依据《公司法》的有关规定，征得全体股东过半数同意后，予以拍卖、变卖或以其他方式转让。不同意转让的股东，应当购买该转让的投资权益或股权，不购买的，视为同意转让，不影响执行。人民法院也可允许并监督被执行人自行转让其投资权益或股权，将转让所得收益用于清偿对申请执行人的债务。

对被执行人在中外合资、合作经营企业中的投资权益或股权，在征得合资或合作他方的同意和对外经济贸易主管机关的批准后，可以对冻结的投资权益或股权予以转让。如果被执行人除在中外合资、合作企业中的股权以外，别无其他财产可供执行，其他股东又不同意转让的，可以直接强制转让被执行人的股权，但应当保护合资他方的优先购买权。

对被执行人在股份有限公司中持有的股份凭证（股票），人民法院可以扣押，并强制被执行人按照公司法的有关规定转让，也可以直接采取拍卖、变卖的方式进行处分，或直接将股票抵偿给债权人，用于清偿被执行人的债务。

人民法院在对以上特殊的标的执行时，应向有关单位和个人发出协助执行的通知书。有关企业或个人收到人民法院发出的协助执行的通知后，擅自向被执行人支付股息或红利，或擅自为被执行人办理已冻结的股权的转移手续，造成转移的财产无法追回的，应当在所支付的股息或红利或转移的股权价值范围内向申请执行人承担责任。

4. 对被执行人的到期债权的执行

被执行人不能清偿债务，但对本案以外的第三人享有到期债权的，人民法院可以依申请执行人或被执行人的申请，向第三人发出履行到期债务的通知（以下简称履行通知）。履行通知必须直接送达第三人。履行通知应当包含下列内容：

（1）第三人直接向申请执行人履行其对被执行人所负的债务，不得向被执行人清偿；

（2）第三人应当在收到履行通知后的15日内向申请执行人履行债务；

（3）第三人对履行到期债权有异议的，应当在收到履行通知后的15日内向执行法院提出；

（4）第三人违背上述义务的法律后果。

第三人可以提出异议，第三人应在履行通知指定的期间内提出异议。第三人对履行通知的异议一般应当以书面形式提出，口头提出的，执行人员应记入笔录，并由第三人签字或盖章。人民法院对于提出异议的第三人不得强制执行，对提出的异议不进行审查。因为，对纠纷的实质审查应当是通过审判程序，在执行中不对其进行审查。但是第三人提出自己无履行能力或其与申请执行人无直接法律关系，不构成这里的异议。同时，第三人对债务部分承认、部分有异议的，可以对其承认的部分强制执行。

第三人在履行通知指定的期限内没有提出异议，而又不履行的，执行法院有权裁定对其强制执行。此裁定同时送达第三人和被执行人。如果第三人也无财产可供执行的，不得就第三人对他人享有的到期债权强制执行。

在执行过程中，被执行人收到人民法院履行通知后，放弃其对第三人的债权或延缓第三人履行期限的行为无效，人民法院仍可在第三人无异议又不履行的情况下予以强制执行。如果第三人收到人民法院要求其履行到期债务的通知后，擅自向被执行人履行，造成已向被执行人履行的财产不能追回的，除在已履行的财产范围内与被执行人承担连带清偿责任外，可以追究其妨害执行的责任。

第三人按照人民法院履行通知向申请执行人履行了债务，或已被强制执行后，人民法院应当出具有关证明，第三人对其债务人（被执行人）的债务消灭。

二、对行为的执行措施

对行为的执行，是指在义务人不履行生效的法律文书确定的特定行为（作为和不作为行为）时，人民法院强制义务人履行和完成该行为。人民法院为了完成对特定行为或不作为的执行所采取的强制手段，统称为对行为的执行措施。

根据法律文书指定的作为行为是否可以替代，将其划分为可以替代的行为和不可替代的行为。前者能够由义务人以外的人代替义务人履行，如拆除违章建筑、修理物品等；我国《民事诉讼法》第252条规定，对判决、裁定和其他法律文书指定的行为，被执行人未按执行通知履行的，人民法院可以强制执行或者委托有关单位或者其他人完成，费用由被执行人承担。后者是指只能由义务人自己履行的作为行为，如一定的科研任务的完成、承揽合同的任务、赔礼道歉等。不能替代的作为，一般具有较强的人身性；而可替代的作为，由于它能够为他人实施，因而一般没有人身性质，仅具有财产属性。不作为是法律文书规定义务人不得实施某些特定的行为，以保护权利人的利益。例如，不能在租赁的房屋上添附建筑物，在相邻关系中不得影响他方的采光、交通、排水，不得继续实施侵害他方名誉权的行为等。法律文书确定的行为不同，执行的方法也有差异。

对于可以替代的作为的执行，人民法院的执行人员，首先应向被执行人进行法制教育，动员其主动履行义务。被执行人拒不履行义务的，人民法院可以委托有关单位或个人代为完成，因完成该行为所发生的费用由被执行人承担。被执行人拒不承担和交纳执行发生的费用的，人民法院可以适用对财产给付的执行措施，冻结、划拨被执行人的存款或者扣留、提取被执行人的收入。对于不可替代的行为，人民法院在执行时可以对被执行人进行教育，经教育被执行人仍拒不履行的，人民法院可以按照妨害民事诉讼的行为处理。《执行规定》第 60 条第 3 款规定，对于只能由被执行人完成的行为，经教育，被执行人仍拒不履行的，人民法院应当按照妨害执行行为的有关规定处理。即可以对被执行人采取强制执行措施，构成犯罪的还可以追究其刑事责任。这种执行方法实际上是一种间接执行的方法，即通过对被执行人施加压力，迫使被执行人履行法律文书指定的行为。值得注意的是，人民法院在这种情况下采取的强制措施，并不是执行措施本身。它只是为保障执行工作的顺利进行所采取的一种临时性的措施，因而在执行实践中具有重要的意义。例如，在离婚诉讼中，如果一方当事人拒绝按照生效判决书的规定，将子女交给另一方当事人抚养的，人民法院即应按照以上方法执行，而不能对被执行人的人身采取强制措施，只有这样才能既保护执行人的合法权益，同时也能保护被执行人的合法权益。对于不作为的执行，所面对的是义务人不能继续实施法律文书所禁止的行为，并对已实施的违反不作为义务的行为，采取适当的措施予以补救和救济。对于被执行人正在实施的为生效法律文书所禁止的不作为，法院可以责令其停止实施。拒不停止的，人民法院可以对之采取妨害民事诉讼的强制措施，并可以采取其他的强制方法，如收缴其实施侵害行为的工具或材料，或者拆除其实施侵害行为的基本设施等。对于已实施完毕的，为生效法律文书所禁止的不作为，人民法院可以责令被执行人将作为后的后果恢复到不作为前的状态。简言之，即恢复原状，并在造成损失的情形下赔偿损失；不能恢复原状的，应当由被执行人赔偿权利人因此遭受的一切损失。被执行人拒不履行恢复原状的义务的，人民法院可以委托他人代为实施恢复原状，被执行人应当承担有关的费用。被执行人拒不履行赔偿损失的义务或者拒不支付相关费用的，人民法院可以按照财产给付的执行措施，对被执行人采取强制执行。

三、执行的保障性措施

执行的保障性措施不是基本的执行措施，而是为以后采取基本执行措施所采取的辅助方法和手段，对于基本执行措施的采取和实施起着保障性作用。

（一）查询被执行人的存款

查询被执行人的存款，是人民法院向有关金融机构调查了解被执行人的存款状况，并为执行被执行人的财产提供必要准备的一种保障性的执行方法。

（二）搜查被执行人的财产

搜查被执行人的财产，是在被执行人拒不按照人民法院的要求提供有关财产的证据材料，并有隐匿财产的行为时，人民法院依法采取的对被执行人的人身及其住所地或者财产隐匿地进行搜寻、查找的强制措施。搜查既适用于金钱给付案件，也适用于财产给付案件。在民事执行的实践中，搜查与查封、扣押、拍卖、变卖被执行人的财产和强制交付法律文书指定的财物、票证等措施配合使用。

搜查被执行人的财产是民事诉讼中具有较强的强制性的措施，不仅涉及被执行人的财产，而且同被执行人的人身权利密切相关。因而搜查必须严格依法定条件和程序进行。采用搜查措施，必须是人民法院认为被执行人有隐匿财产的行为。申请执行人应当向人民法院提供其所了解的被执行人的财产状况或线索。被执行人必须如实向人民法院报告其财产状况。被执行人拒绝按人民法院的要求提供其有关财产状况的证据材料的，人民法院可以按照《民事诉讼法》第 248 条的规定进行搜查，由院长签发搜查令；搜查工作由执行人员、书记员和司法警察进行，但必须为两人以上。搜查妇女的身体的，应由女执行人员进行；搜查人员搜查时应出示搜查令和身份证件；搜查的对象是公民时，应通知被执行人或者其成年家属以及基层组织的代表到场。被搜查人是法人或其他组织的，应当通知其法定代表人或者主要负责人以及其上级主管部门的领导到场。拒不到场的不影响搜查工作的进行。搜查时应制作搜查笔录，由搜查人员、被搜查人及其他在场的人签名或盖章。拒绝签名或盖章的，应在搜查笔录中记明。搜查时如果发现了被执行人的财产或有关的票证，人民法院应当依法查封或扣押。但查封财产或票证时法院应当造具清单，并交由在场的有关人员签字。

（三）强制交付迟延履行利息或迟延履行金

被执行人未按判决、裁定和其他法律文书指定的期间履行给付金钱义务的，应当加倍支付迟延履行期间的债务利息。被执行人未按判决、裁定和其他法律文书指定的期间履行其他义务的，应当支付迟延履行金。强制交付迟延履行利息，适用于金钱给付的案件。被执行人未按照法律文书规定的期限履行义务的，被执行人应当加倍支付迟延履行期间的利息。即按照银行同期贷款利息的两倍，向权利人支付利息。

（四）妨害执行行为的强制措施的适用

对于在执行中有履行义务或有协助履行义务的单位或个人违反了该义务的，人民法院可以适用诉讼强制措施。如银行、信用合作社和其他有储蓄业务的单位，接到人民法院协助执行通知书后，拒不协助查询、冻结或者划拨存款的；相关单位接到人民法院协助执行通知书后，拒不协助扣留被执行人的收入、办理有关财产权证照转移手续、转交有关票证、证照或者其他财产的，人民法院可以对其主要负责人或者直接责任人员予以罚款，对仍不履行协助义务的，可以予以拘留，并可以向监察机关或者有关机关提出予以纪律处分的司法建议。根据《民事诉讼法》第 115 条的规定，对妨碍执行的个人可以处人民币 10 万元以下的罚款，对单位可以处人民币 5 万元以上 100 万元以下的罚款。

（五）财产申报

被执行人未按执行通知履行法律文书确定的义务，应当报告当前以及收到执行通知之日前一年的财产情况。被执行人拒绝报告或者虚假报告的，人民法院可以根据情节轻重对被执行人或者其法定代理人、有关单位的主要负责人或者直接责任人员予以罚款、拘留。

（六）国家执行威慑

被执行人不履行法律文书确定的义务时，法院可以对其采取或者通知有关单位协助采取相关措施，包括：

（1）限制出境。《民事诉讼法》第255条规定，被执行人不履行法律文书确定的义务的，人民法院可以对其采取或者通知有关单位协助采取限制出境。这主要是为了防止义务人逃避履行义务。

（2）在征信系统记录。在执行的过程中，义务人不履行义务的，一旦记录在征信系统中，将会影响其信用度，会对被执行人的融资产生影响并会妨碍其信用卡的使用。

（3）媒体曝光。即通过媒体公开被执行人不履行义务的信息。2013年最高人民法院出台《关于公布失信被执行人名单信息的若干规定》（2017年1月通过了修改决定），其中规定将具有履行能力而不履行生效法律文书确定的义务并具有相关行为的债务人称为“失信被执行人”，并将其列入“失信被执行人”名单。

（4）限制被执行人高消费。2010年最高人民法院《关于限制被执行人高消费的若干规定》（2015年7月通过了修改决定）对此进行了详细的规定。一般以申请执行人的申请而启动，必要时人民法院也可以依职权启动，由人民法院院长签发限制高消费令。

第三节　执行程序的结束

一、执行程序结束概述

执行程序结束，又称执行结案，根据《执行规定》第108条的，执行结案的方式主要有以下四种：（1）生效法律文书确定的内容全部执行完毕；（2）裁定终结执行；（3）裁定不予执行；（4）当事人之间达成执行和解协议并已履行完毕。民事案件执行完毕就意味着据以执行的生效法律文书的内容得以全部实现，因此，执行完毕标志着民事执行程序的自然结束，是民事执行程序结束的最主要的方式；裁定不予执行也是结束民事执行程序的一种方式，但是，不予执行只可能发生在对仲裁裁决、公证债权文书和其他非诉讼裁判文书的执行过程中，对于人民法院制作的生效的具有执行意义的法律文书不存在不予执行的问题。不予执行的情形在上一章中已经进行了详细的阐述，此处就不再赘述；执行和解协议达成并履行完毕的，民事执行机关就不能再继续采取民事执行行为，债权人也不能再要求民事执行机关继续执行，民事执行程序结束。

二、执行终结

（一）执行终结的概念

执行终结是指在执行过程中，因某些特殊情况的出现，使执行程序无法或无须继续进行，因而停止执行，以后也不再恢复。

（二）执行终结的原因

执行终结的原因是指引起执行非正常终结的事实或理由。由于执行终结直接关涉执行当事人实体权益的实现，所以执行终结的原因应由法律作出明确规定，不得随意增减。根据《民事诉讼法》第257条的规定，有下列情形之一的，人民法院裁定终结执行：

（1）申请人撤销申请的。申请人在执行程序中有权处分自己的民事实体权利和民事诉讼权利，申请人提出和撤销申请都是其行使处分权的表现。因此，在执行程序进行过程中，如果申请人明确表示要撤销执行申请的，人民法院自应尊重其权利，准予撤回申请，裁定终结执行。

（2）据以执行的法律文书被撤销的。人民法院执行工作，是以有效的法律文书为根据的。如果据以执行的法律文书被其制作者或它的上级撤销，执行就失去了根据，执行程序也就无法继续进行，人民法院即应终结执行程序。

（3）作为被执行人的公民死亡，无遗产可供执行，又无义务承担人的。被执行人是负有义务的一方当事人，他必须按照生效法律文书确定的内容履行义务。若执行程序未完毕，他已死亡，留有遗产的，人民法院可执行该遗产；若留有遗产，又有义务承担人的，法院则可择其一或者同时予以执行；若无遗产，但有义务承担人，则只得由义务承担人履行义务；若既无遗产又无义务承担人，事实上已无法执行，则只得裁定终结执行。

（4）追索赡养费、扶养费、抚育费案件的权利人死亡的。这类案件的权利人所享有的获取赡养费、扶养费和抚育费的权利是一种专有权利，不能继承。一旦权利人死亡，也就没有执行的必要，因此法院应裁定终结执行。

（5）作为被执行人的公民因生活困难无力偿还借款，无收入来源，又丧失劳动能力的。

（6）人民法院认为应当终结执行的其他情形。这一规定赋予了人民法院裁定终结执行的自由裁量权，以处理在实践中可能出现的而又没有为法律所规定的情形。实践中这些情形主要有：1）被申请执行人的破产程序终结，未得到清偿的债权不再清偿；2）当事人依据执行和解协议而履行完毕或不再履行的；3）义务人自动履行义务的；4）对于执行费用远远大于执行收益的情形，在执行权利人同意不执行的前提下，法院可裁定终结执行；5）在执行中，被执行人被人民法院裁定宣告破产的。

（三）终结执行的程序

人民法院终结执行和中止执行一样，都必须制作裁定书。裁定书应写明终结执行的原因，执行员和书记员必须署名，加盖人民法院印章。

终结执行的裁定一经作出，即应送达当事人，并且送达后立即生效，有协助执行人的，也应予以送达或者以一定方式告知。

执行终结的裁定既有程序效力，又有实体效力。程序效力是指执行程序不再继续进行；实体效力是指法院不再以强制力强制义务人履行义务，不再强制性地保护权利人的权利。

第四节　执行救济与执行回转

民事执行救济制度在执行程序法律制度中具有十分重要的意义。根据《民事诉讼法》的规定，我国目前的民事执行救济制度主要是指执行异议。

一、执行异议

（一）执行异议的概念

执行异议就是在执行行为侵害案外第三人的利益时，所给予的一种权利救济的制度。

我国《民事诉讼法》第227条规定，执行过程中，案外人对执行标的提出书面异议的，人民法院应当自收到书面异议之日起15日内审查，理由成立的，裁定中止对该标的的执行；理由不成立的，裁定驳回。案外人、当事人对裁定不服，认为原判决、裁定错误的，依照审判监督程序办理；与原判决、裁定无关的，可以自裁定送达之日起15日内向人民法院提起诉讼。执行异议制度在于保障执行当事人及案外人的合法权益。新修订的民事诉讼法规定的执行异议制度，侧重对第三人的程序权利的保护，进而保护其民事实体权利，具体表现在对案外人的异议由执行机构进行审查，对审查不服的案外人可以提起诉讼，最终通过审判程序来确认其权利。

（二）执行异议的条件和程序

在执行过程中，案外人提出执行异议的，应当具备如下条件：

（1）应当在执行过程中提出。

（2）应当限于案外人，即执行当事人以外的，认为权利因执行行为受损害的利害关系人提出执行异议。

（3）异议理由必须是案外人对执行标的主张自己的权利，如对执行标的主张部分或者全部所有权等；对于执行程序上提出的意见，则不属于执行异议。

（4）案外人异议一般应当以书面形式提出，并提供相应的证据。以书面形式提出确有困难的，可以允许以口头形式提出。

（三）对执行异议的处理

对于执行中提出的执行异议，应当按下列程序处理：

（1）执行员应当依法审查执行异议是否成立。审查期间可以对财产采取查封、扣押、冻结等保全措施，但不得进行处分。正在实施的处分措施应当停止。

（2）经审查，案外人对执行标的所主张的权利不存在，证据不充分，异议理由不成立的，裁定驳回其异议。驳回案外人执行异议裁定送达案外人之日起15日内，人民法院不得对执行标的进行处分。如属权属争议而非原判决有误的，案外人可在此15日内提起诉讼。

（3）如果对案外人提出的异议一时难以确定是否成立，案外人已提供确实有效的担保的，可以解除查封、扣押措施。申请人提供确实有效的担保的，可以继续执行。因提供担保而解除查封、扣押或者继续执行有错误，给对方造成损失的，应当裁定以担保的财产予以赔偿。

（4）执行上级法院的法律文书遇有执行异议，或者执行的财产是上级人民法院裁定保全的财产时遇有执行异议，并且异议理由成立，须中止执行的，要报经上级人民法院批准。

（5）如果发现判决、裁定确有错误，按照审判监督程序处理。

二、执行回转

（一）执行回转的概念及条件

执行回转是指在执行中或执行完毕后，据以执行的执行根据被依法撤销或变更，执行机关依当事人的请求或依职权责令一方当事人返还已取得的财产以及孳息的活动或制度。

民事诉讼法规定，执行回转只适用于执行完毕后，执行根据被依法撤销或变更的情形。而《执行规定》对其适用条件作了扩大解释：一是在时间上，增加了执行中也可以适用执行回转的规定；二是在执行根据的内容上，规定了变更执行根据也可以适用执行回转。根据《执行规定》的规定，执行回转的适用条件包括：

（1）执行程序已经开始或者进行完毕。也就是说，执行根据的内容已部分执行，一方当事人因此而获得了部分或全部财产。

（2）执行根据被依法撤销或变更。撤销就是原执行根据已完全丧失效力，变更是指原执行根据的内容已被改变。

（3）由当事人申请或执行机关依职权决定。由当事人申请就是当事人请求执行回转时，执行机关被动地决定执行回转；执行机关依职权就是在没有当事人请求执行回转时，执行机关主动决定执行回转。

（4）执行机关以裁定的形式作出决定。

（5）执行回转的对象是申请执行人。也就是说，应由申请执行人返还已取得的财产。

（6）执行回转的内容包括原有财产和原有财产的孳息两部分。执行回转时，已执行的标的物是特定物的，应当返还原物；不能返还原物的，折价抵偿。

（二）执行回转的程序

具备执行回转条件的，法院应作出执行回转的裁定。执行回转裁定可由当事人申请作出，也可由人民法院依职权主动作出。

关于执行错误给当事人造成的损害赔偿问题，如果对当事人的损害是由于法院的错误或者法院的不当执行造成的，当事人可依据国家赔偿法要求执行法院承担赔偿责任；如果对当事人的损害是由于法律文书的错误造成的，则应分别情况作不同的处理：

（1）如果损害是由于原执行权利人的原因造成的，如提供虚假证据、隐瞒真实情况等，则应由原执行权利人承担赔偿责任。

（2）如果损害是由于原执行义务人的原因造成的，如对某些特定的诉讼行为理解错误，从而实施了错误的诉讼行为，则应由原执行义务人承担责任。

（3）如果损害是由于法律文书的制作者的原因造成的，如法律文书的制作者违反法定程序、使用法律错误、超越法定权限等，则应由法律文书的制作者承担赔偿责任。

第五节　民事执行中特殊问题的处理

一、执行和解

（一）执行和解的概念与成立要件

执行和解是指在执行过程中，当事人双方就如何履行义务，在自愿协商、互谅互让的基础上达成和解协议，以结束执行程序的一种制度。

执行和解是当事人行使处分权的重要形式，同时也是终结执行的一种方式。由于执行和解不仅涉及当事人的实体权利和程序权利，而且还涉及执行程序的进行与否，因而执行和解的成立必须具备法律规定的条件。这些条件主要有：（1）和解协议的达成必须是当事人自愿达成的，不能违背当事人的意志；（2）和解协议的内容必须符合法律，不得损害国家利益、社会公共利益和他人合法权益；（3）和解协议一般应当采取书面形式，执行员应将和解协议的副本附卷。无书面协议的，执行员应当将协议的内容记入笔录，并由当事人双方签名或盖章。

（二）执行和解的效力

当事人达成的和解协议具有一定的法律效力，主要体现在以下几个方面：

（1）执行和解的协议能够重新确定当事人双方之间的民事权利关系。和解协议仅对参加和解并在和解协议上签名或盖章的当事人有效，和解当事人应当履行和解协议。

（2）执行和解协议不具有撤销原执行根据的效力。当事人之间达成和解协议而终结或中止执行，并不是因为执行根据存在错误。执行和解协议是当事人之间的契约，它没有对抗有关机关或机构制作的法律文书的效力。

（3）执行和解具有终结执行或中止执行的效力。如果和解协议的内容是权利人放弃全部实体权利，和解协议的效力之一即是终结执行。如果执行和解协议的内容是免除义务人的部分义务，或变更履行义务的时间或方式，则法院应当裁定中止执行。如果当事人完全履行了和解协议，则人民法院应作出终结执行的裁定。如果当事人未按和解协议履行义务，则人民法院可以根据一方当事人的申请，恢复执行。

（4）当事人达成的和解协议，具有中断申请恢复执行的时效的效力。《民事诉讼法》规定，当事人申请恢复执行原法律文书的，必须在法律规定的时间内提出。在当事人达成执行和解协议的情况下，当事人申请恢复执行的时间，自和解协议规定的履行期限的最后一日起开始计算。当事人按照和解协议，完全履行了义务的，当事人不能再申请恢复执行，即使当事人提出了恢复执行的申请，人民法院也不予支持。

（三）恢复执行

我国《民事诉讼法》第230条第2款规定，申请执行人因受欺诈、胁迫与被执行人达成和解协议，或者当事人不履行和解协议的，人民法院可以根据当事人的申请，恢复对原生效法律文书的执行。由此，当事人申请恢复执行的应具备下列条件之一：（1）因受欺诈、胁迫与被执行人达成和解协议；（2）当事人不履行和解协议。需要注意的是此处的当事人既包括债权人也包括债务人。

二、执行中止

（一）执行中止的概念

执行中止是指执行程序发动后，因出现某种法定的原因，暂时停止执行程序的法律制度。执行中止必须由法律严格规定，没有出现法定事由不得中止执行。

（二）中止执行的条件

根据我国《民事诉讼法》第256条和《执行规定》第102条的规定，中止执行的条件为：

（1）申请人表示可以延期执行；

（2）案外人对执行标的提出确有理由的异议；

（3）作为一方当事人的公民死亡，需要等待继承人继承权利或者承担义务；

（4）作为一方当事人的法人或者其他组织终止，尚未确定权利义务承受人；

（5）人民法院按审判监督程序决定再审；

（6）人民法院已受理以被执行人为债务人的破产申请；

（7）被执行人确无财产可供执行；

（8）执行的标的物是其他法院或仲裁机构正在审理的案件争议标的物，需要等待该案件审理完毕，确定权属；

(9) 一方当事人申请执行仲裁裁决，另一方当事人申请撤销仲裁裁决；

(10) 仲裁裁决的被申请执行人请求不予执行，并提供适当担保。

(三) 中止执行的程序

中止执行的原因一旦发生，人民法院即应依职权作出中止执行的裁定。当事人发现中止执行的原因存在时，应积极地将中止的原因告知法院，或向法院提出中止执行的申请。中止执行的裁定，一旦送达当事人即发生法律效力。中止执行的裁定书应当写明执行的理由和法律依据，由执行人员签名或盖章，并加盖人民法院公章。

执行中止是暂时性的，引起执行中止的原因一消失，即应恢复执行程序。恢复执行，一可由法院依职权进行，并通知执行当事人和其他参与执行人；二可由执行当事人申请恢复，经法院同意后继续进行。恢复执行是原执行机制的继续运行，不是执行程序的重新开始，执行中止前已为的执行仍继续有效。

三、执行担保

(一) 执行担保的概念

执行担保是指在民事执行程序中，被执行人向法院提供确定的担保，经申请执行人同意，法院因此而决定暂缓执行的制度。

(二) 执行担保的条件

根据《民事诉讼法》的规定，执行担保的成立应当具备以下要件：

(1) 被执行人向法院提出申请。执行担保由被执行人提出申请才有可能启动相关程序，原因在于债务人是否存在履行困难，只有被执行人自己最清楚。

(2) 被执行人向法院提供可靠的担保。这个条件主要是防止被执行人利用暂缓执行制度来转移财产，逃避执行。在担保方式上，既可以由被执行人自己向法院提供担保，也可以由第三人担保；在担保内容上，若是由被执行人自己提供担保的，则只能是财产担保，若是由第三人提供担保的，则既可以是财产担保也可以是保证。需要注意的是，在第三人保证的情况下，应当提交担保书，并且担保人具有代为履行的能力。

(3) 经申请执行人同意。被执行人提供担保成立的会导致暂缓执行，将直接影响到申请执行人的利益，增加了执行的风险。

(4) 法院最终决定。法院最终决定是否暂缓执行以及暂缓执行的期限。如果担保是有期限的，暂缓执行的期限应与担保期限一致，但最长不得超过1年。

(三) 执行担保的效力

根据我国《民事诉讼法》及相关法律的规定，执行担保的直接效力是暂缓执行。即暂时停止对被执行人的财产采取进一步的执行措施，除非债务人主动履行义务以外，申请执行人不得要求民事执行机关强制债务人履行。

四、参与分配

(一) 参与分配的概念

参与分配，是指在执行程序中，多个申请执行人凭有效的执行根据，申请加入已开始的执行程序，因债务人的财产不足以清偿各债权人的全部债权，各债权人从执行标的物的变价中获得均等清偿数额，参与分配是一项公平清偿的制度。参与分配制度本身存在的价值在于使各个债权人能够平等地从债务人处受偿。参与分配只在债权人之间按其债权额的比例进行分配，对于债权一律平等，不管是因工资、欠款或其他债都一律平等。

（二）参与分配的条件

（1）申请参与分配的债权人须已经对被执行人取得执行根据，即有可供执行的法律文书。

（2）须申请执行的债权是以给付为内容的金钱债务。

（3）参与分配受他人已经开始的执行程序的时间限制。

（4）须被执行人财产不能清偿所有债权。

（5）被执行人的财产存在但未能满足全部债权。

（三）参与分配的程序

1. 参与分配的申请

债权人申请参与分配的，应当向其原申请执行法院提交参与分配申请书，写明参与分配的理由，并附有执行依据。该执行法院应将参与分配申请书转交给主持分配的法院，并说明执行情况。

2. 主持分配的法院

对参与被执行人财产的具体分配，应当由首先查封、扣押或者冻结的法院主持进行。首先查封、扣押、冻结的法院所采取的执行措施如系为执行财产保全裁定，具体分配应当在该院案件审理终结后进行。

3. 参与分配的规则

根据最高人民法院《执行规定》第 88 条至第 96 条的规定，参与分配规则如下：

（1）无担保物权的分配规则。

多份生效法律文书确定金钱给付内容的多个债权人分别对同一被执行人申请执行，各债权人对执行标的物均无担保物权的，按照执行法院采取执行措施的先后顺序受偿。

一份生效法律文书确定金钱给付内容的多个债权人对同一被执行人申请执行，执行的财产不足清偿全部债务的，各债权人对执行标的物均无担保物权的，按照各债权比例受偿。

（2）有担保物权和优先权的分配规则。

多个债权人的债权种类不同的，基于所有权和担保物权而享有的债权，优先于金钱债权受偿。有多个担保物权的，按照各担保物权成立的先后顺序清偿。参与分配案件中可供执行的财产，在对享有优先权、担保权的债权人依照法律规定的顺序优先受偿后，按照各个案件债权额的比例进行分配。这里的优先权既包括私法上的优先权，也包括公法上的优先权。

（3）对已经被人民法院查封的财产的分配规则。

对人民法院查封、扣押或冻结的财产有优先权、担保物权的债权人，可以申请参加参与分配程序，主张优先受偿权。

（4）对新发现的财产的参与分配。

被执行人的财产被分配给各债权人后，被执行人对其剩余债务应当继续清偿。债权人发现被执行人有其他财产的，人民法院可以根据债权人的申请继续依法执行。

（5）特殊情况下的参与分配。

被执行人为公民或其他组织，其全部或主要财产已被一个人民法院因执行确定金钱给付的生效法律文书而查封、扣押或冻结，无其他财产可供执行或其他财产不足清偿全部债务的，在被执行人的财产被执行完毕前，对该被执行人已经取得金钱债权执行依据的其他债权人，可以申请对该被执行人的财产参与分配。

（6）企业法人应当参照办理的情形。

被执行人为企业法人，其财产不足清偿全部债务的，可以告知当事人依法申请被执行人破产；但是，对于未经清理或者清算而撤销、注销或者歇业，其财产不足清偿全部债务的，应当参照《执行规定》第 90 条至第 95 条的规定，对各债权人的债权按比例清偿。

（四）分配方案异议

多个债权人对同一被执行人申请执行或者对执行财产申请参与分配的，执行法院应当制作财产分配方案，并送达各债权人和被执行人。债权人或者被执行人对分配方案有异议的，应当自收到分配方案之日起 15 日内向执行法院提出书面异议。执行法院收到书面异议后，应当通知未提出异议的债权人或被执行人。未提出异议的债权人、被执行人收到通知之日起 15 日内未提出反对意见的，执行法院依照异议人的意见对分配方案审查修正后进行分配；若提出反对意见的，应当通知异议人。异议人可以自收到通知之日起 15 日内，向执行法院提起诉讼；逾期未提起诉讼的，按照原分配方案进行分配。

五、执行竞合

（一）执行竞合的概念和类型

所谓执行竞合，又称执行程序的竞合，是指在民事执行程序中，两个或者两个以上的债权人同时或者先后对同一债务人的财产申请法院强制执行，各个债权人的权利难以同时获得完全满足的一种状态。

从类型上分，执行竞合可以分为民事执行之间的竞合，民事执行与行政处罚执行之间的竞合，民事执行与财产刑执行之间的竞合。

（二）民事执行之间的竞合

1. 类型

民事执行措施，既包括终局的生效法律文书的执行措施（以下简称终局执行），也包括在审理案件中采取的保全措施（以下简称保全执行）。由此，民事执行竞合应当包括保全执行之间的竞合、终局执行之间的竞合以及终局执行与保全执行之间的竞合三种情况。《民事诉讼法》第 103 条、《民诉解释》第 282 条、《执行规定》第 39 条和第 88 条对此作出了规定。

2. 适用条件

民事执行之间的竞合的适用条件包括：

（1）须有两个或者两个以上的权利人存在；

（2）执行对象须为同一债务人的同一特定标的物；

（3）数个权利人所持的执行根据必须是各自独立的法律文书；

（4）各个不同执行根据的执行发生在同一特定时期，即数个执行共存于某段时间；

（5）多份生效法律文书的执行内容须为金钱给付或者交付财物的执行；

（6）被执行人的财产足以清偿多个执行申请人的全部债务。

如果被执行人的财产不能清偿多个执行申请人的债务，根据《执行规定》的规定，属于参与分配，而不适用执行竞合。

（三）民事执行与行政处罚执行之间的竞合

行政处罚是指享有处罚权的行政机关或者法律、法规授权的组织，对违反行政法律规范、依法应当给予处罚的行政相对人所实施的制裁行为。行政处罚中的罚款、没收财物也具有给付内容。

当民事执行与行政处罚执行之间发生竞合时，民事执行优先于行政处罚的执行。民事执行优先于行政处罚的执行，须满足下列条件：

（1）民事执行所涉及的民事赔偿责任须基于违反公司法、证券法、产品质量法和个人独资企业法等的规定而产生。

（2）被执行人的限定性。在公司法领域只适用于有限责任公司和股份有限公司两类被执行人，在证券法或者产品质量法领域包括所有因违反证券法或者产品质量法而产生民事赔偿责任的被执行人，在个人独资企业法领域则只适用于投资人。

（3）被执行人财产不足以承担所有法律责任。

（四）民事执行与财产刑执行之间的竞合

民事执行中有时会遇到被执行人同时被判处刑罚的情况，如刑事附带民事案件。财产刑执行包括罚金和没收财产。罚金是人民法院判处犯罪分子向国家缴纳一定数量的金钱的刑罚；没收财产是将犯罪分子所有财产的一部分或者全部强制无偿收归国有的刑罚。

（1）民事执行与没收财产执行之间的竞合。现行法确立了民事执行优先于没收财产执行的原则。

（2）民事执行与罚金执行之间的竞合。现行法确立了民事执行优先于罚金执行的原则，实行民事赔偿优先于刑事处罚，即先“民”后“刑”。

【课后习题】

一、思考题

1. 申请执行的条件有哪些？
2. 民事诉讼法规定的执行中止的情形有哪些？
3. 执行终结的法定情形有哪些？
4. 执行和解协议的效力是怎样的？
5. 执行回转发生的条件是什么？

二、案例分析题

阅读下面的案例，并回答问题。

案例一

执行员根据人民法院的二审判决，查封被告范某的房屋和家具。这时，范某的前妻刘某提出，她与范某离婚时，此房作为共同财产正租给别人居住，没有进行分割。所以她对此房屋有一半所有权，要求法院停止执行。

问题：

1. 在此情况下，法院应如何处理？

2. 如何对待执行过程中案外人提出的异议？

3. 如果刘某提出的异议成立，法院应如何处理？

4. 如果刘某提供合法担保，请求停止执行，法院将如何处理？

5. 如果申请人提出合法担保，要求继续执行，则法院应如何处理？

案例二

个体户甲因购买原材料向乙借款10万元，约定3个月归还。3个月后甲拒不还钱，乙起诉甲，法院判决甲限期还钱。在法院规定的期限内甲仍未还钱，乙申请法院强制执行。经查，甲因生意失败，确实无钱归还，但是丙还欠甲8万元货款未还。

问题：

1. 法院能否向丙发出履行债务的通知？为什么？

2. 如果法院对丙发出了履行债务的通知，丙可以如何处理？

3. 如果丙对履行债务提出异议，法院应如何处理？

4. 如果丙为甲担保，乙同意对甲暂缓执行，法院裁定暂缓执行2个月。2个月后甲仍不履行，法院能否执行丙的财产？为什么？

5. 如果经查丙也无财产可供执行，法院应如何处理？

6. 如果丙无财产可供执行，但其对丁还有债权，则法院可否执行丁的财产？为什么？

案例三

甲当众侮辱乙，乙起诉甲，法院判决甲向乙当众赔礼道歉。甲不服判决，提起上诉，二审法院经过审理，维持一审判决。但是，判决生效后，甲拒不履行，乙向法院申请强制执行。

问题：

1. 乙申请法院强制执行的期限是多长？

2. 乙应向哪个法院申请执行？

3. 针对甲，法院可采取哪些执行措施？

4. 如果在执行中，甲和乙达成和解协议，约定甲向乙赔偿5 000元，不再向乙当众赔礼道歉，法院应如何处理？

5. 如果甲拒不执行和解协议，乙应如何处理？法院应如何处理？

6. 如果因为达成和解协议，乙申请撤回执行申请，法院应如何处理？

7. 如果乙撤回申请后甲拒不执行和解协议，乙应如何处理？法院应如何处理？

【本章实务应用难点分析】

1. 参与分配中存在优先权利堆叠问题的处理

参与分配中优先权、担保物权和所有权同时存在时，如何确定优先受偿顺序？《执行规定》第88条第2款规定，多个债权人的债权种类不同的，基于所有权和担保物权而享有的债权，优先于金钱债权受偿。《执行规定》第93条规定：对人民法院查封、扣押或冻结的财产有优先权、担保物权的债权人，可以申请参加参与分配程序，主张优先受偿权。但是所有权和担保物权之间哪个优先？根据《物权法》的规定，定限物权优于所有权，因此担保物权应当优先所有权。如果一项财产存在两项抵押权，依照《物权法》第 199 条的规定处理，即：(1) 抵押权已登记的，按照登记的先后顺序清偿；顺序相同的，按照债权比例清偿。(2) 抵押权已登记的先于未登记的受偿。(3) 抵押权未登记的，按照债权比例清偿。如果抵押、质押、留置并存时，根据最高人民法院《关于适用〈中华人民共和国担保法〉若干问题的解释》(法释〔2000〕44 号）第 79 条的规定，同一财产法定登记的抵押权与质权并存时，抵押权人优先于质权人受偿。同一财产抵押权与留置权并存时，留置权人优先于抵押权人受偿。执行实践中往往会遇到物权性优先权、担保物权、所有权同时存在的情况，比较常见的如建设工程优先受偿权与担保物权同时存在，它们的优先受偿顺序为优先权、担保物权、所有权。还有《中华人民共和国海商法》(以下简称《海商法》）中规定的船舶优先权也是如此，如《海商法》第 21 条、第 22 条、第 25 条规定，向船舶所有人、承租人、营运人请求船员劳动报酬、保险等费用，船舶营运中的人员伤亡赔偿、港口规费、海难救助费用等的权利人，对产生该请求权的船舶具有优先受偿权。如《合同法》第 286 条规定，发包人未按照约定支付价款的，承包人可以催告发包人在合理期限内支付价款。发包人逾期不支付的，除按照建设工程的性质不宜折价、拍卖的以外，承包人可以与发包人协议将该工程折价，也可以申请人民法院将该工程依法拍卖。建设工程的价款就该工程折价或拍卖的价款优先受偿。因而，在参与分配时，具有担保物权或优先权的可获得优先受偿的权利。

根据《执行规定》的规定，对人民法院查封、扣押或冻结的财产有优先权、担保物权的债权人，可以申请参加参与分配程序，主张优先受偿权。而根据《执行规定》参与分配必须取得执行根据的规定，那么担保物权人或享有优先权人如果没有取得执行根据，是没有参与分配的权利的，但是担保物权人或享有优先权人在享有优先权利的有效期间内，并不丧失优先受偿权，法院拍卖查封物时必须预留该份额，而不能将其分配给债权人。

2. 执行异议法律效果

根据《民事诉讼法》第 227 条的规定，执行过程中，案外人对执行标的提出书面异议的，人民法院应当自收到书面异议之日起 15 日内审查，理由成立的，裁定中止对该标的的执行；理由不成立的，裁定驳回。案外人、当事人对裁定不服，认为原判决、裁定错误的，依照审判监督程序办理；与原判决、裁定无关的，可以自裁定送达之日起 15 日内向人民法院提起诉讼。该规定扭转了以前法院有的执行人员对案外人提出异议后，不管不问，长期不予审查；有的执行人员在审查异议后长期不予答复，导致案外人四处告状的状况，使执行工作进一步规范化。然而，该规定虽然规定了时间，但是对执行异议审查的内容并没有规定。司法实践中普遍采取的做法是，先审查形式，再审查内容。即执行员先审查执行异议是否符合法律规定的形式条件，看该异议是否在执行过程中由案外人针对执行标的提出，然后再审查执行异议的理由是否成立。审查的方法一般是书面审查。执行员认为有必要时，可予询问或调查。根据《执行规定》第 71 条第 2 款的规定，审查期间可以对财产采取查封、扣押、冻结等保全措施，但不得进行处分，正在实施的处分措施应当停止。执行异议的审查根据《执行规定》出现两种结果：一是异议成立，其存在两种情况，第一种情况是案外人对法律文书指定交付的特定物或指明的行为主张权利，并且理由成立的，报经院长批准，裁定对生效法律文书中的该项内容中止执行；第二种情况是执行标的物非生效法律文书指定交付的特定物，报经院长批准，停止对该标的物的执行，已经采取的执行措施应当立即解除或撤销，并将该标的物交还案外人。二是异议不成立，裁定驳回。这时对主张权利的人进行救济有两种情况：一是案外人、当事人针对原判决、裁定错误的，告知权利主张人依照审判监督程序办理，执行工作不受影响。二是与原判决、裁定无关的，权利主张人可以自裁定送达之日起 15 日内向人民法院提起诉讼。在此情形下，如果权利主张人提起诉讼，那么法院的执行工作是否该中止，《民事诉讼法》及相关解释未作出规定。当事人如果在 15 日内提出起诉，为避免执行完成后对权利人的财产造成难以弥补的损失，应当中止执行，待案件审理确定后，根据审理结果决定是否执行。其理由是如果权利人提出诉讼，说明执行的标的系存在争议的标的，因此应当等待权利归属状态确定后再处理。

3. 对执行异议审查的程序和审查的内容

对执行异议审查，我国相关法律没有规定具体的审查程序和审查应当达到什么样的标准。对执行异议审查存在独任审查和合议庭审查两种情况，法院的司法实践中为了保证执行异议制度得到实现，还开创性地将“听证”制度引入异议审查程序。本书认为执行异议审查应当与审判分开，权利人主张标的异议的，提供其初步证据证明其存在争议即可，因此法院对异议能否成立的审查应当局限于初步证据的审查，否则会存在以审查之名超越了审判权，进而侵犯权利人的诉权的情况。

对于《民事诉讼法》第 227 条的规定，本书认为是不完善的。假设存在一种情形，即当事人提供的证据对权利证明有存疑时，这时法院应当如何处理就是一个问题。因此，对于第 227 条的规定应当进行完善。当然，以听证制度来确认权利人的主张是不可取的，因为在执行中的听证其实存在以听证代替审判来确认权利归属的嫌疑，同样有剥夺权利人诉权的嫌疑。

参考文献

1. 江伟. 民事诉讼法学（第三版）. 北京：北京大学出版社，2016.

2. 田平安. 民事诉讼法学（第四版）. 北京：法律出版社，2015.

3. 最高人民法院民事诉讼法司法解释起草小组办公室. 民事诉讼法及司法解释适用集成. 北京：法律出版社，2015.

4. 汤维建. 民事诉讼法学（第二版）. 北京：北京大学出版社，2014.

5. 吴英姿. 民事诉讼法：原理与实训. 南京：南京大学出版社，2014.

6. 江伟. 民事诉讼法（第六版）. 北京：中国人民大学出版社，2013.

7. 张卫平. 民事诉讼法（第三版）. 北京：法律出版社，2013.

8. 刘家兴，潘剑锋. 民事诉讼法学教程（第四版）. 北京：北京大学出版社，2013.

9. 齐树洁. 民事诉讼法（第三版）. 北京：中国人民大学出版社，2013.

10. 杨秀清. 民事诉讼法（第二版）. 北京：中国人民大学出版社，2013.

11. 洪冬英. 民事诉讼法学通论. 北京：北京大学出版社，2013.

12. 王娣，纪格非，孙邦清. 民事诉讼法案例研习. 北京：中国政法大学出版社，2013.

13. 宋朝武. 民事诉讼法学（第三版）. 北京：中国政法大学出版社，2012.

14. 全国人大常委会法制工作委员会民法室. 民事诉讼法修改决定条文释解. 北京：中国法制出版社，2012.

15. 全国人大常委会法制工作委员会民法室. 中华人民共和国民事诉讼法立法背景与观点全集. 北京：法律出版社，2012.

16. 田平安. 民事诉讼法原理（第五版）. 厦门：厦门大学出版社，2012.

17. 刘敏. 原理与制度：民事诉讼法修订研究. 北京：法律出版社，2009.

18. 汤维建. 民事诉讼法案例分析（第二版）. 北京：中国人民大学出版社，2006.

19. [德] 汉斯. 德国民事诉讼法基础教程. 周翠，译. 北京：中国政法大学出版社，2005.

20. 江伟. 民事诉讼法专论. 北京：中国人民大学出版社，2005.

21. [美] 苏本，等. 民事诉讼法：原理、实务与运作环境. 傅郁林，等，译. 北京：中国政法大学出版社，2004.